성녀 소화 데레사 자서전

Histoire d'une âme, manuscrits autobiographiques
by Thérèse de Lisieux

Original Copyright © 1972, 1995 by Les Éditions du Cerf, Desclée De Brouwer

성녀 소화 데레사 자서전

2011년 4월 19일 교회 인가
2011년 5월 20일 초판 1쇄 펴냄
2021년 11월 21일 개정 초판 펴냄
2024년 8월 23일 개정 초판 4쇄 펴냄

지은이 · 성녀 소화 데레사
옮긴이 · 안응렬
펴낸이 · 정순택
펴낸곳 · 가톨릭출판사
편집 겸 인쇄인 · 김대영
편집 · 강서윤, 김소정, 박다솜
디자인 · 이경숙, 강해인, 송현철, 정호진
마케터 · 안효진, 황희진

본사 · 서울특별시 중구 중림로 27
등록 · 1958. 1. 16. 제2-314호
전자우편 · edit@catholicbook.kr
전화 · 1544-1886(대표 번호)
지로번호 · 3000997

ISBN 978-89-321-1801-7 04230
ISBN 978-89-321-1798-0 (세트)

값 20,000원

성경 ⓒ 한국천주교중앙협의회 2005

이 책의 한국어 출판권은 (재)천주교서울대교구 가톨릭출판사에 있습니다.
저작권법에 의해 한국 내에서 보호를 받는 저작물이므로 무단 전재와 무단 복제를 금합니다.

가톨릭의 모든 도서와 성물을 '가톨릭출판사 인터넷쇼핑몰'에서 만나 보실 수 있습니다.
http://www.catholicbook.kr | (02)6365-1888(구입 문의)

catholic classic

작은 꽃, 작은 붓,
작은 길의 영성

성녀 소화 데레사 자서전

성녀 소화 데레사 지음 | 안응렬 옮김

가톨릭출판사

추천의 말

가톨릭 클래식 시리즈 발행을 반기며

  동서양을 불문하고 오랜 세월 동안 시대를 초월하여 널리 애독되는 걸작들이 있습니다. 이른바 '고전'이라는 책들인데, 이런 책들은 잠깐 반짝하며 사람들의 관심거리가 되었다가 사라지는 베스트셀러와는 전혀 격이 다릅니다. 인류 사상사의 보고이자, 그 안에 삶의 길이 있으니 말입니다. 옛것을 알아야 새것도 제대로 알 수 있기에, 고전을 읽으면 생각의 폭이 무한히 넓어진다는 사실은 새삼 언급할 필요도 없을 것입니다.

  그리스도교 전통에도 당연히 '고전'이 있습니다. 가톨릭출판사에서 최근 현대인의 감성에 맞는 문체로 개정하여 펴낸 《준주성범》, 《신심 생활 입문》, 《성녀 소화 데레사 자서전》 등과 같은 책들이 바로 소중한 그리스도교 고전들이지요.

이런 '고전'들은 마치 이른 새벽 깊은 산속 옹달샘의 맑은 물과도 같이, 정신적, 물리적 공해에 찌들어 살아가는 우리 영혼의 목마름을 해소해 줄 생명수와도 같습니다. 그래서 시간이 지나고 사람들이 스러져 가도 이런 고전은 처음 모습 그대로 남아 후세와 그 후세의 사람들에게 변하지 않는 그윽한 지식의 향기를 선물해 줍니다.

따라서 경쟁이 치열해지고 사람들과의 관계가 각박해질수록 이런 고전들로부터 우리 마음을 다스리고 또 풍요롭게 해 줄 영적 양식을 구해야 할 터인데, 그럴수록 처세술이나 실용서 같은 책들이 각광받는 현실이 안타깝습니다. 우리의 미래인 청소년들 또한 미디어의 영향으로 시각적 반응은 빨라지는 데 비해 사고력은 현저하게 떨어져 가는 현실 또한 안타까움을 더해 줍니다.

이러한 안타까운 현실에서 가톨릭 클래식 시리즈가 새로운 모습으로 단장하여 사람들에게 선을 보이는 것은 무척 고무적이고 축하해야 할 일이라 하겠습니다. 이 시리즈는 황폐하고 메마른 사막과도 같은 우리 마음에 내리는 단비, 어두운 이 시대에 빛의 역할을 해 하느님께 더 가까이 다가갈 수 있는 징검다리가 되어 줄 것입니다.

흔히 고전 읽기를 딱딱하고 힘겨운 일로 여기는데, 사실 고전 읽기는 아주 재미있는 일이라 말하고 싶습니다. 재미란 어떤 일을 하면서 나름대로 기쁨을 찾는 일인데, 큰소리로 깔깔 웃지 않아도 한동안 얼굴에 미소를 머금게 하는 깊디깊은 지혜가 바로 고전 읽기에 있기 때문입니다. 이런 고전은 몇 백 년을 이어져 온 영원한 깨달음의 길을 보여 주는 책들이니까요. 이 고전의 길을 따라 신앙생활을 하는 동안 하느님과 떼려야 뗄 수 없는 관계로 맺어진 자신을 발견하게 될 것입니다.

하느님께로 나아가는 가장 이상적인 길들을 보여 줄 가톨릭 클래식 시리즈에는 굳이 읽어야만 하는 어떤 순서가 있는 것은 아닙니다. 하지만 저는 《신심 생활 입문》을 가장 먼저 읽으라고 권해 드리고 싶습니다. 얀센주의의 영향력이 강하여 엄격한 고행을 최고의 신심 생활로 여기던 때, 프란치스코 살레시오 성인은 완덕은 고행으로 이루어지는 것이 아니라 하느님의 거룩하신 뜻을 따르고 그분께 일치함으로써 이루어진다는, 당시로는 전혀 다른 가르침을 폈습니다. 이 가르침은 당대나 후대에 큰 영향을 주었으며, 오늘을 사는 우리에게까지도 생생하고 설득력이 있어서 공감을 불러일으킬 뿐만 아니라 큰 감동으로 다가옵니다.

다음으로는, 수도 생활을 원하여 수도원에 입회하려거나

이미 수도 생활을 하고 계시는 수도자분들, 사제를 지망하여 가톨릭대학에서 신학을 공부하는 우리 신학생들이나 사제들, 나아가 세상에서 평신도 사도직을 수행하시면서 보다 깊은 영성 생활로 나아가려는 우리 형제자매님들께 《준주성범》을 권해 드립니다.

또한 우리 모두 사랑하는 《성녀 소화 데레사 자서전》은 남녀노소를 불문하고 모두에게 다 감동을 주는 책이지만, 특히 자라나는 청소년에게 꼭 권해 드리고 싶습니다. 이 자서전은 우리를 위한 하느님의 사랑이 얼마나 크고 아름다운지, 우리가 그분으로부터 얼마만큼 큰 사랑을 받고 있으며, '선교'라는 그리스도교의 지상 사명을 우리가 어떻게 일상에서 아주 작은 일들을 통해서 수행해 낼 수 있는지 깨닫게 해 줄 것입니다.

혹시 바쁜 일상 속에 파묻혀 신앙인의 생활에서 멀어지고 있지는 않으신가요?

오랜 시간 이어져 온 영성적 깨달음과 마음의 평화를 선사할 가톨릭 클래식 시리즈로 하느님께 나아가는 가장 가까운 길을 안내받아 매일매일 깨달음을 얻어 가는 경험을 누리시기를 바랍니다.

진정 이 책들은 우리 마음의 눈, 영혼의 눈을 통해서 옛 성현들이 지녔던 믿음과 희망과 사랑을 체험하고 우리 내면세계를 들여다보게 해 줄 것입니다. 그렇게 자신을 반성하고, 그간 살아온 과거를 되돌아봄으로써 그 속에서 아주 무겁고도 진지한, 우리에게 깊은 깨달음을 주는 그런 즐거움을 느끼게 될 것입니다. 이러한 즐거움이야말로 참된 즐거움입니다. 여러분 모두 가톨릭 클래식 시리즈를 통해 이런 참즐거움을 만끽하시길 바랍니다.

염수정(안드레아) 추기경

추천의 말

《성녀 소화 데레사 자서전》의 한국 발간을 축하하며

근대의 모든 성인 중에서 아기 예수의 데레사 성녀처럼 많은 사람들에게 열렬한 사랑과 참된 그리스도적 모범으로서 높은 존경을 받고 계신 분도 없을 것이다. 하느님께서는 성녀에게 특별한 사명을 주셨고, 성녀를 통해 우리 현대인에게 순박과 신뢰와 순수한 애덕의 길을 가르쳐 주셨다.

베네딕토 15세 교황께서 "우리가 특별히 바라는 것은 세계의 모든 신자들에게 아기 예수의 데레사 성녀의 비결을 가르쳐 주는 것입니다."라고 하신 바와 같이, 성녀께서 실천하신 그 어린이의 길이야말로 세상의 모든 사람들이 안심하고 완덕으로 나아갈 수 있는 가장 완전한 길이라 하겠다.

비오 11세 교황께서도 "회개하여 어린이처럼 되지 않으면,

결코 하늘 나라에 들어가지 못한다."(마태 18,3) 하신 예수님의 말씀을 인용하시면서 "모든 신자는 어린이처럼 되기 위해서 아기 예수의 데레사 성녀를 배우기를 간절히 바랍니다."라고 하셨다.

그러면 성녀께서 실천하신 작은 어린이처럼 완덕의 길로 나아가는 비결은 무엇일까? 그것은 바로 겸손과 순수, 그리고 하느님의 절대적인 사랑 속에 자기 자신을 완전히 의탁하고, 가장 사랑하는 하느님께 착하고 귀여운 어린이와 같은 사랑을 보여 드리는 것이다. 이것이야말로 아기 예수의 데레사 성녀의 생활 전부였던 것이다. 착하고 귀여운 어린이처럼 모든 것을 하느님께 의탁하고 무엇이든지 다 바치려는 참되고 순수한 사랑! 날마다 경험하는 아주 평범하고 조그마한 일에서도 많은 희생을 바치셨고, 오로지 십자가에서 수난하신 예수님의 사랑 속에서 어떠한 고통과 어려움에도 굴하지 않으시고 달게 참으심으로써 오히려 십자가를 기뻐하는 그 열렬한 사랑의 정신! 이 얼마나 위대한 헌신적 사랑인가! 성녀께서는 사람들의 발아래 짓밟히는 작은 모래알이 되고자 하셨다. 진실로 겸손하면서도 신뢰에 가득 찬 고백이라 하겠다. 그러나 인자하신 하느님께서는 이 작은 모래알을 찬란히 빛나는 큰 별로 만드셨다. 오늘날 이 세상 어디에서든지 소화 데레사 성녀는 가장 높은 존경과 사랑을 받으시며 열렬한 기도의 전달자 역할을 하고 계신다. 그리고 태초 이래 보기 드문 명저인 《성녀 소화 데레사 자서전》은 베스트셀러로서 가톨릭 세계에 큰 반향을 일으켰다. 또한 성녀는 선교회의 수호성인이시며, 특히 비오 11세 교황께서는 냉전 시대에 소련의 회개를 위하여 소련의 수호성인으로 정하기도 하셨다.

과연 성녀께서 임종하실 때 미리 예언하신 대로, 이 세상 어느 구석에도 성녀의 장미꽃 비가 내리지 않는 곳은 없다.

이 책을 통해 한국 땅에 소화 데레사 성녀의 장미꽃 비가 더 풍성히 내릴 것이라 확신하며, 언제나 겸손하고 순박한 한국 사람들에게 소화 데레사 성녀의 메시지가 가장 크고 훌륭한 은총의 샘터가 되리라 믿는다.

메리놀 외방 전교회 신부
에드워드 리처드슨

데레사 성녀가 태어나기 전

소리 없이 이루어진 은밀한 준비

"태어난 이후 진정한 인생이 시작되는 시점까지 '소리 없이 이루어지는 은밀한 준비 과정'보다 더 신비스러운 것은 없다. 사람은 열두 살이 되기 전에 모든 것이 결정된다."

그러나 아기 예수와 성면聖面의 데레사 성녀의 경우에는 1897년 9월 30일, 그녀가 24세 9개월의 나이에 리지외의 가르멜 수녀원 병실에서 폐결핵으로 숨을 거두었을 때, 비로소 진정한 인생이 시작되었다.

동시대의 프랑스 작가 샤를 페기는 "한 인간의 운명은 그가 태어나고 자란 곳의 토양, 시대, 출신 가문에 의해 결정되며, 조상들과 출신 고장으로부터 물려받은 유산과 그 역사에 종속될 수밖에 없다."라고 말했다. 이처럼 아무도 외딴 섬처럼 홀로 존재할 수는 없다. 데레사도 천사처럼 하늘에서 내려온 사람이 아니었다. 노르망디 땅에서 태어난 데레사는 조상이나 고향 땅과는 떼려야 뗄 수 없는 존재였다.

온 세상이 리지외의 데레사 성녀를 기리고 찬양하게 되기 훨씬 전에, 프랑스의 알랑송이라는 작은 도시에 데레사 마르탱이라는 이름을 가진 아이가 살고 있었다.

데레사 역시 '소리 없이 이루어지는 은밀한 준비의 과정'을 거쳐 만들어진 아이였다. 부모 중 한 분이라도 '자신의 마음의 소리'를 따라갔다면, '우리 시대의 가장 위대한 성녀'는 이 세상에 태어나지 못했을 것이기 때문이다.

데레사의 아버지인 루이 마르탱은 1823년 8월 22일 보르도 지역의 군인 집안에서 태어났다. 그는 군인이었던 아버지를 따라 아비뇽, 스트라스부르 등 군부대의 주둔지를 전전하는 생활을 하며 저절로 군인 가족의 생활에 익숙해졌고, 영화로웠던 나폴레옹 시대에 대한 기억과 향수 속에서 어린 시절을 보냈다. 그의 부친[1]은 나폴레옹의 백일천하[2] 때 국왕의 군

---

[1] 이 책의 490쪽 이하에 마르탱 가문의 가족 관계가 나와 있다.
[2] 1815년 엘바 섬을 빠져나와 파리로 돌아온 나폴레옹이 제정帝政을 부활시키고, 다시 퇴위할 때까지 약 백일 동안 지배하였다. – 편집자 주

대에 소속되어 있었고, 왕정복고[3] 시대에는 장교로 복무하다가 1830년 퇴역하여 알랑송에 정착했다.

루이 마르탱은 성격이 꼼꼼하고 논리적이며 혼자서 사색하기를 좋아하는 아이였다. 그래서인지 인내심과 꼼꼼함을 요구하는 시계공이 되고 싶어 했고, 어려서부터 그 기술을 배웠다. 그러다 22세가 되었을 때 더 고독한 삶을 꿈꾸게 되었다. 그는 수도자가 되려고 성 베르나르도 수도원을 찾아갔으나, 라틴어를 배우지 않았다는 이유로 거절당했다. 그 후 파리에 잠시 머무르다가 알랑송으로 돌아와 시계공으로 살아갔다. 부모님과 함께 퐁뇌프 거리에 거주하는 8년 동안, 일, 기도, 독서, 낚시(그의 유일한 취미였다), 성당에서 만난 친구들과의 교제, 이런 것들을 하며 수도자와 다를 바 없는 생활을 했다.

오른 지방의 중심 도시인 알랑송은 그 당시 13,600명의 인구가 거주하는 작은 지방 도시로, 고요하고 평온한 삶을 좋아하는 젊은이가 지내기에 더없이 안성맞춤인 곳이었다. 그곳은 특산물로 알랑송 레이스가 유명했는데, 이는 프랑스 전 지역뿐만 아니라 쇠퇴해 가던 프랑스 제국을 요란스러운 사치

---

[3] 1814년 부르봉 왕가가 부활하였다.

43살 때의 루이.

사망하기 몇 년 전의 젤리.

로 은폐하려던 파리의 상류 사회에서 특히 인기가 많았다.

데레사의 어머니 젤리 게랭은 1831년 12월 23일 농민 가정에서 태어났다. 하지만 그녀의 아버지가 바그람 전투에 참여한 적이 있고, 헌병대에서 복무하다가 은퇴했기 때문에 군인 가족으로 어린 시절을 보냈다. 젤리 게랭의 아버지는 1844년에 은퇴하여 알랑송 시내에 있는 도청 청사 맞은편의 생블레즈 거리 36번지에 정착했다.

형제들 중 유독 자신에게만 냉정하게 대하는 어머니와 엄격한 아버지 아래에서 어린 시절을 보낸 젤리 게랭은 언젠가 남동생에게 이런 글을 써 보냈다. "나의 어린 시절과 청소년 시절은 마치 수의처럼 어둡고 우울했단다. 어머니는 널 무척이나 예뻐하셨지만, 나에겐 너무 엄하셨어. 어머니는 좋은 분이셨지만, 나를 따뜻이 감싸 주지는 못하셨지. 그 때문에 얼마나 마음에 상처를 받았는지 모른단다."[4] 어머니는 약학을 공부하는 학생이었던 남동생 이지도르와, 젤리 게랭의 언니이며 젤리 게랭과는 친구처럼 각별한 사이였던 엘리즈[5]에게 사랑을 쏟아 부었던 것이다. 젤리 게랭은 평생 이 두 형제들

---

4 1865년 11월 7일에 쓴 글이다.
5 훗날 마리 도지테 수녀라는 이름으로 르망의 성모 방문 수녀회에 들어간다.

과 편지를 주고받았다. 그녀가 쓴 편지들을 읽어 보면, 걱정이 많고 우울한 듯하면서도 생기발랄한 성격을 가졌다는 것을 알 수 있다. 또한 그녀는 일에 대한 열성, 굳건한 신앙심, 밝고 긍정적인 사고, 유머 감각까지 갖추었다.

루이 마르탱과 마찬가지로 젤리 게랭도 한때 수도자의 삶을 꿈꾸었다. 그녀는 알랑송에 있는 오텔디외 수녀원을 찾아갔지만 거절당했다. 그 후 알랑송 레이스 직조 기술을 배워, 언니의 도움을 받아 시내에 가게를 냈다. 기술이 뛰어났고 열심히 일한 덕분에 사업은 크게 번창했다.

수도자 생활을 꿈꾸었으나 거절당한 두 사람, 35세의 시계공과 27세의 레이스 직공은 만나게 되었고, 짧은 약혼 기간을 거쳐 1858년 7월 13일 알랑송의 노트르담 성당에서 결혼식을 올렸다.

퐁뇌프 거리에서 신혼 생활을 시작했지만, 처음 열 달 동안은 오누이처럼 지냈다(루이 마르탱이 먼저 제안했고, 젤리 게랭도 전적으로 동의했다). 그러다 고해 신부의 충고를 듣고 부부는 생각을 바꿨고, 1860년부터 1873년까지 이 가정에서 아홉 명의 아이가 연이어 태어났다. "난 아이들이 너무 좋아요. 아이를 낳으려고 세상에 태어난 것 같다는 생각이 들 만큼 말이에요.

하지만 이제 곧 더 이상 아이를 낳을 수 없겠죠. 이번 달 23일에는 마흔한 살이 되니까요. 이제는 할머니 소리를 들을 나이죠!"[6] 막내인 데레사가 태어나기 일 년 전쯤 젤리 게랭이 쓴 글이다.

그러나 아홉 아이 중에 다섯 명의 딸아이만 살아남았다. 당시에는 영아나 어린이 사망률이 매우 높았기 때문이다. 이런 와중에 건강이 좋지 않았던 마르탱 부인이 1876년에 유방암 판정을 받았고, 망설임 끝에 아이들을 유모에게 맡기기로 결정했다. 15년 동안, 이 가정에서는 아이가 출생하고 사망하는 일이 되풀이됐다. 가족들은 사내아이 둘, 여자아이 둘이 그들의 곁을 떠나는 것을 지켜봐야 했다. 그중에는 무척이나 사랑스러웠던 다섯 살짜리 엘렌도 있었다. 이에 대해 마르탱 부인은 이렇게 썼다. "그 아이를 떠나보낸 뒤로 그 애가 너무나도 보고 싶어 견딜 수가 없었답니다. 하지만 남아 있는 아이들에게는 아직도 내가 필요해요. 그 아이들 때문에 저는 하느님께 몇 년이라도 더 이 세상에 머무르게 해 달라고 기도했어요. 내 곁을 떠나간 두 사내아이도 많이 그립지만, 엘렌을 잃은 슬픔이 더욱 큰 것 같아요. 너무나도 귀엽고 사랑스러웠

---

[6] 1872년 12월 15일에 쓴 글이다.

던 아이, 나이에 비해 조숙하고 영리했던 아이였어요. 요즘도 그 아이 생각이 한순간도 내 머리 속을 떠나지 않네요."[7]

'1870년 전쟁'이 터지고 그로 인해 힘든 시기도 있었지만(프로이센 병사 아홉 명이 이 집에서 숙식을 해결했다), 밤잠을 잊고 부지런히 일한 부부의 노력으로 사업은 점점 더 번창했으며 마르탱 가족은 어느덧 작은 지방 도시의 중산층으로 자리잡게 되었다. 마르탱 씨는 시계공 일을 그만두고 아내의 사업을 적극적으로 도왔다. 이 시기에 생블레즈 거리로 이사를 했는데, 오늘날 많은 사람들이 찾는 데레사 성녀의 집이 바로 이곳이다.

바쁜 일상 속에서도 마르탱 부부는 가족의 행복을 무엇보다 중요하게 생각했다. 가족 모두가 함께 있을 때가 가장 행복한 순간이었다. 아버지의 사랑을 가장 많이 받았던 큰딸 마리, 늘 발랄하고 쾌활하며 어머니와 가장 친하고 어머니에게 믿을 만한 말 상대가 되어 주던 둘째 딸 폴린, 이 둘은 르망에 있는 성모 방문 수녀회의 기숙 학교로 떠난다. 두 아이는 이모인 도지테 수녀의 각별한 보살핌을 받으며 행복한 학교생활을 했다. 이모는 아이들의 행동이나 학교 성적에 관한 소식을 집으로 전하곤 했다. 방학을 맞아 아이들이 집으로 돌아오

---

7 1870년 3월 27일에 쓴 글이다.

는 날에는 온 집안이 축제 분위기가 되었고, 방학이 끝나 학교로 돌아가는 날에는 집안이 온통 눈물바다가 되었다.

별다른 재능이 없고 자주 잔병치레를 했던 '가엾은 레오니'가 어머니의 유일한 걱정거리였다. 데레사 바로 위의 언니 셀린은 씩씩하고 '당찬' 구석이 있는 아이였다. 데레사와 가장 각별한 사이였던 셀린은 데레사에게 평생 친구 같은 언니였다.

가끔씩 노르망디의 시골 마을로 소풍을 가고, 가까운 시골 마을 스말레로 떠나 유모의 보살핌을 받으며 지내기도 하고, 리지외에서 약국을 경영하는 외삼촌 가족을 찾아가고, 기차를 타고 르망에서 수도자 생활을 하는 이모를 찾아가고……. 이때가 마르탱 가족의 소박하지만 행복한 순간들이었다. 이 작은 행복들을 아이들은 평생 아름다운 기억으로 간직하며 살아간다. 1859년부터 1870년까지 장례식을 일곱 차례나 치렀지만(아이들 외에도 세 분의 조부모님이 돌아가셨다), 가족들 간의 끈끈한 정은 더욱 깊어졌다.

아버지는 원래 깐깐하고 엄격한 사람이었고, 고요함을 좋아했기에 늘 시끌벅적한 집안에 있기가 좀 성가실 수 있었는데도, 가족들에게 항상 관대하고 다정하게 대했다. 아버지는 그 당시 인기 있는 작가들(낭만주의 시인)의 시를 읽어 주고, 아름다운 목소리로 옛날 노래를 불러 주며, 손수 조그만 장난감을 만들어 딸들에게 선물하는 등 가족들이 즐거운 시간을 보낼 수 있도록 언제나 노력했다.

어머니는 건강이 좋지 않아서 사람들이 걱정스러워하는 가운데서도 항상 씩씩한 모습으로 가정을 이끌어서, 그녀의 언니가 이렇게 말할 정도였다. "믿기 어려울 정도로 놀라운 용기를 가진, 정말이지 강인한 여자였어! 시련이 닥쳐도 굴복하지 않았고, 부자가 됐다고 거만하게 굴지도 않았지."[8] 그녀는 현실감과 쾌활함, 솔직함, 섬세하고 따뜻한 마음을 갖고 있었고, 이것들이 가정을 이끌어 가는 원동력이었다.

이 가정에는 신앙심이 충만했다. 모든 일에서 하느님의 존재를 찾고, 가정에서의 기도, 아침 미사, 잦은 영성체(얀세니즘[9]이 위세를 떨치던 당시에는 흔치 않은 일이었다), 주일의 저녁 기도, 피정 등으로 늘 하느님을 공경했다. 전례 행사, 순례, 단식과 금육을 철저히 지키는 등 일상생활은 신앙에 기반을 두고 있었다. 그러나 허례허식과는 거리가 먼 이 가족에게 과장됨이나

---

8 1869년 10월 25일에 쓴 글이다.
9 인간 본성에 대해 비관적인 견해를 가져 하느님의 은혜를 강조하고 인간의 자유의지를 부정하는 듯한 학설을 주장하며, 극도로 엄격한 신앙생활과 윤리를 강조하는 엄격주의. 네덜란드 신학자 얀세니우스(Cornelius Jansenius, 1585~1638)가 주장했고, 프랑스, 네덜란드 등지에 많은 영향을 끼쳤다. - 편집자 주

편협함은 찾아볼 수 없었다. 또한 신앙심을 행동으로 실천하여 부모에게 버림받아 거리를 떠도는 아이들, 부랑자, 가난한 노인들을 거두어 보살폈다. 마르탱 부인은 밤잠을 설쳐 가며 병든 하녀를 돌보았고, 마르탱 씨는 사재를 털어 가난한 사람, 간질 환자와 임종 환자를 도왔다. 자녀들에게는 가난한 사람들을 도우면서도 그들의 인격을 존중할 줄 아는 사람이 되어야 한다고 가르쳤다.

어머니는 딸들에게 예쁜 옷을 입히려고 애썼다. 열여섯 살 된 큰딸 마리가 또래 친구들과 어울려 다니지나 않는지에 대한 언니인 마리 도지테 수녀의 걱정에 마르탱 부인은 이렇게 반응했다. "그럼, 다 큰 애를 수도원에 가둬 놓아야 할까? 이 세상에서 격리된 것처럼 살아갈 순 없잖아! 그 '거룩한 동정녀'가 하는 말을 곧이곧대로 따를 필요는 없어."[10]

데레사를 임신한 지 4개월이 되었을 때, 마르탱 부인은 남동생 부부에게 '아마도 올해[11] 말쯤 좋은 일이 생길 것 같다'는 소식을 전했다. "아이가 별 탈 없이 태어나기를 바랄 뿐이

---

10 1876년 11월 12일에 쓴 글이다.
11 1872년이다.

야." 태어난 지 몇 달 만에 죽은 여덟 번째 아기 데레사를 기억하는 뜻으로 태어나기 전부터 이미 '데레사'라는 이름으로 불리던 막내딸 데레사의 존재가 처음으로 이 편지에서 언급되었다.

마침내 기쁜 소식이 전해졌다. "어제, 목요일 밤 11시 반에 예쁜 여자 아기가 태어났어. 아기는 아주 건강하단다. 몸무게가 8파운드[12]나 된다고 하지만, 내가 보기에는 6파운드쯤 될 것 같아. 이 정도면 적당한 몸무게 아니니? 아주 착한 아이 같아. 산통도 30분 정도밖에 겪지 않았어. 내일 토요일에는 유아 세례를 받기로 했단다. 너희들만 와 주면 완벽한 행사가 될 것 같아. 대모는 우리 큰딸 마리가, 대부는 마리 또래의 남자아이가 맡게 될 거야."[13]

그 뒤로는 모든 것이 순조로웠다. 한번은 이런 일도 있었다. 어떤 아이가 집으로 편지를 가져왔는데, 편지에는 그 아이의 아버지가 쓴 짧은 시가 적혀 있었다.

환하게 미소 지으렴. 얼른 자라나렴.

---

12 1파운드는 약 500그램이다.
13 1873년 1월 3일에 쓴 글이다.

정성스러운 보살핌, 따뜻한 사랑,

모든 게 너를 행복으로 이끌어 줄 거야.

그래, 새벽빛을 향해 미소 지으렴.

방금 피어난 꽃봉오리여,

넌 언젠가 장미꽃으로 피어나겠지.

그러나 데레사는 태어나자마자 시련을 겪었다. 태어난 지 2주쯤 되었을 때 급성 장염으로 크게 아팠고, 3개월이 됐을 때에는 더 큰 위기를 맞았다. "데레사가 많이 아파요. 아기를 살릴 수 있겠다는 희망도 이제는 모두 잃어버렸어요. 불쌍한 우리 아기는 어제부터 무척이나 큰 고통에 시달리고 있어요. 그 모습을 보는 저도 가슴이 찢어질 듯이 아프답니다."[14]

다행히 위기는 넘겼지만, 의사의 지시대로 아기를 절친한 친구이자 유모인 로즈 타예에게 맡기기로 결정했다. 아기는 1년 동안 스말레라는 시골 마을에서 쾌활한 유모의 보살핌 아래 '햇볕에 검게 그을리고' 꽃과 동물들 속에서 뛰놀며 무럭무럭 자랐다. "유모가 데레사를 손수레에 태워 들판으로 데려가면, 아기는 곧잘 건초더미 위로 기어오른답니다. 아기는 잘

---

14 1873년 3월 1일에 쓴 글이다.

울지도 않아요. 그렇게 귀엽고 사랑스러운 아기를 본 적이 없다고 로즈가 말한답니다."[15]

금발머리에 푸른 눈, 아주 예쁘고 상냥한 아이, 영리하고 발랄하며 감수성이 예민하고, 가끔은 크게 화를 낼 줄도 알고, 의지가 강하며 섬세한 데레사는 곧 모든 사람들과 온 가족의 사랑을 독차지하는 아이가 됐다. "하느님의 은총으로 저는 평생 사랑에 둘러싸여 지낼 수 있었습니다. 제 어린 시절은 다정한 미소와 따뜻한 손길, 이런 기억들뿐입니다……!"

알랑송에서 보낸 어린 시절은 가족들과의 아름다운 추억으로 가득한, 무척이나 아름답고 행복한 시절이었다. 스물세 살이 되던 해, 데레사는 폴린 언니의 충고를 따라 어린 시절의 기억을 글로 쓰면서 이렇게 말했다. "아! 어렸을 때의 햇살 가득한 시절은 얼마나 빨리 흘렀는지요! 하지만 제 영혼에 달콤하고 따뜻한 흔적들을 새겨 놓았습니다. …… 아! 이 세상에 있는 모든 것이 제게 미소를 지었습니다. 제가 발걸음을 내딛는 곳마다 꽃밭이었고, 제 명랑한 성격으로 인해 삶은 더 행복해졌습니다."[16]

---

15 1873년 7월 20일에 쓴 글이다.
16 이 책의 '제1부 예수의 아녜스 원장 수녀에게 보낸 글'에서 발췌하였다.

그런데 어머니의 죽음은 한순간에 그 행복을 깨뜨렸고, 데레사가 리지외로 떠나게 된 결정적인 계기가 되었다. 이 상황에 대해서는 지금부터 데레사 자신이 직접 이야기를 들려줄 것이다.

차례

추천의 말 | 가톨릭 클래식 시리즈 발행을 반기며 · 5
추천의 말 | 《성녀 소화 데레사 자서전》의 한국 발간을 축하하며 · 10
데레사 성녀가 태어나기 전 | 소리 없이 이루어진 은밀한 준비 · 13

제1부 예수의 아녜스 원장 수녀에게 보낸 글

제1장   알랑송(1873-1877) · 33
제2장   뷔소네의 우리 집(1877-1881) · 65
제3장   고통스러운 세월(1881-1883) · 96
제4장   첫영성체와 기숙 학교 시절(1883-1886) · 126
제5장   크리스마스의 은총 이후(1886-1887) · 169
제6장   로마로 떠나다(1887) · 210
제7장   가르멜 수녀원에서 생활을 시작하다(1888-1890) · 254
제8장   서원은 사랑의 봉헌 행위입니다(1890-1895) · 279
문장에 대한 설명 · 311

제2부 성심의 마리아 수녀에게 보낸 편지

제1장 나의 소명은 사랑(1896) · **317**

제3부 곤자가의 마리아 원장 수녀에게 보낸 글

제1장 신심의 시련(1897) · **347**
제2장 여러분이 내게 주신 것들(1896-1897) · **395**
데레사 성녀의 마지막 모습 · **445**

부록

아기 예수의 데레사 성녀가 서원식 날 품에 지니고 있던 글 · **471**
인자하신 사랑에 바치는 봉헌 기도 · **474**
성심의 마리아 수녀가 데레사에게 보낸 편지 · **479**
데레사가 성심의 마리아 수녀에게 보낸 편지 · **482**
사랑 속에서 죽은 회개한 여인의 이야기 · **486**
데레사 성녀의 가족 관계 · **490**
아기 예수의 데레사 성녀 연표 · **493**

일러두기

1. 데레사 성녀는 일반적으로 아기 예수의 데레사 성녀로 불립니다. 그런데 소화 데레사 성녀로도 널리 불리고 있으므로, 본문에서는 두 가지 지칭을 모두 사용하였습니다. 또한 소화 데레사 성녀의 '소화'는 '작은 꽃'이라는 의미를 갖고 있는데, 한자어 '소화'보다 우리말 '작은 꽃'이 어감이 더 좋아서 본문에서 작은 꽃이라는 호칭도 사용하였습니다.

2. 현대에 어울리는 표현으로 문장을 다듬거나 바꾸었습니다. 그러나 책이 쓰인 표현이 시대적 차이로 인해 그 의미가 달라졌거나, 현대어에서 대체할 수 없는 단어 등은 당시의 표현을 그대로 살렸습니다.

3. 이 책에서는 전반적으로 본문의 이해를 돕기 위해 각주를 달았습니다. 원문에 있는 각주, 역자가 쓴 각주, 편집자가 쓴 각주들을 구별하여 표기하였습니다.

4. 본문 이외에 데레사 성녀가 태어나기 전, 데레사 성녀의 마지막 모습, 데레사 성녀의 가족 관계, 차례, 문장에 관한 설명, 아기 예수의 데레사 성녀의 연표 일부 등은 고선일 님이 번역하였습니다.

제1부

예수의 아녜스 원장 수녀에게 보낸 글

✛ 데레사의 둘째 언니 폴린에게 보낸 글이다.

제1장

알랑송(1873-1877)

J. M. J. T.

1895년 1월

예수 †

소화 데레사 성녀가 직접 써서 공경하는 예수의 아녜스 원장 수녀님께 바친, 작은 흰 꽃의 봄철 이야기.

사랑하는 원장 수녀님, 두 가지 의미로 저의 어머니가 되시는 당신께 제 영혼의 내력을 숨김없이 말씀드립니다……[17]

---

17 데레사는 이 자서전을 폴린에게 보냈다. 폴린은 예수의 아녜스 수녀로 당시 리지

원장 수녀님께서 이 글을 쓰라고 말씀하셨을 때 저는 이 일에 전념하게 되면 마음이 산란해질 것이라 생각했습니다. 그러나 그 후 예수님께서는 그저 순명만 하면 당신의 뜻에 맞게 되리라는 것을 깨닫게 해 주셨습니다. 그러므로 저는 영원토록 불러야 할 노래인, '주님의 자비하심'을 찬양하는 이 한 가지 일만 할 생각입니다.

펜을 들기 전에 저는 특별한 모성애를 우리 가족에게 가득히 보여 주신 성모상[18] 앞에 무릎을 꿇고, 제 손을 인도하시어 그분의 뜻에 맞지 않는 것은 한 줄도 쓰지 않게 해 주시기를 간청했습니다. 그리고 성경책을 펴니, "예수님께서 산에 올라가신 다음, 당신께서 원하시는 이들을 가까이 부르시니 그들이 그분께 나아왔다."(마르 3,13)라는 말씀이 눈에 띄었습니다. 이것이야말로 저의 성소와 제 일생의 신비와 특히 예수님께서 제 영혼에 주신 특별한 은혜의 의미가 포함된 말씀입니다. 예수님께서는 자격을 갖춘 듯 보이는 이를 부르지 않으시고

외에 있는 가르멜 여자 수도회의 원장이었다. 이 자서전을 쓸 때 데레사는 어머니 젤리 게랭이 별세한 이후 '엄마'라고 불렀던 폴린 밑에서 수도 생활을 하고 있었다.

[18] 지금 리지외 가르멜 여자 수도원 성당 안의 데레사 성녀의 유해를 모신 장 위에 놓여 있는 승리의 성모상을 말한다. 성모상은 언제나 마르탱 씨 가정에서 모셨던 것인데, 셀린이 가르멜에 들어올 때 수녀원으로 옮긴 것이다.

당신 뜻에 맞는 자를 부르시니, 바오로 사도께서도 "하느님께서는 …… '자비를 베풀려는 이에게 자비를 베풀고 동정을 베풀려는 이에게 동정을 베푼다.' 그러므로 그것은 사람의 의지나 노력이 아니라 하느님의 자비에 달려 있습니다."(로마 9,15-16)라고 말씀하셨습니다.

저는 하느님께서는 왜 어떤 영혼을 더 사랑하시며, 어째서 모든 영혼에게 똑같이 은총을 주시지 않는지 오랫동안 이상하게 생각했습니다. 예를 들어 바오로 사도나 아우구스티노 성인처럼 당신을 거역했던 성인들에게 특별한 은혜를 후하게 베푸시고, 심지어 당신의 은혜를 받도록 강요하신 것을 보고 매우 놀랐습니다. 또한 성인들의 전기를 읽다가 예수님께서 이들의 영혼을 날 때부터 마지막 숨질 때까지 귀여워하시어, 당신께 오는 데 장애가 되는 것은 모두 치워 주시고 세례 때 받은 옷의 찬란한 광채가 흐려지지 않도록 무한한 은총으로 인도하셨음을 보았습니다. 반면에 불쌍한 미개인未開人들 중에는 하느님의 이름조차 들어 보지도 못한 채 죽는 이가 왜 그렇게도 많은지 의아하게 생각했습니다……. 예수님께서는 이 신비를 제게 가르쳐 주셨습니다. 그분은 제 눈앞에 자연이란 책을 펼쳐 주셨고, 그분이 만드신 모든 꽃이 아름답다는 것과, 장미의 화려함이나 백합의 순결함 때문에 작은 오랑캐

꽃의 향기나 들국화의 순박한 매력이 없어지지 않는다는 것을 알게 되었습니다. 만일 작은 꽃들이 모두 장미가 되려 한다면 자연은 봄의 아름다움을 잃어버리고, 더 이상 갖가지의 작은 꽃들로 꾸며지지 못하리라는 것도 깨달았습니다.

영혼의 세계도 예수님의 정원과 같은 것입니다. 그분께서는 장미나 백합에 견줄 수 있는 큰 성인들을 창조하신 한편, 오랑캐꽃이나 들국화처럼 하느님께서 발밑을 내려다보실 때 그분의 눈을 즐겁게 해 드리는 작은 성인들도 창조하셨으니, 모두가 자신의 역할에 만족해야 할 것입니다. 완덕이란 하느님의 성의를 행하는 데, 즉 그분께서 우리에게 바라시는 대로 되는 데 있습니다.

또한 저는 주님의 사랑이 가장 숭고한 영혼에게 나타나는 것처럼 당신의 은총을 물리치지 않는 순박한 영혼에게도 나타난다는 것을 알았습니다. 자신을 낮추는 것이 사랑의 특징이므로 만일 모든 영혼이 명료한 교리로 성교회를 비춘 성현들의 영혼 같다면, 하느님께서 그들의 영혼까지 오신다고 해도 너무 아래까지 내려오신 것은 아닐 것입니다. 그러나 그분은 아무것도 모르고 가냘픈 울음소리밖에 내지 못하는 갓난아이도 창조하셨고 오직 본능대로만 행동하는 가련한 미개인도 창조하시어 저들의 마음에까지 내려오셨으니, 이들이야말로 그 순박함으로 주님의 마음을 끄는 들꽃들입니다. 이렇게 아래로 내려오심으로써 하느님께서는 당신의 무한하심을 보여 주십니다. 해가 삼나무나 작은 꽃을 지상에 유일한 것인 양 한결같이 비추는 것처럼 하느님께서도 영혼 하나하나를 특별히 여겨 일일이 마음을 써 주시며, 자연에 사계절이 돌고 돌아 가장 보잘것없는 들국화까지도 때가 되면 꽃이 피는 것처럼 모든 것이 각 영혼에 맞도록 마련되어 있는 것입니다.

사랑하는 원장 수녀님, 제가 지금까지 제 전기傳記라고 할 만한 것은 아무것도 말씀드리지 않은 채, 왜 이런 말씀을 드리는지 이상하게 생각하실 것입니다. 그러나 원장 수녀님께서는 아무것에도 구애받지 말고 머리에 떠오르는 대로 쓰라고 하셨지요. 제가 쓰려는 것은 이른바 제 삶의 전기가 아니라, 주님께서 제게 베풀어 주신 은혜에 대한 저의 생각입니다. 저는 지금 지난 일을 돌아볼 수 있는 시기[19]에 이르렀습니다. 제 영혼은 안팎으로 가득한 시련 속에서 단련되었습니다. 이제 저는 비바람으로 억세어진 꽃처럼 머리를 들고, 제 마음속에 시편 23장의 말씀이 이루어지는 것을 느낍니다. "주님은 나의 목자,

---

19 데레사가 이 글을 쓴 것은 수도 생활을 시작한 지 7년이 되었을 때이자, 아버지 루이 마르탱이 별세(1894년 7월 29일)한 이듬해 정월이다.

나는 아쉬울 것 없어라. 푸른 풀밭에 나를 쉬게 하시고 잔잔한 물가로 나를 이끄시어 내 영혼에 생기를 돋우어 주시고 바른 길로 나를 끌어 주시니 당신의 이름 때문이어라. 제가 비록 어둠의 골짜기를 간다 하여도 재앙을 두려워하지 않으리니 당신께서 저와 함께 계시기 때문입니다."(시편 23,1-4) "주님께서는 자비하시고 너그러우시며 분노에 더디시고 자애가 넘치신다."(시편 103,8) 원장 수녀님, 당신 곁에서 주님의 자비를 찬양하게 된 것을 행복으로 생각합니다……. 저는 원장 수녀님만을 위해서, 예수님께서 꺾으신 '소화小花'의 내력을 쓰려고 합니다. 문장의 부족함이나 가끔 쓰게 될 저의 잘못들에 대해서도 걱정하지 않겠습니다. 엄마는 자기 아이가 떠듬거리기만 할 때에도 언제나 귀를 기울이고 그 말을 알아듣는 것처럼 원장 수녀님께서도 제 말을 짐작하고 이해하시리라 믿고 있습니다.

만약 작은 꽃이 말을 할 수 있다면, 하느님께서 자기를 위하여 베푸신 은혜를 조금도 숨기지 않고 솔직하게 말할 것입니다. 거짓으로 겸손한 체하며 자기는 보기가 흉하고 향기가 없다든가, 해 때문에 향기가 낡았다든가, 비바람으로 대가 부러졌다든가 하는, 마음에도 없는 말을 하지 않을 것입니다. 이제부터 자신의 생애를 말하려는 이 꽃도, 예수님께 아무 대가 없이 받은 친절을 널리 알려야 하는 것을 기뻐하며,

주님의 눈에 들 만한 것은 자기에게 아무것도 없고, 자기 안에 있는 훌륭한 것은 모두 그분의 자비심만으로 이루어졌다는 것을 잘 알고 있습니다. '순결의 향기'가 가득히 퍼져 있는 거룩한 땅에 이 꽃을 싹트게 하신 분은 예수님이십니다. 또한 이 꽃보다 먼저 눈같이 흰 '여덟 송이의 백합꽃'을 피우신 분도 예수님이십니다. 주님께서는 당신 사랑으로 세상의 악풍惡風에서 당신의 작은 꽃을 보존하고자 하셨습니다. 꽃망울이 벌어지려 하자 그 꽃이 피는 동안 감싸 주고 귀여워해 주셨던 두 송이 흰 백합을 이미 달콤한 향기를 풍기고 있던 가르멜 산으로 모종내셨습니다.[20] 예수님의 정원에 뿌리를 내린 지 7년이 흘렀고, 그의 곁에는 세 송이 흰 백합이 향기 머금은 꽃망울을 한들거리고 있습니다. 조금 떨어진 곳에 또 한 송이 백합이 예수님 앞에 피어 있으며 이 꽃들을 낳아 준 성스러운 두 줄기는 이제 천국에서 영원히 결합되어 있습니다. 거기에서 그들은 지상에서 피지 못한 네 송이의 백합을 만났습니다……. 아! 예수님께서 유배지의 낯선 강둑 위에 꽃들을 오래 남겨 두지 않으시어, 머지않아 천국의 백합 가지의 빈자

---

20 데레사가 가르멜에 들어간 것은 만 15살 때이다.

리가 전부 채워지길 바랍니다.[21]

원장 수녀님, 저는 하느님께서 제게 베풀어 주신 것을 간단히 말씀드렸습니다. 이제는 저의 어린 시절 이야기를 자세히 하겠습니다. 다른 이들에겐 지루하게 생각되는 이야기일지 몰라도, 저의 두 번째 어머니이신 당신의 마음은 이 이야기를 즐겨 읽으실 것이라 믿습니다.

저는 당신 곁에서 어린 시절을 보냈고 우리를 모두 똑같이 보살펴 주시는 아주 훌륭한 부모님 슬하에서 자랐으므로 저의 추억은 또한 원장 수녀님의 추억이기도 합니다. 오! 아버지, 어머니께서는 이 막내에게 강복하시고, 주님의 자비를 찬양하도록 저를 도우소서.

가르멜에 들어오기까지의 제 영혼의 내력은 세 가지 시기로 분명하게 나눌 수 있습니다. 첫 번째는 짧지만 여러 가지 추억이 많은 시기로, 제가 철이 들 때부터 사랑하는 엄마가 돌아가신 때까지입니다.

---

21 이 비유는 데레사의 온 가족을 뜻한다. 데레사보다 먼저 핀 여덟 송이 백합꽃은 그의 오빠와 언니들이다. 성녀가 이 글을 쓸 무렵 '세 송이 백합꽃'은 데레사와 함께 가르멜 여자 수도원에 있었는데, 바로 마리와 폴린과 셀린이다. 또 한 송이는 좀 떨어진 곳에 피어 있었는데, 성모 방문 수녀회에 들어간 레오니다. 어머니 젤리 게랭은 1877년 8월 28일, 아버지 루이 마르탱은 1894년 7월 29일에 각각 별세하였다.

저는 하느님의 은혜로 일찍부터 사물에 밝아, 어릴 적 기억에 추억을 새겨 두었기 때문에 지난 일이 어제 일처럼 생각납니다. 예수님께서는 사랑으로 제게 주셨다가 이내 하늘 나라로 영광스럽게 인도해 주신 사랑하는 엄마를 알게 하시려고 이러한 은혜를 내리셨을 것입니다.

저의 평생은 주님의 사랑으로 둘러싸였고, 유년 시절의 추억이란 참으로 부드러운 미소와 애정으로 가득 차 있습니다. 그러나 하느님께서는 제 주위에 많은 사랑을 두셨을 뿐만 아니라 제 작은 마음도 다정하게 만들어 사랑을 넣어 주셨습니다. 그래서 저는 부모님을 매우 사랑하였습니다. 또 감정을 잘 드러내는 성격이었으므로 부모님에게 다양한 방법으로 애정을 표시했습니다. 그러나 아래 엄마의 편지에서 볼 수 있는 것처럼 그 방법은 때때로 유별난 것이었습니다. "아기는 말할 수 없이 장난꾸러기고, 나를 만지러 와서는 '엄마! 난 엄마가 죽었으면 참 좋겠어!' 하고 말한단다. 그래서 모두들 꾸중을 하면 그 애는 아주 놀란 표정으로 '그렇지만 난 엄마를 천국에 가게 하려고 그러는데 뭘! 엄마가 죽지 않으면 천국에 갈 수 없는 거라고 했잖아.'라고 한단다. 아빠에게도 너무 사랑하는 나머지 죽으라고 하더구나."

제가 한 살 반이 되던 1874년 7월 25일 엄마는 저에 대해서 이런 말씀을 하셨습니다. "너희 아버지께서 그네를 매셨는데 셀린도 좋아하지만, 아기도 매우 좋아하더구나. 아기가 그네 타는 것을 좀 보렴. 하나도 겁먹지 않고 앉아 있는 것을 보면 웃음을 참을 수가 없단다. 줄을 놓칠 염려를 하기는커녕 세게 밀어 주지 않으면 소리를 지른단다. 앞에 다른 줄을 매어서 아기를 붙들어 놓기는 하지만, 아기가 그 위에 올라타고 있는 것을 보면 마음이 놓이지 않는구나.

나는 최근에 아기 때문에 이상한 일을 겪기도 했단다. 새벽 다섯 시 반 미사에 가는 습관이 있는데, 처음 며칠은 아기를 혼자 두고 갈 엄두도 못 냈지만 아기가 한 번도 잠을 깨지 않는 것을 보고 혼자 뉘어 두고 가기로 했단다. 아기를 내 침대에 눕히고 떨어지지 않게 요람을 바싹 붙여 놓았지. 그런데 어느 날 그만 요람 붙여 놓는 것을 잊고 미사에 갔단다. 돌아와 보니 아기가 침대에 없지 않겠니. 그 순간 무슨 소리가 들려 돌아보니, 침대 머리 맞은편에 있는 의자 위에 아기가 앉아 있더구나. 긴 베개 위에 고개를 얹고는 몸이 거북해서 꼼지락거리며 제대로 자지 못하고 있었단다. 분명 아기는 누워 있었는데 어떻게 이 의자 위에 앉아 있게 되었는지 알 수가 없었지. 그러나 나는 아기에게 아무 일도 일어나지 않은 것을 하느님께 감사드렸단다. 이건 정말 하느님의 섭리야. 아기가 땅에 굴러 떨어질 수도 있는 것을 수호천사가 지켜 주시고, 아기를 위해 내가 매일 기도하는 연옥의 영혼들이 아기를 보호해 주셨구나 하고 생각했지……."

편지 끝에 엄마는 이렇게 덧붙이셨습니다. "아기는 내 얼굴을 그 조그만 손으로 쓰다듬고 끌어안는구나. 이 귀염둥이는 한시도 나에게서 떨어지려 하지 않고 언제나 내 옆을 졸졸 따라다니며, 함께 뜰에 나가는 것도 무척 좋아하지. 내가 뜰에 없으면 혼자 남아 있기가 싫어서 울어 대는 통에 아기를 데려오고야 만단다."

또 다른 편지에는 이런 구절도 있습니다. "저번에 데레사는 자기가 천국에 갈 수 있겠냐고 물어보았단다. 아주 얌전하게 굴면 갈 수 있다고 대답했더니 이렇게 말하더구나. '응, 그럼 얌전하게 굴지 않으면 지옥에 가겠네……. 그렇지만 좋은 방법이 있어. 엄마가 천국에 갈 때 같이 올라갈 거야. 엄마가 나를 꼭 껴안아 줄 텐데 하느님께서 어떻게 붙잡아 가실 수 있겠어?' 엄마 품에 숨어 있기만 하면 하느님께서도 어떻게 하실 수 없으리라는 굳은 믿음을 데레사의 눈에서 똑똑히 보았단다……."

"마리는 제 작은 동생을 무척 사랑하지만, 마리의 말을 어기게 될까 봐 데레사가 몹시 두려워하는 것을 보면 매우 엄하게 대하는 모양이야. 어제는 아기가 좋아하는 장미꽃을 주려고 했더니, 마리가 꺾지 말라고 했다면서 아기는 걱정으로 얼굴이 빨개졌단다. 그래도 내가 장미꽃 두 가지를 꺾어 주었더니 집에 들어가려고 하지를 않더구나. 장미는 마리의 것이 아니라 내 것이라고 말해 줘도 소용이 없어서, '아니야, 장미는 마리 언니 거야.' 하고 대답했단다. 정말 착한 아기란다. 조금이라도 잘못한 것이 있으면 모두에게 고백하지 않고선 못 견디하지. 어제는 실수로 벽지 한 귀퉁이를 찢고서 어찌나 걱정하는지 가엾을 정도였어. 그 일을 빨리 아빠에게 말씀드려야만 한다는 거였지. 네 시간이 지나 아빠가 돌아오셨을 때는, 모두 그 일을 까맣게 잊고 있었는데 그 애가 급히 마리에게 달려가서 '빨리 아빠한테 내가 벽지를 찢었다고 말해.'라고 하더구나. 그리고 마치 선고를 기다리는 죄수처럼 우두커니 서 있었단다. 그러나 그 어린 마음에는 자백을 하기만 하면 쉽게 용서를 받으리라고 생각하고 있었던 것이지."

저는 대모인 마리 언니를 몹시 좋아했습니다. 겉으로 드러내지는 않았지만 저는 주위에서 일어나는 일이나 들리는 것에 세심한 주의를 기울였고, 그때 이미 지금과 비슷한 수준으로 사물을 판단했던 것으로 기억합니다. 저는 마리 언니가 셀린 언니에게 가르쳐 주는 것을 주의 깊게 들었고, 언니의 가르침을 따르려고 노력했습니다. 마리 언니가 성모 방문 수녀회 기숙 학교에서 돌아온 후 셀린 언니에게 공부를 가르쳐 주는 동안, 그 방에 같이 남아 있고 싶어서 아주 얌전하게 굴고, 언니가 시키는 것은 무엇이든 했습니다. 또 언니는 제게 선물도 많이 주었는데, 큰 선물은 아니었지만 무척 기뻤습니다.

두 언니는 저의 자랑이었지만, 특히 폴린 언니는 제 어린 마음의 이상理想이었습니다. 제가 겨우 말을 하기 시작했을 무렵, 엄마가 "무슨 생각을 하고 있니?"라고 물으시면 항상 "폴린……." 하고 대답했습니다. 한번은 손가락으로 유리창 위에 그림을 그리며 "폴린이라고 쓰고 있다."라고 중얼거렸습니다. 저는 폴린 언니가 틀림없이 수녀가 될 거라는 말을 자주 들었습니다. 그러면 수녀가 무엇인지도 잘 모르면서 '나도 수녀가 될 테야!' 하고 생각하였습니다. 이것이 제가 수녀가 되겠다고 생각한 첫 번째 추억들 중 하나이며 그 후 이 결심은 결코 변하지 않았습니다! 사랑하는 원장 수녀님, 예수님께서 저를 약혼자로 택하시도록 이끌어 주신 분은 바로 당신이십니다! 제가 수도원에 올 때 원장 수녀님께서는 제 곁에 계시지 않았지만 이미 우리의 영혼은 연결되어 있었지요. 당신은 저의 이상이었으니 저는 당신처럼 되는 것이 소원이었고, 두 살부터 동정녀의 정배가 되시는 분께 저를 이끌어 주신 것은 원장 수녀님의 모범이었습니다……. 당신과 저와의 관계에 대해 말씀드리고 싶은 그리운 추억이 얼마나 많은지요! 그러나 저에 관한 일반적인 이야기만 하겠습니다. 원장 수녀님과의 관계를 자세히 이야기하려면 다른 것은 말할 틈이 없을 테니까요……!

저는 레오니 언니도 몹시 좋아했고, 언니도 저를 매우 귀여워해 줬습니다. 어느 날 저녁 가족들이 모두 소풍을 갔을 때, 레오니 언니가 저를 돌봐 주었습니다. 언니가 저를 재우려고 부르던 아름다운 노래가 아직도 귓가에 생생합니다……. 언니는 저를 즐겁게 해 주려고 했고, 저도 언니를 거스르지 않으려고 애를 썼습니다.

레오니 언니가 첫영성체하던 순간을 또렷하게 기억하는데, 특히 사제관에 들어가려고 저를 안던 장면을 생생하게 기억합니다. 저와 같은 하얀 옷을 입은 언니에게 안겨 가는 것이 얼마나 아름다운 모습으로 생각되었는지요……! 그러나 이 큰 잔치에 참석하기에 저는 너무 어렸으므로 저녁에 일찍 자야만 했습니다. 그러나 아빠가 당신의 작은 여왕[22]에게 식후에 먹는 과자를 조금 갖다 주시던 모습이 아직도 눈에 선합

---

22 아버지 루이 마르탱은 데레사를 여왕이라고 불렀다. - 편집자 주

니다.

그 이튿날이나 혹은 2, 3일 뒤에 우리는 엄마와 함께 레오니 언니의 친구 집을 방문했습니다. 그날 가난한 다고로 부인이 식사를 대접해 주셨는데, 식사 후에 엄마가 우리를 담 뒤로 몰래 데려가 포도주를 주셨습니다. 엄마는 다고로 부인에게 포도주를 마련해야 하는 괴로움을 주는 것을 원치 않으셨을 뿐만 아니라, 우리에게 무엇이든 부족함이 없게 해 주시고 싶으셨던 것이지요……. 아! 엄마의 마음은 얼마나 섬세하고, 아무도 생각하지 못한 것을 미리 알아채시고 다양한 방법으로 나타내셨는지요!

어렸을 때 좋은 친구가 되어 주었던 셀린 언니에 대해 이야기할 것이 있습니다. 셀린 언니에 관한 추억은 너무 많아서 무엇을 이야기해야 할지 모를 정도입니다. 저는 엄마가 성모 방문 수녀회에 있던 당신께 보낸 편지의 몇 구절을 골라 쓰겠습니다.

제가 태어난 해인 1873년 7월 10일에 엄마는 당신께 이렇게 써 보내셨습니다. "목요일에 유모가 데레사를 데려왔는데 웃기만 하더구나. 특히 사이가 좋은 셀린하고는 아주 깔깔거리며 웃지 않겠니. 벌써 놀고 싶어 하는 것 같던데, 아마 곧 그렇게 될 수 있겠지. 그 작은 양다리로 조그만 말뚝처럼 꼿

꼿이 일어선단다. 내 생각엔 아기가 일찍 걷게 될 것 같고, 성격도 착할 것 같구나. 아주 영리하고 하늘에서 예정되어 내려온 아기 같은 예쁜 얼굴을 갖고 있거든……."

그러나 특히 유모가 떠난 후 사랑하는 셀린 언니에 대한 저의 애정이 잘 드러나게 되었습니다. 우리 둘은 마음이 대단히 잘 맞았습니다. 다만 제가 언니보다 성격이 더 괄괄하고 순진하지 못했습니다. 언니보다 세 살 반이나 더 어렸지만 저에게는 언니가 동갑인 것처럼 느껴졌습니다.

다음 편지를 보시면 셀린 언니가 얼마나 양순하고 저는 얼마나 못됐는지 아실 것입니다. "셀린은 덕이 있단다. 태어나면서부터 티 없는 영혼과 악을 두려워하는 마음을 가졌지. 데레사는 어린데도 너무 수선스러워서 어떻게 될지 알 수가 없구나. 셀린보다 영리하긴 하지만 셀린보다 얌전하지 못하고, 더구나 말할 수 없이 고집이 세단다. 그 애가 한 번 '아니.'라고 하면 도무지 그 뜻을 꺾을 수가 없구나. 온종일 지하실에 가둬 놓아도 그 애는 '네.' 하고 대답하기보다는 차라리 거기서 자 버릴 게다. 그러나 아기는 다정한 마음을 가지고 있단다. 얼마나 상냥하고 솔직한지 몰라. 나를 쫓아와서 '엄마! 내가 셀린 언니를 한 번 떠밀고 한 번 때렸어. 그렇지만 다신 안 그럴 거야.' 하고 자백하는 것을 보면 얼마나 우스운지 모른단다. 데레사가 하는 것은 다 이렇단다. 목요일 저녁에 정거장 쪽으로 소풍을 갔는데, 아기는 폴린을 찾아간다고 기필코 대합실로 들어가려고 하더구나. 기뻐 어쩔 줄 모르며 앞장서서 뛰어갔다가, 폴린을 만나러 가는 기차를 타려고 온 것이 아니라는 것을 알게 되자, 아기는 돌아오면서 내내 울었단다."

이 편지의 마지막 구절은 성모 방문 수녀회에서 돌아오던 당신을 보고 느꼈던 행복감을 회상시켜 주는군요. 원장 수녀님께서는 저를 안고 마리 언니는 셀린 언니를 안았지요. 그때 저는 수천 번도 더 당신을 쓰다듬으며 당신의 땋은 머리채를 넋을 잃고 쳐다봤어요. 또 당신은 석 달 동안이나 싸 두었던 납작해진 초콜릿도 주셨어요. 그것이 제게 얼마나 귀중한 것이었는지 아시겠지요? 저는 또한 르망으로 여행갔던 일도 기억납니다. 그때 처음으로 기차를 타 봤지요. 엄마와 단둘이 여행하던 것이 얼마나 즐거웠던지요! 그런데 저도 모르게 눈물이 쏟아져서, 엄마는 줄곧 울어서 눈이 새빨갛게 된 꼴사나운 아이를 르망에 계신 아주머니께 인사시켜야만 하셨지요. 응접실에서의 기억은 전혀 없지만 아주머니가 흰 생쥐 한 마리를 주시고, 두꺼운 종이로 만든 조그만 상자에 사탕을 가득 넣고 그 위에 제 손가락 굵기만 한, 반지처럼 생긴 사탕 두 개를 얹어 주시던 일은 생각납니다. 받자마자 저는 "아, 좋아라!

셀린 언니에게도 반지를 하나 줘야겠네." 하고 소리쳤지요. 그런데 한 손으로 상자 손잡이를 쥐고 다른 한 손으로는 엄마 손을 붙잡고 가다가 다시 상자를 살펴보니, 사탕이 거의 다 길에 떨어져 있었습니다. 상자를 자세히 들여다보니, 그 귀중한 반지 모양의 사탕 하나도 다른 사탕과 같은 운명을 당했더군요. 셀린 언니에게 줄 것이 없어져 버렸지요! 저는 슬픔이 북받쳐 당장 돌아가서 주워 오자고 했지만 엄마는 들은 체도 하지 않으시는 것 같았습니다. 더 이상 참을 수가 없어서 눈물을 줄줄 흘리다 못해 소리를 질렀습니다. 엄마가 제 슬픔을 나누지 않는다는 것은 이해할 수 없는 일이었기에 더욱 서러웠지요.

이제 다시, 엄마가 셀린 언니와 저에 대해 써 보내셨던 편지에 대해 말씀드리겠습니다. 이것이 제 성격을 당신께 가장 잘 설명해 드릴 수 있는 방법이니까요. 편지에 저의 결점들이 잘 나타난 구절이 있습니다. "셀린은 아기하고 주사위를 갖고 놀다가 가끔 말다툼을 하는데, 면류관[23]의 진주알을 하나 더 얻으려는 마음으로 양보하고 만단다. 자꾸만 버릇이 나빠지는 아기를 고쳐 줘야겠구나. 아기는 무슨 일이든 제 고집대로

---

23 예수님이 돌아가실 때 쓰신 가시 면류관이다. - 편집자 주

되지 않으면 절망한 사람처럼 땅 위를 구르고 심할 때는 까무러치기까지 한단다. 보통 신경질을 부리는 게 아니지만, 무척 귀엽고 영리하기도 하지. 또 무엇이든 잘 기억한단다."

원장 수녀님, 제가 얼마나 결점이 많은 아이였는지 아시겠지요! "잠드니 얌전하구나."라는 말도 제게는 할 수 없을 정도였으니까요. 왜냐하면 저는 밤에도 낮 이상으로 야단스러웠거든요. 이불이란 이불은 온통 걷어차고, 잠든 채 침대의 나무 난간을 주먹으로 두드려 댔답니다. 그러다가 아픔에 잠이 깨어 "엄마, 나 부딪혔어!" 하고 소리를 질렀지요. 엄마는 일어나서 제 이마에 정말 혹이 생기고 '부딪혔는지' 보러 오셔야 했지요. 그리고 이불을 잘 덮어 준 다음 주무시러 가셨습니다. 그러나 금방 다시 이 '부딪히는' 소동을 시작했기에 저를 침대에 붙들어 매야 할 지경이었어요. 저녁마다 셀린 언니는 이 괴팍한 동생이 다치지 않고 엄마도 깨우지 않도록 저를 끈으로 잡아매러 여러 번 오곤 하였습니다. 이 방법은 효과가 있어서 다음부터는 조용히 잘 수 있었습니다. 엄마가 편지에 말씀은 안 하셨지만 깨어 있을 때 저에게는 또 다른 결점이 하나 있었는데, 그것은 대단한 자애심自愛心이었습니다. 이야기가 너무 길어질까 봐 두 가지 예만 들겠습니다. 하루는 엄마가 "데레사야, 네가 땅에 입을 맞추면 동전을 하나 줄게." 하고 말씀하셨습니다. 당시 동전 한 개는 저에게 큰 재산이었습니다. 키가 작은 저와 땅바닥 사이의 거리가 그렇게 멀지 않았기 때문에, 그 돈을 얻는 것이 제 위엄을 크게 손상시킬 것 같지는 않았습니다. 하지만 땅에 입을 맞춘다는 생각을 하자, 제 자존심이 이를 허락하지 않았습니다. 그래서 똑바로 서서 "엄마, 싫어. 그 돈은 안 갖는 게 더 나아." 하고 엄마에게 말했습니다.

또 한번은 '그로니'에 있는 모니에 부인 댁에 가게 된 날이었습니다. 엄마는 마리 언니에게 레이스로 장식한 고운 하늘색 옷을 제게 입혀 주되, 햇볕에 팔이 그을리지 않도록 팔을 내놓게 하지 말라고 당부하셨습니다. 저는 또래의 아이들처럼 언니가 입혀 주는 대로 아무렇지도 않게 옷을 입었습니다. 그러나 마음속으로는 제 작은 팔을 내놓으면 얼마나 더 예쁠까 하고 생각했습니다.

성격이 이러했기 때문에 만일 제가 덕이 없는 부모님 아래에서 자랐거나, 셀린 언니처럼 루이즈[24]가 응석을 받아 주며 키웠다면 아주 나쁜 아이가 되거나, 영원한 멸망의 길로 빠졌을지도 모릅니다. 그러나 예수님께서는 당신의 어린 약혼자

---

24 마르탱 부인이 죽기 전까지 마르탱 씨 집의 하녀였다.

를 지켜 주시어 이 모든 결점을 도리어 바르게 쓰이도록 하시고, 일찍이 이를 억제하여 완덕完德으로 나아가는 데 도움이 되도록 하셨습니다. 제게는 자존심과 더불어 또한 선善을 사랑하는 마음도 있었기 때문에 비록 어린 나이였지만 생각을 신중히 하게 되면서부터는 누가 저에게 어떤 짓을 하면 안 된다고 한 번만 가르쳐 주면 두 번 다시 그런 일을 할 생각을 하지 않았습니다. 제가 나이가 들어갈수록 점점 엄마에게 위안이 되었다는 것을 엄마의 편지에서 보니 참으로 기쁩니다. 자라면서 제 눈앞에는 가족들의 좋은 표양만 보일 뿐이니, 자연스럽게 그것을 본받고 싶은 마음이 커졌습니다.

1876년에 어머니는 이렇게 쓰셨습니다. "데레사까지도 때때로 희생을 하려 한단다. 그 애는 아주 귀엽고 섬세하며 활발하고, 또한 아주 상냥하기도 하지. 셀린과 아기는 사이가 정말 좋아서 둘이 붙어 있기만 하면 심심한 줄을 모른단다. 매일 저녁 식사가 끝나자마자 셀린은 선물로 받은 자신의 수탉을 잡으러 가서는 데레사의 암탉까지 한꺼번에 잡는단다. 나는 도저히 잡을 수가 없는데, 그 애는 어찌나 빠른지 한 번에 펄쩍 뛰어서 잡는구나. 그러고는 둘이서 나란히 닭을 안고 난로 옆에 앉아서, 아주 오랫동안 논단다(제 유모였던 로즈가 제게 닭을 한 쌍 선물했는데, 저는 수탉을 셀린 언니에게 주었습니다). 저번에 셀린은 나와 함께 자고 데레사는 3층 셀린의 침대에서 잤단다. 그런데 셀린이 데레사를 데려다 옷을 입혀 달라고 루이즈에게 조르더구나. 루이즈가 아기를 찾으러 올라가 보니 침대는 텅 비어 있었지. 데레사는 셀린의 소리를 듣고 함께 내려왔던 거였어. 루이즈가 '내려가서 옷 안 입을 테야?' 하니까 '루이즈, 싫어요. 우리는 병아리 한 쌍처럼 서로 떨어질 수 없어요.' 하고 대답하면서 셀린을 꼭 껴안은 채로 붙어 있었단다. 저녁에 루이즈, 셀린, 레오니는 가톨릭 모임에 가서 데레사만 혼자 남았지. 자기가 너무 어려서 거기에 갈 수 없음을 잘 알고 있는 데레사는 '셀린의 침대에서만이라도 자고 싶어요……!' 하고 말하더구나. 하지만 그렇게 해 줄 수는 없었어. 아기는 한마디도 하지 않고, 제 작은 램프 옆에 우두커니 혼자 있더니 15분 후에는 깊은 잠이 들었단다."[25]

엄마는 또 이렇게도 쓰셨습니다. "셀린과 데레사는 서로 떨어지지 않고, 서로 정말 사랑한단다. 마리가 공부를 가르쳐 주려고 셀린을 데리러 오면, 아기는 금방 눈물을 글썽거리지. 정말로 그의 어린 친구가 가 버린다면 어떻게 할지! 마리가 불쌍하게 생각해서 함께 데리고 가면, 아기는 의자에 앉아 두

---

[25] 1876년 11월 8일에 마르탱 부인이 폴린에게 쓴 편지다.

시간이고 세 시간이고 기다리고는 해. 아기에게 구슬 꿰기나 헝겊 꿰매기를 할 재료를 주면 꼼짝도 않고 하다가, 가끔 깊은 한숨을 내쉬기도 한단다. 바늘에서 실이 빠지면 그걸 꿰려고 하지만 잘 되지는 않고, 그렇다고 감히 마리를 방해할 생각은 못하고 있는 아기를 보면 기분이 참 묘하지. 곧 눈에서 커다란 눈물방울이 볼을 타고 주르륵 흐른단다. 마리가 위로를 해 주고 실을 꿰어 주면, 작은 천사는 눈물 속에서 금세 방긋이 웃는구나."[26]

저는 정말 셀린 언니 없이 혼자 있을 수는 없었습니다. 식탁에서 셀린 언니가 일어나면 후식을 다 먹지 않았어도 곧 따라가고 싶어서 커다란 식탁 의자 위에서 빙빙 돌며 내려 달라고 졸라서는 같이 나가 놀 정도였으니까요. 때때로 우리는 작은 지사知事 부인과 함께 놀러 가기도 했는데, 그 부인은 아름다운 정원과 장난감을 보여 주어 우리를 즐겁게 해 주었습니다. 그러나 그것은 셀린 언니를 기쁘게 해 주려고 했던 것입니다. 저는 우리 정원의 담벼락에 있는 반짝이는 돌비늘을 파내서 아빠에게 가져가 팔면, 그것을 아빠가 아주 정중하게 사 주시는 놀이를 더 좋아했습니다.

---

[26] 1877년 3월 4일에 마르탱 부인이 폴린에게 쓴 편지다.

저는 너무 어려서 주일 미사에 갈 수 없었으므로, 엄마가 남아서 돌봐 주셨습니다. 비록 집에 있었지만 미사가 진행 되는 시간에는 아주 얌전해져서 걸음도 발끝으로만 사뿐사뿐 걸었습니다. 그러나 미사가 끝나고 가족들이 돌아오는 것을 보면 기뻐서 어찌할 바를 몰랐습니다. 저는 '성당에 어울리게 단장한' 예쁜 셀린 언니에게 신나게 달려가서 "셀린 언니, 빨리 강복받은 빵을 줘!" 하고 외쳤습니다. 어느 날인가는 언니가 미사에 너무 늦게 갔기 때문에 강복받은 빵을 가져오지 못했습니다. 그러나 저는 '저의 미사'였던 그 빵을 먹지 않고는 못 견딜 것 같았습니다. 그때 한 가지 방법이 생각났습니다. "강복받은 빵이 없으니 언니가 만들어 줘!" 말이 끝나기 무섭게 곧 실행에 옮겨졌습니다. 셀린 언니는 의자 위로 올라가 찬장을 열어 빵을 꺼내 한 조각을 잘랐습니다. 그리고 엄숙한 어조로 그 위에 대고 '성모송'을 한 번 외운 후 저에게 주었습니다. 저도 성호를 긋고 매우 열심히 빵을 받아서 먹었는데, '강복받은 빵의 맛'과 똑같았습니다.

우리는 함께 모여서 신앙심을 키우기도 했습니다. 엄마가 쓰신 편지에 이런 글이 있습니다. "귀여운 셀린과 데레사는 천사 같은 마음을 가진 축복받은 아이들이야. 데레사는 마리의 즐거움과 행복이며 영광이란다. 마리가 얼마나 데레사를 자랑하는지 몰라. 아기는 그 나이로는 드물게 지혜로운 대답을 할 줄 안단다. 그런 것으로는 나이가 배나 많은 셀린을 능가하지. 언젠가 셀린이 '하느님께서 어떻게 그 조그만 제병 속에 계실까?' 하고 물으니까, 아기는 '그게 뭐가 이상해? 하느님은 전능하시니까 그렇지!' 하고 대답하더구나. '전능이 무슨 뜻이야?' 하니까, '하고자 하시는 것은 무엇이나 다 하신다는 뜻이지!'라고 대답했단다."[27]

하루는 레오니 언니가 인형을 갖고 놀기에는 자신이 너무 컸다고 생각했는지, 저희에게 인형 옷을 만들 고운 헝겊이 가득 찬 바구니를 들고 왔습니다. 그리고 그 위에 자신의 인형을 놓고, "애들아, 골라 보렴. 달라는 걸 줄게."라고 했습니다. 셀린 언니는 손을 내밀어 좋아하던 조그만 색 끈 뭉치를 집었습니다. 저는 잠깐 생각하고 난 뒤 손을 내밀며, "난 다 고를 거야!"라고 말하면서 염치없이 바구니를 통째로 가졌습니다. 이것을 본 사람들은 제가 잘했다고 생각했습니다. 셀린 언니는 이런 일에 불평할 생각도 하지 않았습니다.[28]

어렸을 때의 이와 같은 이야기들은 제 모든 생애를 축약해

---

27 1877년 5월 10일에 마르탱 부인이 폴린에게 쓴 편지다.
28 셀린의 대부가 평소에도 선물을 많이 주었고, 하녀인 루이즈도 셀린이 해 달라는 대로 해 주었기 때문에 장난감은 부족하지 않았다.

놓은 그림과 같습니다. 그 후 완덕이라는 것에 대해 알게 되자, 제가 '성녀'가 되려면 많은 고통을 당해야 하고 항상 가장 완전한 것을 찾아야 하며, 자기 자신을 잊어야 한다는 것을 깨달았습니다. 또한 성덕에는 층이 많으며, 주님께서 요구하시는 것에 응답하는 것, 적은 일을 하든 많은 일을 하든 주님께서 요구하시는 희생 가운데서 선택하는 것 모두가 각 영혼에게 달린 자유로운 문제라는 것을 깨달았습니다. 그래서 저는 어릴 때 하던 것처럼 "하느님, 저는 모두 선택합니다. 반쪽짜리 성녀가 되고 싶지는 않습니다. 저는 당신 때문에 괴로움을 받는 것은 무섭지 않고, 오직 제 마음대로 하는 것, 그것이 겁날 뿐입니다. 저는 당신이 원하시는 것은 '모두 선택'하오니, 저의 의지를 받아 주소서!" 하고 부르짖었습니다.

젊은 시절 이야기는 아직 할 때가 아니니, 네댓 살 먹은 심술쟁이에 대한 이야기를 더 하겠습니다. 그 나이에 꾸었던 꿈이 생각나는데, 그것은 머릿속에 깊이 새겨져 있어 자주 생각납니다. 어느 날 밤에, 혼자 뜰로 산책하러 나가는 꿈을 꾸었습니다. 정원으로 올라가는 길목에 있는 계단 아래로 갔을 때 저는 놀라서 멈춰 섰습니다. 제 앞에 있는 정자 옆의 석회로 만든 통 위에서 흉측하고 조그만 마귀 두 마리가, 양발에 무거운 쇠사슬이 묶여 있는데도 굉장히 가볍게 춤추고 있었습니다. 제가 바라보는 것을 눈치채자, 깜짝 놀란 듯 이글이 글 타는 눈으로 저를 쳐다보더니 통 속으로 들어갔다가, 다시 그 앞에 있는 창고로 뛰어가 숨어 버렸습니다. 그놈들이 그렇게 겁이 많은 걸 보고 어떻게 하는지 보려고 창고의 창문 가까이로 다가갔습니다. 그 겁먹은 마귀 새끼들은 거기서 제 눈길을 어떻게든 피해 보려고 상 위를 여기저기 뛰어다니고 있었습니다. 그놈들은 불안한 모습으로 아직도 제가 있나 보려고 몇 번이나 창문으로 다가왔다가, 제가 계속 서 있는 것을 보고는 어찌할 줄 모르며 다시 뛰면서 돌아다니기 시작했습니다……. 아마 이 꿈에 특별한 뜻은 없었겠지만, 저는 하느님께서 이 꿈을 통해 은총을 받는 영혼은 어린아이의 눈길조차 무서워 도망가는 그런 겁쟁이 마귀를 조금도 무서워할 필요가 없다는 것을 보여 주셨다고 생각합니다.

엄마의 편지에는 이런 구절도 있습니다. 그때 엄마는 이미 이 세상이라는 유배지에서의 마지막을 예감하고 계셨습니다. "두 아이는 나를 걱정시키지 않는단다. 둘 다 착하고 뛰어난 천성을 가졌으니 틀림없이 착한 애들이 될 거야. 마리와 네가 그 아이들을 잘 기를 수 있겠지. 셀린은 아주 작은 잘못도 결코 일부러 저지르지는 않는단다. 아기 역시 착하고 어떤 일이 있더라도 거짓말을 하지 않을 거야. 아기는 내가 너희에게서

1881년 여덟 살의 데레사와 셀린.

보지 못했던 재치를 갖고 있단다."[29]

"며칠 전 데레사가 셀린과 루이즈와 함께 반찬 가게에 갔었는데, 자신의 희생에 대한 이야기를 하다가 셀린과 심한 말다툼을 했단다. 가게의 여주인은 '그 애는 뭘 말하려는 건가요? 정원에서 놀 때도 희생에 대한 이야기만 한다니까요. 고슈렝 부인[30]이 희생에 대한 말다툼이 무슨 뜻인지 알려고 창문밖으로 얼굴을 내놓을 정도니…….'라고 루이즈에게 말했다는구나. 보렴, 아기는 우리의 행복이며 착하게 자랄 거야. 이미 그 기미가 보이는 걸. 또한 하느님에 대한 이야기만 하고 무슨 일이 있더라도 기도를 빠뜨리지 않을 거야. 데레사가 짧은 우화寓話를 이야기하는 것을 네가 들어 볼 수 있다면 좋을 텐데. 나는 그렇게 사랑스러운 아이는 보지 못했단다. 그 애는 어떤 표정을 짓고 어떤 어조로 말해야 할지 혼자서 생각해 내지. 특히 '금발의 아기야, 너는 하느님께서 어디에 계시다고 생각하니?' 하고 물으면, '저 위 파란 하늘에 계시지.' 하고 말하면서 천사 같은 표정으로 시선을 돌려 하늘을 바라보는데, 그 모습이 말할 수 없이 아름답단다. 그 시선 속에는 황

---

29 1877년 3월 22일에 마르탱 부인이 폴린에게 쓴 편지다.
30 이웃에 사는 부인으로, 정원에 가려면 이 부인의 집 옆을 지나가야 했다.

홀할 만큼 신성한 그 무엇이 들어 있어."[31]

    원장 수녀님, 그 시절 저는 얼마나 행복했는지요! 저는 이미 삶을 즐기기 시작했으며, 덕행에 대해서도 큰 매력을 느꼈습니다. 저는 그때 벌써 제 모든 행동을 잘 통제할 수 있어서, 지금과 같은 마음을 갖고 있었던 것 같습니다……. 아! 어렸을 때의 햇살 가득한 시절은 얼마나 빨리 흘렀는지요! 하지만 그 시절은 제 영혼에 달콤하고 따뜻한 흔적들을 새겨 놓았습니다. 아빠가 우리를 데리고 별장[32]에 가던 날을 생각하니 즐거워집니다. 그날의 일은 아주 작은 일들까지 머릿속 깊이 새겨져 있습니다. 또한 주일마다 엄마와 함께 소풍을 가던 일이 생각납니다. 도깨비부채며 들꽃 등으로 수놓인 밀밭을 볼 때 마음에 일던 시적인 인상이 아직도 느껴집니다. 저는 어릴 때부터 풍경을 좋아했습니다. 푸른 하늘과 굉장히 큰 전나무들, 그리고 땅에 축 늘어져 있는 나뭇가지들을 보았을 때 요즘에 자연을 보고 느끼는 것과 비슷한 인상을 그때도 받았습니다. 산책하는 동안 우리는 자주 걸인을 만났습니다. 적선하는 것은 언제나 어린 저의 일이었는데, 참으로 기쁜 일이었습니다.

---

31 1877년 3월 4일에 마르탱 부인이 폴린에게 쓴 편지다.
32 아버지 루이 마르탱이 결혼 전에 산 '라발'에 있는 작은 별장이다.

아빠는 가끔 작은 여왕에게는 산책하는 길이 너무 멀다고 생각하셔서, 다른 사람들보다 저를 일찍 집으로 데리고 가기도 하셨습니다. 그러면 제가 몹시 슬퍼했기 때문에 셀린 언니는 저를 위로해 주느라 제 예쁜 바구니에 들국화를 가득 채워서 돌아가는 저에게 줬습니다. 그러나 슬프게도 할머니[33]는 손녀가 꽃을 너무 많이 갖고 있다고 생각하셔서, 성모 마리아께 드리려고 듬뿍 가져가셨습니다. 어린 저에게는 기분 좋은 일이 아니었으나, 아무 말도 하지 않았습니다. 저는 누가 제 것을 빼앗아도 불평을 하지 않는 좋은 습관을 갖고 있었고, 또 꾸중을 듣더라도 변명하기보다는 침묵하기를 좋아했으니까요. 이것은 지의 타고난 덕행이었습니다. 이 좋은 성격이 없어진 것이 얼마나 섭섭한 일인지요!

아! 이 세상에 있는 모든 것이 제게 미소를 지었습니다. 제가 발걸음을 내딛는 곳마다 꽃밭이었고, 제 명랑한 성격으로 인해 삶은 더 행복해졌습니다. 그러나 제 영혼의 새로운 시기가 시작될 순간이 왔습니다. 예수님께 일찍 바쳐질 수 있기 위해 저는 어려서부터 시련과 고통을 받아야만 했습니다. 봄꽃이 눈 속에서 움트기 시작하다가 첫 햇빛을 받아야 활짝 피

---

33 아버지 루이 마르탱의 어머니는 일요일 저녁에 아들의 집을 자주 방문했다.

는 것처럼, 어린 시절의 아름다운 추억을 쓰고 있는 이 작은 꽃도 시련의 겨울을 겪어야만 했습니다.

제2장

뷔소네의 우리 집 (1877-1881)

　엄마의 병에 관한 것은 사소한 것까지도 모두 눈에 선하지만, 특히 엄마가 돌아가시기 전 마지막 몇 주 동안의 일이 또렷하게 기억납니다. 셀린 언니와 저는 가엾게도 마치 귀양살이하는 사람처럼 아침마다 우리를 데리러 온 르리슈 부인[34]을 따라가서 온종일 부인의 집에서 지냈습니다. 하루는, 집을 떠나기 전에 아침 기도를 바칠 시간이 없었습니다. 그래서 셀린 언니가 가는 도중에 "기도를 아직 드리지 않았다고 말씀드려야 하나?"라고 묻기에 "그럼!" 하고 제가 대답했습니다. 그래서 언니는 더듬더듬 르리슈 부인에게 그 이야기를 했습니다.

34　마르탱 씨 둘째 누나의 며느리다.

그러자 부인은 "그래, 그럼 기도해야지." 하고는, 커다란 방에 우리를 남겨 놓고 나가 버렸습니다. 그때 셀린 언니가 저를 쳐다보며, "아! 다른 분들이 모두 우리 엄마 같지는 않구나……. 엄마는 늘 기도를 시켜 주셨는데!"라고 말했습니다. 친구들과 놀면서도 줄곧 사랑하는 엄마 생각이 간절히 났습니다. 어느 날 셀린 언니가 살구 한 개를 받아 와서는 "우리가 먹지 말고 엄마에게 갖다 드리자."라고 소곤댔습니다. 아! 그러나 사랑하는 엄마는 이미 병이 너무 깊어져서 더 이상 이 세상의 과일을 먹지 못하게 되셨던 것입니다. 엄마는 예수님께서 최후의 만찬 때 하느님의 나라에서 우리와 나눌 것이라고 말씀하셨던 신비로운 포도주를, 천국에서 예수님과 함께 마실 수밖에 없으셨습니다.

병자성사의 감격적인 순간은 마음속 깊이 박혀 있습니다.[35] 제가 셀린 언니 곁에 앉아 있던 것, 우리 다섯 명의 자매가 나이 순서대로 앉아 있던 것, 옆에 계시던 아빠가 흐느껴 우시던 것 등 여러 가지가 지금도 눈에 보이는 듯합니다…….

엄마가 돌아가신 다음 날, 아빠는 저를 팔에 안으시고 "가서 마지막으로 엄마에게 입 맞춰 드리렴." 하고 말씀하셨습

---

35 마르탱 부인은 1877년 8월 26일 일요일에 성체성사와 병자성사를 받았다.

니다. 그래서 저는 아무 말 없이 사랑하는 엄마의 이마에 입술을 갖다 대었습니다……. 저는 많이 울지도 않았고 가슴 벅찬 감정을 아무에게도 말하지 않았습니다……. 묵묵히 보거나 듣고만 있었습니다. 아무도 저를 돌볼 시간이 없었고 사람들이 제게 숨기려던 것도 많이 보게 되었습니다. 한번은 닫힌 관 앞에 혼자 오랫동안 서서 그것을 바라보았습니다. 관이라고는 한 번도 본 적이 없었지만, 저는 그것이 무엇인지 알고 있었습니다. 엄마는 키가 작았는데도 저는 그보다 훨씬 작아서 엄마를 보려면 항상 고개를 들어야만 했습니다. 그러나 관은 엄마보다 훨씬 크고 굉장히 슬프게 보였습니다……. 그 후 15년이 지나, 저는 또 다른 관 앞에 서게 되었는데, 그것은 즈느비에브 수녀님[36]의 것이었습니다. 그것은 엄마의 관이랑 비슷한 크기여서, 새삼 어릴 적 일이 생각났고, 온갖 추억들이 연달아 머리에 떠올랐습니다. 관을 바라보고 있는 사람은 어린 시절의 그날과 같은 사람이었지만, 그때보다 자랐기 때문에 관이 작아 보였습니다. 이제 저는 관을 보려고 고개를 높이 들지 않아도 됐습니다. 그런데도 제가 고개를 높이 든 것

---

36 '리지외의 가르멜 여자 수도원' 창립자 중 한 분인 성녀 데레사의 즈느비에브 수녀다.

은 즐거워 보이는 하늘을 쳐다보기 위해서였습니다. 이제 모든 시련은 다 끝났고, 이 영혼의 겨울은 영원히 지나갔기 때문입니다…….

교회가 돌아가신 엄마를 축복하던 날, 하느님께서는 이 세상에서 또 한 분의 엄마를 저에게 주고자 하셨고, 제가 자유롭게 선택하도록 하셨습니다. 우리 다섯 자매는 다 함께 모여 서로 슬프게 바라보고만 있었습니다. 루이즈도 함께 있었는데, 셀린 언니와 저를 보고 "가엾어라, 이제는 엄마가 없구나!" 하니까 셀린 언니가 마리 언니의 품에 안기며 "그럼, 언니가 이제부터 내 엄마야!" 하고 말했습니다. 저는 평소에 늘 셀린 언니가 하는 대로 따라했지만, 이때는 달랐습니다. 원장 수녀님, 저는 당신에게로 돌아서서 "그럼, 나는 폴린 언니가 내 엄마야!" 하고 소리치며 당신 품에 안겼던 것입니다.

위에서 말씀드린 바와 같이, 이때부터 제 생애의 두 번째 시기로 들어갔습니다. 이 시기는 제 평생에서 가장 고통스러웠고, 두 번째 엄마로 정한 폴린 언니가 '가르멜 여자 수도원'에 들어간 뒤부터는 더욱 그러했습니다. 이 기간은 네 살 반부터 열네 살까지였으며, 이 무렵에 저는 인생의 무게를 알게 되며, 이 나이에 걸맞은 저만의 성격을 갖게 되었습니다.

원장 수녀님, 엄마가 돌아가시자 제 성격은 매우 달라졌습니다. 그렇게도 활발하고 마음에 있는 것을 솔직하게 드러내던 제가 수줍어지고 얌전해졌으며, 감정이 극도로 예민해졌습니다. 누가 조금 쳐다보기만 해도 금세 눈물을 흘렸습니다. 아무도 저를 신경 쓰지 않고 있어야 마음이 편안했고, 낯선 사람들과 같이 있을 수도 없을 정도였습니다. 가족들끼리만 있을 때에야 비로소 다시 명랑해졌습니다. 그러나 가족들은 저를 한결같이 잘 돌보아 주었습니다. 애정이 가득했던 아빠의 마음은 이미 가지고 있던 사랑에 진정한 모성애까지 더해졌습니다. 또 원장 수녀님과 마리 언니도 저에게 가장 인자하고 헌신적인 엄마가 되어 주셨습니다. 아! 만일 하느님께서 당신의 어린 꽃에게 따뜻한 햇볕을 아낌없이 주지 않으셨다면, 이 꽃은 도저히 이 세상의 풍토를 견디지 못했을 것입니다. 꽃은 비바람을 이겨 내기에는 너무나 가냘파서, 온기며 단 이슬이며 봄바람이 필요했습니다. 이러한 모든 은혜가 저에게 부족했던 시기는 단 한 번도 없었습니다. 예수님께서는 시련의 눈물 속에서도 그 은혜를 찾아내게 하셨습니다.

알랑송을 떠나 이사를 갈 때 조금도 섭섭하지 않았습니다. 아이들이란 변화를 좋아하니까요. 저는 기쁜 마음으로 리지외에 왔습니다. 여행 도중에 외삼촌 댁을 방문했던 것이 기억납니다.[37] 잔 언니와 마리 언니[38]가 문 앞에서 우리를 기다리고 있던 모습이 눈에 선합니다.

저는 착한 사촌들과 노는 게 참으로 좋았고, 외숙모도 매우 좋아했습니다. 그러나 외삼촌을 가장 좋아했습니다. 다만 외삼촌은 조금 엄하셔서 외삼촌 댁에 있으면 아무래도 뷔소네에 있는 것만큼 마냥 자유롭지는 않았습니다.[39]

그 당시에 원장 수녀님께서는 날이 밝으면 제 곁으로 오셔서 하느님께 제 마음을 바쳤는지 물어보시고, 하느님에 대한 이야기를 해 주시며 옷을 입혀 주셨지요. 그러면 저는 당신 곁에서 기도를 드렸습니다. 그러고 나서 당신과 함께 읽기 공부를 했는데, 제가 혼자서 처음으로 읽을 수 있었던 것이 천국이라는 글자였습니다. 마리 언니는 쓰기 공부를 책임지고, 당신은 그 밖의 모든 것을 맡아 가르쳐 주셨지요. 쉽게 배우지는 못했지만, 그래도 기억력은 꽤 좋았지요. 교리 문답과 특히 교회사를 제일 좋아했습니다. 이 과목들은 재밌었지만, 문법은 여러 번 저를 울렸습니다. 남성형이니 여성형이니 문

---

37 아버지 루이 마르탱은 딸들을 외가 가까이에서 지내게 하려고 1877년 11월 15일에 '리지외'로 이사했다. 데레사의 외삼촌인 게랭 씨는 생피에르 광장 근처에서 약방을 운영하고 있었다.
38 게랭 부부에게는 아이가 둘 있었다. 잔은 아홉 살이고 마리는 일곱 살이었다.
39 1877년 11년 16일부터 마르탱 씨 가족은 뷔소네에서 살았다.

법을 어려워하던 저를 기억하실 것입니다!

　공부가 끝나면 저는 망루望樓로 올라가 아빠에게 장미꽃 모양의 장식과 제 점수를 보여 드렸습니다. 아빠에게 "하나도 틀리지 않고 5점[40]을 받았어. 폴린 언니가 그렇게 얘기해 줬어!" 하고 말할 수 있을 때에는 얼마나 기뻤는지요. 제가 당신께 하나도 틀리지 않고 5점을 받았냐고 물어보았을 때, 제가 보기에는 1점이 부족한 것 같았는데도 당신께서는 5점을 받았다고 대답해 주셨거든요. 저는 자주 좋은 점수를 받을 수 있었는데, 여러 번 좋은 점수를 받으면 상을 받고 하루의 휴가를 얻을 수 있었습니다. 그러나 휴가일은 다른 날보다 훨씬 긴 하루처럼 느껴지던 기억이 납니다. 이걸 보고 당신께서는 제가 하는 일 없이 시간을 보내는 것을 좋아하지 않는다는 것을 아시고 기뻐하셨지요. 오후에는 매일 아빠와 함께 가벼운 산책을 갔습니다. 날마다 다른 성당으로 성체 조배를 다녔지요. 그때 저는 처음으로 가르멜 수녀원[41]의 성당에 들어가 보았는데, 아빠는 성당 안쪽의 쇠창살을 가리키시며 그 뒤에 수녀들이 있다고 말씀하셨습니다. 그 말을 들을 때에는 9년 후

40　만점. – 역자 주
41　리지외의 가르멜 여자 수도원은 1838년에 건립된 것이다. 건물의 건축은 1877년에 완성되었다.

에 그들 가운데 제가 있을 줄은 꿈에도 생각하지 못했습니다!

산책을 마치면(산책 중에 아빠는 늘 한두 푼짜리 조그만 선물을 제게 사 주셨습니다) 집에 돌아와서 숙제를 했습니다. 그리고 남는 시간에는 줄곧 뜰에 나가 아빠 곁에서 뛰어놀았습니다. 저는 인형을 갖고 놀 줄은 몰랐으니까요. 제가 제일 좋아하는 것은 땅에서 주운 작은 나무 열매와 껍질로 약을 달이고, 작은 잔에 담아서 아빠에게 갖다 드리는 것이었습니다. 그러면 착한 아빠는 일하던 손을 멈추고 웃으시며 마시는 시늉을 하셨습니다. 잔을 제게 돌려주시기 전에 아빠는 조심스럽게 나머지를 버려도 좋을지 물으셨습니다. 어떤 때에는 그렇게 하시라고도 했지만, 보통은 그 귀중한 약을 여러 번 드릴 생각으로 다시 가져갔습니다. 저는 아빠가 만들어 주신 정원에 작은 꽃을 가꾸는 것을 좋아했습니다. 뜰에 있는 담 가운데 오목한 곳에 조그만 제단을 꾸미고 놀기도 했습니다. 제단을 다 완성시키면 아빠에게 달려가서 눈을 감게 하고 제가 뜨라고 할 때까지는 뜨지 마시라고 하며 모시고 왔습니다. 그러면 아빠는 눈을 감고 제 작은 정원까지 따라오셨습니다. 도착하면 "아빠 눈 떠!" 하고 소리쳤습니다. 아빠는 저를 기쁘게 하시려고 눈을 크게 뜨시며 제게는 훌륭한 작품으로 보이던 그 제단을 칭찬하셨습니다! 이렇게 기억에 남아 있는 수많은 추억을 이야기 하려면 끝이 없을 것입니다. 아! 아빠가 당신의 작은 여왕에게 쏟아 주셨던 애정을 어떻게 다 말씀드릴 수 있겠습니까? 그것은 마음으로 느껴지는 것이지 생각으로는 도저히 표현할 수 없는 그런 일들이었습니다.

'사랑하는 임금님'[42]이 저를 데리고 낚시를 하러 가시는 날은 매우 즐거웠습니다. 저는 시골과 꽃과 새들을 몹시 좋아했으니까요! 어떤 때는 저도 작은 낚싯대로 고기를 낚으려고 해 봤으나, 그보다는 꽃이 핀 풀밭 위에 홀로 앉아 있는 것을 더 좋아했습니다. 묵상이 무엇인지 아직 잘 몰랐지만, 어느덧 제 영혼은 깊은 생각에 잠겨 참된 기도를 드리곤 하였습니다. 저는 멀리서 들려오는 소리에 귀를 기울였습니다. 바람의 속삭임이나 어렴풋이 들리는 군악 소리가 어느새 마음을 우울하게 만들었습니다. 그러면 이 세상이 귀양지처럼 여겨지고 하늘 나라를 꿈꾸게 되는 것이었습니다. 오후는 빨리 지나가서, 곧 뷔소네에 돌아와야만 했습니다. 돌아오기 전에 작은 바구니에 담아 온 음식을 먹었습니다. 그러나 원장 수녀님께서 만들어 주신 맛있는 잼을 바른 샌드위치는 색이 변해 버려서, 그 생생하던 빛깔은 사라지고 이미 낡아 버린 연분홍빛이 남

---

42 데레사는 아버지를 임금님이라고 불렀다. – 편집자 주

아 있을 뿐이었습니다. 그러면 이 세상이 점점 더 슬프게 느껴지고, 구름 한 점 없는 기쁨이란 천국에만 있다는 것을 깨닫게 되었습니다. 구름이라는 말이 나오니 떠오르는 것이 있습니다. 하루는 시골의 청명한 하늘이 구름으로 캄캄해지더니 곧 소나기가 세차게 쏟아지고 번개가 검은 구름을 가르며 떨어졌습니다. 조금 떨어진 곳에서 천둥도 으르렁거렸습니다. 그런데 그게 무섭기는커녕 도리어 몹시 좋았습니다. 하느님께서 바로 제 곁에 계신 것 같았기 때문입니다! 그러나 아빠는 당신의 작은 여왕처럼 기분이 좋아 보이지 않으셨습니다. 폭풍우가 무서우신 것은 아니었습니다. 큰길까지 나가려면 저보다 키가 큰, 젖은 풀밭들을 가로질러야 했는데, 사랑하는 아빠는 당신의 딸이 젖는 것이 걱정되어 낚시 연장을 들고도 저를 안으셨습니다.

산책하는 동안, 아빠는 자주 우리가 만나는 걸인들에게 제가 적선을 하게 하셨습니다. 하루는 양쪽으로 지팡이를 짚고 간신히 걸어가는 불쌍한 노인을 만났습니다. 제가 동전 한 닢을 주려고 그에게 다가갔더니 그는 동냥을 받을 만큼 가난하지는 않다고 느끼는 듯, 서글프게 웃으며 저를 바라보고 동전을 거절했습니다. 그때의 제 기분이란 도저히 표현할 수가 없습니다. 저는 그를 위로하고 도우려 한 것인데, 오히려 그를 부끄럽고 괴롭게 만든 것 같았습니다. 아마 그 가엾은 노인도 제 생각을 짐작한 모양이어서, 저를 돌아보고 웃는 모습을 보여 주었습니다. 그때 마침 아빠가 과자 한 개를 사 주셨기 때문에, 저는 그것을 그에게 주고 싶었으나 그렇게 하지 못했습니다. 대신 그에게 커다란 동정심이 느껴져서 그가 거절하지 못할 무엇인가를 주고 싶었습니다. 그 순간, 첫영성체하는 날에는 무슨 은혜를 청하든 다 받을 수 있다는 것을 들은 기억이 났습니다. 이 생각이 저를 위로해 주었고, 저는 겨우 여섯 살이었지만 속으로 '첫영성체하는 날에 그 가엾은 사람을 위해 기도하겠다'고 생각했습니다. 그리고 5년이 지나 첫영성체 날에 이 결심을 충실히 지켰습니다. 하느님께서는 고통받는 당신의 지체肢體인 그를 위해 당신께 기도드릴 생각을 제게 미리 넣어 주셨으니, 이 기도를 분명히 들어주셨으리라 믿고 싶습니다······.

저는 하느님을 대단히 사랑하였고, 엄마가 가르쳐 주신 기도문을 외우며 제 마음을 자주 하느님께 바쳤습니다. 그런데 5월 어느 날 저녁에, 이야기하기 괴로운 잘못을 하나 저질렀습니다. 그 잘못은 제가 겸손해질 큰 바탕이 되는 일이었고, 저는 이 잘못을 완전히 뉘우쳤다고 믿고 있습니다. 저는 너무 어려서 성모 성월 기도를 하러 가지 못했기 때문에 빅투아르[43]와 집에 남아서 제 방식대로 꾸며 놓은 성모 성월 기도대 앞에서 함께 기도를 바쳤습니다. 촛대며 꽃병이며 모두가 참 자그마해서 초 두 개만 켜도 온 제대가 넉넉히 환했습니다. 빅투아르는 가끔 저를 놀리려고 가는 초 토막 두 개를 갖다 주기도 했습니다. 그날 저녁에 기도드릴 준비를 다한 후 빅투아르에게 "내가 불을 켤 테니 '생각하소서'를 시작하세요."라고 말했습니다. 빅투아르는 시작하는 체하더니 아무 말도 하지 않고 웃으면서 저를 바라보기만 하였습니다. 저는 귀중한 초가 빨리 타는 것을 보고는 어서 시작하라고 간절히 청했습니다. 그러나 그녀는 여전히 잠자코 있었습니다. 저는 일어나서 빅투아르에게 나쁜 사람이라고 소리쳤습니다. 그리고 평소 양순하던 제 모습은 잊고 힘껏 발을 쾅쾅 굴렀습니다. 이제 빅투아르는 웃기는커녕 놀라서 저를 쳐다보았습니다. 저는 화가 나서 눈물을 흘린 뒤, 다시는 이런 짓을 하지 않기로 굳은 결심을 한 후 진실한 통회의 눈물을 쏟았습니다!

그런 일이 또 한 번 빅투아르와의 사이에 있었는데 그 일은 통회를 할 필요가 없었습니다. 저는 조금도 냉정을 잃지 않았으니까요. 저는 부엌의 벽난로 위에 있는 잉크병이 갖고

---

43 데레사가 리지외에 살 때 집에서 일하는 가정부였다.

싶었습니다. 키가 너무 작아서 그걸 집을 수 없었기 때문에, 빅투아르에게 꺼내 달라고 공손히 부탁했습니다. 그러나 그녀는 거절하며 직접 의자 위로 올라가서 꺼내라고 했습니다. 저는 그녀의 마음씨가 나쁘다고 생각했지만 아무 말도 하지 않고 의자를 가져왔습니다. 그러나 곧 그녀가 자신의 마음씨가 나쁘다는 것을 깨닫게 하고 싶어졌고, 그녀를 가장 불쾌하게 할 수 있는 것이 무엇일지 생각해 보았습니다. 빅투아르는 제가 귀찮을 때 가끔 '조그만 계집애'라고 불렀는데, 저는 이 말을 듣는 것이 몹시 창피했습니다. 그래서 의자에서 내려오기 전에 아주 거만하게 돌아서서 "빅투아르는 계집애야!" 하고 말했습니다. 그러고는 제가 한 말의 의미를 곰곰이 생각하도록 놔두고 도망갔습니다. 그 결과는 금방 나타나서, 저는 빅투아르가 곧바로 "마리 아가씨! 데레사가 지금 저에게 계집애라고 했어요!" 하고 소리치는 것을 들었습니다. 마리 언니가 와서 빅투아르에게 사과하라고 했지만 저는 아무런 뉘우침 없이 입으로만 사과했습니다. 그녀의 큰 팔을 제게 작은 도움을 주는 일에 사용하지 않았으니, 저에게 계집애라는 소리를 들을 만하다고 생각했기 때문입니다. 그렇지만 그녀는 저를 몹시 사랑했고 저도 그녀를 사랑했습니다.

하루는 커다란 위험에 빠질 뻔했던 저를 구해 주기도 했습니다. 빅투아르는 물이 가득 들어 있는 물통 옆에서 다리미질을 하고 있었고, 저는 의자에 앉아 습관대로 몸을 흔들흔들하면서 그녀를 바라보고 있었습니다. 그런데 갑자기 의자에서 미끄러지면서 저는 땅이 아니라 물통 속으로 떨어졌습니다! 양발이 머리에 완전히 닿아서 마치 계란 속에 박혀 있는 병아리처럼 통 속에 박힌 것입니다! 빅투아르는 그런 일을 본 적이 없었으므로 굉장히 놀라서 바라보았습니다. 저는 재빨리 물통에서 나오려고 했지만 나올 수 없었습니다. 물통에 꼭 끼어서 옴짝달싹도 할 수 없었으니까요. 한참 애를 쓴 끝에 그녀가 저를 물통에서 빼내 주었습니다. 그러나 옷이며 그 밖의 모든 것이 이미 흠뻑 젖어 버린 것은 어쩔 수가 없었습니다.

한번은 난로 속에 떨어지기도 했는데, 다행히 불은 피워져 있지 않았습니다. 빅투아르는 저를 들어 올려 잔뜩 묻은 재를 털어 줘야 했습니다. 이 일은 당신께서 마리 언니와 함께 성가대에 갔던 수요일에 일어났습니다. 뒤셀리에 신부님[44]이 방문한 날도 그날이었습니다. 빅투아르가 집에 어린 데레사 외에는 아무도 없다고 말하자, 그분은 저를 보려고 부엌으로 들어와서 제 숙제를 들여다보셨습니다. 저는 아직 첫 고해를 하기

---

44 리지외에 있는 생피에르(성 베드로) 대성당의 사제였다.

전이었기 때문에, 제 고해 신부님을 맞이하는 것이 매우 자랑스러웠습니다. 이런 것들이 제게 얼마나 그리운 추억인지요!

아! 사랑하는 원장 수녀님! 죄는 사람에게 고하는 것이 아니라 하느님께 하는 것이라며 당신께서는 얼마나 주의 깊게 저를 준비시켜 주셨는지요! 저는 이 말을 굳건히 믿고 크나큰 믿음의 정신으로 고백했습니다. 그리고 고해성사는 신부님을 통해서 하느님께 말씀드리는 것이므로, 제 마음을 다하여 하느님을 사랑한다고 뒤셀리에 신부님에게 말해야 하지 않겠느냐고 당신께 묻기까지 했습니다.

저는 고해성사 때 해야 할 것을 당신께 잘 배워서, 고해소에 들어가 무릎을 꿇었습니다. 신부님이 고해틀 문을 열었으나 아무도 보이지 않았습니다. 제 키가 너무 작아서 손을 올리는 나무 판까지 머리가 올라가지 않았으니까요. 그래서 신부님은 저에게 일어나라고 하셨습니다. 저는 하라는 대로 곧 일어나서 고해를 하고 강복을 받았습니다. 이 순간에 아기 예수님의 눈물이 제 영혼을 깨끗하게 해 줄 것이라고 당신께서 말씀하셨으므로 크나큰 열정에 휩싸였습니다. 제게 해 주신 이 말씀이 특히 성모님께 대한 열심을 가지라는 것이었음을 기억합니다. 그래서 저는 성모님을 더욱 사랑하기로 결심했습니다. 고해소를 나올 때 이제까지 그런 기쁨을 맛본 적이 없을 만큼 마음이 가볍고 좋았습니다. 그날 이후 저는 큰 축일 때마다 고해성사를 했고 그런 후에야 비로소 축일다운 날로 느껴졌습니다.

축일! 아! 이 말은 얼마나 많은 추억을 떠올리게 하는지요! 축일, 저는 이날을 참 좋아했습니다……! 당신께서 각각의 축일이 갖고 있는 깊고 미묘한 의미를 잘 설명해 주셔서 모든 축일이 제게는 천국의 날이 되었던 것입니다. 저는 특히 성체거동聖體擧動이 좋았습니다. 하느님의 발자국마다 꽃을 뿌리는 것이 얼마나 기뻤는지요! 그러나 꽃잎을 하느님의 발자국마다 떨어뜨리기 전에, 그것을 있는 힘껏 높이 들어 올려서 장미 꽃잎이 거룩한 성광聖光을 스치는 것을 보는 것처럼 즐거운 일은 없었습니다.

축일! 큰 축일은 드물었지만 주간마다 제 마음을 기쁘게 하는 날이 돌아왔으니 그것은 주일이었습니다. 주일이란 얼마나 기쁜 날인지요! 그것은 하느님의 축일이자 휴일이기도 했습니다. 다른 날보다 오랫동안 침대에 누워 있으면 폴린 엄마가 침대로 초콜릿을 가져와서 막내딸의 마음을 기쁘게 해주셨습니다. 그러고는 작은 여왕처럼 예쁜 옷을 입혀 주셨습니다. 저는 머리를 빗겨 줄 때 양순하게 굴지 않았지만, 폴린 언니는 그런 저의 머리를 손질해 주었습니다. 그리고 주일에

뷔소네의 집. 뒤뜰 쪽에서 본 건물의 벽면.

는 온 집안이 미사를 드리러 갔습니다. 아빠와 손을 잡고 미사 드리러 갈 때면 아주 즐거웠습니다. 주일에는 보통 날보다 훨씬 더 다정하게 저를 안아 주셨지요. 길 가는 도중이나 성당 안에서까지 '아빠의 작은 여왕'은 아빠의 손을 잡고 곁에 앉았으며 강론을 들으러 내려갈 때에는 의자 두 개를 나란히 얻어야만 했습니다. 그것은 그렇게 어려운 일이 아니었습니다. 한없이 인자해 보이는 노인이 그토록 어린 소녀를 데리고 오는 것을 보고 이를 누구나 아름답게 여겨 기꺼이 자리를 양보했기 때문입니다. 위원석委員席에 앉아 있던 아저씨는 우리가 오는 것을 보면 기뻐하시며 저를 당신의 작은 햇살이라고 부르기도 하셨습니다. 저는 남들이 쳐다보는 것에 조금도 불만이 없었고, 비록 강론을 잘 알아듣지는 못했지만 주의 깊게 들었습니다. 제가 이해할 수 있었고, 또 깊은 감동을 받았던 최초의 강론은 뒤셀리에 신부님이 하셨던 예수님의 수난에 대한 강론이었는데, 그때부터 다른 모든 강론의 뜻을 알아듣게 되었습니다. 강론에 데레사 성녀에 대한 이야기가 나오면, 아빠는 제게 몸을 굽히고 가만히 "작은 여왕님, 잘 들으렴. 네 수호성인의 이야기야!" 하고 말씀하셨습니다. 저는 강론도 잘 들었지만, 사실은 강론하는 신부님보다 아빠를 더 자주 쳐다보았습니다. 아빠의 아름다운 얼굴은 제게 많은 것을 가르쳐 주었기 때문입니다. 때로는 아빠의 눈에 눈물이 가득 차, 걷잡을 수 없이 눈물을 흘리실 때도 있었습니다. 또한 마치 이 세상 사람이 아닌 것처럼 영원한 진리 속에 즐겨 잠기기도 하셨습니다. 그러나 아직도 아빠에게는 목적지까지 아득히 먼 길이 남아 있었습니다. 아빠의 눈앞에 아름다운 천국이 열리고, 하느님께서 당신의 인자하신 손으로 그 충실한 종의 눈물을 닦아 주실 때까지는 아직도 긴 세월이 흘러야만 했습니다!

다시 주일의 이야기로 돌아가겠습니다. 그렇게도 빨리 지나가던 그 즐거운 날에도 우울한 점은 있었습니다. 주일의 일과가 끝날 때까지는 제 기쁨이 조금도 흐려지지 않았다고 기억합니다. 그러나 기도를 드리는 동안 저는 이 휴식의 하루가 끝나 가는구나 하고 생각했습니다. 다음 날부터 세상살이가 다시 시작되어 공부하고 글을 배워야 한다고 생각하면, 이 땅에서의 생활은 귀양살이임이 더욱 절실히 느껴졌습니다! 그래서 천국에서 쉬는 날을, 영원히 저물지 않는 참된 본향의 주일을 바라는 마음이 가득했습니다. 뷔소네로 돌아오기 전에 우리가 늘 하던 산책까지도 슬픈 감정을 불러 일으켰습니다. 그때는 아빠가 외삼촌을 즐겁게 해 주시려고 주일 저녁마다 외삼촌 댁에 마리 언니나 폴린 언니를 남겨 두었기 때문에 온 가족이 다 함께 있을 수 없었습니다. 어느 날 저도 남게 되었을 때는 정말 기뻤습니다. 저는 혼자보다 여럿이 함께 초청받는 것을 더 좋아했는데, 저에게 사람들의 시선이 덜 집중되기 때문이었습니다. 외삼촌이 말씀하시는 것은 모두 재미있게 들었으나, 저에게 질문하시는 것은 싫었습니다. 그리고 외삼촌이 저를 무릎에 앉히시고 우렁찬 목소리로 '푸른 수염'을 노래하실 때는 무서웠습니다. 그래서 아빠가 저를 데리러 오시면 아주 기뻤습니다. 아빠와 집에 가는 길에 부드럽게 반짝이는 별을 올려다보면 기분이 몹시 좋아졌습니다. 특히 금빛 진주처럼 빛나는 한 무리의 별들이 T자 모양으로 늘어져 있는 것을 보고 정말 기뻤습니다. 저는 아빠에게 제 이름의 첫 글자가 하늘에 쓰여 있으니 보시라고 했습니다. 그리고 이 땅에 있는 속된 것은 아무것도 보기가 싫어서 아빠에게 저를 데리고 가달라고 청했습니다. 저는 제가 어디를 딛고 있는지 보지도 않은 채, 자그만 머리를 한껏 젖히고 별이 총총한 하늘을 끝없이 바라보고 있었습니다!

겨울밤, 특히 주일 밤에 대해 무슨 이야기를 해야 할까요? 체스 놀이가 끝나고 셀린 언니와 함께 아빠의 무릎 위에 앉아 있는 것이 얼마나 좋았던지요! 아빠는 듣기 좋은 목소리로 노래를 불러 주시거나, 영원한 진리가 담긴 시를 읊으셨습니다. 그런 후에 우리 가족은 기도를 바쳤는데 작은 여왕은 그녀의 임금님 곁에 앉았습니다. 성인들이 어떻게 기도하는지는 아빠를 보면 알 수 있었습니다. 기도가 끝나면 우리는 나이 순서대로 줄을 서서 아빠에게 저녁 인사를 드리고 키스를 받았습니다. 막내인 여왕이 제일 마지막에 인사를 드리면, 임금님은 저의 팔꿈치를 잡고 입을 맞춰 주셨습니다. 그러면 저는 "아빠, 안녕히 주무세요!"라고 크게 소리쳤습니다. 이런 일은 매일 저녁 똑같이 반복되었습니다. 마지막으로 저의 두 번째 엄마인 폴린 언니가 저를 품에 꼭 껴안고 셀린 언니의 침대로 데려다 주면, 저는 "폴린 언니, 오늘 나 얌전했어? 작은 천사들이 내 옆으로 날아다닐까?" 하고 물었습니다. 대답은 언제나 "그래."였습니다. 만약 언니가 그렇게 대답하지 않았다면, 저는 울면서 밤을 지새웠을 것입니다. 폴린 언니가 저에게 입맞추고 내려간 후에, 저는 캄캄한 곳에 혼자 남아야 했습니다. '주위에 날아다니고 있을 작은 천사들'을 상상해 보려고 했지만, 어둠 속에서 금세 두려움에 사로잡혀 버렸습니다. 제 침대에서는 정답게 반짝이는 별들이 보이지 않았으니까요.

사랑하는 원장 수녀님, 저는 어릴 때부터 무서움을 이기는 습관을 얻은 것을 큰 은혜로 생각합니다. 당신은 날이 어두워졌을 때 가끔 멀리 떨어진 방에서 무엇을 찾아오라고 저를 혼자 보내고는 하셨습니다. 만일 그렇게 잘 지도해 주시지 않았더라면 저는 겁쟁이가 되었을 것입니다. 지금은 오히려 겁먹게 되는 일이 별로 없습니다. 저는 가끔 당신께서 그렇게 사랑해 주셨고, 다정하게 대해 주셨으면서도 어째서 응석은 받아 주지 않으셨는지 이상하다고 생각합니다. 당신은 저의 아주 작은 잘못이라도 그대로 두지 않으셨으니까요. 당신께서 까닭 없이 꾸짖으시는 일은 결코 없었습니다. 그러나 한 번 정한 일이라면 도중에 변경시키신 적도 없습니다. 저는 그것을 너무나도 잘 알고 있었기 때문에 당신께서 한 번 금하신 것은 하지 않았고 할 생각도 하지 않았습니다. 아빠까지도 당신의 의견에 따라야 했지요. 당신께서 허락하지 않으시면 저는 산책하러 가지 않았습니다. 아빠가 산책하러 가자고 하시면 "폴린 언니가 좋아하지 않는걸." 하고 대답했지요. 그러면 아빠가 언니에게 허락을 받으러 가셔야 했습니다. 가끔 아빠를 즐겁게 하려고 폴린 언니가 "좋아."라고 대답했지만, 어린 데레사는 언니의 표정에서 그것이 마음에 내켜 대답하는 것이 아님을 알고는 울음을 터뜨리기 시작하여 언니가 "좋아."라고 말하며 따뜻하게 입 맞춰 줄 때까지 그칠 줄을 몰랐습니다.

어린 데레사는 겨울마다 아팠는데, 그럴 때마다 폴린 언니는 어머니 같은 따뜻한 애정으로 돌봐 주었습니다. 언니는 큰 호의를 베풀어 저를 자신의 침대에 눕혀 주었고, 갖고 싶어

하는 것은 모두 주었습니다. 하루는 폴린 언니가 베개 밑에서 작고 예쁜 칼을 꺼내어 그녀의 어린 딸인 저에게 주어서, 커다란 행복에 잠기게 했습니다. "아! 언니, 나를 너무 사랑해서 그 별 무늬 자개가 박힌 예쁜 칼을 주는 거지? 그렇게 나를 사랑하니, 내가 죽지 못하게 하기 위해서 시계도 줄 수 있겠네?"라고 물어보았습니다. 그러자 언니는 "네가 죽지 않게 하기 위해서라면 말할 것도 없지만, 네가 곧 낫는 것을 보기 위해서라도 그런 희생은 즉시 할 수 있단다."라고 대답했습니다. 이 말을 듣고 저는 그 감정을 도저히 표현할 수 없을 정도로 놀랍고 감사했습니다.

여름에는 때때로 가슴이 아팠습니다. 그때도 폴린 언니는 다정하게 보살펴 주었습니다. 저를 즐겁게 해 주기 위한 것 중에 제일 좋았던 방법은 저를 손수레에 태워 정원 주위를 산책시켜 준 다음에, 아름다운 들국화 한 다발을 가져와서 제가 앉은 자리와 정원까지 화려하게 꾸며 주는 것이었습니다.

제 가장 깊은 비밀까지 알고 있고, 제 모든 의심을 풀어 주는 사람도 폴린 언니였습니다. 하루는 하느님께서 천국의 모든 성인들에게 똑같은 영광을 주시지 않는 것에 대해 의문을 갖고, 성인들이라고 모두가 행복한 것만은 아닌지 언니에게 물어보았습니다. 그러자 언니는 아빠의 큰 컵을 가져오라고

해서 그것을 제 작은 컵 옆에 놓게 하였습니다. 그리고 제게 큰 컵과 작은 컵에 각각 물을 채우게 하고는 어느 것이 더 가득 찬 것 같은지 물어보았습니다. 저는 둘 다 똑같이 가득 차서 더 이상 물을 부을 수 없다고 말했습니다. 그러자 사랑하는 폴린 엄마는 하느님께서는 성인들에게 스스로 감당할 수 있을 만큼의 영광을 주시기 때문에 제일 작은 성인이라도 제일 큰 성인을 조금도 부러워하지 않는다는 것을 이해하게 해 주었습니다. 그렇게 폴린 엄마는 제가 가장 숭고한 깊은 뜻까지도 알게 하셨고, 제 영혼에 필요한 양식을 주실 줄 아셨던 것입니다.

해마다 상을 받는 날이 오면 저는 얼마나 기뻤는지요! 저는 받을 자격이 있는 상만을 공정하게 받았습니다. '점잖은 관중'인 가족들 가운데 홀로 서서 '프랑스와 나바르 임금님'인 아빠가 읽으시는 선고를 들었습니다. 상과 화관을 받을 때에는 가슴이 사뭇 두근거렸습니다. 그것은 제게 마치 심판의 모상模像처럼 생각됐습니다! 수여식이 끝나면 작은 여왕은 바로 흰옷을 벗어 버리고 큰 공연에 참석하기 위해 서둘러 변장을 했습니다!

아! 이 가족 행사는 얼마나 즐거웠는지요. 기쁨에 찬 저의 임금님을 볼 때는 앞으로 그에게 닥칠 큰 시련을 조금도 짐작하지 못했지요! 그러나 하루는 하느님께서 이상한 환시로 이

고통의 암시를 주셔서 우리를 이 시련으로부터 미리 준비시켜 주셨습니다.[45]

아빠는 며칠 전부터 여행 중이셨고, 돌아오시려면 아직도 이틀이나 더 남았습니다. 아마 오후 두 시나 세 시쯤이었는데, 해가 쨍쨍 내리쪼이고, 자연은 푸르른 녹음으로 한창 싱그러웠습니다. 저는 뜰로 향하는 방 창가에 홀로 앉아 즐거운 생각에 잠겨 앞을 바라보고 있었습니다. 그때 맞은편에 있는 세탁실 앞으로 아빠와 옷차림과 키가 같고, 걸음걸이도 같았지만, 다만 허리가 훨씬 더 굽은 한 사람이 지나가는 것을 보았습니다. 그는 머리에 빛깔이 분명하지 않은 일종의 두건을 쓰고 있었기 때문에 그의 얼굴을 볼 수가 없었습니다. 그는 아빠의 것과 비슷한 모자도 쓰고 있었습니다. 그 사람은 일정한 보폭으로 제 작은 뜰을 끼고 천천히 걸어가고 있었습니다. 저는 즉시 어떤 초자연적인 공포를 느꼈으나 금세, 아빠가 돌아오셨는데 저를 놀라게 하기 위해서 숨으시려나 보다 하고 생각했습니다. 그래서 저는 떨리는 목소리로 "아빠, 아빠……!" 하고 크게 불렀습니다. 그러나 그 사람은 제 소리가 들리지 않는지

---

45 이 환시는 1879년 혹은 1880년 여름에 아버지 루이 마르탱이 사업상 알랑송을 여행하고 있을 때 일어났다.

돌아보지도 않고 여전히 일정한 걸음걸이로 걸어갈 뿐이었습니다. 저는 눈을 떼지 않고 그가 길을 가로막고 있는 숲속으로 들어가는 것을 보고, 큰 나무 숲 저편에서 다시 나타나기를 기다렸으나, 이 예언적인 환시는 사라지고 말았습니다. 모든 것이 눈 깜짝할 사이의 일이었으나 제 마음속에 너무나 깊이 박혀서, 15년이 지난 오늘까지도 그 환시가 생생하게 눈앞에 보이는 듯합니다.

마리 언니는 제가 있던 방과 통하는 방에서 당신과 함께 있었지요. 언니가 나중에 이야기하기를, 제가 아빠를 부르는 소리를 듣고 틀림없이 무슨 심상치 않은 일이 일어났음을 느끼고 무서운 생각이 들었다고 합니다. 그 놀란 마음을 숨기고 저에게 뛰어와서 무엇 때문에 알랑송에 계실 아빠를 불렀는지 물었습니다. 그래서 저는 방금 본 일을 이야기했습니다. 마리 언니는 저를 안심시킬 생각으로, 그것은 틀림없이 저를 놀라게 하려고 빅투아르가 앞치마를 머리에 뒤집어쓰고 있었을 것이라고 말했지만, 빅투아르에게 물어보니 그녀는 부엌에서 나온 일이 없었다고 단언했습니다. 그러나 저는 틀림없이 한 남자 어른을 보았고, 그는 아빠의 풍채를 하고 있었습니다. 그래서 우리 셋은 숲 위에까지 가 보았지만 누군가 지나간 흔적을 아무것도 발견할 수 없었고, 당신께서는 저에게 다시는 그 일을 생각하지 말라고 하셨습니다.

그 일을 생각하지 않는 것은 제 마음대로 할 수 있는 것이 아니었기에, 제가 보았던 그 이상한 환시가 마음속에 자주 떠올랐습니다. 저는 몇 번이나 그 환시가 숨겨 놓은 의미를 찾으려고 했는데, 그것은 이 환시가 언젠가는 분명히 드러날 어떤 의미를 가지고 있으리라고 마음속 깊이 확신했기 때문입니다. 그날이 금방 오지는 않았지만, 결국 14년이 지난 후 하느님께서 손수 그 의미의 비밀을 밝혀 주셨습니다.

특별 허락[46]을 받았을 때 성심聖心의 마리아 수녀와 함께 지난 시절의 여러 가지 일과 어린 시절의 추억에 관해 이야기했는데, 그때 저는 일곱 살에 보았던 그 환상을 이야기했습니다. 제가 본 것은 바로, 고령으로 허리를 구부리고 걸어가시는 아빠였습니다. 그 존경하는 얼굴과 백발이 된 머리에 영광스런 시련의 표시를 지니고 있으셨던 것입니다.[47] 예수님의 거룩한 얼굴이 수난을 당하시는 동안 가려졌던 것처럼 그분의 충실한 종의 얼굴도 천국에서 하느님의 말씀을 더욱 빛낼 수 있도록 고통을 당하시는 동안 가려져야만 했습니다.

---

46 가르멜 수녀원의 관습에 따라, 수녀들은 축일에 따로 이야기하는 것이 허락되었다.
47 아버지 루이 마르탱은 노년에 중풍과 뇌동맥 경화증이 발병하고 정신 장애까지 겹쳤다.

사랑하는 아빠는 그의 어린 여왕이 착각을 해도 두려워할 필요가 없는 나이에 보았던 환시를 이해하게 되는 은혜를 우리에게 주셨습니다. 그때는 이미 아빠가 천국에서 말할 수 없는 영광을 누리고 계실 때였습니다. 아버지들은 아이들을 위하여 영광스러운 장래를 마련해 그들에게 보여 주고, 그들의 몫이 될 값진 재물을 미리 준비하는 것을 즐겁게 여깁니다. 이처럼 하느님은 우리가 큰 시련을 당하기 10년이나 전에 그것을 이미 보여 주셨고 우리는 그 사실을 깨달으면서 아늑한 위로를 얻을 수 있었습니다.

아! 하느님께서는 왜 이런 빛을 저에게 주셨을까요? 왜 그분은 이해하지도 못할 그토록 어린아이에게, 또 만일 이해하였다면 괴로운 나머지 죽었을지도 모를 어린아이에게 보여 주셨을까요? 이것이야말로 우리가 천국에서나 완전히 이해하고, 영원히 기릴 신비 중 하나일 것입니다.

아! 하느님께서는 얼마나 인자하십니까! 당신께서 주시는 시련이란 얼마나 우리의 능력과 잘 맞는지요. 제가 지금 말한 바와 같이 그때는 미래에 닥칠 극심한 고통을 절대로 상상할 수조차 없었습니다. 아빠가 돌아가실 수 있다는 생각만 해도 저는 벌벌 떨었으니까요. 하루는 아빠가 사다리 꼭대기에 올라가셨는데 제가 바로 밑에 있으니까, "애야, 저리 비켜라,

내가 떨어지면 너까지 깔린단다." 하고 소리치셨습니다. 저는 그 소리를 듣고 비키기는커녕 오히려 사다리에 착 붙어서며 이렇게 생각했습니다. '혹시 아빠가 떨어지시더라도 적어도 돌아가시는 걸 보는 괴로움은 받지 않겠지. 나도 아빠하고 같이 죽을 테니까!' 제가 얼마나 아빠를 사랑했는지 다 표현할 수가 없습니다. 아빠가 하시는 일은 모두가 감탄할 만한 것들이었습니다. 아빠가 아주 중대한 일에 대해서 자신의 생각을 설명하실 때는, 마치 제가 어른이나 된 것처럼 천진스럽게 이렇게 대답했습니다. 아빠가 정부의 고관들에게 그런 말씀을 하신다면 그들은 아빠를 틀림없이 임금님으로 삼을 것이며, 그러면 프랑스는 어느 때보다도 행복해질 거라고……. 그러나 마음속으로는(이런 이기적인 생각이 드는 것이 못마땅하기는 했지만) 저만이 아빠를 잘 이해하는 것이 좋았습니다. 왜냐하면 그분이 '프랑스와 나바르'의 임금님이 되셨더라면 모든 임금님의 운명이 그러했듯이 불행했을 것이고, 무엇보다도 저 혼자만의 임금님으로 남아 계시지는 않았을 테니까요……!

제가 예닐곱 살 때 아빠는 우리를 '트루빌'에 데리고 가셨습니다.[48] 그날 바다에서 받은 인상을 아직도 모두 기억하고

---

48 1878년 8월 8일로 데레사가 생후 5년 8개월 되던 때이다.

있으며, 줄곧 그곳에서 눈을 뗄 수가 없었습니다. 그 장엄함이며 파도의 으르렁대는 소리들 모두가 하느님의 '위대하심'과 '전능하심'을 제 영혼에 말해 주었습니다. 바닷가에서 산책하는 동안 아빠 곁에서 즐겁게 뛰어다니던 저를 한 신사와 부인이 쳐다보던 것이 생각납니다. 그들은 아빠에게 다가와서 제가 딸이냐고 묻고, 아주 예쁘다고 칭찬했습니다. 아빠는 그렇다고 대답을 하셨지만 곧 그들에게 저를 칭찬하지 말라는 눈짓을 하셔서 그것을 보고 기분이 좋았습니다. 사랑하는 원장 수녀님, 당신은 제 천진함을 흐리게 할 어떠한 것도 제 곁에 두지 않으셨고 특히 제 마음속에 자만심을 불어넣을 만한 어떠한 말도 듣지 않도록 매우 주의하셨습니다. 저는 당신과 마리 언니의 말씀만을 주의해서 들었는데, 당신께서는 제게 칭찬의 말은 한마디도 해 주지 않으셨습니다. 그래서 그 부인의 칭찬하는 말이나 저를 보는 눈을 그리 대수롭게 여기지 않았습니다. 그날 저녁, 태양이 한 줄기 광선을 남기며 끝없는 파도 속으로 잠기려는 무렵에 저는 폴린 언니와 둘이서 외딴 바위 위로 올라가 앉았습니다. 그때 저는 '금빛 물이랑'이라는 감동적인 이야기를 회상했습니다. 은혜로운 흰 돛을 단 작은 배인 저는 제가 따라가야 할 길을 비추어 주는 은총의 모상인 그 빛나는 물이랑을 오랫동안 바라보고 있었습니다. 저는 폴린 언니의 곁에서, 이 배가 하늘 나라를 향해 무사히 갈 수 있도록 예수님의 눈에서 제 영혼이 멀어지지 않도록 해야겠다는 결심을 했습니다!

제 생활은 조용하고 행복하게 흘러갔습니다. '뷔소네'에서 저를 둘러싸고 있던 가족들의 애정이 저를 키워 줬지만, 저는 이미 이 세상에 가득 차 있는 슬픔을 이해하고 투쟁하기 시작할 만큼 자랐던 것입니다……,

제3장

고통스러운 세월(1881-1883)

제가 여덟 살 반이 되었을 때, 레오니 언니가 기숙 학교에서 나오고, 그 대신 제가 수녀원 기숙 학교[49]에 들어가게 되었습니다. 기숙 학교에서 지내는 시간이 일생에서 가장 좋고, 즐거운 시간이 될 거라는 말을 가끔 들었는데, 저에게는 그렇지 않았습니다. 거기에서 보낸 5년은 제 생애에서 가장 슬픈 시기였습니다. 만일 사랑하는 셀린 언니와 함께 있지 않았다면, 저는 병에 걸리지 않은 달이 단 한 달도 없었을 것입니다. 이 가엾은 어린 꽃은 그를 위해 특별히 마련된 땅에만 연약한

---

49 '리지외'의 성 베네딕도회 수녀들이 경영하는 기숙 학교이며, '노트르담 뒤 프레' 수녀원의 부속 학교로 16세기 초에 설립되었다.

뿌리를 뻗는 데 익숙했는데, 무지막지한 뿌리가 돋은 온갖 종류의 화초 가운데로 옮겨지고, 보통의 땅에서 필요한 영양분을 스스로 찾아야만 하자 정말 괴로웠습니다.

사랑하는 원장 수녀님, 당신이 저를 아주 잘 가르쳐 주셨기 때문에, 기숙 학교에 와 보니 또래의 학생들 가운데 제가 가장 우수했습니다. 그래서 저보다 나이가 많은 학생들 반에 들어가게 되었습니다. 그중에는 열서너 살 된 아이도 있었는데, 머리는 그리 좋지 않았지만 학생들뿐만 아니라 선생님들에게까지 대장 노릇을 했습니다. 기숙생으로서 어떻게 그럴 수 있는지 이해하기 어려웠지만, 그 아이는 제가 나이가 어려도 거의 언제나 1등을 하고 모든 수녀들한테 귀여움을 받는 것을 보고 시기심이 생겨, 여러 가지 방법으로 저를 괴롭혔습니다.

저는 수줍음이 많고 마음이 모질지 못해서 대항도 못하고 당신에게조차 괴로움을 하소연하지 못한 채 아무 말 없이 울기만 했습니다. 이런 불행을 이길 힘이 없는 제 가련한 마음은 몹시 괴로웠습니다. 다행히 매일 저녁에는 집으로 돌아왔기 때문에, 그때는 마음이 활짝 펴져서 임금님의 무릎 위에서 뛰놀며 그날 받은 점수를 알려 드렸습니다. 그리고 아빠가 입을 맞춰 주시면, 저의 모든 근심과 걱정은 사라지고 말았습니다. 첫 번째 시험[50] 성적을 아빠에게 알려 드릴 때에는 얼마나 기뻤는지요. 모세의 아버지 이름을 몰랐기 때문에 만점에서 1점이 부족했습니다. 그래도 제가 1등이어서 아름다운 은메달을 받았습니다. 아빠께서 상으로 작고 예쁜 동전 네 개를 주셔서 이것을 상자 속에 넣었는데, 그 속에는 거의 목요일마다 같은 크기의 새로운 동전들이 늘어 갔습니다(이 동전들은 선교 등의 사업을 위한 기부금을 모을 때나 축일에 제 돈으로 헌금을 하고 싶을 때 사용되었습니다). 폴린 언니는 어린 동생이 좋은 성적을 낸 것이 기뻐서 앞으로도 계속 열심히 공부하도록 북돋우려고 예쁜 굴렁쇠를 선물로 주었습니다. 어린 저에게는 가정의 즐거움이 필요했고 그렇지 않았다면 기숙 학교의 생활이 너무나 괴로웠을 것입니다.

매주 목요일 오후는 쉬는 날이었지만, 예전에 폴린 언니가 제게 주던 휴가 같지는 않았습니다. 저는 아빠와 함께 망루에 올라가지 못했습니다. 셀린 언니와 단둘이 노는 것이 좋았지만, 그렇게도 하지 못하고 친척인 모들롱드 아이들[51]과 놀았습니다. 저는 다른 아이들처럼 잘 놀 줄 몰랐기 때문에 이

---

50 교회사 시험이었다.
51 게랭 부인의 동생인 모들롱드 부인의 세 딸, 마르그리트, 셀린, 에레나와 두 아들이다.

것은 정말 괴로운 일이었습니다. 비록 유쾌한 친구는 되지 못해도 다른 아이들이 하는 대로는 하려고 최선을 다했지만 잘 어울리지 못해서 무척 심심하기만 했습니다. 특히 저녁 내내 '카드리유' 춤을 추며 지내야 할 때는 더욱 그러했습니다. 저의 유일한 즐거움은 '별의 공원'[52]에 가는 것이었습니다. 그때는 제일 앞장서 가며 꽃을 듬뿍 꺾었고, 또 가장 예쁜 꽃을 고를 줄 알았기 때문에 다른 아이들이 저를 굉장히 부러워했습니다.

또 다른 즐거웠던 시간은 운 좋게 마리 언니와 단둘이 있게 될 때였습니다. 셀린 모들롱드가 놀자고 조르지 않았기 때문에, 마리 언니는 제가 좋아하는 놀이를 마음대로 고르게 했고, 그러면 저는 아주 새로운 놀이를 골랐습니다. 마리 언니와 데레사는 초라한 움집과 조그만 밀밭과 야채 몇 포기 가꿀 땅밖에 없는 은수자隱修者가 되었습니다. 그들은 끊임없는 명상의 생활을 해야 했습니다. 즉 하나가 일해야 할 때는 다른 사람이 대신 기도를 바치는 생활이었습니다. 둘이 합심하여 침묵 속에 마치 진짜 수도자처럼 생활했기에 아주 완벽했습니다. 외숙모가 와서 우리를 소풍에 데리고 갔을 때, 길을 가

---

52 '퐁레베크' 거리 옆에 있는 별 모양의 공원이다.

면서도 이 놀이는 계속되었습니다. 두 은수자는 거리에 있는 사람들의 눈에 띄지 않도록 손가락으로 세어 가면서 묵주 기도를 함께 드렸습니다. 그런데 하루는 그중 어린 은수자인 제가 깜박 잊고, 간식으로 받은 과자를 먹기 전에 크게 성호를 그었더니, 곁에 있던 모든 사람들이 웃었습니다.

마리 언니와 저는 언제나 생각이 같고 마음이 잘 맞았는데, 한번은 우리 둘의 합심이 지나친 적이 있습니다. 어느 날 저녁 수녀원에서 돌아오는 길에 마리 언니에게 "눈을 감고 있을게. 언니가 나를 끌고 가 봐."라고 했더니, 언니는 저에게 "나도 눈을 감을 테야." 하고 대답했습니다. 말이 떨어지자마자 우리는 눈을 감고 걸어갔습니다. 우리는 인도人道를 걷고 있어서 차가 오는 것은 무섭지 않았습니다. 눈을 감고 걷는 재미를 누리며 얼마 동안 유쾌한 산책을 하고 있었는데, 갑자기 우리는 어떤 가게 앞에 쌓아 놓은 상자에 걸려 넘어지면서 상자를 떨어뜨렸습니다. 가게 주인은 잔뜩 화가 난 얼굴로 나와서 상자에서 빠져나온 물건들을 주워 모았습니다. 두 가짜 맹인은 벌떡 일어나 눈을 커다랗게 뜨고 걸음아 날 살려라 하고 뛰어 달아났습니다. 뒤에서는 주인만큼이나 화가 난 잔 언니의 책망이 들려 왔습니다. 언니는 우리에게 벌을 주려고 둘을 갈라놓기로 결심했고, 그날부터 마리 언니와 셀린 언니가 같이 다니고, 저는 잔 언니와 같이 길을 걷게 되었습니다. 이 일을 계기로 우리의 지나친 합심은 끝나게 되었는데, 그것은 자주 의견이 달라서 길을 가며 줄곧 말다툼을 하던 셀린 언니와 잔 언니에게도 좋은 일이었습니다. 이렇게 하여 우리 모두는 아주 평온해졌습니다.

   셀린 언니와의 다정한 관계에 대해서는 아직 아무 말도 못 했습니다. 아! 모두 이야기하려면 끝이 없을 것 같습니다. 리지외에 온 후에 우리 둘의 성격이 바뀌었습니다. 셀린 언니는 아주 장난꾸러기가 되었고, 반면에 데레사는 매우 온순하고 걸핏하면 우는 아이가 되어 버렸습니다. 그러나 그것은 셀린 언니와 데레사가 서로를 점점 더 사랑하게 되는 데 아무런 방해가 되지 않았습니다. 때때로 사소한 말다툼을 하기는 했지만 심한 것은 아니었고 마음속으로는 둘의 생각이 언제나 같았습니다. 사랑하는 셀린 언니는 한 번도 저를 괴롭힌 적이 없으며, 언제나 즐겁게 해 주고 위로해 주는 햇빛과도 같았습니다. 수녀원에서 괴롭힘을 당할 때 셀린 언니는 매우 용감하게 저를 보호해 주었습니다. 때로는 귀찮다는 생각이 들 만큼 제 건강도 돌봐 주었습니다. 언니가 혼자 노는 것을 보는 것은 즐거운 일이었는데, 언니는 우리 인형을 모두 줄지어 놓고 능숙한 선생님처럼 수업을 했습니다. 그런데 종종 언니 인형

들은 소중하게 대하면서 제 인형은 나쁜 짓을 했다며 문 밖에 내놓기도 했습니다. 또 언니는 교실에서 들은 온갖 소식을 말해 주었는데 제게는 매우 즐거운 일이었습니다. 저는 언니가 지식의 샘처럼 보였습니다. '셀린의 작은 딸'이란 별명도 얻게 되었는데, 언니는 제게 화가 나서 가장 불쾌할 때에는 "이제부터 너는 내 딸이 아냐. 그리고 이 말은 절대 취소하지 않을 거야!" 하고 말했습니다. 그러면 저는 마리아 막달레나 성녀처럼 눈물을 흘리며 저를 진짜 어린 딸처럼 생각해서 용서해 달라고 간청할 수밖에 없었습니다. 그러면 언니는 금세 저를 끌어안고 용서해 주겠다고 약속했습니다. 그리고 나서 저를 위로하려고 자기 인형 하나를 집어 인형에게 "아가야, 네 이모에게 입을 맞추렴." 하고 말했습니다. 한번은 인형과 어찌나 열렬히 입을 맞추게 되었던지 양팔이 제 콧속으로 들어갔습니다. 셀린 언니는 일부러 그렇게 한 것이 아니었으므로 코에 인형을 달고 있는 저를 멍하니 쳐다보았습니다. 그리고 이모는 조카의 지나치게 정다운 포옹을 떼어 놓고, 이 우스꽝스런 일에 실컷 웃어 댔습니다.

가장 재미있던 추억은 우리가 선물을 사던 일입니다. 우리는 여러 가지 저렴한 물건들을 파는 가게에 가서 서로 무엇을 사는지 비밀로 하며 물건을 샀습니다. 동전 열 개로 적어도 대여섯 가지 물건을 골고루 사야 했는데, 누가 제일 좋은 물건을 사느냐가 가장 중요한 문제였습니다. 그 물건들을 사다 놓고 서로 훌륭한 선물을 줄 생각에 가슴 설레며 설날을 기다렸습니다. 둘 중 먼저 잠이 깬 사람이 다른 사람에게 가서 새해를 축복하고 선물을 주고받았습니다. 그리고 둘 다 동전 열 개 값어치만큼의 보물들로 황홀했습니다.

이 작은 선물들은 외삼촌이 주는 훌륭한 선물 못지않게 우리를 즐겁게 했습니다. 그러나 이것은 즐거움의 시작일 뿐이었습니다. 우리는 얼른 옷을 갈아입고 아빠의 목을 껴안을 기회만 서로 노리고 있었습니다. 아빠가 방에서 나오시자마자 온 집안이 즐거운 소리로 떠들썩해졌고 아빠는 우리가 좋아하는 모습을 보시며 행복해하셨습니다. 마리 언니와 폴린 언니가 어린 동생들에게 주던 선물도 비싼 것은 아니었지만 저희는 그로 인해 매우 기뻤습니다. 아! 우리가 아직 어려서 거친 세상에서 부대끼지 않았기 때문에 그럴 수 있었겠지요. 우리의 마음은 아침 이슬을 받아 행복하게 피는 꽃처럼 싱싱하게 피어나고 있었습니다. 똑같은 봄바람이 우리 둘의 화관을 흔들어 주고 있었으니, 한 사람에게 괴로움이나 즐거움이 올 때는 나머지 한 사람에게도 똑같이 왔습니다. 우리의 기쁨은 진실로 같은 것임을 사랑하는 셀린 언니가 첫영성체를 받던 그 좋은 날[53]에 똑똑히 깨달았습니다. 저는 아직 학교에 다니지 않는 일곱 살 어린아이에 불과했지만 사랑하는 원장 수녀님께서 셀린 언니에게 첫영성체 준비를 시켜 주시던 그 기쁜 추억이 아직도 마음속에 새겨져 있습니다. 원장 수녀님께서는 매일 저녁 언니를 당신 무릎 위에 앉히시고 그녀가 하려는 일이 얼마나 위대한 것인지 이야기해 주셨습니다. 저도 첫영성체를 준비할 욕심에 듣고 있으면, 너무 어리니 나가라고 말씀하시기도 했습니다. 그런 때에는 가슴이 미어지는 것 같았지만, 하느님을 모실 수만 있다면 그 준비를 하는 4년이란 세월이 너무 긴 것만은 아니라고 생각했습니다.

어느 날 저녁에 첫영성체를 한 뒤부터는 이전과 다른 새로운 생활을 시작해야 한다고 당신께서 말씀하시는 것을 들었습니다. 저는 그 말을 듣고, 첫영성체까지 기다리지 않고 셀린 언니와 함께 새로운 생활을 시작하기로 바로 결심했습니다. 셀린 언니가 피정에 간 사흘 동안만큼 제가 언니를 얼마나 사랑하는지 절실히 느꼈던 적은 없었습니다. 태어나서 처음으로 셀린 언니와 떨어졌고, 언니의 침대에서 자지 않았던 것입니다. 피정 첫날 언니가 집에 오지 않는다는 것을 잊어버

---

53 셀린은 1880년 3월 13일 목요일에 첫영성체를 했다.

리고 아빠가 언니와 함께 먹으라고 사 주신 조그만 버찌 봉지를 갖고 기다리다가, 언니가 오지 않는 것을 깨닫고 매우 슬펐습니다. 아빠가 저를 위로하시려고 다음 날 셀린 언니를 보러 수녀원에 데려가겠다고 약속하시며, 버찌 한 봉지를 사서 언니에게 주자고 하셨습니다. 셀린 언니가 첫영성체를 하던 날에 받은 인상은 제가 첫영성체를 받던 날과 비슷했습니다.

아침에 침대에서 혼자 깼을 때 기쁨이 넘쳐흘렀습니다. "오늘이구나! 뜻깊은 이날이 왔구나." 이 말을 몇 번이고 반복했습니다. 마치 제가 첫영성체를 하러 가는 것처럼 생각되었습니다. 저는 그날 무한한 은혜를 받았다고 믿고 있으며, 그날을 제 평생의 가장 즐거운 날로 기억하고 있습니다.

이 즐겁고 달콤한 추억을 회상하느라 이야기가 조금 뒷걸음친 것 같으니, 이제는 예수님께서 제가 그렇게 사랑하는 폴린 언니, 사랑하는 두 번째 '엄마'를 빼앗아 가셔서, 작은 데레사의 마음이 찢어지는 듯 아팠던 시련의 이야기를 해야겠습니다.

하루는 폴린 언니에게 은수자가 되어서 언니와 함께 먼 광야로 가고 싶다고 말했더니, 언니도 같은 생각이지만 제가 길을 떠날 수 있을 만큼 자랄 때까지 기다리겠다고 대답했습니다. 지금 생각하면 진심으로 한 말이 아니었던 것 같지만, 어린 데레사는 곧이들었던 것입니다. 그러니 사랑하는 폴린 언

1892년 여름, 데레사의 가족과 외가 친척들.
왼쪽에서 오른쪽으로: 사촌 마리 게랭, 레오니, 하녀 마리, 셀린, 데레사의 아버지, 하인 데지레, 외삼촌 부부.

니가 머지않아 '가르멜'에 들어간다고 마리 언니에게 말하는 것을 들었을 때 제 가슴이 얼마나 아팠겠습니까? 저는 '가르멜'이 무엇인지 잘 몰랐습니다. 그러나 폴린 언니가 저를 떠나 수녀원에 간다는 것과, 언니가 저를 기다리지 않으리라는 것, 그래서 두 번째 엄마를 잃어버리게 되리라는 것을 알았습니다! 그때 제 근심을 어떻게 말할 수 있겠습니까? 저는 한순간에 이런 것이 인생이라는 것을 깨달았습니다.

이전까지는 인생이 그토록 슬프게 보이지 않았었는데, 그때부터 인생이라는 것은 끊임없는 이별과 고통뿐이라는 것을 알았습니다. 저는 그 당시에는 아직 희생의 기쁨을 몰랐기 때문에 쓰라린 눈물을 흘렸습니다. 너무나 약한 존재인 제가 힘에 부치는 이 시련에서 죽지 않고 견뎌 낸 것을 큰 은혜라고 생각하고 있습니다! 만일 제가 사랑하는 폴린 언니가 떠날 것을 미리부터 조금씩 알았더라면 그토록 괴로워하지 않았을지도 모르지만, 출발을 앞두고 너무나 갑자기 알았기 때문에 마치 가슴을 칼에 찔린 것 같았습니다.

사랑하는 원장 수녀님, 당신이 얼마나 인자하게 저를 위로해 주셨는지 언제까지고 잊지 않을 것입니다. 당신은 슬픔에 잠겨 있던 저에게 '가르멜'의 생활을 설명해 주셨는데, 그곳은 정말 아름다워 보였습니다. 당신이 이야기해 주신 것들을 곰곰이 생각해 보는 가운데, 가르멜 여자 수도원이야말로 하느님께서 저를 숨겨 주시려고 준비하신 사막이라는 것을 깨달았습니다. 얼마나 절실히 그것을 깨달았던지 제 마음속에는 조그만 의심조차 없을 정도였습니다. 그것은 어린아이의 막연한 꿈이 아니라 하느님의 부르심에 대한 확신이었습니다. 폴린 언니를 위해 가르멜에 가려는 것이 아니라 오직 예수님을 위해 가려는 것이었습니다. 가르멜에 대해 처음 들었을 때는 말로는 표현할 수 없는 큰 슬픔을 느꼈지만, 곧이어 제 마음속에 커다란 평화를 주게 되었습니다.

이튿날 폴린 언니에게 이러한 비밀을 말했더니, 언니는 제 바람을 하느님의 뜻이라고 생각해서 조만간 가르멜의 원장 수녀님께 저를 데리고 갈 테니 하느님께서 제게 느끼게 해 주신 것을 그분께 말씀드려야 한다고 했습니다. 가까운 주일에 방문할 예정이었는데, 사촌인 마리 게랭[54] 언니가 가르멜의 수녀들을 직접 만날 수 있을 만큼 어렸기 때문에 저와 함께 남아서 수녀들을 직접 만나게 된다는 말을 듣고 무척 당황했습니다.[55] 그래도 어떻게 해서든 혼자 남아 있을 방법을 생

---

54 마리 게랭 역시 1895년 8월 15일에 가르멜 여자 수도원에 들어갔다.
55 보통 방문자는 가르멜 수녀를 대면해서 만나 볼 수 없다. 응접실 가운데는 창살이 있고 거기에는 검은 휘장이 쳐 있다. 방문자가 가까운 친척이거나 지원자거나

각해 내려 했는데 문득 이런 생각이 떠올랐습니다. 저는 마리 게랭 언니에게 우리가 원장 수녀님을 뵙는 특은을 받았으니 아주 얌전하고 공손해야 하고, 우리의 비밀도 원장 수녀님께 말씀드려야 한다, 그러니 한 명씩 잠깐 밖에 나가 있어야 한다고 말했습니다. 언니는 제 말을 곧이들었지만 별로 말씀드릴 비밀도 없었기에 그다지 마음 내켜하지 않았습니다. 그래도 언니가 승낙해서 원장 수녀님과 따로 만날 수 있었습니다. 곤자가의 마리아 원장 수녀님은 이 굉장한 비밀을 들으시고 제 성소聖召에 대해서 믿으셨지만, 그래도 아홉 살짜리 청원자[56]를 받을 수는 없으니 열여섯 살이 될 때까지 기다리라고 말씀하셨습니다. 저는 가능한 한 빨리 가르멜에 들어가서 폴린 언니의 착복식 날에 첫영성체를 하고 싶은 생각이 간절했지만 단념하는 수밖에 없었습니다.

어린이일 때에만 이 휘장을 벗길 수 있다. - 역자 주

56 수도원에서 쓰이는 특별한 말들이 있다. '포스틸랑'이라는 말은 수도자가 되기를 원하는 청원자請願者를 뜻한다. 청원기請願期는 반년에서 1년이며, 그 후 세속 복장을 수도복으로 갈아입는 착복식着服式을 거쳐야 한다. '노비시아'라는 말은 수련기修練期라는 뜻이며, 이 기간은 활동보다는 기도의 기간으로 1년에서 3년 동안 계속된다. 이 기간이 끝나면 '노비스'(수련자)에게 서원을 허락하게 되는데, 서원에는 청빈淸貧, 정결貞潔, 순명順命의 서약이 있다. 이에 더하여 수도원마다 다르게 정하는 병자 간호, 빈민 구제, 선교 등의 네 번째 서원도 있다. 이 책에서는 '포스틸랑'을 청원자로, '노비스'를 수련자로 번역하였다. - 역자 주

제3장 고통스러운 세월(1881-1883)

그날 저는 두 번째 칭찬을 받았습니다. 성 아우구스티노의 데레사 수녀가 저를 보러 오셨다가, 제가 얌전하다고 몇 번이고 되풀이해 칭찬하셨습니다. 그러나 제가 가르멜에 오려고 하는 것은 칭찬을 받으려는 것이 아니었습니다. 그래서 면회가 끝난 다음, 하느님께 제가 가르멜 수녀가 되기를 원하는 것은 오직 당신만을 위한 것이라고 되풀이해서 말씀드렸습니다.

폴린 언니가 수도원에 들어가기를 몇 주일 앞두고 아직 세속에 있는 동안, 저는 사랑하는 언니와 되도록 많은 시간을 보내려고 노력했습니다. 수도원에 들어가면 과자와 사탕을 먹지 못할 것이라는 생각에 셀린 언니와 저는 이것들을 폴린 언니에게 매일 사다 주었습니다. 또 잠시도 혼자 있을 틈을 주지 않고 언제나 언니 곁에 있었습니다. 마침내 10월 2일이 되었습니다. 이는 예수님께서 당신 꽃 중의 첫 번째 꽃이요, 몇 해가 지나 수도원에 들어올 동생들에게 원장님이 되어 줄 꽃을 따 가신 눈물과 축복의 날입니다.

저는 아직도 폴린 언니가 마지막으로 입 맞춰 주던 모습이 눈에 선합니다. 아빠가 당신의 첫 제물을 바치러 '가르멜' 산으로 올라가는 동안 외숙모는 우리 모두를 데리고 미사를 드리러 갔습니다. 미사를 드리며 온 가족이 울음을 터뜨렸고, 사람들은 우리를 놀란 눈으로 쳐다보았습니다. 그래도 저는 울음을 그치지 않았습니다. 아마 주위의 모든 것이 와르르 무너진다고 해도 저는 눈조차 돌리지 않았을 것입니다. 제 마음은 슬픔으로 가득 차 있는데 어째서 하늘은 저렇게 파랗고, 해는 저렇게 찬란히 비칠 수가 있는지 의아하게 생각했습니다. 원장 수녀님은 그때의 슬픔을 좀 과장하는 것이 아닌가 하고 생각하실 수도 있겠지요. 물론 가르멜에서 당신을 다시 만나기로 되어 있었으니 제가 그렇게 서러워할 일이 아니었다는 것을 지금은 잘 압니다. 그러나 당시에는 제 영혼이 성숙해지려면 아직 멀었기에, 그토록 원하던 수준에 이르기까지는 많은 시련을 겪어야만 했습니다.

10월 2일은 폴린 언니가 수녀원에 들어가는 날이라 저는 설움에 복받쳤지만 그래도 직접 수도원에 가야만 했습니다. 오후에 외숙모가 와서 우리 자매들을 가르멜에 데려가 주셨고, 저는 사랑하는 폴린 언니를 창살 너머로 보았습니다. 오! 응접실에서 얼마나 괴로웠는지요! 제 영혼의 내력을 쓰는 이상 원장 수녀님께 모든 것을 말해야 될 것 같아서 고백하지만, 나중에 받은 괴로움에 비하면 언니가 들어가기 전에 받았던 괴로움은 아무것도 아니었습니다. 목요일마다 온 식구가 언니를 보러 가르멜에 갔지만, 가족과 친척들이 차례로 이야기하고 난 후에 제가 언니와 이야기 할 시간은 고작 2, 3분 뿐이라서 그 시간을 대화는커녕 눈물로 보내 버리기 일쑤였습니다. 폴린 언니와는 항상 마음을 다 터놓고 이야기했는데 이제는 그럴 수가 없으니 매번 찢어지는 가슴을 안고 자리를 떠나야 했습니다. 당신이 어린 동생들보다 오히려 사촌들과 더 많이 대화 하셨던 것이 외숙모를 즐겁게 하기 위한 것임을 저는 몰랐습니다. 그것을 이해하지 못했기 때문에 마음속으로 '나는 폴린 언니를 영영 잃어버렸구나!' 하고 생각했습니다. 저는 이 괴로움 속에서 마음의 병이 들었고, 그 병이 지나치게 깊어져서 오래지 않아 육신의 병까지 들었습니다.

제가 걸린 병은, 폴린 언니가 우리 자매 중 제일 처음으로 가르멜에 들어간 것에 화가 난 마귀의 장난이었음이 분명합니다. 마귀는 신앙심이 깊은 우리 집안에 의해 앞으로 받게 될 손해에 대해 앙갚음을 하려고 했던 것입니다. 그러나 마귀는 인자하신 하늘의 모후께서 가냘픈 당신의 작은 꽃을 내려다보고 웃으며 지키고 계시며, 그 꽃이 부러지려는 순간에 폭풍우를 멎게 하기 위해 미리 준비하시는 것을 모르고 있었습니다.

그해가 끝날 무렵에 저는 끊임없이 두통을 앓았지만, 그렇게 고통스러운 것은 아니어서 공부는 계속할 수 있었고, 아무도 크게 걱정하지 않았습니다. 그렇게 1883년 예수 부활 대축일까지 지났습니다. 아빠는 마리 언니와 레오니 언니를 데리고 파리에 가셨기 때문에 저는 셀린 언니와 함께 외숙모 댁에 가 있었습니다. 어느 날 저녁에 외삼촌이 저에게 엄마에 대한 여러 가지 지난 이야기를 정말 다정하게 해 주셨는데 저는 그만 설움이 복받쳐 엉엉 울어 버렸습니다. 그러자 외삼촌은 제가 감정이 너무 풍부하다고 하시며, 여러 재미있는 일로 마음을 달랠 필요가 있으니 부활 방학 동안에 우리를 즐겁게 해 주시겠다고 약속하셨습니다. 그날 저녁 성당 모임에 가기로 되어 있었는데, 외숙모는 제가 너무 피곤해하는 것을 보시고 일찍 잠자리에 들게 하셨습니다. 옷을 갈아입는 동안 몸이 이상하게 떨리기 시작했습니다. 외숙모는 제가 추워서 그러는 줄 아시고 이불과 따뜻한 물병을 가져다 감싸 주셨지만, 떨림은 조금도 나아지지 않고 거의 밤새 계속되었습니다. 성당 모임이 끝나고 사촌들과 셀린 언니와 함께 돌아오신 외삼촌은 이런 저를 보시고 굉장히 놀라셨고, 제가 아주 위독하다고 생각하셨습니다. 그러나 외숙모가 놀랄까 봐 그런 말씀을 하지는 않으셨습니다. 이튿날 외삼촌은 노타 박사[57]를 불러오셨습니다. 노타 박사도 외삼촌의 의견처럼, 제가 중환자이고

---

57 1876년에 어머니 마르탱 부인을 진찰한 외과 의사다.

어린아이들은 잘 걸리지 않는 병에 걸렸다고 생각했습니다. 모든 이가 슬픔에 잠겼고 외숙모는 저를 당신의 집에서 간호해 주셨는데, 정말 어머니와 같은 애정으로 돌봐 주셨습니다.

아빠가 언니들을 데리고 파리에서 돌아오셨을 때 에메[58]가 어찌나 슬픈 얼굴을 하고 그들을 맞이했던지, 마리 언니는 제가 이미 죽었다고 생각할 정도였습니다. 그러나 이 병은 제가 죽게 될 병이 아니라, 오히려 하느님의 영광을 위한 라자로의 병과 같은 것이었습니다(요한 11,1-44 참조). 이때 아빠의 훌륭한 희생으로 하느님의 영광이 드러났습니다. 아빠는 자신의 어린 딸이 '미치거나 그렇지 않으면 죽을 것'이라고 믿었습니다. 또 하느님의 영광은 마리 언니의 희생으로도 드러났습니다.

아! 마리 언니는 저 때문에 얼마나 고생을 했는지요. 그토록 헌신적으로 저를 보살펴 준 데 대해서 제가 얼마나 고맙게 생각하는지 모릅니다. 언니는 제게 무엇이 필요한지를 잘 찾아냈으니 정말 엄마의 마음이란 자녀의 병에 맞는 것이 무엇인지 의사들보다도 더 잘 알아 냅니다.

그 당시 저를 뷔소네로 옮겨가기란 도저히 불가능했으므로, 마리 언니는 한동안 외삼촌 댁에 머물러 있어야만 했습니

---

[58] 외삼촌 게랭 씨 집의 하녀다.

다. 그러는 동안 폴린 언니의 착복식 날[59]은 가까워졌습니다. 가족들은 제가 착복식에 참석하지 못하게 된 것을 슬퍼할까 봐, 제 앞에서 그 이야기를 하는 것을 피했습니다. 그러나 저는 착복식 날에는 사랑하는 폴린 언니를 보러 갈 수 있게 병이 나을 거라며 자주 그 이야기를 했지요. 과연 하느님께서는 저를 위로하여 거절하지 않으시고, 막내딸의 병 때문에 그토록 괴로워하는 당신의 약혼자인 폴린 언니를 위로하려 하셨습니다. 예수님께서는 당신의 아이들을 괴롭히지 않으시고, 이날이야말로 구름 한 점 없는 날이며, 천국의 기쁨을 맛보는 날이어야 한다는 것을 아셨습니다. 하느님께서는 이미 그것을 다섯 번이나 보여 주시지 않았습니까?[60] 그래서 저는 착복식 날 사랑하는 폴린 언니의 무릎 위에 앉아 마음껏 안아 볼 수 있었고, 하느님의 약혼녀로서 하얀 차림을 한 한층 예쁜 언니를 바라볼 수도 있었습니다. 아! 그것은 제 캄캄한 시련 가운데 즐거운 하루였습니다. 그러나 그날은 빨리 지나갔습니다. 저는 곧 마차를 타고 폴린 언니와 제가 사랑하는 '가

---

59 1883년 4월 6일이다.
60 데레사와 언니 네 명의 착복식 때 보인 암시暗示를 말한다. 다섯 번째 착복식은 1895년 2월 5일에 있었던 셀린의 것이었다.

르멜'을 두고 멀리 떠나야만 했습니다.[61] 뷔소네로 돌아와서, 저는 이제 다 나았으니 간호를 받지 않아도 된다고 말했지만, 가족들은 억지로 누워 있게 했습니다. 아! 슬프게도 저는 계속 시련의 첫발을 딛고 있었습니다.

이튿날 같은 병이 다시 도져서 다들 회복될 수 없을 것이라 여길 만큼 병세가 심각해졌습니다. 그처럼 이상한 병을 어떻게 이야기해야 할지 모르겠습니다. 지금 생각하면 그것은 마귀가 한 일이었다고 확신합니다. 그러나 제가 회복하고 오랜 시간이 지날 때까지도, 저는 제가 병에 걸리고 싶어 해서 남들이 보기에도 아픈 것처럼 되었다고 생각했습니다. 그리고 이 생각은 제 영혼에 진정한 순교적인 의미를 주게 됩니다.

이런 생각을 마리 언니에게 말했더니, 마음씨 착한 언니는 정성을 다해 저를 안심시켰습니다. 고해성사에 가서도 말씀드렸더니, 고해 신부님까지 그토록 심하게 아픈 꾀병은 없다고 말씀하시면서 저를 안심시키려 하셨습니다. 아마도 저를 맑게, 특히 겸손하게 하려고 계획하셨던 하느님께서는 이 마음속의 수난을 제가 가르멜에 들어갈 때까지 지속시켜 주셨

---

61 데레사가 아플 때 머물던 외삼촌의 집으로 가지 않고 뷔소네로 갔다.

습니다. 가르멜에 들어가고 나서야 우리 영혼의 아버지[62]께서 손으로 거두시듯 제 모든 의심을 거두어 주셨습니다. 그때부터 저는 아주 평온해졌습니다.

제가 아프지 않은데도 사람들이 그렇게 보는 것은 아닌가 하고 두려워했던 것이 터무니없는 얘기는 아닙니다. 제가 마음에도 없는 것을 말하거나 행동하고, 헛소리를 하며 줄곧 인사불성人事不省의 상태에 빠져 있는 것 같아 보였지만, 저는 정신을 잃은 적은 잠시도 없었다고 확신하기 때문입니다. 때로는 까무러친 것처럼 보이기도 했고, 몸을 조금도 움직일 수 없었던 적도 있습니다. 그런 상태에서는 설령 누가 저를 죽이려 한다고 해도 어찌할 도리가 없었을 것입니다. 그러나 그 와중에도 제 옆에서 말하는 소리가 다 들렸고, 지금도 모든 것을 분명하게 기억하고 있으므로, 혹시 정상인데 사람들에게 아프게 보이려고 꾀병을 부리는 것은 아닌가 생각했던 것입니다.

한 번은 줄곧 눈조차 뜨지 못하다가 혼자 있을 때 잠깐 눈을 뜰 수 있었습니다. 마귀가 제 곁으로 접근할 기회를 얻었지

---

[62] 예수회의 알미르 피송 신부를 말한다. 그는 1843년 알랑송 근교에서 태어났다. 이 유명한 묵상 지도자는 1919년 파리에서 성덕의 향기를 풍기며 선종하였다. 그는 데레사 성녀의 시복식 재판 때 증언을 해 주었다.

만, 제 영혼과 정신 가까이로 올 수는 없었다고 생각합니다. 다만 마귀는 제게 어떤 물건에 대해서 몹시 무서운 생각이 들도록 만들었습니다. 가령 사람들이 제게 주려고 가져온 어떠한 약도 먹으려 하지 않았습니다. 하느님께서는 마귀가 제게 가까이 오도록 두셨지만, 한편으로는 눈에 보이는 천사도 보내 주셨습니다. 마리 언니는 제 곁을 떠나지 않고 엄마처럼 다정하게 저를 간호하고 위로해 주었습니다. 언니는 제 곁에만 있느라 많은 괴로움을 받았지만, 조금도 싫어하는 기색을 보이지 않았습니다. 그러나 마리 언니가 아빠와 식사를 하러 나갔을 때도 줄곧 언니를 불렀기 때문에, 저를 지키고 있던 빅투아르가 마리 언니를 부르러 가야만 했습니다. 마리 언니는 미사를 드리러 가거나 폴린 언니를 보러 갈 때만 밖으로 나갈 수 있었는데, 저도 이런 때만은 아무 말도 하지 않았습니다.

외삼촌과 외숙모도 한없이 친절하게 대해 주셨습니다. 외숙모는 매일같이 저를 보러 오셨고, 그때마다 수많은 선물을 가져오셨습니다. 가족의 친구들도 저를 보러 왔지만, 저는 마리 언니에게 그들이 방문하는 것을 좋아하지 않는다고 전하게 했습니다. 사람들이 침대를 뺑 둘러싸고 앉아서 저를 이상한 짐승이라도 보듯이 바라보는 것이 불쾌했기 때문이었습니다. 저는 외삼촌과 외숙모가 찾아오시는 것만 좋았습니다.

병을 앓은 후부터 두 분에 대한 애정이 더욱 깊어졌습니다. 이분들이 다른 친척과는 다르게 우리에게 정성을 다한다는 것을 확실히 깨달을 수 있었습니다. 아! 아빠가 두 분이 보통의 친척과는 달리 우리에게 애정을 쏟는다는 말씀을 가끔 하실 만도 했습니다. 그 후 아빠는 그 생각이 틀리지 않았다는 것을 경험하셨습니다. 당신을 그렇게까지 정성스럽게 돌보아 준 두 분을 지금도 멀리서 보살피고 축복하고 계시겠지요.[63] 감사한 마음을 달리 표현할 길이 없으니, 마음의 빚을 덜기 위해 옛날이나 지금이나 저에게 그렇게 친절하였던 사랑하는 그분들을 위해 기도할 뿐입니다!

　레오니 언니도 저에게 한없이 친절하여, 어떻게든 저를 즐겁게 해 주려고 애를 썼습니다. 그런데도 저는 마리 언니만큼 저를 잘 간호해 주는 사람은 아무도 없다고 말하곤 해서 가끔 레오니 언니를 섭섭하게 하였습니다.

　사랑하는 셀린 언니는 저를 얼마나 세심하게 보살펴 주었는지요! 주일이 되어도 놀러 나가지도 않고, 가엾은 동생과 함께 온종일 방에 남아 있었습니다. 저를 정말 사랑하지 않았

63　아버지인 루이 마르탱이 노년에 병이 들었을 때, 게랭 부부가 극진히 돌보아 주었다.

다면, 진작에 저를 두고 놀러 나갔겠지요! 아! 사랑하는 언니들, 그런데도 저는 언니들을 얼마나 괴롭혔는지요! 저만큼 언니들을 괴롭힌 사람은 아무도 없으며, 언니들이 제게 베풀어 준 사랑만큼 넘치는 사랑을 받은 사람도 없습니다. 다행히도 저 대신 그 사랑을 갚아 줄 천국이 있습니다. 하느님께서는 그분 '사랑'의 보화로 언니들이 저로 인해 당한 괴로움에 대해 훨씬 크게 보답하실 것입니다.

아픈 동안 가장 위로가 되었던 것은 폴린 언니에게서 편지를 받는 일이었습니다. 저는 그것을 읽고 또 읽어서, 나중에는 외울 정도였습니다. 사랑하는 원장 수녀님, 한번은 당신께서 모래시계와 가르멜의 수녀처럼 옷을 입힌 인형 하나를 보내 주셨지요. 아! 그때의 기쁨을 어떻게 말할 수 있겠습니까……. 그러나 외삼촌은 오히려 이것이 불만이셨습니다. 저에게 가르멜에 대한 생각을 해서는 안 되고, 제 머리에서 그 생각을 지우라고 말씀하셨지만 저는 오히려 가르멜의 수녀가 되리라는 희망으로 살고 있었습니다. 저는 폴린 언니를 위해서 무언가를 하는 것이 기뻤기 때문에 언니에게 두꺼운 종이로 작은 물건을 만들어 보냈습니다. 또 성모 마리아를 위해 들국화와 물망초로 화관을 만드는 것을 가장 큰 소일거리로 삼았습니다. 때는 아름다운 5월이라, 바깥에는 갖가지 꽃이 만발하여 기쁨에 넘쳐흘렀지만, 작은 꽃인 저만이 시들어 영영 말라 죽을 것 같았습니다. 그렇지만 이 작은 꽃 옆에는 '태양'이 하나 있었으니, 그것은 당신께 두 번이나 이야기한 적이 있는 '승리의 성모상'이었습니다.

저는 가끔 축복받은 태양을 향해 성모상의 화관을 돌려놓고는 했습니다. 하루는 마리 언니 방에 누워 있는데 아빠가 들어오셨습니다. 아빠는 매우 슬픈 얼굴로 마리 언니에게 동전을 여러 개 주시며 막내딸의 병이 낫도록 파리에 있는 승리의 성모 성당에 미사를 청하는 편지를 보내라고 하셨습니다. 아! 저의 임금님의 이러한 신앙과 사랑을 보면서 얼마나 감격했는지요! 일어나서 이제는 병이 다 나았다고 기쁘게 말하고 싶을 정도였습니다. 그렇지만 저는 벌써 너무 여러 번 거짓으로 다 나은 듯이 명랑한 척했기에 가만히 있었습니다. 제 소원만으로는 기적을 행할 수가 없었고, 제가 살아나기 위해서는 기적이 필요했습니다. 그런데 이 기적을 '승리의 성모님'께서 행하셨습니다.

9일 미사 동안의 어느 주일[64]에 레오니 언니는 창가에서 책을 읽고 있었고, 마리 언니는 뜰에 있었습니다. 그때 누워 있

---

64 1883년 5월 13일 성령 강림 대축일이다.

던 제가 아주 작은 목소리로 "엄마……." 하고 부르기 시작했습니다. 레오니 언니는 제가 이렇게 부르는 걸 자주 들었기에 별로 주의를 기울이지 않았습니다. 저는 오랫동안 "엄마……." 하고 말하다가 갑자기 아주 크게 소리를 질렀고, 놀란 마리 언니가 왔습니다. 저는 누군가 들어오는 것을 확실히 보았는데 그게 마리 언니라는 것을 알아보지 못하고 더 크게 "엄마……." 하고 끊임없이 부르고 있었습니다. 스스로를 제어할 수 없고 무슨 의미를 갖고 있는지 알 수 없는 이런 싸움은 무척 괴로웠고, 지켜보는 마리 언니는 아마 저보다도 더 괴로웠을 것입니다. 언니는 제 곁에 자신이 있다는 것을 알게 해 주려고 갖은 노력을 다했지만 결국 실패했습니다. 그러자 마리 언니는, 레오니 언니와 셀린 언니와 함께 제 침대 곁에 무릎을 꿇고 자기 아이의 생명을 비는 '어머니'와 같은 정성으로 성모님께 빌고 또 빌었습니다. 그리하여 마리 언니는 마침내 원하던 바를 얻었습니다.

제가 나을 수 있는 길이 이 세상에는 없어서, 어린 저는 하늘의 모후께 눈을 들어, 저를 불쌍히 여겨 주시기를 간절히 빌었습니다. 그때 갑자기 승리의 성모상에 있는 성모 마리아의 얼굴이 아름다워 보였습니다. 얼마나 아름다운지 그렇게 아름다운 것은 이제껏 본 적이 없을 정도였습니다. 그분의 얼굴에는 말할 수 없는 인자함과 애정이 나타났습니다. 무엇보다 제 마음속 깊이 파고든 것은 성모님의 지극히 아름다운 미소였습니다. 그 순간 제 모든 근심과 괴로움은 사라져 버리고 두 줄기 굵은 눈물이 눈시울을 적시며 뺨으로 고요히 흘러 내렸습니다. 그러나 그것은 순수한 즐거움에서 우러나오는 눈물이었습니다. 저는 '아! 동정 마리아께서 나를 보고 웃으셨구나. 나는 얼마나 행복한 사람인가. 그러나 이것을 아무에게도 말하지 않아야겠다. 그렇게 하면 내 행복이 사라져 버릴 테니까.' 하고 생각했습니다. 그러고 나서는 조금도 힘들이지 않고 눈을 떠 보니 사랑이 가득한 눈으로 저를 바라보고 있는 마리 언니가 보였습니다. 언니는 매우 감격한 것 같았고, 또 성모님께서 베풀어 주신 은혜를 짐작하는 듯도 하였습니다. 아! 사실 '천상 여왕'의 미소의 은혜를 받은 것은 마리 언니의 정성스런 기도 덕분이었습니다. 제가 성모상에서 눈을 떼지 않는 것을 보고 마리 언니는 '데레사가 나았구나.' 하고 생각했습니다. 과연 작은 꽃은 다시 살아났고, 저를 부드럽게 품어 주시던 부드러운 '태양'은 저에게 영원한 은혜를 내려 주셨습니다. 그 은혜를 한꺼번에 내리지는 않으셨지만, 부드럽고 즐겁게 꽃을 일으켜 세우시고 강하게 만드셔서, 5년 후에는 기름진 가르멜 산 위에서 활짝 피도록 해 주셨습니다.

위에서 말씀드린 바와 같이 마리 언니는 성모님께서 저에게 비밀스런 은혜를 내려 주셨다고 믿고 있었습니다. 그래서 저하고 둘이만 있을 때 아주 다정하게, 그러나 적극적으로 자꾸만 그 일에 대해 물어 봐서 대답을 하지 않을 수가 없었습니다. 저는 한마디 말도 하지 않았는데 언니가 그 비밀을 알고 있는 것을 신기하게 생각해서, 마리 언니에게 모든 것을 다 이야기했습니다. 아! 그러나 처음에 짐작한 대로 그날의 제 행복은 곧 사라지고 쓴맛으로 변해 버렸습니다. 제가 받은 이 말할 수 없는 은혜는 4년 동안 제 마음의 고통이 되었고, '승리의 성모 성당'에서 성모님의 발아래 꿇었을 때에야 비로소 행복을 다시 찾았던 것입니다.[65] 그때는 이 행복을 전부 다시 찾았습니다. 성모님의 이 두 번째 은혜에 대해서는 다음에 말씀드리겠습니다. 사랑하는 원장 수녀님, 지금은 제 기쁨이 어떻게 슬픔으로 변하게 되었는지 말씀드리겠습니다. 마리 언니는 제가 받은 은혜에 대해 꾸밈없이 이야기하는 것을 듣더니 그걸 가르멜 수녀원에 가서 이야기하면 어떻겠냐고 제 안에서 거절할 수가 없었습니다. 사랑하는 가르멜 수녀원에 처음으로 찾아갔을 때 폴린 언니가 성모님의 옷과 같은 옷을

---

65 1887년 2월 4일, 데레사가 로마 순례를 떠나기 전날이다.

입고 있는 것을 보고 저는 굉장히 기뻤으며 우리는 즐거운 시간을 보냈습니다. 서로 할 이야기가 태산 같았지만 가슴이 너무 벅차서 한마디도 할 수 없었습니다. 거기에 계시던 곤자가의 마리아 원장 수녀님도 저에게 다정하게 대해 주셨습니다. 그리고 다른 수녀들도 만났는데 모두들 제가 받은 은혜에 대해서 물었습니다. 그들은 성모님께서 아기 예수님을 안고 계셨는지, 빛이 환하게 비쳤는지 등을 물어보았습니다. 저는 많은 질문 때문에 마음이 산란하고 괴로워졌습니다. 겨우 "성모님은 아주 아름다워 보였어요. 저는 그분이 웃는 것을 보았어요." 하는 대답밖에 할 수가 없었습니다. 제게 감동을 주었던 것은 성모님의 '얼굴'뿐이었는데, 저를 의심하는 마음이나 사실과는 전혀 다른 생각을 가르멜의 수녀들이 갖고 있는 것을 보고(제 병에 대한 괴로움이 벌써 시작되어) 저는 괜한 거짓말을 한 사람처럼 여겨졌습니다. 비밀을 지켰다면 아마 제 행복도 보존되었겠지요. 그러나 성모님께서는 제 영혼의 이익을 위해서 이런 괴로움을 허락하신 것입니다. 이런 일이 없었더라면 마음속에 허영심이 스며들었을지도 모르는데, 도리어 부끄러움을 당하게 되니 언제나 큰 두려움을 갖고 제 자신을 살펴보게 된 것입니다. 아! 제가 당한 괴로움은 천국에 가야만 말씀드릴 수 있을 것입니다!

제4장

첫영성체와 기숙 학교 시절(1883-1886)

가르멜에 갔던 이야기를 하려니, 폴린 언니가 수도원에 들어간 지 얼마 안 되었을 때 면회를 간 일이 생각납니다. 앞서 이 이야기를 하는 것을 잊어버렸지만, 빼놓을 수 없는 일이었습니다. 면회를 가기로 한 날 아침에, 저는 언제나처럼 침대 속에서 혼자 깊은 마음의 기도를 드렸습니다(언제나 거기서 깊은 마음의 기도를 드립니다. 아가서에 나오는 '아가雅歌의 신부'와는 반대로 저는 언제나 제 침대 속에서 사랑하는 이를 만났으니까요). 기도를 드리며 나중에 수도원에 들어간다면 어떤 이름을 받게 될지 생각했습니다. 저는 '예수의 데레사' 수녀가 있다는 것은 알고 있었지만, 그래도 데레사라는 제 아름다운 이름을 떼고 싶지는 않았습니다. 갑자기 그렇게도 사랑하는 아기 예수님이 떠올랐고 '아기 예수의 데레사'라고 불리면 얼마나 좋을까 생각했습니다. 저는 그날 면회소에 갔을 때 아침에 가졌던 꿈에 대해서 아무 말도 하지 않았지만, 곤자가의 원장 수녀님이 제게 "어떤 이름을 주어야 할까?"라고 수녀들에게 물으시다가 그분도 제가 생각했던 이름을 생각하셨을 때 매우 기뻤습니다. 그리고 이렇게 같은 생각을 가지게 된 것이 사랑하는 아기 예수님의 친절한 마음씨처럼 느껴졌습니다.

당신께서 가르멜에 들어가시기 전에 있었던 제 어린 시절에 관한 몇 가지 이야기를 아직 하지 않았습니다. 성화聖畵를 보는 것과 독서를 좋아했다는 것도 말씀드리지 못했습니다. 제가 덕을 닦도록 가장 큰 자극을 준 것은 원장 수녀님께서 상으로 보여 주신 아름다운 성화였습니다. 성화를 들여다보면 시간 가는 줄을 몰랐는데, 예를 들어 '감실 안에 계신 하느님의 작은 꽃'이란 성화는 얼마나 많은 것을 느끼게 하는지 온통 정신을 빼앗길 지경이었습니다. 그 꽃 아래 폴린 언니의 이름이 적혀 있는 것을 보고, 제 이름도 거기 적혀져 그분의 작은 꽃이 되어 예수님께 바쳐지고 싶었습니다. 저는 재밌게 놀 줄은 몰랐지만 독서를 무척 좋아했으므로 가르멜에 오지 않았다면 일생을 독서만 하며 보냈을지도 모릅니다. 다행히 저를 인도해 주는 지상의 천사들이 있어서, 정신과 영혼에

1895년 연극에서 잔 다르크 역할을 한 데레사.

양식이 됨과 동시에 제 마음도 즐겁게 해 주는 책을 골라 주었습니다. 독서를 할 때에도 시간을 정해 놓고 한정된 시간에만 읽었기에 아주 재미있는 부분을 읽는 중이라도 가끔 중지해야 했습니다. 그래서 이것이 저의 큰 희생거리가 되었습니다. 이러한 독서의 매력은 가르멜에 들어올 때까지 사라지지 않았습니다. 제 손을 거쳐 간 책의 수가 얼마나 되는지는 모릅니다. 그러나 하느님께서는 제가 나쁜 영향을 받을 만한 책은 하나도 허락하지 않으셨습니다.

저는 영웅전英雄傳을 읽으면서도 처음에는 '삶의 진실'을 이해하지 못했습니다. 그렇지만 하느님께서 진실한 영광이란 없어지지 않는 것이고, 그것을 얻으려면 훌륭한 과업을 이루는 것보다 자신을 감추고 덕을 행하여 "오른손이 하는 일을 왼손이 모르게"(마태 6,3) 해야 한다는 것을 알려 주셨습니다. 이처럼 프랑스의 여성 영웅, 그중에서도 존경하는 잔 다르크 성녀의 애국적인 행동에 대한 이야기를 읽으며 그녀를 본받고 싶었습니다. 그리고 그녀가 받은 격정과 하늘에서 내린 영감靈感을 저도 느끼는 듯했습니다. 그때 한 가지 은혜를 받았습니다. 그 당시 저는, 지금 저를 둘러싸고 있는 것과 같은 하늘의 빛에 비춤을 받고 있다고 생각하지 않았습니다. 그래도 포기하지 않고 제가 영광을 위해서 태어났다고 생각하고 거기에 이르는 방법을 찾았습니다. 그러자 하느님께서는 위에서 쓴, 자신을 감추고 덕을 행해야 한다는 생각을 일깨워 주셨습니다. 또한 제 영광이 사람들의 눈에 드러나는 데 있지 않고 오직 큰 성녀가 되는 데 있다는 것을 이해시켜 주셨습니다. 제가 얼마나 약하고 불완전하였는지, 그리고 수도 생활을 일곱 해나 했는데도 늘 같은 자리인 것을 본다면 이 소원은 이루어지지 않은 것으로 보일 수도 있습니다. 그렇지만 저는 항상 '큰 성녀'가 되겠다는 생각을 품고 있는 대담한 저 자신을 느끼고 있습니다. 제게 아무 덕도 없으므로, 제 덕을 믿는 것이 아니라 오직 덕과 거룩함 바로 그 자체이신 하느님께 바라는 것입니다. 오직 하느님만이 제 약한 노력에 만족하시며 저를 당신에게로 끌어 올리시고, 당신 공로로 덮어 주시어 성녀가 되게 하실 것입니다. 그때 저는 성덕에 이르기 위해서는 많은 괴로움을 당해야 한다는 것을 생각하지 못했는데, 하느님께서는 얼마 안 되어 그것을 시련으로 보여 주셨습니다.

이제는 원래 하던 이야기를 다시 하겠습니다. 병이 낫고 세 달 후에 아빠는 우리를 데리고 알랑송으로 여행을 가셨습니다. 그곳을 떠난 이후 처음으로 방문한 것이었으므로, 어린 시절을 보낸 여러 곳들을 둘러보며 매우 기뻤습니다. 특히 엄마의 무덤 위에 엎드려 저를 언제나 보호해 주시기를 기도했던 일은 잊지 못할 순간이었습니다.

하느님께서는 이제껏 제가 바라던 세상을 비로소 알게 하는 은혜를 베푸셨습니다. 병이 나은 이후 제가 세상을 향해 첫발을 내디딘 것은 알랑송에 머물던 때였다고 말할 수 있습니다. 주위의 모든 것이 기쁨이고 행복이었으며, 저는 환영과 귀여움을 받고 칭찬을 들었습니다. 한마디로 알랑송에 머무는 보름 동안의 제 생활은 오로지 꽃밭이었고, 제게 큰 매력으로 다가왔습니다. "악의 마력은 좋은 것들을 무색하게 만들고 솟구치는 욕망은 순수한 정신을 훼손"(지혜 4,12)한다는 '지혜서'의 말씀은 옳은 것입니다. 열 살 때에는 생각이 어려서 마음이 현혹되기 쉬우므로 제가 알랑송에 오래 머무르지 않게 하신 것을 큰 은혜로 생각합니다. 그곳에서 함께한 친구들은 너무나 세속적이었고, 이 세상 기쁨과 하느님 섬기는 것을 일치시키는 법을 몰랐습니다. 그들은 죽음에 대해서도 그다지 깊게 생각하지 않았습니다. 그러나 죽음은 제가 그 당시에 알고 지냈던 젊고 부유하며 행복했던 많은 사람들에게도 한결같이 찾아갔습니다! 저는 성城과 동산에서 그들이 삶의 평안을 누리는 것을 제 눈으로 보았습니다. 그러나 그들이 살던 모습을 회상할 때, 그들이 지금은 어디에 있는지, 오늘날 그들에게 무엇이 남아 있을지 자주 생각합니다. 그리하여 태양 아래에서는 모든 것이 허무하고 정신의 괴로움만 있을 뿐이며(코헬 1,2-3 참조) 우리가 가진 유일한 재산은 마음을 다해 하느님을 사랑하고 이 세상에서 가난한 마음을 갖는 것임을 알게 됐습니다.

아마 예수님께서는 저를 찾아오시기 전에, 제가 걸어가야 할 길을 자유로이 선택하게 하시려고 그러한 세상을 먼저 보여 주신 것 같습니다. 제 첫영성체 때의 일은 구름 한 점 없는 추억으로 마음속에 깊이 새겨져 있습니다. 저는 첫영성체 준비에 최선을 다했고, 첫영성체 이후에 약 1년 동안은 영혼의 괴로움도 제게서 떠났습니다. 예수님께서는 이 눈물의 골짜기에서 받을 수 있는 최고의 완전한 기쁨을 제게 맛보이려고 하신 것입니다.

첫영성체를 석 달 앞두고 원장 수녀님께서 제게 주셨던 작고 예쁜 책이 생각나시는지요. 이 책의 도움으로 저는 계속 마음을 준비했습니다. 이미 오래전부터 첫영성체를 준비해 왔지만, 제 마음에 새로운 열정을 불러일으키고 예수님께서 기쁘게 쉬실 수 있도록 마음을 '새로운 꽃'으로 가득 채울 필요가 있었기 때문입니다. 매일 많은 선행을 했는데 그것들이 그대로 제 안에서 꽃이 되었습니다. 또한 당신께서 이 작은 책에 써 놓으신 수많은 바람들을 제가 행했기에 이 사랑의 행위는 꽃봉오리가 되었습니다.

주일마다 당신께서는 제게 예쁜 편지를 써 보내셨지요. 그것은 제 마음을 온통 깊은 생각으로 채워 주었으며, 덕을 행하는 힘을 주었습니다. 저는 셀린 언니처럼 매일 당신의 무릎 위에 앉아서 저녁 식사를 기다리고 싶었지만, 포기하는 희생을 하고 있었습니다. 그런 때에 당신께서 덕을 행하는 힘을 주신 것이 큰 위로가 되었습니다. 제게 폴린 언니의 역할을 대신한 것은 마리 언니였습니다. 마리 언니의 무릎 위에 앉아서 언니의 말을 빠짐없이 듣고는 했는데, 넓고 관대한 언니의 마음이 온통 제 마음에 들어오는 것 같았습니다. 마치 훌륭한 군인이 자식들에게 무예를 가르치는 것처럼, 마리 언니는 인생의 투쟁에서 승리한 자에게 주어지는 월계관에 대해 이야기해 주었습니다. 또 언니는 매일 쉽게 모을 수 있는 '없어지지 않는 영적 재물'에 관해 말하면서, 그것을 붙잡으려는 노력을 하지 않고 그냥 지나친다면 얼마나 불행한 일인지도 이야기해 주었습니다. 그리고 아주 작은 일에 충실함으로써 성녀가 될 수 있다는 것도 가르쳐 주었습니다. 언니는 제게 《단념에 대해서 Du Renoncement》[66]라는 작은 책자를 주었는데, 저는

---

[66] 피숑 신부가 보내 준 단념에 대한 격언집이다.

그것을 즐거운 마음으로 묵상했습니다.

아! 사랑하는 마리 언니는 얼마나 감동적인 이야기를 해 주었는지요! 저는 언니의 교훈을 혼자 듣는 것이 아까웠습니다. 제가 받은 감동이 너무나 커서, 언니의 이야기를 듣는다면 아무리 큰 죄인이라도 저처럼 감동하여, 사라지고 말 세상의 재산을 버리고 앞으로는 천상의 재물만을 찾을 것이라 믿었습니다. 그 시절에 아무도 제게 묵상하는 방법을 가르쳐 주지 않았습니다. 저는 묵상이 몹시 하고 싶었지만, 마리 언니는 제가 지금 하고 있는 것만으로도 열심히 생활하고 있다고 생각해서 기도하는 것만 허락했습니다. 하루는 수녀원 학교의 교사 수녀님 한 분이, 쉬는 날 혼자 있을 때 무엇을 하는지 저에게 물으셨습니다. 저는 "침대 뒤에 휘장으로 쉽게 가릴 수 있는 빈자리에 들어가서 생각해요."라고 대답했습니다. "무엇을 생각하지요?" 하고 다시 물으셨습니다. "하느님도 생각하고, 인생에 대한 것도 생각하고 영원이라는 것도 생각하고……. 어쨌든 생각해요!" 수녀님은 이 말을 듣고 몹시 웃으셨습니다.

그 후에도 수녀님을 만났을 때 제가 '생각하던' 어린 시절의 이야기를 하면, 수녀님은 "지금도 생각하나요?"라고 물어보고는 하셨습니다. 당시에 저는 알지도 못하면서 벌써 묵상을 하고 있었고, 하느님께서는 이미 저를 은밀히 가르치고 계셨음을 이제야 깨달았습니다.

영성체를 준비하는 세 달은 빨리 지나갔고 곧 피정을 시작해야 했기에 줄곧 기숙 학교에 머물러야만 했습니다. 피정 동안에는 즐거운 추억이 굉장히 많았습니다. 기숙 학교에서 많은 괴로움을 당하기도 했지만 예수님을 기다리는 며칠간의 커다란 행복으로 이 괴로움은 충분히 보상되었습니다. 수도원이 아닌 다른 곳에서는 그런 기쁨을 맛볼 수 없으리라 생각합니다. 아이들이 많지 않아서 선생님들은 우리들 한 명 한 명을 따로 돌보기가 쉬웠기에, 정말 어머니 같은 정성으로 돌봐 주셨습니다. 그분들은 다른 아이들보다 저를 더 신경 써서 보살펴 주셨습니다. 매일 저녁에 첫째 수녀님이 조그만 등불을 갖고 오셔서 침대에 누운 제 이마에 아주 다정하게 입을 맞추셨습니다. 그 자애로움에 감동하여 어느 날 저녁에는 그분에게 제 비밀을 고백하겠다고 말하고, 베개 밑에 두었던 '귀중한 작은 책'을 살그머니 꺼내서, 기쁨으로 눈을 반짝이며 보여 드린 적도 있습니다.

아침에 학생들이 잠이 깨자마자 일어나는 모습을 저는 무척 재미있게 여겼으며 제가 그들처럼 행동하는 것도 재미있었습니다. 그러나 저는 아직 혼자서 몸단장을 해본 적이 없었습니다. 머리를 빗겨 줄 마리 언니가 없었기 때문에 부끄러워하면서도 화장실에 가서 수녀님에게 빗을 내밀 수밖에 없었습니다. 열한 살이 된, 다 큰 아이가 자기 머리도 빗을 줄 모르는 것을 보고는 웃으시면서 제 머리를 빗겨 주셨습니다. 그러나 마리 언니처럼 부드럽게 빗겨 주시는 것은 아니었는데, 그렇다고 감히 울 수도 없었습니다. 전에는 마리 언니가 부드럽게 머리를 빗겨 주는 것에도 매일같이 소리를 질렀던 것이 생각났습니다. 피정을 하며 이 세상의 아이들, 특히 어머니를 잃은 아이들 가운데서는 보기 드물게 제가 귀여움과 보살핌을 받으며 자라는 아이라는 것을 깨달았습니다. 날마다 마리 언니와 레오니 언니가 아빠와 함께 저를 보러 왔는데, 아빠는 많은 과자를 사다 주셨습니다. 그래서 가족들과 멀리 떨어져 있는 게 괴롭지 않았으며 제 피정의 아름다운 하늘을 흐리게 하는 것은 아무것도 없었습니다.

저는 도맹 신부님[67]의 교훈을 집중해서 듣고, 요약해서 적었습니다. 처음에는 나중에도 잘 기억해 낼 것이라고 생각해서 하나도 적지 않았는데, 실제로도 잘 잊어버리지 않았습니다.[68] 수녀들과 같이 여러 기도에 참여할 때 얼마나 기뻤는지

---

67 빅토르 루이 도맹 신부는 리지외 수녀원의 전속 사제였고, 고해 신부였다.
68 데레사의 피정 수첩은 리지외의 가르멜 수녀원 문헌 보관소에 있다. 데레사가 다시 피정했을 때도 이 수첩을 사용했다.

모릅니다. 저는 레오니 언니가 준 커다란 십자고상을 선교 사제들처럼 허리띠에 차고 있었는데, 그것은 친구들 사이에서 유달리 눈에 띄었습니다. 수녀들은 그 십자고상을 부러워하며 제가 '가르멜에 있는 언니'를 따라하려고 그렇게 하고 있는 것이라 생각했습니다. 아! 사실 제 마음은 항상 폴린 언니에게로 달려갔습니다. 언니도 저처럼 피정 중이라는 것을 알고 있었습니다. 그것은 예수님께서 당신을 언니에게 주시기 위해서가 아니라 언니가 자신을 온전히 예수님께 바치기 위한 것이었습니다.[69] 그래서 이 피정 기간은 언니의 서원식과 저의 첫영성체를 고대하며 지내는, 두 가지의 기쁨으로 가득한 날들이었습니다…….

어느 날 아침, 저는 기침을 심하게 해서 휴양실로 보내졌습니다(제가 아팠던 후로 수녀님들은 제게 굉장히 주의를 기울여 주셨습니다. 머리가 조금이라도 아프거나 보통 때보다 창백해 보이면, 바람을 쏘이게 하거나 휴양실에서 쉬게 하셨습니다). 휴양실에 있을 때 사랑하는 셀린 언니가 들어오는 것을 보았습니다. 언니도 피정 중이었지만 제게 성화 하나를 주기 위해 저와 만나는 허락을 받았

---

[69] 예수의 아녜스 수녀는 가르멜에서 서원식을 준비하고 있었는데, 데레사의 첫영성체와 같은 날이었다.

던 것입니다. 그 성화는 '감실에 계신 하느님의 작은 꽃'이었습니다. 아! 언니의 손에서 이 기념품을 받을 때 얼마나 기뻤는지요! 그날따라 셀린 언니가 더욱 사랑스러워 보였습니다.

첫영성체 전날 저는 두 번째 고해성사를 받았습니다. 총고해를 한 후 마음이 아주 평화로웠습니다. 하느님은 제 마음을 괴롭힐 한 조각의 구름조차 허락하지 않으셨습니다. 오후에는 저를 보러 온 가족들에게 용서를 청했습니다. 그러나 저는 너무나 감동해 있어서, 아무 말도 못하고 눈물만 흘렸습니다. 폴린 언니는 오지 못했지만, 저는 언니가 마음으로는 항상 제 곁에 있다는 것을 느꼈습니다. 폴린 언니는 마리 언니를 통해 제게 아름다운 성화를 보냈는데, 저는 이 성화를 자꾸만 들여다보고 다른 사람에게도 보여 줬습니다. 저는 편지로 피숑 신부님에게 저를 위하여 기도해 달라고 청하며, 제가 머지않아 가르멜의 수녀가 될 것이니 그때는 저의 지도 신부가 되실 거라는 이야기도 써서 보냈습니다(이 이야기는 4년 뒤에 그대로 이루어졌으며, 제가 그분에게 마음을 열게 된 곳도 가르멜이었습니다). 마리 언니가 피숑 신부님의 편지를 가져왔을 때 저는 너무나 기뻤습니다. 모든 행복이 한꺼번에 밀려왔지요. 편지 중에도 저를 가장 즐겁게 했던 구절은 "내일 너와 폴린을 위해 미사를 드리겠다!"라는 것이었습니다. 언니와 데레사는 5월 8일에 한층 더 결합되었습니다. 예수님께서 당신의 은총으로 우리를 충만케 하시어, 일치를 이루시는 것처럼 느껴졌기 때문입니다.

마침내 모든 날 중 가장 아름다운 날이 왔습니다. 하늘에서 지낸 듯한 이날의 아주 작은 일까지도 잊을 수 없는 기억으로 남았지요! 새벽하늘 아래에서 기쁘게 잠을 깼던 일, 수녀님들과 친구들의 경건하고 사랑에 넘치는 입맞춤을 받던 일, 큰 방에 눈처럼 하얀 옷들이 가득 차 있어서, 아이들이 차례로 옷을 받아 입던 일, 특히 성당에 들어가 '천사들이 에워싼 거룩한 제대여!' 하는 아침 성가를 부르던 일 등이 생각납니다.

그러나 너무 자세한 일까지는 말하고 싶지 않습니다. 밖에 내놓기 무섭게 향기를 잃는 물건이 있으며, 세상 말로 옮겨 놓자마자 그 은밀하고 신비로운 뜻을 잃어버리는 마음속의 생각도 있기 때문입니다. 그것은 "승리하는 사람에게는 숨겨진 만나를 주고 흰 돌도 주겠다. 그 돌에는 그것을 받는 사람 말고는 아무도 모르는 새 이름이 새겨져 있다."(묵시 2,17)라고 하신 것과 같습니다. 아! 제 영혼에 주신 예수님의 첫 번째 입맞춤은 정말 즐거웠습니다!

그것은 사랑의 입맞춤이었으며, 저는 사랑받고 있음을 깨닫고 이렇게 말했습니다. "저는 당신을 사랑합니다. 그리고 저를 당신께 영원히 바칩니다." 이 사랑에는 아무런 요구도 싸움도 희생도 없었습니다. 이미 오래전부터 예수님과 어린 데레사는 서로 바라보고 서로 이해하였습니다.

그러나 그날은 바라만 보는 것이 아니라 하나가 되는 것이었습니다. 우리는 이미 둘이 아니었으니, 데레사는 물방울이 바닷물 속에 사라지는 것처럼 없어지고 말았습니다. 예수님 혼자만 남아 계셨으니, 그분은 저의 스승님이자 임금님이었습니다. 데레사는 자신만의 자유가 없게 해 달라고 예수님께 청하지 않았습니까? 저에게는 그 자유가 겁이 나는 것이었으니까요. 저는 스스로 한없이 연약한 존재로 느껴져서, 하느님의 힘에 영원히 결합하고자 했던 것입니다! 저의 기쁨은 걷잡을 수 없이 커져서, 마침내 기쁨의 눈물이 넘쳐흘렀습니다. 친구들은 깜짝 놀라 나중에 이런 말을 주고받았습니다. "그런데 데레사가 왜 울었을까? 무슨 걱정이 있어서 그런 게 아닐까?" "아니야, 엄마가 옆에 없어서 그랬거나, 그 애가 좋아하는 가르멜에 있는 언니가 옆에 없어서 그랬을 거야." 그들은 하늘의 온갖 기쁨이 마음속에 찾아왔기 때문에 귀양살이를 하고 있는 지친 마음이 눈물을 쏟지 않고는 이 기쁨을 감당할 수 없다는 것을 이해하지 못했습니다. 첫영성체하는 날 엄마가 안 계시다고 해서 서러웠을 리는 없습니다. 천국이 제 마음속에 있고 엄마도 오래전부터 거기에 계시지 않았습니까? 그리하여 예수님께서 찾아오셨을 때 엄마도 오셔서 제 행복을 기뻐하고 축복해 주셨습니다. 또한 폴린 언니가 없어서 운 것도 아닙니다. 물론 언니가 옆에 있었다면 더 행복했겠지만, 오래전부터 그런 희생은 견디고 있었습니다. 그날은 제 마음에 기쁨만이 가득했습니다. 그토록 다정하게 오시는 하느님께 취소할 수 없는 서약으로 자신을 바친 폴린 언니와 저는 굳게 결합되었던 것입니다!

그날 오후, 저는 성모님께 봉헌하는 기도문을 읽었습니다. 아주 어릴 때 이 세상의 어머니를 잃은 제가, 친구들을 대표해서 천상의 어머니께 이야기하게 된 것이었지요. 어머니의 품에 뛰어들어 지켜 주시기를 청하는 어린아이처럼 성모 마리아께 말씀드리고, 그분께 저를 바치는 데 온 마음을 쏟았습니다. 성모님께서는 당신의 작은 꽃을 내려다보시고, 다시 한 번 방긋이 웃으셨습니다. 예전에 그 '미소'로 제가 아플 때 구해 주신 분이 성모님 아니었습니까? 당신의 작은 꽃인 저의 꽃받침 안으로 "샤론의 수선화, 골짜기의 나리꽃"(아가 2,1)인 예수님을 성모님께서 내려놓으신 것이 아니겠습니까?

즐거운 이날 저녁에 저는 온 가족을 다시 만났습니다. 미사가 끝난 아침에 벌써 사랑하는 아빠와 친척들에게 입을 맞추었지요. 저녁에는 정말 모두가 모였습니다. 아빠는 당신 작은 여왕의 손을 이끌고 가르멜로 찾아갔습니다. 그곳에서 이미 예수님의 정배가 되어, 저처럼 하얀 베일을 쓰고 장미꽃관도 올린 폴린 언니를 보았습니다. 저의 기쁨은 한 가닥의 슬픔도 섞이지 않은 순수한 기쁨이었고, 저도 머지않아 언니가 있는 곳으로 가서 언니의 곁에서 천국을 기다릴 수 있기를 바랐습니다! 첫영성체 날 저녁에 가족들이 집안 잔치를 열어 줘서 감격했습니다. 사랑하는 아빠가 주신 예쁜 손목시계도 참 좋았지만, 제 고요한 행복과 마음의 평화는 그 무엇에도 어지럽혀지지 않았습니다. 이 아름다운 날이 가고 밤이 와서 마리 언니가 저를 데리고 갔습니다. 아무리 빛나는 날도 어둠이 따르기 마련이니까요. 오직 천국에서만 처음으로, 그리고 영원히 결합되는 날이 계속될 것입니다!

첫영성체 다음 날도 역시 즐거웠지만 조금 우울해졌습니다. 마리 언니에게 받은 고운 옷이며, 선물도 제 마음을 채워 주지 못했습니다. 그때부터는 오직 예수님만이 저를 만족시킬 수 있었으므로, 저는 다시 그분을 모실 날만을 애타게 기다렸습니다. 첫영성체 후 한 달쯤 지나서 주님 승천 대축일에 고해성사를 하러 갔는데, 저는 대담하게 영성체를 하게 해 달라고 청했습니다. 뜻밖에도 신부님이 허락하셔서, 저는 아빠와 마리 언니 사이에 끼어서 영성체 난간에 무릎 꿇는 행복을 가졌습니다. 아! 예수님의 이 두 번째 방문으로 저는 몹시 행복한 추억을 간직하게 되었습니다! 형용할 수 없는 기쁨에 또다시 눈물을 흘리며 "이제는 내가 사는 것이 아니라 그리스도께서 내 안에 사시는 것입니다."(갈라 2,20)라고 하신 바오로 사도의 말씀을 자꾸 되뇌었습니다. 두 번째로 성체를 모신 후로는 하느님을 맞이하고 싶은 바람이 점점 커져 갔는데 다행히 큰 축일마다 성체를 모실 수 있게 되었습니다. 이런 행복한 날이 찾아오기 전날이면 마리 언니가 저를 무릎 위에 앉히고 첫영성체 때처럼 준비를 시켜 줬습니다. 한번은 괴로움에 대해 이야기를 해 주다가 인자하신 하느님께서는 아마 제게 그 괴로움의 길을 걷게 하지 않으시고, 어린아이처럼 늘 안고 가실 거라고 말해 준 것이 기억납니다.

영성체한 다음 날, 마리 언니의 이 말이 다시 생각났습니다. 제 마음속에는 괴로움을 받고자 하는 간절한 바람과 함께, 예수님께서 제게 많은 십자가를 지우실 거라는 확신이 조금씩 생겼습니다. 그러자 평생에 가장 큰 은혜를 받은 것 같은 위로가 가득히 느껴졌습니다. 괴로움이 제 마음을 끌어당겼고 그것이 어떤 것인지도 아직 잘 모르면서 그 매력에 황홀해지는 것이었습니다. 그때까지는 괴로움을 '사랑하지' 못하고 괴로워했는데 그날부터는 정말 괴로움을 '사랑하게' 되었습니다. 저는 하느님을 사랑하는 일 이외에서는 기쁨을 느끼고 싶지 않았습니다. 영성체 후 기도를 할 때에 자주 《준주성범》의 이 구절을 되뇌었습니다. "오! 형언할 수 없이 착하신 저의 하느님, 영원한 것을 사랑하지 못하도록 방해하고, 현세에서 순간의 쾌락을 즐기라고 유혹하는 모든 육체의 즐거움이 저에게는 쓰디쓴 괴로움이 되게 해 주소서."[70] 이 구절이 조금도 힘들이지 않고 입술에서 저절로 흘러 나왔습니다. 이 말은 제 의지가 아니라, 마치 사랑하는 어른이 일러 주는 말을 그대로 따라하는 어린아이처럼 되풀이하게 되었습니다. 사랑하는 원장 수녀님, 예수님께서 어떻게 제 바람을 채워 주셨는지, 어떻게 예수님만이 형언할 수 없는 저의 영원한 기쁨이 되셨는지 다음에 말씀드리겠습니다. 그 이야기를 하려면 제 소녀 시절을 먼저 말씀드려야 하는데, 제 어린 시절 대해서도 아직 이야기할 것이 많이 남아 있습니다.

첫영성체한 지 얼마 되지 않아서 견진성사[71]를 준비하는 피정을 시작했습니다. 저는 하느님의 성령을 받기 위해 정성껏

---

70 《준주성범》 3권 26,3
71 1884년 6월 14일이다.

준비했는데, 이 '사랑'의 성사를 받는 데 사람들이 그다지 주의를 기울이지 않는 것을 이해할 수 없었습니다. 보통 견진성사를 받기 위해 단 하루 동안만 피정을 하지만 주교님이 정한 날에 못 오셨기 때문에 저는 이틀 동안 고요한 시간을 누릴 수 있었습니다. 수녀님은 우리를 위로해 주시려고 '까생' 산으로 데리고 가셨습니다. 그곳에서 성체 축일을 위해 소담스러운 들국화를 한 아름 꺾었습니다. 아! 제 마음이 얼마나 기뻤는지요. 저는 사도들처럼 성령이 제게 오시는 것을 기쁘게 기다렸습니다. 머지않아 완전한 신자가 된다는 생각, 특히 주교님이 성사의 표시로 이마에 새겨 주실, 신비로운 십자가를 영원히 간직하게 된다는 생각을 하며 좋아했습니다. 마침내 그 행복한 시간이 왔습니다. 저는 성령 강림降臨 때 불던 세찬 바람은 느끼지 못하고, 오히려 엘리야 예언자가 들은 적이 있는 '호렙' 산 위에서 솔솔 부는 그 부드러운 바람(1열왕 19,12-13 참조)을 느꼈습니다.

그날 저는 괴로움을 견뎌 내는 힘을 받았습니다. 제 영혼의 순교가 잠시 후에 시작되려 했기 때문입니다. 사랑하는 레오니 언니가 저의 대모였는데, 언니는 너무나 감격한 나머지 식이 진행되는 동안 계속 눈물을 흘리고 있었습니다. 언니도 저와 함께 성체를 모셨지요. 그 즐거운 날 예수님과 결합하는 행복을 또 받았습니다.

기쁘고 잊을 수 없는 견진성사의 날이 지나자, 제 생활은 다시 평상시로 돌아갔고, 괴로운 기숙 학교 생활을 다시 시작해야 했습니다. 첫영성체를 위한 피정을 할 때는 모두가 착한 마음씨를 가졌고, 저처럼 진정으로 덕을 닦으려고 결심했기에 그 친구들과 지내는 생활이 좋았습니다. 그러나 기숙 학교에서는 그 친구들과 전혀 다르고, 정신이 산만하고 규칙을 지키려 하지 않는 학생들과 지내야 했기 때문에 대단히 불행하게 느껴졌습니다. 저는 명랑한 성격이었지만 제 또래 아이들의 장난에는 잘 섞여들 줄 몰랐습니다. 쉬는 시간에는 나무에 기댄 채 진중한 생각에 잠겨서 그들이 노는 것을 바라보기만 했습니다. 저는 무척 마음에 드는 장난을 생각해 냈는데 그것은 나무 밑에 죽어 있는 새들을 묻어 주는 일이었습니다. 많은 친구들이 저를 도와서 작은 새들의 몸집에 알맞은 나무와 꽃을 심어서 아주 예쁜 묘지를 만들었습니다. 또 어떤 때에는 생각나는 것을 그냥 이야기하기도 했는데, 그럴 때면 친구들이 저를 빙 둘러싸고 가끔 큰 학생들도 끼어서 제 이야기를 들었습니다. 똑같은 이야기를 며칠 동안 계속하기도 했습니다. 제 이야기를 듣고 친구들이 받는 인상과 그들의 얼굴에 나타나는 표정을 보고 흥미가 생겨서 점점 재미있게 꾸며서 말했기 때문입니다. 그러나 오래지 않아 수녀님이 우리가 '입을 놀리는' 것보다는 '다리를 놀리는' 것을 보고 싶어 하셔서, 제 연설장은 문을 닫게 되었습니다.

저는 배운 것의 뜻은 쉽게 기억했지만, 외우는 것은 매우 힘들어 했습니다. 그래서 교리 문답만은 첫영성체 전에 거의 매일 쉬는 시간에 공부할 수 있도록 허락해 달라고 청했습니다. 이러한 노력이 헛되지 않아 언제나 가장 좋은 성적을 받았습니다. 어쩌다가 한 글자라도 잊어버리면 안절부절못하며 괴로움으로 비참한 눈물이 솟아나서, 도맹 신부님이 어떻게 진정시켜야 할지 난감해하셨습니다. 신부님은 저를 굉장히 좋아하셔서(울 때만 빼고) 저를 '꼬마 박사'라고 부르셨는데, 그것은 데레사라는 제 이름 때문이었습니다. 한번은 제 다음 차례의 학생이 자기 친구에게 물어 볼 교리 문답의 구절을 그만 잊어버렸습니다.[72] 신부님이 모든 학생들을 돌아가며 시켜 보셨으나 아는 사람이 없자, 다시 제게로 와서 어디 1등의 자리를 차지할 만한가 보자고 말씀하셨습니다. 겸손한 저는 물어봐 주시기를 기다렸기 때문에, 똑바로 일어나서 물어보신 것을 한 글자도 틀리지 않고 외웠습니다. 그러자 모두가 깜짝 놀랐습니다. 첫영성체 이후 교리 문답에 대한 열성은 제가 기

---

72 교리 문답은 대답뿐만 아니라 묻는 말도 외워야 한다.

숙 학교를 나올 때까지 식을 줄을 몰랐습니다. 성적은 아주 좋아서 줄곧 거의 1등이었는데, 제일 잘했던 과목은 역사와 작문이었습니다. 수녀님들은 모두 저를 대단히 총명한 아이라고 생각하셨습니다. 그러나 게랭 외삼촌과 외숙모는 저를 올바른 판단력을 갖고는 있지만 무능하고 둔하며 배운 것 없는, 착하고 순한 아이로만 알고 계셨습니다.

그분들이 예전에도 그러셨고, 아마 지금까지도 그렇게 생각하시는 것이 제게는 조금도 놀라운 일이 아닙니다. 왜냐하면 제가 부끄러움이 많아서 거의 말을 하지 않았기 때문입니다. 저는 글씨를 예쁘게 쓰지 못했고 그저 평범하기만 한 철자법을 사용했기에 사람들의 마음을 끌 만한 재주가 없었습니다. 바느질이나 자수, 그 밖의 일들은 수녀님들의 도움 덕분에 꽤 잘했지만, 일감을 다루는 제 솜씨가 서툴러서 사람들이 저를 탐탁지 않아 하는 것도 이해가 되었습니다. 저는 그것이 오히려 은혜라고 생각합니다. 하느님께서는 제 마음이 당신에게로만 향하기를 원하셨고, "현세의 즐거움이 저에게는 쓰디쓴 괴로움이 되게 해 주소서."라고 한 저의 기도를 벌써 들어주고 계셨던 것입니다. 제가 남의 칭찬에 전혀 무관심할 수는 없었을 것이므로 그것은 제게 꼭 필요한 은총이었습니다. 가끔 사람들이 제 앞에서 다른 사람의 재능을 칭찬하는 것은 보았으나, 저를 칭찬하는 것은 본 적이 없습니다. 그래서 저는 제게 재능이 없다는 결론을 내렸고, 또 없는 것이니 어쩔 수 없다고 생각했습니다.

민감하고 다정한 제 마음을 이해해 줄 누군가를 찾을 수 있었다면 그에게 쉽게 제 마음을 허락했을 것입니다. 저는 동갑의 소녀들과 사귀려고 해 봤습니다. 그들 가운데 특히 두 사람을 사랑했고, 그들도 저를 사랑해 주었습니다. 아! 그러나 사람의 마음이란 얼마나 좁고 가벼운 것입니까? 저는 금세 그들이 제 사랑을 이해하지 못하는 것을 느꼈습니다. 둘 중에 한 친구가 집에 갔다가 몇 달 뒤에 돌아왔는데, 그 아이가 없는 동안 저는 그가 줬던 작은 반지를 소중히 간직하며 그 아이를 생각했습니다. 마침내 다시 만났을 때 매우 반가웠는데, 슬프게도 그 친구는 저를 거들떠보지도 않았습니다. 제 사랑은 이해받지 못했던 것입니다. 저는 그것을 깨닫고 더 이상 애정을 구걸하지 않았습니다. 그러나 하느님께서는 제게 지극히 충실한 마음을 주셔서, 제가 한번 사랑하기 시작하면 언제까지나 사랑하게 만드셨습니다. 그리하여 아직도 그 친구를 위해 기도하고, 여전히 사랑하고 있습니다. 셀린 언니가 수녀님들 가운데 한 분을 사랑하는 걸 보고 저도 언니처럼 하려고 했으나, 사람의 호감을 살 줄 몰라서 실패했습니다. 이 얼마나 행복한 무능無能입니까! 이것이 얼마나 많은 불행을 제게서 막아 준 것이겠습니까! 이 세상의 우정에서 '쓴 맛'만 맛보게 하신 예수님께 얼마나 감사드리는지 모릅니다. 그런 무능함이 없는 마음으로는 날개를 잡혀서 잘리고야 말았을 테니, 그랬다면 어떻게 "날아가 쉴"(시편 55,7) 수 있겠습니까? 사람의 애정에 사로잡힌 마음이 어떻게 하느님과 가까워질 수 있겠습니까? 저는 그것이 불가능하다는 것을 깨달았습니다. 사람의 열렬한 애정이라는 독이 든 술잔을 마셔 본 적은 없지만, 그것이 하느님과의 일치를 방해한다는 것을 충분히 알 수 있습니다. 많은 영혼들이 이 거짓 빛에 홀려 불쌍한 나비들처럼 달려들어서 날개를 태웠습니다. 그러나 하느님께서는 '불이지만, 결코 태우는 법이 없는' 하느님의 불이신 예수님께 날아 올라갈 수 있도록, 더 빛나고 더 가벼운 새로운 날개를 그들에게 주셨습니다. 그리하여 그 날개로 날아서 사랑의 진실하고 부드러운 빛을 향해 오는 것을 보았습니다. 아! 저는 깨달았습니다. 예수님께서는 제가 유혹에 너무나 약할 수 있음을 알고 계셨던 것입니다. 제 눈앞에서 그 불을 보았다면 저는 아마 그 거짓 빛에 다 타 버렸을 것입니다. 그러나 그 빛이 제 눈에는 찬란하지 않았으며, 사람의 애정에서 저는 쓰라림밖에 찾아내지 못했습니다. 하느님의 크신 자비로써 그것을 피할 수 있었으므로 사람의 애정에 빠지지 않은 것은 결코 제가 훌륭해서가 아닙니다! 하느님의 도우심이 없었더라면 저도 마리아 막달레나 성녀만큼이나 깊은 골짜기에 떨어졌을 것입니다! 시몬 성인에게 하신 하느님의 심오한 말씀이 마음속에 고요히 울립니다. "적게 용서받은 사람은 적게 사랑한다."(루카 7,47)라는 것을 저는 잘 압니다. 예수님께서는 마리아 막달레나 성녀보다도 저를 더 많이 용서해 주셨습니다. 저를 미리 용서해 주시어 나락으로 떨어질 것을 막아 주셨으니까요. 아! 이 감정을 어떻게 표현할 수 있을까요? 제 생각을 예를 통해 나타내 보겠습니다.

어떤 용한 의사의 아들이 길을 가다가 돌에 걸려 넘어져서 팔이나 다리가 부러졌습니다. 아버지가 급히 달려와서 아들을 다정히 안아 일으키고, 자신의 온갖 의술로 상처를 치료하여 완전히 낫게 하면 아들은 아버지에게 감사를 드립니다. 물론 이 아이는 당연히 아버지를 사랑할 것입니다. 그런데 또 다른 가정을 해 보겠습니다. 아버지가 아들이 가는 길에 돌이 있다는 것을 알고, 급히 앞질러 가서 아무도 모르게 그 돌을 치워 버렸습니다. 아들은 선견지명이 있는 애정을 받았지만 아버지의 손으로 예방된 불행을 모르기에 아버지에게 감사함을 느끼지는 않을 것이고, 아버지가 고쳐 준 앞의 경우보다는 아버지를 덜 사랑할 것입니다. 그러나 그 아들이 아버지의 도움심으로 위험에서 벗어났다는 것을 알면 아버지를 더 사랑하지 않겠습니까? '의인'을 구하기 위해서가 아니라 '죄인'을 구원하고 용서하기 위해 예수님을 보내신 선견지명이 있는 하느님의 사랑, 그 사랑의 대상이 된 이 아이가 바로 저입니다. 하느님께서는 많은 정도가 아니라, 저의 모든 잘못을 용서해 주셨기 때문에 제가 당신을 사랑하기를 원하시는 것입니다. 마리아 막달레나 성녀가 당신을 많이 사랑하기를 기다리셨던 것처럼 하지 않으시고, 당신이 저를 어떻게 형언할 수 없이 사랑하셨는지 미리 알려 주셔서, 이제는 제가 당신을 미칠 듯이 사랑하도록 하신 것입니다! 회개하는 영혼보다 더 사랑하는 깨끗한 영혼은 없다는 말을 들었는데, 얼마나 이 말을 거짓말로 만들고 싶은지 모릅니다.

원래 하던 이야기에서 너무 멀리 왔으니 다시 돌아가겠습니다. 첫영성체 다음 해는 제 영혼에 별다른 시련 없이 지나갔는데, 두 번째 영성체[73]를 준비하는 피정 동안에 무서운 세심증細心症이 엄습했습니다. 이 수난은 직접 겪지 않고는 잘 이해할 수가 없을 것입니다. 제가 1년 반 동안 받은 고통은

---

73 1885년 5월 17~21일이다.

이루 말할 수가 없습니다. 다른 사람에게는 아무렇지도 않을 생각과 행동이 제게는 모두 근심거리가 되었습니다. 저는 마리 언니에게 모두 말하고 나서야 마음이 놓였습니다. 그러나 그것은 쉬운 일이 아니었습니다. 그와 관련된 맞지 않는 제 생각까지도 모두 말해야 한다고 믿었으니까요. 짐을 내려놓으면 한순간의 평화를 맛보았지만, 이 평화는 번갯불처럼 빨리 지나갔고 제 고통은 곧 다시 시작되었습니다. 사랑하는 마리 언니는 싫증 내는 기색 한 번 없이 제 이야기를 듣기 위해 얼마나 많은 인내를 했겠습니까! 제가 기숙 학교에서 돌아오면 마리 언니는 다음 날을 위해 제 머리를 동그랗게 말아 주었습니다(작은 여왕은 아빠를 즐겁게 해 드리기 위해 날마다 머리를 동그랗게 말았는데 그토록 부모님에게 사랑받는 아이를 본 적이 없는 수녀님들과 친구들은 저를 보고 대단히 놀라고는 했습니다). 언니가 머리를 하는 동안에 저는 세심증으로 일어나는 제 생각을 이야기하며 줄곧 울었습니다.

그해가 지나자 셀린 언니는 공부를 마치고 집으로 돌아오게 되었고, 가엾은 데레사만 혼자 학교로 돌아가야 했습니다. 그러자 데레사는 바로 아프게 되었습니다. 기숙 학교에서 단 하나의 위안이란 셀린 언니와 함께 있는 것이었는데, 언니 없이는 '셀린의 작은 딸'이 도저히 남아 있을 수 없었습니다. 그래서 저는 열세 살 때 기숙 학교에서 나왔습니다.[74] 이후에는 파피노 부인 댁으로 매주에 몇 차례씩 가서 공부를 계속했습니다. 파피노 부인은 교육을 잘 받은 착한 분이었는데, 조금 노처녀 같은 면이 있었습니다. 그분은 자신의 어머니와 함께 살고 있었는데, 고양이를 포함해 세 식구가 아담하게 사는 것이 좋아 보였습니다. 그런데 고양이가 공책 위에 올라와서 가르릉하고 있는 것을 가만히 둬야 했고, 예쁘다는 칭찬도 해야 했습니다. 그래도 파피노 부인의 식구들과 친밀하게 지내는 것에는 여러 가지 좋은 점이 있었습니다. 나이 든 선생님이 걸어서 오기에는 저의 집이 너무 멀었으므로, 선생님의 집으로 공부하러 오라고 했습니다. 공부하러 가면 보통 파피노 부인의 어머니인 코생 부인이 저를 맞이했습니다. 크고 맑은 눈으로 저를 바라보며, 조용하고 노래하는 듯한 목소리로 "파피노, 데레사 아가씨가 왔어." 하고 딸을 불렀습니다. 그러면 파피노 부인이 앳된 목소리로 "저 여기 있어요, 어머니."라고 대답했습니다. 그리고 곧 공부가 시작됐습니다. 이 공부는(제가 받는 교육 외의) 세상을 알게 해 줬습니다. 그런 시간이 될지 누가 생각이나 할 수 있었겠습니까! 책과 공책으로 빙 둘러져

---

74 1885~1886년도 2학기 중간이다.

있고 옛날식으로 꾸며진 방에 신부, 부인, 아가씨 등 다양한 손님들이 드나들었습니다. 코생 부인은 자기 딸이 공부를 가르칠 수 있도록 그들과의 이야기를 최대한 도맡아 했습니다. 그러나 손님이 많은 날에는 별로 배우는 것이 없었습니다. 책에 얼굴을 틀어박고 사람들이 주고받는, 차라리 듣지 않는 것이 더 나았을 이야기까지 전부 듣고 있었습니다. 허영심은 마음속에 참으로 쉽게 들어옵니다! 한 부인은 제 머리칼이 곱다고 하였고, 또 어떤 부인은 나가면서 제가 안 듣는 줄 알고 저렇게 예쁜 아이가 누구냐고 물어보기도 했습니다. 그런데 이런 말들을 제 앞에서 하지 않았기에 더욱 귀에 솔깃하게 들렸고, 제 마음을 은근히 즐겁게 해 줬습니다. 그것은 제가 자애심自愛心이 얼마나 많은지 똑똑히 보여 주는 것이었습니다. 아! 저는 멸망의 구렁텅이로 빠지는 영혼에게 많은 동정심을 느낍니다. 꽃이 만발한 세상에서 길을 잘못 드는 것은 얼마나 쉬운 일입니까! 분명 세상이 고결한 영혼에게 주는 즐거움에도 고통이 섞여 있을 것이고, 그 고통이 닥쳤을 때 여러 가지 욕망의 유혹을 한순간의 찬미로 이겨 낼 수는 없을 것입니다. 그러니 만일 제 마음이 '철이 들 때부터 하느님께 들어 올림'을 받지 않았다면, 그래서 태어나면서부터 세상의 단맛만을 보게 되었다면, 어떻게 되었겠습니까? 사랑하는 원장 수녀님, 저는 하느님의 인자하심을 감사의 마음으로 노래하고 있습니다! '지혜서'에도 "악이 그의 이성을 변질시키거나 거짓이 그의 영혼을 기만하지 못하도록 들어 올려진 것이다."(지혜 4,11)라고 쓰여 있지 않습니까? 동정 마리아께서도 작은 꽃(소화)을 지켜 주셨고, 소화가 세상 사물과 접촉하여 더럽혀질 것을 바라지 않으셔서 활짝 피기 전에 그분의 동산으로 데려가신 것입니다. 그 행복한 시간을 기다리는 동안 성모님을 향한 사랑은 점점 더 커졌습니다. 성모님께 이 사랑을 알려 드리기 위해서 저는 대단히 괴로운 어떤 일을 했습니다. 긴 이야기지만 되도록 짧게 말씀드리겠습니다.

기숙 학교에 들어가고 얼마 지나지 않아서 '거룩한 천사회'에 들어갔습니다. 복된 천사들과, 특히 하느님께서 유배지인 이 땅에서 제 친구로 삼아 주신 이들을 위해 기도하는 것을 저는 무척 좋아했으므로 이 회가 명하는 신심의 실천이 몹시 마음에 들었습니다. 첫영성체를 하고 얼마 후에 아이들은 '거룩한 천사회' 리본 대신에 '마리아의 자녀' 지원자 리본을 달게 되었습니다. 그런데 저는 마리아의 자녀에 들어가 보지 못한 채 기숙 학교를 나왔습니다. 공부를 다 마치지 않고 나왔기 때문에 학교를 오래 다닌 다른 학생들처럼 마리아의 자녀에 들어갈 수 없었던 것입니다. 그 특권이 부러웠던 것은 아니지만, 언니들이 모두 '마리아의 자녀'였기에 그들만큼 천상 모후의 자녀가 되지 못하는 것은 아닌가 하는 걱정에(괴롭기는 하였으나) 기숙 학교에 가서 마리아의 자녀에 입회할 수 있도록 허락을 청했습니다. 수녀님은 거절하지는 않으셨지만, 입회할 만하다는 것을 증명하기 위해 일주일에 두 번 오후에 수녀원을 방문할 것을 조건으로 허락하셨습니다. 그러나 이 입회로 즐거움을 얻은 것이 아니라, 오히려 굉장히 괴로웠습니다. 저에게는 오랫동안 기숙 학교 생활을 한 다른 학생들처럼 친한 선생님이 없었습니다. 그래서 선생님에게 그저 인사만 하고 공부 시간이 끝날 때까지 묵묵히 기다릴 뿐이었습니다. 챙겨 주는 사람이 아무도 없으니 소성당에 가서 아빠가 데리러 오실 때까지 성체 앞에 있었습니다. 이것만이 저의 유일한 위안이었습니다. 예수님께서는 저의 '오직 하나뿐인 벗'이 아니었습니까……? 저는 예수님께만 말할 줄을 알았습니다.

사람들과의 대화는 그것이 신심에 대한 이야기일지라도 제 마음을 피곤하게 했습니다. 하느님에 대해서 이야기하는 것보다 하느님께 직접 말씀드리는 것이 더 낫다고 느꼈습니다. 사람들의 이야기에는 자애심自愛心이 섞이기 마련이지요. 제가 수녀원에 온 것은 오직 성모 마리아를 위해서였습니다. 저는 가끔 정말로 외로움을 느꼈습니다. 기숙 학교에서 슬픔과 괴로움에 잠겨 넓은 뜰을 산책하던 것처럼, 제 마음속에 평온함과 힘을 주던 시의 구절을 되풀이했습니다. "인생은 네 집이 아니라 네 작은 배다!"[75] 저는 어렸을 때 이 말에 용기를 얻었습니다. 여러 해가 지나, 어린 시절에 느꼈던 열정은 사라졌지만, 지금도 인생을 배에 비유한 이 구절은 귀양살이를 견디도록 제 마음을 추스르는 데 도움이 됩니다. '지혜서'에도 "인생은 배가 높은 물결을 헤치고 갈 때와 같다. 한번 지나가면 자취도 찾을 수 없다."(지혜 5,10 참조)라는 말이 있지 않습니까? 이것을 생각할 때 제 영혼은 무한 속으로 들어가서 벌써 영원한 곳에 다다른 것처럼 느껴집니다. 또한 예수님의 입맞춤을 받는 것 같다는 생각도 듭니다. 성모님께서 아빠, 엄마와 어린 네 천사[76]와 함께 저를 마중 나오시는 것이 보이는 것 같습니다. 마침내 저는 영원한 가정의 참된 삶을 영원히 누릴 것입니다. 그러나 하늘에 계신 아버지의 집에서 가족이 모두 모이는 것을 보기 전에 아직도 이 세상에서 많은 이별의 쓰라림을 견뎌야만 했습니다. 제가 마리아의 자녀에 들어가던 해에 제 영혼의 유일한 지팡이였던 사랑하는 마리 언니를 **빼앗**

---

75 라마르틴이 쓴 시 속의 한 구절이다.
76 죽은 형제자매들을 뜻한다. – 편집자 주

겼습니다.[77] 마리 언니는 저를 지도하고 위로하고 제가 덕행을 닦도록 도와주던 사람이었습니다. 오직 마리 언니만이 저에게 권위를 갖고 있었습니다. 물론 폴린 언니도 제 마음속에 깊이 새겨져 있었지만 너무 멀리 있었습니다.

폴린 언니와 떨어져서, 언니와 저 사이에 넘을 수 없는 벽을 두고 살아가는 데 익숙해지기 위해서는 순교자 같은 괴로움을 받아야 했습니다. 결국 폴린 언니는 영원히 제게서 사라져서 이미 죽은 것이나 다름없다는 슬픈 사실을 인정하기에 이르렀습니다. 언니는 언제나 저를 사랑했고 저를 위해 기도하고 있었으나, 제 눈에는 사랑하는 폴린 언니가 성녀가 되어서 이제는 이 세상의 모든 일을 모를 것 같았습니다. 그래서 만일 폴린 언니가 불쌍한 데레사의 슬픔을 안다면 놀라서 전처럼 사랑해 주지 않을 것 같았습니다. 그리고 언니에게 제 생각을 뷔소네에서처럼 다 고백하려고 했어도 할 수 없었을 것입니다. 왜냐하면 폴린 언니를 만나는 면회장에는 마리 언니만 들어갈 수 있었기 때문입니다. 셀린 언니와 저는 마지막에나 들어갈 수 있도록 허락을 받았기 때문에 겨우 가슴이나

---

[77] 마리는 1886년 10월 15일에 리지외의 가르멜 수녀원에 들어가서 '예수 성심의 마리아'라는 수도명을 받았다.

졸일 시간밖에는 없었습니다. 이처럼 제 곁에는 사실 마리 언니밖에 없었습니다. 말하자면 언니는 제게 없어서는 안 될 사람이었습니다. 제 세심증에 대해서 언니에게만 이야기했고, 언니에게는 온전히 순종하였습니다. 저는 마리 언니가 신부님에게 고하도록 허락해 준 죄만을 이야기하고 하나도 더하지 않았으므로 저의 고해 신부님조차 제 나쁜 병을 조금도 모르고 계셨습니다. 제가 극도의 세심증을 가지고 있는데도 다른 사람들에게는 그리 세심하지 않은 사람으로 보일 수도 있었을 것입니다. 오직 마리 언니만 제 마음속에 일어나는 생각들과 '가르멜'에 들어가고 싶은 바람까지 모두 알고 있었습니다. 그래서 저는 언니의 곁을 떠나서는 살 수 없을 만큼 언니를 사랑했습니다.

외숙모가 우리를 차례로 '트루빌'에 있는 외숙모 댁으로 초청하셨는데 저는 그곳에 가는 것을 좋아했지만, 마리 언니와 같이 가야만 했습니다! 그렇지 않으면 아주 심심했습니다. 그런데 아빠가 콘스탄티노플에 여행을 가셨던 해에는 트루빌에서 즐겁게 지냈습니다. 아빠가 멀리 여행을 가셔서 셀린 언니와 제가 너무 슬퍼했기 때문에 마리 언니는 우리를 위로해 주려고 바닷가에 보내 보름 동안 지내게 했습니다. 저는 셀린 언니와 함께 있었으므로 대단히 즐거웠습니다. 외숙모는 나귀 타고 소풍 가기, 뱀장어 낚시 등 생각해 낼 수 있는 모든 오락을 준비해 주셨습니다. 열두 살이 지났는데도 아직 어린아이 같았던 제가, 외숙모가 주신 하늘빛 예쁜 리본을 머리에 매고 좋아하던 일이 지금도 생각납니다. 그 순진한 즐거움조차 죄인 것처럼 느껴져서, 트루빌에서 바로 고해성사를 했던 일도 기억납니다.

어느 날 저녁 매우 놀라운 경험을 하나 했습니다. 사촌인 마리 게랭 언니는 거의 항상 아팠는데 가끔 칭얼대며 울기도 했습니다. 외숙모는 그럴 때 온갖 달콤한 말로 달랬지만, 사촌 언니는 머리가 아프다고 한결같이 칭얼대며 울었습니다. 저도 매일같이 머리가 아팠지만 칭얼거리지는 않았습니다. 그런데 그날 저녁에는 마리 게랭 언니의 흉내를 내려고 방구석의 안락의자에 앉아서 눈물을 흘렸습니다. 잔 언니와 아주머니가 와서 왜 그러는지 물었습니다. 저도 사촌 언니처럼 "머리가 아파!" 하고 대답했습니다. 그러나 칭얼거리는 것이 제게는 어울리지 않았는지, 머리가 아파서 운다는 것을 아무도 믿지 않았습니다. 그래서 달래기는커녕, 어른에게 하듯이 제게 말을 건넸습니다. 잔 언니는 제가 무슨 불안이 있는 줄로 알고, 외숙모를 믿지 않는다며 나무랐습니다. 결국 저는 단단히 혼이 나서 다시는 남의 흉내를 내지 않기로 굳게 결심했고 《라 퐁텐의 우화집》에 있던 '당나귀와 강아지' 우화寓話의 의미도 이해할 수 있었습니다. 강아지가 무척 귀여움을 받는 것을 보고, 자기도 귀여움을 받으려고 그 투박한 발을 식탁에 올려놓았던 '나귀'가 바로 저였습니다. 아! 그 불쌍한 나귀처럼 몽둥이로 매를 맞고 쫓겨나지는 않았지만, 그래도 저는 대가를 톡톡히 치렀습니다. 이 일을 통해 다른 사람의 주의를 끌겠다는 생각은 영원히 하지 않게 되었습니다. 남의 주의를 끌려던 단 한 번의 노력이 제게는 너무나 힘들었습니다.

사랑하는 마리 언니가 떠나고 그 이듬해 외숙모가 다시 저를 초청했는데, 이번에는 혼자 가게 되었습니다. 혼자인 것이 너무나 외로운 나머지 2, 3일 후에는 병이 나서 리지외로 돌아와야만 했습니다.[78]

중한 병은 아닌지 모두가 걱정했던 제 병은 단순히 뷔소네에 대한 향수병이어서, 뷔소네에 들어오자마자 다 나았습니다. 그런데 하느님께서는 저에게서 살아가는 데 유일한 의지가 된 이를 빼앗아 가려고 하셨습니다. 마리 언니가 수도원에 들어가려 한 것입니다.

언니의 결심을 알자마자 저는 이 세상에서 아무런 즐거움

---

[78] 1886년 7월이다.

도 갖지 않겠다고 결심했습니다. 저는 기숙 학교에서 나온 후로 폴린 언니의 옛 화실에서 살았는데 그 방을 제 취향에 맞게 꾸몄습니다. 그곳은 마치 시장 같아서, 경건과 호기심의 수집장이자 정원이고, 동시에 큰 새장 같았습니다. 한쪽 벽 위에는 검은 나무로 만든, 예수님의 모습이 없는 큰 십자가와 제가 좋아하는 그림이 몇 폭 걸려 있고, 다른 쪽 벽에는 모슬린과 분홍 리본, 가는 풀과 꽃이 담겨 있는 바구니가 있었습니다. 그리고 안쪽 벽에는 열 살 때의 폴린 언니 초상화가 독차지하고 있었습니다. 이 초상화 아래에 책상을 놓고 그 위에 수많은 새들이 든 큰 새장을 놓았습니다. 이 새들의 아름다운 노랫소리 때문에 손님들은 정신을 잃을 정도였으나 작은 주인인 저만은 그것들을 매우 좋아했습니다. 거기에는 제 책과 공책들이 가득히 들어 있는 자그만 흰 책장이 있었는데, 그 위에는 성모 마리아상이 놓여 있었으며, 그 주위에는 언제나 생화가 담긴 화병과 촛대가 있었습니다. 방의 곳곳에는 성인과 성녀들의 작은 상과 조개껍질이 담긴 바구니, 궐련갑 등이 많이 놓여 있었습니다. 창문 앞으로 정원이 있었는데, 거기에는 화분이 여러 개 있었습니다(제가 이제까지 본 것들 중에 가장 희귀한 꽃들입니다). 또 진열장 안쪽에는 꽃 상자가 있었는데, 거기에는 제가 가장 좋아하는 화초를 심었습니다. 유리창 앞에는 파란 천으로 덮인 제 책상이 있었고, 책상 위 한가운데에 사블리에 꽃과 요셉 성인의 상, 회중시계, 꽃바구니, 잉크병 같은 것들이 놓여 있었습니다. 그리고 몇 개의 절름발이 의자와 아름다운 '폴린 언니의 인형', 침대, 이것이 제가 방에 둔 모든 것들입니다. 작은 지붕 아래의 이 방이 제게는 하나의 세상이었으니, 유명한 메스트르 작가처럼 저도 《내 방 안의 산책_Promenade Autour de Ma Chambre_》이라고 제목을 붙인 책을 만들 수도 있었을 것입니다. 눈앞에 펼쳐진 아름다운 풍경을 마주하고, 방 안에서 몇 시간이고 공부도 하고 명상에 잠기기도 했습니다. 그러나 마리 언니가 떠난다는 것을 알고 난 후에 제 방은 완전히 매력을 잃고 말았습니다. 곧 떠나야 할 마리 언니의 곁을 한순간도 떠나고 싶지 않았습니다. 저는 마리 언니가 참아야 할 행동들을 얼마나 많이 했는지요. 언니의 방 앞을 지날 때마다 방문을 열어 줄 때까지 두드리고는, 문이 열리면 온 마음을 다해서 언니에게 입을 맞추었습니다. 앞으로 키스를 받지 못하게 될 때를 생각해서 간직해 두고 싶었던 것입니다.

언니가 가르멜에 들어가기 한 달 전에 아빠가 우리를 알랑송에 데리고 가셨습니다. 그러나 이번 여행은 알랑송으로의 첫 번째 여행과는 전혀 달랐고, 모든 것이 저에게는 슬픔이며 괴로움일 뿐이었습니다. 엄마를 위해 준비했던 도깨비부채 꽃다발을 깜박하고 가져오지 않아서, 엄마의 무덤 위에 얼마나 많은 눈물을 쏟았는지 모릅니다. 정말 모든 것이 다 괴로웠습니다. 그때는 지금과는 전혀 달랐습니다. 지금은 하느님께서 세상의 어떤 것에도 상처받지 않는 은혜를 제게 주셨습니다. 지난날을 돌이켜 생각할 때마다 하늘에서 받은 은총을 떠올리고는 감사의 마음이 넘칩니다. 제 마음이 너무나 변해서 놀라울 정도입니다. 사실《준주성범》에 나오는 "너희가 너희 행동의 주인과 관리자가 되어야지, 너희 행동의 종이나 노예가 되어서는 안 된다."[79]라는 은혜를 바랐습니다. 이 말씀에 깊은 감동을 받았지만, 저는 이 엄청난 은혜를 제 소원으로 이루어야만 했다고 말할 수 있습니다. 저는 아직 어린아이였기 때문에, 다른 사람들이 원하는 것만을 따라서 원하는 것처럼 보여서, 알랑송에 있는 사람들은 저를 우유부단한 아이라고 말했습니다. 이 여행 도중에 레오니 언니는 성 글라라 수도회에 들어갔습니다. 갑자기 급하게 들어가서 무척 슬펐습니다. 너무나 사랑하는 언니인데, 떠나기 전에 한번 안아 보지도 못했으니까요.

---

[79] 《준주성범》 3권 38,1

아빠가 언니를 보러 갔다가 돌아오셔서 레오니 언니가 벌써 글라라 수도회의 옷을 입고 있다고 말씀하실 때 느껴지던 그 인자함과 당황함을 영원히 잊지 못할 것입니다. 우리와 마찬가지로 아빠도 레오니 언니의 행동을 몹시 이상하게 생각하셨지만, 마리 언니가 너무 불만스러워하는 것을 보시고 더 이상 아무 말씀도 하지 않으셨습니다. 아빠는 우리를 그 수녀원에 데려가셨는데, 겉으로 보기에는 조금도 수녀원같이 느껴지지 않아 마음이 아팠습니다. 그와는 반대로 가르멜에서는 모든 것이 저의 마음을 설레게 만들었습니다. 성 글라라 수도회 수녀들의 모습을 보면 호감이 가지 않아서 그들과 함께 머무르고 싶은 생각이 들지 않았습니다. 그러나 새 옷을 입고 있는 레오니 언니는 아주 얌전하게 보였습니다. 이제는 우리가 언니의 눈을 다시는 보지 못하게 될 것이므로, 레오니 언니는 우리에게 자신의 눈을 잘 들여다보라고 말했습니다(성 글라라 수도회의 수녀들은 사람들 앞에서 눈을 내리떠야 합니다). 그러나 하느님께서는 두 달 동안의 희생으로 만족하셨고, 레오니 언니는 우리에게 다시 돌아와, 때때로 눈물에 젖은 파란 눈을 보여 주었습니다.[80]

---

80 레오니는 1886년 10월에 성 글라라 수도회에 들어갔다가 견디지 못하고, 그해 12월에 나왔다.

알랑송을 떠날 때 저는 레오니 언니가 성 글라라 수도회 수녀들과 함께 살 것이라 믿었기 때문에, 슬픈 마음으로 반달이 뜬 쓸쓸한 거리를 떠났습니다. 이제 우리 자매는 세 명밖에 없었는데 머지않아 사랑하는 마리 언니도 우리를 떠나게 되었던 것입니다. 10월 5일은 작별의 날이었습니다. 뷔소네의 즐겁고 많은 가족 중에 이제는 마지막 두 아이만이 남게 되었습니다. 비둘기들은 어미 둥지를 떠나갔고, 남아 있는 비둘기들도 그들을 따라 날아가고 싶었으나, 높이 날기에 이들의 날개는 아직 너무 연약했습니다.

하느님께서는 그중 가장 어리고 약한 비둘기를 당신에게 부르시고자 그 날개를 빠르게 길러 주셨습니다. 가장 보잘것없는 방법으로 당신의 선하심과 강하심을 즐겨 보여 주시는 하느님께서는, 그분의 은총에 더 합당한 셀린 언니보다 저를 먼저 부르려고 하셨습니다. 그러나 예수님께서는 제가 얼마나 약한가를 보시고, 부르시기에 앞서 바위틈에 저를 숨겨 주셨습니다.

마리 언니가 '가르멜'에 들어갔을 때 저는 아직도 세심증에 잡혀 있었습니다. 제 마음을 언니에게 더 이상 말할 수 없게 되자, 저는 하늘로 몸을 돌렸습니다. 그리고 저보다 한 걸음 앞서 천국에 올라간 네 명의 작은 천사들에게 말했습니다. 그

죄 없는 영혼들은 겁이나 불안을 조금도 몰랐으니, 세상에서 괴로워하는 가엾은 작은 동생을 불쌍히 여기리라고 생각한 것입니다. 저는 집안의 막내였기에 언제나 언니들의 사랑과 귀여움을 독차지해 왔고, 네 명의 천사들도 세상에 살아 있었다면 똑같은 애정을 제게 주었으리라고 생각하면서, 어린아이처럼 천진한 마음으로 그들에게 말했습니다. 저는 그들이 천국에 들어갔다고 해서 저를 잊을 리가 없을 것 같았고, 오히려 하느님의 보물 창고에서 은혜를 얻어낼 수 있는 위치에 있으니, 거기서 저를 위한 평화를 보내 줌으로써 천국에서도 사랑할 수 있다는 것을 보여 줘야 한다고 생각했습니다. 지체 없이 대답이 왔습니다. 제 마음에는 곧 평화의 달콤한 물결이 넘쳤습니다. 저는 세상에 있는 이들뿐만 아니라 천국에 있는 분들에게서도 사랑을 받고 있음을 알았습니다. 그때부터 오빠와 언니들에 대한 신심이 커졌고, 그들과 자주 이야기를 했습니다. 주로 귀양살이의 슬픔이나, 머지않아 그들을 따라 영원한 고향으로 가고 싶은 제 소원을 말했습니다.

제5장

크리스마스의 은총 이후(1886-1887)

하느님께서는 제게 많은 은혜를 주셨지만, 제가 받기에 합당해서 주신 것은 아니었습니다. 저는 아직도 너무 불완전했기에, 덕행을 닦고 싶은 마음이 간절했습니다. 그 방법이라는 것이 아주 이상했는데, 한 가지 예를 들어 보겠습니다. 저는 막내였기 때문에 집안일을 거의 하지 않았습니다. 셀린 언니가 함께 자는 우리 방을 치워도 저는 전혀 일을 돕지 않았습니다. 마리 언니가 가르멜에 들어간 뒤로는 하느님을 기쁘게 해 드리기 위해 가끔 집안일을 조금 하고 셀린 언니가 없을 때에는 저녁에 화분을 들여놓는 일도 했습니다. 제가 말한 것처럼 이런 일들은 다만 하느님을 위해서 하는 것이었으니까, 사람들의 감사를 받을 생각은 하지 않아야 합니다. 그러나 슬프게도 실제로는 그렇지 못했습니다. 셀린 언니가 제 작은 도움을 받고 좋아하거나 깜짝 놀라는 기색을 보이지 않으면, 저는 눈물을 흘리며 불만을 드러냈습니다. 또한 저는 감수성이 너무 예민해서 사람들을 힘들게 하곤 했습니다. 제가 사랑하는 어떤 사람에게 무심코 걱정을 시키게 되면 그것을 견디지 못하고, 마리아 막달레나 성녀처럼 울음을 터뜨려서 잘못을 더 크게 만들었습니다. 그리고 그 잘못에 대한 걱정을 잊을 때쯤이면, 이번에는 운 것 때문에 눈물을 흘리는 것이었습니다. 주위에서 아무리 타일러도 이 결점을 고치지 못했습니다.

아직까지 유아 시절의 포대기에 싸여 있으면서 어떻게 '가르멜'에 들어갈 생각을 품고 있었는지 모릅니다! 저를 단번에 크게 하려면 아무래도 하느님께서 조그마한 기적을 내리셔야 했는데, 하느님께서는 성탄절에 이 잊지 못할 기적을 주셨습니다.[81] 성삼聖三의 환희로 빛나는 밤에, 사랑스러운 갓난아기 예수님께서 제 영혼의 어둠을 찬란한 빛으로 바꿔 주셨습니다. 그날 밤에 예수님께서는 저를 사랑하시는 까닭에 약하고 괴로운 자가 되어 저를 강하고 용맹하게 만드셨습니다. 그리고 당신의 무기를 제게 쥐어 주시어 그 축복받은 밤 이후에

---

81 1886년 12월 24일 밤이다.

어떤 싸움에서도 패하지 않고 승리를 거듭하며 걸어갔으니, '장군의 걸음'을 걷기 시작한 것입니다! 제 눈물의 샘은 말라서 다시 터지는 일이 거의 없어졌는데, 저에게 "어릴 때 그토록 우니, 자라서는 울리고 해도 눈물이 없겠구나!"라고 한 말씀이 들어맞았습니다. 제가 어린아이에서 탈피하게 된 은혜, 한마디로 제가 완전한 회개의 은혜를 받은 것은 1886년 12월 25일이었습니다.

강하고 힘차신 주님을 모신 행복을 안고 자정 미사를 드리고 돌아오는 길이었습니다. 뷔소네에 들어와서 벽난로 안의 구두를 가지러 갈 생각을 하니 기뻤습니다. 우리가 어렸을 때 이 오래된 관습을 몹시 좋아했기에, 셀린 언니는 식구 가운데 제일 어린 저를 계속 어린아이로 대하려고 이 관습을 이어가고자 했습니다. 아빠도 제가 그 '요술쟁이 구두' 안에서 깜짝깜짝 놀라며 한 가지씩 신기한 물건을 꺼낼 때 행복해하셨고, 좋아서 소리까지 지르는 것을 보고 기뻐하셨습니다. 그러한 제 임금님의 기뻐하는 모습을 보며 제 행복은 더욱 커졌습니다. 그러나 예수님께서는 제가 어릴 적의 결점을 버려야 한다는 것을 가르쳐 주시려고 그 시절의 죄 없는 기쁨까지 거두셨습니다. 예수님께서는 자정 미사 후에 피곤하신 아빠가 벽난로 안의 제 구두를 보고 귀찮아하시며 제 가슴을 꿰뚫는 이런 말씀을 하시는 것을 허락하셨습니다. "자, 다행히 올해로 끝이구나!"라고……. 그때 저는 모자를 벗으려고 계단을 올라가고 있었습니다. 셀린 언니는 제 감수성을 잘 아는 까닭에 제 눈에 눈물이 반짝이는 것을 보고 언니 또한 눈물이 글썽해졌습니다. 셀린 언니는 그만큼 저를 사랑했고, 제 슬픔을 이해했으니까요. 언니는 "오, 데레사야! 내려가지 마, 지금 구두를 본다면 너무 괴로울 거야." 하고 말했습니다. 그러나 데레사는 이미 예전의 데레사가 아니었습니다. 예수님께서 저의 마음을 바꿔 주셨던 것입니다. 눈물을 참고 서둘러 계단을 내려가서, 울렁거리는 가슴을 누르며 구두를 집어 아빠 앞에 놓고 여왕처럼 행복한 모습으로 모든 물건을 기쁘게 꺼냈습니다. 아빠도 웃으시며 다시 즐거워하셨기 때문에 셀린 언니는 꿈을 꾸는 듯 그 광경을 믿기 어려워했습니다. 다행히도 그것은 기쁜 현실이었으니, 어린 데레사는 네 살 반쯤에 잃었던 마음의 힘을 다시 찾았고, 그 후로 영원히 잃지 않게 되었습니다!

이 훌륭한 밤에 제 일생의 세 번째 시기, 즉 가장 아름답고 천상의 은혜를 가장 많이 받은 시기가 시작된 것입니다. 예수님께서는 제가 항상 가지고 있던 착한 의향을 만족스럽게 여기셔서, 제가 10년을 두고도 못 이룬 일을 눈 깜짝할 사이에 이뤄주셨습니다. 사도들처럼 저도 "저희가 밤새도록 애썼지만 한 마리도 잡지 못하였습니다."(루카 5,5)라고 말할 수 있었습니다. 그런데 예수님께서는 당신 제자들에게보다 제게 더 인자하시어, 친히 그물을 치셔서 한 그물 가득히 고기를 잡아 주셨습니다. 하느님께서는 저를 영혼의 어부로 만드셨습니다. 저는 그때까지 그토록 생생하게 느껴 보지 못했던 희망, 즉 어부가 되어 일하고 싶은 강렬한 희망을 느꼈습니다. 한마디로 제 마음 안에 애덕愛德이 깃들고 기쁨을 심기 위해서는 자신을 잊어야겠다고 생각했고, 이때부터 저는 행복한 사람이 되었습니다. 어느 주일에 십자가에 못 박히신 우리 주 예수님의 사진을 보다가 거룩한 그분의 한쪽 손에서 흐르는 피를 보고 큰 충격을 받았습니다. 그 피가 땅에 떨어지는데 그것을 서둘러 받으려는 사람이 아무도 없다는 것을 생각하니 제 마음은 쪼개지는 듯이 아팠습니다. 저는 마음속으로 언제나 십자가 아래에 지키고 서서 거기에서 흘러나오는 하느님의 이슬을 받아, 그것을 영혼들 위에 쏟아 주기로 결심했습니다. 십자가 위 예수님의 "목마르다."(요한 19,28)라는 부르짖음이 쉴 새 없이 제 마음을 울렸습니다. 이 말씀은 제 마음속에 치열한 열정이 타오르게 했습니다. 사랑하는 예수님께 마실 것을 드리고 싶었고, 제 자신도 영혼의 갈증으로 목이 타는 것을 느꼈습니다. 저를 이끈 것은 성직자들의 영혼이 아니라 죄인들의 영혼이었고, 영원한 불꽃에서 죄인들의 영혼을 빼내고 싶은 욕망에 마음이 조급해졌습니다.

제 열정을 북돋워 주시기 위해 예수님께서는 이를 어여삐 여기신다는 것을 보여 주셨습니다. 저는 큰 죄인 한 사람이[82] 무서운 죄 때문에 사형 선고를 받았는데, 회개를 하지 않고 죽게 될 것 같다는 말을 들었습니다. 어떤 수를 써서라도 그가 지옥에 떨어지는 것을 막고 싶어서 생각할 수 있는 방법을 모두 동원했습니다. 그리고 제 힘으로는 아무것도 못하는 것을 아는 만큼, 우리 주 예수님의 무한한 공로와 성교회의 보배를 하느님께 드렸습니다. 마지막으로 저는 셀린 언니에게 제가 바라는 것을 위해 미사를 드려 달라고 청했습니다. 이것이 대죄인 프랑지니를 위해서라는 것을 말해야 하지 않을까 하는 염려로, 저 자신은 감히 청할 엄두조차 낼 수 없었기 때문입니다. 저는 셀린 언니에게도 비밀로 하려고 했지만, 언니가 너무나 다정하게 자꾸만 물어봤기 때문에 비밀을 이야기해 버렸습니다. 그러나 제 비밀을 비웃기는커녕 자청해서 죄인의 회개를 도우려 했으므로 고마운 마음으로 받아들였습니다. 모든 사람들이 저와 함께 그 죄인에게 은혜를 내려 주시기를 기

---

82 살인을 세 번 저지르고 사형을 앞둔 죄인 프랑지니다.

도드렸으면 하고 바랄 정도였으니까요. 제 기도를 확실히 들어 허락하시리라는 것을 마음속 깊이 느끼고 있었지만, 계속해서 죄인들을 위해 기도할 용기를 얻기 위해서 하느님께 이렇게 기도드렸습니다. "주님, 당신께서 불행한 프랑지니를 용서해 주시리라는 것을 저는 확실히 믿습니다. 만일 그가 고백을 하지 않고 또 아무런 통회의 표시를 보이지 않더라도, 그것을 의심하지 않을 만큼 예수님의 무한한 인자하심을 믿습니다. 그러나 저를 위로해 주시기 위해 그가 통회했다는 표징 하나만 보여 주시기를 바랍니다."라고……. 그러자 제 기도는 글자 그대로 이루어졌습니다! 아빠는 저희가 절대로 신문을 읽게 하지 않으셨지만, 프랑지니에 대한 기사를 보는 것은 아빠를 거스르는 것으로 생각되지 않았습니다. 사형이 집행된 다음 날, 저는 〈라 크루아(La Croix, 십자가) 신문〉을 집어 들었습니다. 부리나케 펼치니, 이게 웬일입니까? 아! 전 감격한 나머지 눈물이 나와서, 신문을 덮고 달아날 수밖에 없었습니다. 프랑지니는 통회를 하지 않고 교수대에 올라가서 그 잔인한 구멍에 목을 들이밀려고 하다가, 갑자기 영감에 이끌려 몸을 돌이켰다고 합니다. 그리고 신부가 내미는 '십자가'를 빼앗아 들고 그 '거룩한 상처에 세 번 입을 맞췄다'는 것이었습니다! 그런 다음에 그의 영혼은 "하늘에서는, 회개할 필요가 없는 의인 아흔아홉보다 회개하는 죄인 한 사람 때문에 더 기뻐할 것이다."(루카 15,7) 하신 하느님의 자애로운 심판을 받았습니다.

이렇게 저는 하느님께 청한 표징을 받았고, 이것은 예수님께서 제게 죄인들을 위하여 기도하도록 하신 충실한 은혜의 표지였습니다. 영혼의 목마름이 제 마음속에 스며든 것은 예수님의 상처에서 그 거룩한 피가 흐르는 것을 보았던 때가 아니었습니까? 그 영혼들의 죄를 씻어 주기 위해서 그들에게 이 깨끗한 피를 마시게 해 주고 싶었는데, 제 첫 번째 영혼은 그 거룩한 상처에 입을 맞춘 것입니다! 얼마나 형언할 수 없이 아름다운 대답입니까? 아! 더할 수 없는 이 은혜를 받은 뒤부터 영혼을 구하고자 하는 제 바람은 날로 커져서 사마리아 여인에게 말씀하셨던 것처럼 예수님께서 "나에게 마실 물을 좀 다오."(요한 4,7) 하고 제게도 속삭이시는 소리가 들리는 듯했습니다. 그것은 진정한 사랑의 교환이었습니다. 즉 영혼들에게는 예수님의 피를 주고 예수님께서는 거룩한 이슬로 생생해진 영혼들을 바쳤습니다. 이렇게 함으로써 저는 예수님의 목을 축여 드리는 것 같았는데, 예수님께 마실 것을 드릴수록 가엾게도 제 영혼의 목마름은 점점 더해 갔으니 하느님께서는 이 심한 갈증을 당신의 가장 소중한 음료수처럼 제게 주셨던 것입니다.

하느님께서는 어떻게 빠져 나가야 할지 몰라 헤매던 좁은 세계로부터 한순간에 저를 이끌어 내주셨습니다. 하느님께서 저의 갈 길을 알려 주시는 것을 보며 깊은 감사를 드렸지만, 저는 거기에 합당해져야만 했습니다. 첫 번째 발걸음을 내딛기는 했지만, 제 앞에는 아직도 치워야 할 것들이 많이 남아 있었습니다. 세심증과 지나친 감수성을 벗어나자 제 정신은 점점 건강해졌습니다. 저는 항상 큰 것, 아름다운 것을 사랑했는데 이때는 극도의 지식욕에 사로잡혔습니다. 선생님이 가르치시는 것과 내주시는 숙제만으로는 성이 차질 않아서, 혼자서 역사나 과학 같은 전문적인 공부를 열심히 했습니다. 다른 과목에는 별다른 관심을 갖지 못했지만 이 두 과목만은 흥미가 있었습니다. 이렇게 해서 단지 몇 달 동안에 여러 해 동안 공부한 것보다도 더 많은 지식을 얻었습니다. 아, 이런 것들은 허영이요, 정신의 피로였습니다. 하느님께서 학문에 대해 말씀하신《준주성범》의 구절이 때때로 떠올랐지만, 저는 아직 공부할 나이이니까 공부하는 게 나쁜 것은 아니라고 생각함으로써 공부를 계속할 구실을 찾고 있었던 것입니다. 쓸데없이 시간을 낭비해 버린 것을 알고 있지만 제가 하느님을 거역했다고 생각하지는 않습니다. 왜냐하면 저는 강한 지식욕을 참느라 흘려 버리기 싫은, 한정된 시간만을 공부하는 데 사용했으니까요……. 어느덧 저는 소녀들에게 가장 위태로운 나이에 이르렀습니다. 그러나 주님께서는 에제키엘이 예언 중에 말한 바를 제게 이루어 주셨습니다. "그때에 내가 다시 네 곁을 지나가다가 보니, 너는 사랑의 때에 이르러 있었다. 그래서 내가 옷자락을 펼쳐 네 알몸을 덮어 주었다. 나는 너에게 맹세하고, 너와 계약을 맺었다. 주 하느님의 말이다. 그리하여 너는 나의 사람이 되었다. 나는 너를 물로 씻어 주고 네 몸에 묻은 피를 닦고 기름을 발라 주었다. 수놓은 옷을 입히고 돌고래 가죽신을 신겨 주었고, 아마포 띠를 매어 주고 비단으로 너를 덮어 주었으며, 장신구로 치장해 주었다. 두 팔에는 팔찌를, 목에는 목걸이를 걸어 주고, 코에는 코걸이를, 두 귀에는 귀걸이를 달아 주었으며, 머리에는 화려한 면류관을 씌워 주었다. 이렇게 너는 금과 은으로 치장하고, 아마포 옷과 비단옷과 수놓은 옷을 입고서, 고운 곡식 가루 음식과 꿀과 기름을 먹었다. 너는 더욱더 아름다워져 왕비 자리에까지 오르게 되었다."(에제 16,8-13)

참으로 예수님께서는 이 모든 것을 제게 이루어 주셨습니다. 저는 위의 구절의 한 마디 한 마디를 들면서 그것이 제게 실현되었다는 것을 보여 드릴 수도 있습니다. 그러나 위에서 말한 여러 은혜를 통해 이미 충분히 증명이 되었다고 생각합니다. 저는 다만 하느님께서 풍성히 내리신 양식에 대해서만 이야기하려고 합니다. 오래전부터 저는 《준주성범》을 '고운 곡식 가루 음식'처럼 먹으며 살아왔습니다. 복음에서 숨은 보배를 찾아내지 못했으므로, 이 책이 유일하게 제게 이익을 주는 것이었습니다. 저는 《준주성범》의 모든 장을 거의 외우고 있었고, 그 책을 항상 몸에 지니고 다녔습니다. 그 책을 여름에는 호주머니 속에 넣고 다니고 겨울에는 토시 속에 넣고 다녔는데, 이것이 그만 사람들에게 널리 알려졌습니다. 외삼촌과 외숙모는 그것을 몹시 재미있어 하셨고, 아무 장이나 펴서 그 장을 저에게 외워 보게 하셨습니다. 열네 살 때, 하느님께서는 저의 알고자 하는 욕망의 고운 곡식 가루 음식에 꿀과 기름을 풍성히 더해 주실 필요를 느끼셨습니다. 이 꿀과 기름은 세상의 마침과 후세 생명의 신비에 대한 아르맹종 신부의 강론집에서 맛볼 수 있었습니다. 이 책은 가르멜의 수녀들이 아빠에게 빌려 준 것이었는데, 전에는 아빠의 책을 읽지 않았지만, 이 책은 읽게 해 달라고 부탁했습니다.

이 책을 읽음으로써 평생에 받은 은혜 가운데 가장 큰 하나를 받았습니다. 이 책을 공부방의 창문 앞에서 읽었는데, 거기서 받은 인상이 너무나 은밀하고 부드러워 표현하기가 어려울 정도입니다. 종교의 모든 위대한 진리와 영원의 신비는 제 영혼을 이 세상 것이 아닌 행복에 잠기게 했습니다. 저는 하느님께서 당신을 사랑하는 자들에게 마련해 주시는 것에 대해 미리부터 깨달았습니다. 그것은 인간의 눈이 아닌 마음의 눈으로 보는 것입니다. 그리고 그 영원한 보상이 이 세상의 하찮은 희생과는 비교도 되지 않는 것을 알고 있었습니다. 그래서 예수님을 열렬히 사랑하고, 할 수 있는 한 수없이 많은 애정의 표시를 그분께 보여 드리고 싶었습니다. 하느님께서 친히 선택하신 자들의 크고 영원한 보상이 되어 주실 때, 그들에게 베푸실 완전한 사랑과 영접에 관한 여러 가지 말씀을 적어 두고, 제 마음을 태우는 사랑의 말씀을 끊임없이 외웠습니다. 셀린 언니와 저는 마음을 터놓고 이야기하는 친밀한 친구가 되었습니다. 성탄절부터 우리는 서로를 이해할 수 있었고 제가 전보다 키도 더 컸고 은총도 더 받았으므로 나이 차이도 느껴지지 않았습니다. 예전에 저는 셀린 언니가 저에게 비밀을 말하지 않는다고 불평했고, 셀린 언니는 제가 너무 작아서, 걸상 높이만큼 커야만 저를 믿을 수 있을 거라고 말했던 것입니다. 그래서 셀린 언니 곁에 있는 걸상 위에 올라가서 이제 마음을 터놓고 이야기해 달라고 말하곤 했습니다. 그러나 이런 노력도 소용없이 여전히 우리 사이에는 간격이 있었습니다.

우리가 함께 나아가기를 원하시는 예수님께서는, 우리 마음속에 자매의 인연보다 더 강한 인연을 맺어 주셨습니다. 신부가 정배에게 말하는 십자가의 요한 성인의 《영적 찬가》의 말씀을 우리에게 이뤄 주셔서 우리를 영혼의 자매로 만드셨습니다. "그대 자취를 따라 소녀들 걸음도 가볍게 길을 달리네. 불꽃에 스치고, 향기로운 술에 취하여 천상의 향취를 풍기는구나."[83] 정말로 우리는 가벼운 발걸음으로 예수님의 자취를 따랐습니다. 예수님께서 우리 영혼에 듬뿍 주신 사랑의 타는 불꽃과 달고도 독한 술은, 잠시 지나가는 세상 것들을 우리 눈앞에서 사라지게 했고, 우리 입술에서는 하느님께서 불어넣으신 사랑이 가득한 입김이 풍겼습니다. 저녁마다 망루에서 나누던 이야기는 얼마나 달콤했는지요! 시선을 저 멀리 둔 채, 우리는 울창한 나무 숲 뒤에서 하얀 달이 서서히 솟아오르는 광경을 바라보았습니다. 잠든 자연 위에 퍼지는 은빛 같은 달빛, 높은 창공에 찬란하게 반짝이는 별들, 구름을 서서히 밀고 가는 저녁의 가벼운 바람, 이 모든 것들이 아직도 우리가 '휘황한 저쪽'[84]으로밖에 생각되지 않는 아름다운

---

83 십자가의 요한 성인의 《영적 찬가》 제25노래다.
84 알프레드 베스 드 라르즈(Alfred Besse de Larzes, 1848~1904)가 쓴 〈하늘 저쪽〉이란 시의 한 구절이다.

천국으로 우리 영혼을 이끌고 올라갔습니다.

제가 잘못 생각하는 것일 수도 있지만, 그때 우리 영혼의 넘치는 정은 모니카 성녀께서 아들을 데리고 오스티아 항구에 가셨을 때, 하느님의 기묘한 창조물을 보고 황홀경에 잠기며, 그 성녀의 영혼에서 넘치게 된 정과 비슷했다고 생각합니다. 우리는 큰 성인들이 받으신 만큼의 큰 은혜를 받은 것 같습니다. 《준주성범》에서 말한 것처럼, 하느님께서는 "어떤 사람에게는 징표와 모습으로써 기꺼이 드러내 주고, 어떤 사람에게는 수많은 빛 가운데 오묘한 도리를 계시해"[85] 주십니다. 그분께서는 우리 마음에도 이렇게 당신을 드러내려고 하셨던 것입니다. 그러나 예수님께서 우리 눈에 가리신 휘장은 얼마나 환히 비치고 가벼웠는지요! 의심의 여지없이, 신덕과 망덕이 아니라 애덕이 우리가 찾는 그분을 세상에서 만나게 했으니까요. "거리에서 당신을 만날 때 누구의 경멸도 받지 않고 나 당신에게 입 맞출 수 있으련만."(아가 8,1)

이처럼 큰 은혜는 효과도 컸습니다. 우리에게는 덕을 닦는 것이 기쁘고 자연스러운 일이 되었습니다. 처음에는 마음속의 고민과 갈등이 얼굴에 드러났으나, 차츰 그 인상이 사

---

85 《준주성범》 3권 43,4

라지고, 저를 끊어 버리는 것이 점점 쉬워졌습니다. 예수님께서도 말씀하셨지요. "가진 자는 더 받아 넉넉해지고, 가진 것이 없는 자는 가진 것마저 빼앗길 것이다."(마태 13,12)라고 하신 은혜를 성실하게 받으면, 예수님께서는 수많은 다른 은혜도 주셨습니다. 그분은 영성체를 통해 제가 감히 바랄 수 없을 만큼 당신을 자주 제게 주셨습니다. 저는 고해 신부님에게 성체를 모시는 횟수를 정해 달라고 청하지 않고, 신부님이 정해 주시는 대로만, 한 번도 빼놓지 않고 모실 계획을 세웠습니다. 그 시절에는 지금처럼 대담하지 못해서 그렇게 했지만, 대담했다면 아마 다르게 했을 것입니다. 누구든지 하느님을 모시고 싶은 마음이 생기면 고해 신부님에게 말해야 한다는 것을 확실히 아니까요. 하느님께서 매일 하늘에서 내려오시는 것은 금으로 만든 성합 속에 계시기 위해서가 아니라 그분이 무한정 사랑하시는 다른 천국을 찾기 위해서입니다. 그곳은 그분 형상대로 만들어진, 사랑하는 삼위일체의 살아 있는 성전인, 우리 영혼 안의 천국입니다.

그래서 제 바람과 곧은 마음을 보신 예수님께서 5월에는 한 주일에 네 번씩, 축일이 있을 때는 한 주일에 다섯 번씩, 신부님이 제게 영성체를 허락하도록 하셨습니다. 고해소를 나올 때 두 눈에서 따뜻한 눈물이 주르륵 흘렀습니다. 바로 예수님 자신을 제게 주신 것처럼 생각되었습니다. 왜냐하면 고해하는 데 시간이 잠깐밖에 걸리지 않았고, 마음속의 은밀한 생각은 한마디도 말하지 않았는데도 제 생각을 알고 계셨으니까요. 걸어가는 길은 너무 곧고 밝아서, 예수님 외에 다른 인도자는 필요하지 않았습니다. 저는 영적 지도자들을 우리 영혼 안의 예수님을 비춰 주는 충실한 거울로 생각했으나, 제 경우에는 하느님께서 중개자를 쓰지 않으시고 직접 당신을 보여 주신다고 생각했습니다.

산지기가 제철이 되기 전에 과일을 익히려고 정성을 들이는 것은 그 과일을 나무에 매달린 채 두기 위해서가 아니라, 훌륭하게 차린 식탁에 내놓기 위해서입니다. 이와 비슷하게 예수님께서는 당신의 작은 꽃에게 많은 은혜를 내려 주셨습니다. 세상에 계시던 어느 날 기쁨을 참지 못하시고 "하늘과 땅의 주님, 지혜롭다는 자들과 슬기롭다는 자들에게는 이것을 감추시고 철부지들에게는 드러내 보이시니, 아버지께 감사드립니다."(마태 11,25) 하고 부르짖으신 예수님께서 제 안에서 당신의 인자하심을 빛내고자 하셨습니다. 제가 작고 약하기에 그분은 제게 몸을 굽히시고 당신 사랑의 비밀을 가만히 가르쳐 주신 것입니다. 아! 만일 예수님을 연구하는 데 평생을 바친 학자들이, 고작 열네 살 된 아이가 그들의 학문으로도 알아내지 못했던 그분 사랑의 비밀을 알고 있는 것을 봤다면 틀림없이 놀랐을 것입니다. 그 비밀을 알려면 영혼이 가난해야만 하는 것이 아닙니까!

십자가의 요한 성인이 《영적 찬가》에서 말씀하신 것처럼, "나에게 인도자는 내 마음속에 반짝이는 빛뿐이라네. 한낮의 햇빛보다도 더 밝은 이 빛은 나를 확실히 인도하여, 내 속까지 잘 아는 그대가 기다리는 곳으로 나를 데려가는구나."[86] 그 기다리는 곳이란 곧 '가르멜'이었습니다. 그러나 "그이의 그늘에 앉는 것이 나의 간절한 소망"(아가 2,3)이 이루어지기까지는 아직도 많은 시련을 겪어야만 했습니다. 그러나 주님께서 저를 매우 급하게 부르셔서 불꽃을 건너가야 할지라도, 예수님께 충실하기 위해 기꺼이 그렇게 할 작정이었습니다. 제가 성소를 따르도록 격려해 주는 이는 오직 사랑하는 폴린 언니뿐이었습니다. 제 마음은 언니의 마음으로 충실히 전달되어서, 언니가 아니었다면 저는 5년 전에 언니를 받아들인, 천상 이슬로 적셔진 당신의 복된 언덕에 절대로 다다르지 못했을 것입니다. 사랑하는 원장 수녀님, 저는 5년 동안이나 원장 수녀님을 떠나 있어서, 당신을 아주 잃었다고 생각했습니

---

[86] 십자가의 요한 성인의 《영적 찬가》 제3노래와 제4노래다.

다. 그러나 시련을 당할 때 제가 갈 길을 인도해 주신 분은 원장 수녀님이었습니다. 저는 그런 위로를 받아야 할 처지에 있었습니다. 가르멜 수녀원의 면회실을 찾아가는 것이 제게는 점점 큰 괴로움이 되었기 때문입니다. 가르멜에 들어가고 싶다고 말하면 거절을 당할 것처럼 느껴졌습니다. 마리 언니는 제가 너무 어리다고 생각해서, 어떻게든 제가 들어가는 것을 막으려고 했습니다. 원장 수녀님까지도 제가 가르멜에 들어오는 데 시련을 겪게 하시고, 몇 번이나 저의 갈망을 늦추려고 하지 않으셨습니까. 제가 정말로 성소를 받지 않았더라면 첫 번째 시련에서 멈추고 말았을 것입니다. 예수님의 부르심에 대답하려고 하자마자, 바로 방해에 부딪혔으니까요. 셀린 언니에게는 어린 나이에 가르멜에 들어가려는 제 소원을 말하지 못했는데, 그것은 더욱 괴로운 일이었습니다. 셀린 언니에게 무엇을 숨기는 것은 매우 어려웠으니까요. 그러나 이 괴로움은 오래가지 않았습니다. 사랑하는 셀린 언니도 곧 제 결심을 알게 된 것입니다. 그러나 언니는 그것을 막으려고 하지 않고, 놀라운 용기로 하느님께서 언니에게 요구하시는 이 희생을 받아들였습니다. 이 희생이 얼마나 큰 것이었는지 알려면 우리가 얼마나 굳게 결합되어 있었는지 알아야 합니다. 우리는 마치 하나의 영혼처럼 살아가고 있었습니다. 몇 달 전부터 우리는 소녀들이 꿈꿀 수 있는 가장 행복한 생활을 해 오고 있었습니다. 우리 주위의 모든 것이 마음에 들었고, 큰 자유도 주어져서, 우리의 생활은 지상에서 누릴 수 있는 '이상적인 행복한 생활'이라는 생각이 들었습니다. 이런 이상적인 행복의 생활을 맛보기가 무섭게 제가 스스로 돌아서야 했는데, 사랑하는 셀린 언니는 한순간도 반항하지 않았던 것입니다. 그러나 예수님께서 자신을 먼저 부르지 않으셨다고 불평을 할 수는 있었을 것입니다. 언니도 저처럼 성소를 받고 있었으니, 언니가 먼저 떠나야 했지요. 그러나 순교자들 시대에 감옥에 남은 이들이 원형 극장에 먼저 나가서 싸우게 된 형제들에게 기쁘게 평화의 입맞춤을 하고, 자신들은 훨씬 더 큰 싸움을 위해 남아 있다고 생각하며 위로를 받은 것처럼, 셀린 언니도 데레사를 떠나보내고, 예수님께서 당신 '사랑의 특권자'를 위해 마련하신 영광스럽고 피 흐르는 싸움을 위해 홀로 남아 있었습니다.

셀린 언니는 제 싸움과 괴로움에 대해 터놓고 말할 수 있는 친구가 됐고, 언니는 자신의 성소에 관한 것처럼 제 괴로움도 똑같이 한몫 받았습니다. 이처럼 셀린 언니의 반대는 걱정할 필요가 없어졌지만, 아빠에게는 어떻게 말씀드려야 할지 몰랐습니다. 이미 언니 셋을 하느님께 바친 분에게, 어떻게 또 당신 여왕을 보내라고 말씀드릴 수 있겠습니까? 아! 이것을 말할 용기를 내기까지 얼마나 많이 마음속의 싸움을 겪었는지요! 그러나 결정을 해야만 했습니다. 곧 열네 살 반이 될 것이고, 아름다운 성탄절은 겨우 여섯 달밖에 남지 않았는데, 저는 지난해 '저의 은혜'를 받은 바로 그 밤에 가르멜에 들어가기로 결심했던 것입니다. 이 중대한 고백을 할 날을 성령 강림 대축일[87]로 정하고, 하루 종일 사도들에게 저를 위해 기도해 주시고, 제가 할 말을 가르쳐 달라고 간청했습니다. 사도들이야말로 하느님께서 기도와 희생으로 사도들의 사도로 만들기로 정하신 이 작고 어린 이를 도와주어야 하는 것이 아닙니까? 그날 오후, 저녁 기도를 마치고 돌아왔을 때 사랑하는 아빠에게 말할 기회가 생겼습니다. 아빠는 웅덩이 옆에 앉아 두 손을 모으고 자연의 아름다움을 바라보고 계셨습니다. 뜨거운 열을 잃은 햇살은 큰 나무 꼭대기를 황금빛으로 물들이고 작은 새들은 저녁 찬미가를 즐겁게 부르고 있었습니다. 아빠의 아름다운 얼굴은 천상의 표정을 지니고 있어서, 저는 그분의 마음속에 평화가 넘쳐흐르는 것을 깨달았습니다. 저는 아무 말 없이 눈물을 머금고 그분의 곁에 가서 앉았습니

---

[87] 1887년 5월 29일이다.

다. 아빠는 애정 깊은 눈으로 들여다보시다가 제 머리를 끌어 가슴에 안고, "내 작은 여왕, 무슨 근심이 있는 거니? 무슨 일인지 말해 보렴." 하셨습니다. 그러고는 자신의 감격을 숨기려는 것처럼 일어나셔서 제 머리를 가슴에 안은 채 천천히 걸으셨습니다. 저는 눈물을 흘리며 가르멜에 들어가고 싶은 소망을 고백했고, 들으시던 아빠도 함께 우셨습니다. 그렇지만 그분은 주님의 성소를 따르지 못하게 하는 말씀은 한마디도 안 하시고, 다만 그렇게 중대한 결정을 내리기에는 나이가 너무 어리다고만 말씀하셨습니다. 그러나 제 사정을 잘 말씀드리니까, 곧고 소박하신 성격의 아빠는 즉시 제 소원이 자신의 것과 같음을 아시고, 하느님께서 당신 아이들을 요구하심으로써 큰 행복을 주셨다고 깊은 신심으로 말씀하셨습니다. 그렇게 오랫동안 거닐었는데, 다정한 아빠가 고백을 기쁘게 받아들여 주셨으므로 제 마음은 가벼워져서, 아빠에게 모든 것을 털어놓았습니다. 그분은 희생을 통해 얻는 잔잔한 기쁨을 즐기시는 듯, 제게 성인처럼 말씀하셨습니다. 여기에 그 말씀을 회상해서 옮기고 싶지만, 너무나 향기로웠던 추억밖에 생각나지 않아서 모든 것을 적을 수는 없습니다. 그 가운데 제가 온전히 기억하는 것은 사랑하는 임금님이 무심결에 행하신 상징적인 행동에 관한 것입니다. 별로 높지 않은 담 가까이 가셔서 백합을 작게 만들어 놓은 것처럼 생긴 작은 흰 꽃을 가리키시며, 한 송이를 따서 제게 주셨습니다. 이어서 주님께서 얼마나 정성스럽게 꽃을 피우시고 오늘까지 보존하셨는지 설명해 주셨습니다. 저는 저의 내력을 듣는 것 같았습니다. 예수님께서 그 작은 꽃과 작은 데레사를 위해 하시는 일은 그만큼 비슷한 점이 많았습니다. 저는 그 꽃을 소중한 유물처럼 받았습니다. 아빠가 꽃을 뿌리 하나 상하지 않게 온전히 뽑으신 것을 보고, 저는 그것이 처음 며칠 동안 물을 빨아들인 부드러운 이끼 속에 살기보다는 좀 더 기름진 다른 땅에서 더 오래 살도록 마련된 것처럼 생각되었습니다. 아빠는 제 생애의 첫걸음을 걸었던 따뜻한 골짜기를 떠나 '가르멜' 산으로 올라가는 것을 허락하심으로써, 꽃에게 하신 행동과 같은 것을 저에게도 몇 분 전에 하셨던 것입니다.

저는 이 작은 흰 꽃을 《준주성범》 2권의 '예수님을 모든 것 위에 사랑함'[88]이라고 쓰인 장에 넣었고, 아직도 거기에 있습니다. 그러나 꽃줄기가 뿌리 근처에서 부러졌는데, 그것은 하느님께서 오래지 않아 당신 작은 꽃의 뿌리를 끊어서, 땅에서 시들게 내버려 두지 않으시리라는 것을 이렇게 보여 주셨다

---

88 《준주성범》 2권 7장이다.

고 생각합니다.[89]

   아빠의 승낙을 얻은 후로는 아무 걱정 없이 가르멜로 갈 수 있다고 믿었지만, 아직도 고통스러운 시련이 남아 제 성소를 시험했습니다. 저는 벌벌 떨면서 제 결심을 외삼촌에게 고백했습니다.[90] 외삼촌은 최대한 다정하게 많은 말씀을 해 주셨지만, 허락을 하시기는커녕 열일곱 살이 되기 전에는 제 성소에 대해 말하는 것조차 금하셨습니다. 열다섯 살 된 어린아이를 가르멜에 들어가게 하는 것은 상식을 벗어난 일로 생각한다고 하시며, 세상 사람들의 눈에는 가르멜의 생활이 철학자들의 생활처럼 보이므로 경험도 없는 어린아이가 이런 생활을 하게 되면 오히려 종교에 큰 해를 끼치게 될 것이라고 말씀하셨습니다. 또한 사람들이 모두 이 일에 대해서 이야기할 것이라는 등 여러 말씀을 하셨고, 기적이라도 있어야 수도원에 들어가게 될 것이라는 말씀도 하셨습니다. 어떤 이유를 말씀드려도 소용이 없음을 깨닫고, 가슴이 미어지는 슬픔을 안고 나왔습니다. 제게 위로를 주는 것은 오직 기도였고, 저는 기적이 있어야만 부르심에 응할 수가 있으니, 그 기적을

---

[89] 데레사는 이 글을 1895년에 썼는데, 1896년 부활 시기에 병이 들어 1897년 9월 30일에 세상을 떠났다.
[90] 1887년 10월 8일이다.

행하여 주시기를 예수님께 간청했습니다.

꽤 오랜 시일이 지나도록 저는 외삼촌에게 감히 다시 말씀드리지 못했습니다. 외삼촌 댁에 가는 것도 무척 괴로웠습니다. 또 외삼촌도 이제는 제 성소에 대해 생각하고 계신 것 같지도 않았습니다. 그러나 제가 몹시 슬퍼하는 것을 보고 그분의 마음이 많이 움직이셨다는 것을 나중에 알았습니다. 제 영혼 위에 희망의 빛을 비춰 주시기 전에, 하느님께서는 제게 사흘 동안[91]의 매우 쓰라린 고통을 하나 더 보여 주셨습니다. 아! 저는 어린 예수님을 찾아 헤매시던 성모님과 요셉 성인의 근심을 이 시련을 통해서보다 잘 이해한 적은 없었습니다. 저는 황량한 광야에 서 있었습니다. 아니 그보다도 제 영혼은 사공도 없이 성난 파도에 내맡겨진 가냘픈 작은 배와도 같았습니다. 저는 예수님께서 제 배 위에서 잠들어 계셨다는 것을 압니다. 그러나 너무도 캄캄한 밤이라서 그분을 볼 수가 없었고, 아무것도 저를 밝혀 주지 않아서 번갯불조차 그 캄캄한 구름을 뚫고 번쩍이지 않았습니다. 그 번갯불은 매우 초라한 빛이었으니, 적어도 뇌우라도 한바탕 몰아쳤더라면 한순간이라도 예수님을 뵐 수 있었을 것입니다. 밤이었습니다. 영혼

---

91 10월 19~21일까지다.

의 깊은 밤이었습니다. 겟세마니 동산에서의 예수님처럼, 저는 지상에서도 천상에서도 위로를 받지 못해 고독했고, 하느님께서도 저를 버리신 것 같았습니다! 자연도 제 절절한 슬픔을 아는 듯, 그 사흘 동안은 햇살 한 가닥조차 구경할 수 없었고 비는 억수같이 쏟아졌습니다. 언제나 신기하게 느꼈던 일인데, 일생의 중대한 일을 겪을 때마다 자연은 제 영혼의 모상이 되었습니다. 제가 울 때는 하늘도 함께 울고, 제가 기뻐할 때에는 태양도 기쁜 빛을 가득히 쏟아 주어, 하늘에는 구름 한 점 없이 맑았습니다.

마침내 나흘째 되던 날 외삼촌을 뵈러 갔는데, 그날은 천상의 성모님께 바친 토요일이었습니다. 외삼촌이 저를 바라보시다가 제가 말하기도 전에 저를 방으로 부르시는 것을 보고 몹시 놀랐습니다. 외삼촌은 먼저, 제가 당신을 무서워하는 것처럼 보인다며 가볍게 꾸짖으셨습니다. 그리고 이제는 가르멜에 들어가기 위해 기적을 보일 필요가 없으며, 저의 가르멜 입회를 좋게 생각하는 것만이라도 해 주시기를 기도드렸더니 들어주셨다고 말씀하셨습니다. 아! 저는 기적을 간구해 보지는 않았습니다. 그런데도 제게는 이미 기적이 주어져서 외삼촌은 이미 딴사람이 되어 있으셨습니다. 수녀원에 들어가기에 너무 어리다는 것은 더 이상 말씀하지 않으시고, 제가 하느님께서 갖고 싶어 하시는 작은 꽃이니 반대하지 않겠다고 말씀하셨습니다.

참으로 그분다운 대답이었습니다. 충실한 하느님의 청지기는 마음의 수양딸 하나가 이 세상에서 멀리 사라지는 것을 허락하셨습니다. 외숙모도 굉장히 다정하고 신중하신 분이 셨기에, 제가 시련을 겪는 동안 시련을 더할 만한 말은 한마디도 하지 않으셨습니다. 이를 통해 저에게 한없는 동정을 품고 계시다는 것도 느낄 수 있었습니다. 그래서 외삼촌에게 허락을 받았을 때 외숙모도 허락은 하셨으나, 제가 떠나는 것을 크게 슬퍼하심을 여러 가지 방법으로 나타내셨습니다. 아! 외삼촌과 외숙모는 똑같은 희생을 앞으로 두 번이나 더 해야 한다고는 꿈에도 생각하지 못하셨을 것입니다……. [92] 그러나 하느님께서는 손을 내밀어 청하실 때 결코 '빈손'을 내놓지 않으시는 분이니, 가장 다정한 친구인 그분들은 그토록 필요했던 용기와 힘을 하느님께 받게 되셨던 것입니다. 제 마음에 품었던 이야기를 하다 보니 원래의 이야기에서 너무 멀리 왔기에, 서운하지만 다시 하던 이야기로 돌아가겠습니다.

---

92 나중에 게랭 외삼촌의 딸인 마리 게랭과 셀린 언니도 수녀원에 들어간다. - 편집자 주

원장 수녀님, 외삼촌의 대답을 듣고 구름이 활짝 걷힌 고운 하늘 아래를 지나 뷔소네로 돌아가는 제 발걸음이 얼마나 가벼웠는지 아시겠지요! 마음속의 어둠도 흩어졌습니다. 예수님께서 제게 기쁨을 주시어, 파도 소리는 잠잠해졌습니다. 그때는 시련의 모진 바람은 가고 가벼운 바람이 제 돛을 밀어서, 바로 앞에 보이는 축복받은 항구에 금세 닿을 줄로만 알았습니다. 사실 제 배는 항구 가까이에 있었지만 아직 한 번 더 폭풍이 일어야만 했고, 휘황찬란한 등대가 앞을 가려서, 그렇게도 열렬히 바라는 항구에 영원히 이르지 못할까 봐 겁이 났습니다.

  사랑하는 원장 수녀님, 외삼촌의 승낙을 얻고 며칠 후에 당신을 뵈러 갔을 때, 이제 모든 시련이 다 지나가서 제가 얼마나 기쁜지 말씀드렸습니다. 그러나 수도원의 총장 신부님이 제가 스물한 살이 되기 전에는 저를 들일 수 없다고 하신 말씀을 당신께 들었을 때, 저의 놀라움과 슬픔이 어떠했겠습니까……. 이제까지 중에 가장 이겨 내기 힘든 이 반대는 단 한 번도 생각한 적이 없는 것이었습니다. 그러나 저는 용기를 잃지 않고, 제가 정말 가르멜의 성소를 받고 있다는 것을 보여 드리기 위해 아빠와 셀린 언니와 함께 총장 신부님을 찾아갔습니다. 그러나 총장 신부님은 아주 냉정하게 우리를 맞이했고, 착한 아빠와 제가 아무리 간청해도 소용없었습니다. 아무 말도 그분의 마음을 변하게 할 수 없었습니다. 그분은 제가 급박한 위험에 처해 있지 않으며, 집에서도 가르멜의 수녀처럼 생활할 수 있고, 수녀원에 들어가지 않는다고 크게 손해 볼 일이 없을 것이라는 등의 말씀을 하셨습니다. 끝으로 자신은 주교님의 위임을 받은 사람일 뿐이니, 주교님이 수도원에 들어가는 것을 허락하신다면 거절할 수 없다고 부언하시며 말씀을 마치셨습니다. 눈물에 젖어 총장 신부님의 사무실을 나섰는데, 다행히 비가 폭포같이 쏟아져서 눈물로 얼룩진 얼굴을 우산으로 가릴 수 있었습니다. 아빠는 저를 어떻게 위로해야 할지 몰라 하셨습니다. 제가 어떻게든 목적을 달성하겠다고 결심하고 주교님이 계시는 '바이외'에 가고 싶다고 아빠에게 말씀을 드리자마자, 데리고 가겠다고 약속하셨습니다. 만일 주교님도 가르멜에 들어가는 것을 허락하지 않으신다면 교황님까지도 뵙겠다고 말씀드렸습니다. 바이외로 떠날 수 있을 때까지는 많은 일이 있었습니다. 겉으로 보이는 제 생활은 평소와 다름이 없었습니다. 공부도 하고 셀린 언니와 그림도 배웠는데, 선생님은 제가 예술에 소질이 있다고 하셨습니다.

저는 갈수록 하느님을 더 사랑하게 되었는데, 그때까지 알지 못하던 정열을 느꼈고, 때로는 진정한 사랑의 환희까지 맛보았습니다. 어느 날 저녁, 제가 예수님을 사랑한다는 것과 그분이 어디에서나 사랑과 찬미를 받으시기를 간절히 바란다는 것을 어떻게 알려 드리면 좋을지 고민하다가, 지옥에서는 사랑의 그림자조차 받을 수 없다는 것을 생각하니 가슴이 아팠습니다. 그래서 이 저주의 구렁텅이에서도 예수님을 영원히 사랑하도록 만들 수 있는 일이 있다면, 그분께 기쁨을 드리기 위해 거기에 헌신하겠다고 예수님께 말씀드렸습니다. 그분은 우리의 행복만을 바라시는 분이므로, 이런 것은 그분의 영광을 드러낼 수 있는 좋은 방법이 아님을 알고 있었지만, 사랑에 빠진 이는 별별 어리석은 말을 다 하고 싶어지는 것입니다. 제가 그렇게 말씀드린 것은 천국을 동경하지 않아서가 아니라, 그때는 사랑만이 저의 천국이었기에 마치 바오로 사도처럼 제 마음을 사로잡은 하느님의 사랑에서 저를 떼어 놓을 수 있는 것은 아무것도 없다고 생각했던 것입니다(로마 8,39 참조).

속세를 떠나기 전에 하느님께서는 어린이들의 영혼을 가까이에서 만날 수 있는 위로를 주셨습니다. 집안에서 제가 제일 어렸기 때문에 미처 느끼지 못했던 행복이었는데, 어린이들의 영혼과 함께하는 경험에서 비로소 그 행복을 알게 되었습니다. 어느 날 우리 집 하녀의 친척 부인이 어린아이 셋을 두고 젊은 나이에 죽었습니다. 그 부인이 아픈 동안 어린 두 딸을 우리 집에 데려와 보살폈는데, 큰애가 겨우 여섯 살이었습니다. 저는 하루 종일 그 아이를 보살폈습니다. 아이들은 저의 말들을 굉장히 천진난만하게 믿어서 저는 매우 기뻤습니다. 어렸을 적부터 천상의 행복에 대한 희망을 갖게 하면 희생도 참을 수 있게 되는 걸 보면, 세례성사는 영혼 안에 믿음, 소망, 사랑의 세 가지 덕의 싹을 뿌리내리게 하는 것이 분명합니다. 저는 누구든지 양보하는 사람에게 장난감이나 사탕을 주겠다는 말로 아이들이 사이좋게 지내도록 하는 대신, 천국에 갔을 때 아기 예수님께서 얌전한 아이들에게 주실 영원한 상에 대해 이야기해 줬습니다. 철들기 시작하던 첫째는 기쁨으로 반짝이는 눈으로 저를 바라보며, 아기 예수님과 아름다운 하늘 나라에 대한 여러 가지 귀여운 질문을 했습니다. 그리고 진지한 말투로 자신은 언제든지 동생한테 져 주겠으며, 제가 말해 준 것을 평생 잊지 않겠다고 약속했습니다. 이 순수한 영혼들을 바라보며, 이들은 덕행의 모양뿐만 아니라 악의 모양도 새길 수 있는 연한 초와 같은 존재들이며, 철이 들 때부터 좋은 가르침을 받지 못한다는 것이 얼마나 슬픈 일인지 깨달았습니다. "나를 믿는 이 작은 이들 가운데 하나라도 죄짓게 하는 자는, 연자매를 목에 달고 바다 깊은 곳에 빠지는 편이 낫다."(마태 18,6)라고 하신 예수님의 말씀도 이해할 수 있었습니다. 아! 어릴 때부터 좋은 가르침을 받는다면 얼마나 많은 사람들이 성덕에 이를 수 있겠습니까?

하느님께서 일을 하시는 데에는 누구의 도움도 필요로 하지 않으시다는 것을 압니다. 그러나 그분께서는 생명이 나게 하는 일은 도맡아 하시면서도, 영혼을 가꾸는 일은 사람의 손을 빌리고자 하십니다. 이는 마치 재주 있는 산지기에게 필요한 지식을 주셔서 귀하지만 약한 화초를 가꾸게 하시는 것과 같습니다.

서투른 산지기가 어린 나무에 접을 잘못 붙이면 어떻게 되겠습니까? 각 나무가 가진 성질을 알지 못해서 만약 복숭아나무에 장미를 피우려 한다면 어떻게 되겠습니까? 좋은 품질의 열매를 맺을 수도 있었을 그 나무를 죽게 하고 말 것입니다. 이처럼 하느님께서 어떤 어린 영혼에게 바라시는 바를 잘 알아서 그분의 은총이 작용하도록 도와 드리되, 하느님의 뜻보다 앞지르지도 지연시키지도 않아야 합니다.

어미 새의 소리를 듣고 노래하는 법을 배우는 어린 새들처럼, 어린아이들도 세상에서 그들을 가르치도록 하느님께서 선택하신 영혼들 곁에서 그분의 숭고한 사랑 노래, 즉 덕행의 지식을 배우는 것입니다. 이런 일이 생각납니다. 제가 기르던 새 중에는 노래를 잘 부르는 카나리아 한 마리가 있었고, 또 아직 새끼일 때 주워 와서 제가 엄마처럼 보살펴 주던 작은 홍방울새도 한 마리 있었습니다. 이 가엾은 작은 새는 노래를 가르쳐 줄 어미도 없이 새장에 갇혀서 아침부터 저녁까지 카나리아의 노래밖에 듣지 못했기에, 카나리아를 흉내 내려고 했습니다. 그러나 홍방울새에게는 어려운 일이었습니다. 홍방울새의 부드러운 목소리는 카나리아의 쨍쨍 울리는 목소리와는 잘 맞지 않았습니다. 그래도 그 작은 새가 애쓰는 것은 정말 귀여웠는데, 결국에는 성공했습니다. 아무래도 카나리아보다는 조금 더 부드러웠지만, 카나리아의 노래와 매우 비슷한 노래를 부르게 되었습니다.

사랑하는 원장 수녀님! 제게 노래를 가르쳐 주신 분은 바로 당신이십니다. 저는 어릴 적부터 당신의 목소리에 반했고, 지금은 당신을 닮았다는 말을 듣게 되어 마음이 흐뭇합니다! 제가 원장 수녀님이나 다른 언니들처럼 되려면 아직도 멀었다는 것은 알지만, 비록 약하더라도 당신이 부르는 것 같은 노래를 영원히 따라할 수 있기를 바랍니다.

제가 '가르멜'에 들어오기 전에 겪은 수많은 인생의 시련과, 세상의 참혹한 일에 대한 이야기가 아직도 많이 있습니다. 그러나 이런 세세한 이야기를 하느라 원래 하려던 이야기

1895년 가르멜 수녀원의 안뜰.

에서 너무 멀어졌습니다. 다시 제 성소에 대한 이야기를 하겠습니다. 10월 31일에 저는 바이외로 아빠와 단둘이 여행을 떠났습니다. 주교관에 간다는 생각에 가슴은 희망에 차고, 몹시 두근거렸습니다. 평생 처음으로 언니들 없이 혼자 누군가를 찾아가는 것이었고, 또 만나려는 분이 주교님이었습니다! 지금까지 저는 사람들이 물어보는 말에 대답하는 것 외에는 먼저 말할 필요가 없었는데, 이제는 주교님을 뵙고 찾아온 목적과 가르멜에서 받아 주기를 청하는 이유까지 자세히 설명해야 했습니다. 한마디로 제 성소가 확실하다는 것을 보여 드려야 했던 것입니다. 아! 이 여행이 얼마나 힘들었는지요! 제가 수줍음을 이겨 낼 수 있도록 하느님께서는 아주 특별한 은혜를 베풀어 주셨습니다. "사랑은 가끔 한계를 모르고 모든 경계를 넘쳐흐른다. …… 사랑은 모든 것을 할 수 있다고 믿게 하기 때문이다."[93]라고 하신 말씀은 진실입니다. 과연 예수님의 사랑만이 저에게 이 어려움과 뒤따르는 여러 난관을 이겨 낼 수 있게 하셨습니다. 하느님께서는 제가 크나큰 시련을 통해 제 성소를 이루기를 원하신 것입니다. 가르멜의 고독한 생활을 즐기고 있는 지금, 그토록 열렬히 바랐던 하느님의 그

---

93 《준주성범》 3권 5,4

늘 속에 쉬면서 저는 제 행복을 어렵지 않게 받았다고 생각합니다. 만약 얻지 못했다면 그것을 얻기 위해서 훨씬 더 큰 괴로움이라도 서슴지 않고 견뎌 나갔을 것입니다.

바이외에 도착했을 때 세찬 비가 쏟아졌습니다. 아빠는 당신의 작은 여왕이 아름다운 옷을 함빡 적신 채 주교관으로 가게 될까 봐, 마차를 불러 타고 대성당으로 갔습니다. 성당에 도착하자 슬퍼졌습니다. 주교님과 신부님들은 성대한 장례식에 참석하고 계셨습니다. 성당에는 상복을 입은 부인들이 가득 차 있었는데, 산뜻한 옷을 입고 흰 모자를 쓴 저를 모두가 쳐다봤습니다. 성당에서 나오고 싶었지만 비가 쏟아지고 있어서 그럴 수도 없었습니다. 하느님께서는 제게 부끄럼을 더하게 하시려고 아빠의 종교적인 소박한 마음을 통해 제가 성당 위까지 올라가도록 하셨습니다. 그분을 실망시켜 드리고 싶지 않아서 기쁜 마음으로 시키시는 대로 올라가서 사람들에게 구경거리가 되어 주었습니다. 가까스로 큰 제대 뒤에 있는 경당經堂에 가서야 마음껏 숨을 쉴 수 있었고, 저는 비가 그쳐 빨리 나갈 수 있게 해달라고 간곡히 기도하며 거기에 머물러 있었습니다. 내려올 때, 아빠는 텅 비어서 훨씬 더 크게 보이는 성당이 얼마나 아름다운지 보라고 하셨지만, 저는 한 가지 생각에만 몰두해 있어서 아무것도 즐겁지 않았습니다.

방문 일자를 미리 알려 드렸으므로 우리의 도착을 알고 계실 부주교인 레베로니 총대리님에게 곧장 갔지만, 그분은 계시지 않았습니다. 할 수 없이 우리는 아주 쓸쓸해 보이는 길거리를 서성거렸습니다. 주교관 근처로 돌아와서 아빠는 저를 훌륭한 여관으로 데리고 가셨는데, 일류 요리사가 만든 음식을 주문했지만 제대로 먹을 수가 없었습니다. 아빠는 몹시 다정하게 대해 주셨습니다. 슬퍼하지 말라고, 주교님께서는 틀림없이 제 청을 들어주실 것이라는 등의 말씀을 하셨습니다. 휴식을 취한 다음에 우리는 다시 레베로니 신부님 댁으로 갔습니다. 우리와 같은 시간에 또 한 사람이 왔는데, 신부님은 그 사람에게 기다리라고 정중히 말씀하시고 우리를 먼저 방으로 부르셨습니다. 우리의 방문이 길어서 그 신사는 지루했을 것입니다. 그분은 매우 친절하셨지만 우리가 온 이유를 들으시고 매우 놀라신 것 같았습니다. 미소를 띠고 저를 바라보시며 몇 가지 물으신 다음에 "주교님께 소개해 드릴 테니 따라오세요."라고 말씀하셨습니다. 눈물이 글썽글썽한 저를 보시고 "아! 눈에 다이아몬드가 맺혔군요. 그건 주교님께 보여 드리면 안 될걸!" 하고 덧붙이셨습니다. 우리는 주교님의 초상화들이 걸린 넓은 방을 여러 개 지났는데, 그 큰 방에서 저는 꼭 조그만 개미처럼 느껴졌습니다. 저는 주교님께 무슨 말씀을 드릴까 생각했습니다. 주교님은 신부님 두 분과 함께 복도를 거닐고 계셨는데, 레베로니 신부님이 몇 마디 말씀을 건네시니 저희에게로 함께 오셨습니다. 우리는 주교님 방에서 기다리고 있었습니다. 방에는 불이 활활 타고 있는 벽난로가 있고, 그 앞에 커다란 안락의자 세 개가 놓여 있었습니다. 주교님이 들어오시는 것을 보고 아빠가 제 옆에 무릎을 꿇고 강복을 받으셨습니다. 그리고 나서 주교님은 아빠에게 안락의자에 앉으라고 하시고 그분도 마주 앉으셨습니다. 레베로니 신부님은 저에게 가운데 있는 안락의자에 앉으라고 하셨습니다. 공손히 사양했더니 "어디 순명할 줄 아나 보자."라고 하시며 강하게 권하셨으므로 결국 앉았습니다. 그러나 저는 제 또래 아이들 네 명 정도는 충분히 앉을 수 있는 굉장히 큰 안락의자에 푹 파묻혀 있는데, 신부님이 보통 의자에 앉으시는 걸 보고 얼굴이 확 붉어졌습니다. 저는 아빠가 주교님께 말씀해 주실 것이라 생각했는데, 저에게 우리가 찾아온 뜻을 주교님께 직접 말씀드리라고 하셨습니다. 그래서 온갖 말재주를 다 해서 말씀을 드렸지만, 이런 말재주에는 익숙하신 주교님은 제 설명에 별다른 감동을 받지 않으신 것 같았습니다. 제가 말씀드리는 천만 가지 이유보다도 가르멜 수도회 총장 신부님의 편지 한 장이 더 힘이 있겠지만, 안타깝게도 그것을 받을 수 없었고, 제 편이 되어 줄 마땅한 것이 없었습니다.

주교님은 제가 가르멜에 들어가고 싶어 한 지가 오래 됐는지 물으셨습니다. "네, 주교님. 참 오래 됐습니다." "글쎄, 그래도 15년 이상이라고는 할 수 없을 테지." 레베로니 신부님이 웃으며 대답하셨습니다. "그건 사실입니다. 그러나 그보다 몇 해밖에 차이가 나지 않습니다. 철이 들자마자 수녀가 되기를 바랐고, 가르멜 수도회에서 제 영혼의 모든 갈망이 채워지리라 생각해서, 반드시 그곳에 들어가고 싶었으니까요." 하고 웃으며 대답했습니다. 제가 꼭 이렇게 말했는지는 모르겠습니다. 아마 그보다 더 서투르게 말했을 것입니다. 그래도 전해 드리고자 하는 뜻은 이런 것이었습니다.

주교님은 아빠가 좋아하실 거라고 생각하셔서, 제게 아빠 곁에 몇 년 더 있으라고 하시려다가, 아빠가 제가 열다섯 살에 들어갈 수 있도록 대신 청하시며 제 편을 드시는 걸 보시고 매우 놀라며 감격하셨습니다. 그러나 모두가 허사였습니다. 주교님께서는 결론을 내리시기 전에 가르멜의 총장 신부님을 만나 이야기하겠다고 말씀하셨습니다. 저는 총장 신부님의 반대가 확실한 것을 알고 있었기 때문에 너무나 마음이 아팠습니다. 그래서 레베로니 신부님의 부탁에도 불구하고, 주교님께 눈물을 보여 드렸습니다! 주교님은 감동하신 것처럼 보였습니다. 아마도 주교님께 이렇게 위로를 받은 사람은 아무도 없었을 것입니다. 주교님은 당신 어깨 위에 제 머리를 기대게 하시고 쓰다듬어 주셨습니다. 그리고 모든 희망이 없어진 것이 아니며 성소를 확실히 하기 위해 로마에 가는 것은 좋은 일이니, 울지 말고 오히려 좋아해야 한다고 말씀하셨습니다. 또 오는 주일에 리지외에 가게 됐으니 성 야고보 성당 신부님에게 제 이야기를 할 것이며, 제가 이탈리아에 있는 동안에 분명한 대답을 듣게 될 것이라고 덧붙이셨습니다. 저는 더 이상 졸라도 소용없다는 것을 알았으며, 더구나 온갖 말재주를 다 써버렸기 때문에 말씀드릴 것도 더 이상 남아 있지 않았습니다.

주교님께서는 우리를 뜰까지 배웅해 주셨습니다. 그분은 제가 나이가 더 들어 보이게 하려고 머리를 올려 묶었다는 말을 아빠에게 들으시고 무척 재밌어하셨습니다(그건 약간의 효과가 있었는데, 이후에 주교님께서 제 이야기를 하실 때에는 머리를 올려 묶었던 이야기를 빼놓지 않으셨습니다). 레베로니 신부님은 주교관 정원 끝까지 우리를 배웅해 주시며 아빠에게 "딸이 자신을 하느님께 바치려고 하는 만큼 그 아버지가 자기 아이를 하느님께 즐겁게 바치려는 일은 생전 처음 봅니다."라고 말씀하셨습니다.

아빠는 레베로니 신부님께 순례지에 대한 여러 가지 설명을 부탁드렸습니다. 교황님을 알현하기 위해 어떤 옷을 입어야 하는지도 물으셨습니다. 신부님 앞에 몸을 돌려 보이시며 "이러면 괜찮습니까?"라고 묻기도 하셨습니다. 아빠는 만약 제가 가르멜에 들어가는 것을 주교님께서 승낙하지 않으시면 직접 교황님을 뵙고 은혜를 청할 거라는 말씀도 하셨습니다. 저의 임금님은 말이나 행동이 간단하면서도 대단히 훌륭하셨습니다. 아빠가 갖고 계신 자연스러운 품위는 온갖 종류의 사교계의 예의를 알고 있는 사람들로 둘러싸여 계시는 주교님조차 무척 기쁘게 해 드렸습니다. 그러나 주교님은 프랑스와 나바르의 임금님이 당신의 작은 여왕과 단둘이 있을 때 얼마나 더 다정하신지는 보지 못하셨습니다.

길에 나서자 다시 눈물이 흐르기 시작했습니다. 아까처럼 슬퍼서 흐르는 눈물이 아니라 사랑하는 아빠가 쓸데없는 여행을 하게 되신 것이 마음 아파서 흐르는 눈물이었습니다. 주교님의 기쁜 회답을 알리는 전보를 가르멜에 보낼 큰 꿈을 꾸시던 아빠는, 아무것도 얻지 못한 채 돌아오셔야만 했습니다. 아! 얼마나 가슴이 아팠는지요! 제 미래는 영원히 부서져 버리고, 목적지에 다가갈수록 모든 일은 점점 더 엉클어지는 것만 같았습니다. 제 마음은 괴로움 속에 잠겼으나, 오직 하느님의 뜻만을 찾고 있었으므로 또한 평화 속에 잠겨 있기도 했습니다.

리지외에 도착하자마자 저는 가르멜로 위로를 받으러 갔습니다. 사랑하는 원장 수녀님, 저는 당신의 위로를 받을 수 있었습니다. 아! 당신께서 저 때문에 괴로워하신 온갖 일을 언제까지나 잊지 못할 것입니다. 예수님의 말씀을 인용하는 것이 그분을 욕되게 할까 두렵지만, 수난을 당하시던 날 저녁에 사도들에게 "너희는 내가 여러 가지 시련을 겪는 동안에 나와 함께 있어 준 사람들이다."(루카 22,28)라고 하신 말씀을 그 당시의 저도 할 수 있었습니다. 사랑하는 다른 언니들도 무척 다정하게 저를 위로해 주었습니다.

제6장

로마로 떠나다(1887)

바이외에 다녀온 지 사흘 뒤에 저는 훨씬 더 먼, 영원한 도읍인 로마로 여행을 떠나게 되었습니다. 아! 이 여행의 감회가 어떠했는지요! 이 여행 하나로 저는 몇 해를 공부한 것 이상의 것을 배웠습니다. 저는 이 여행에서 세상의 잠시 지나가는 모든 것이 허무하다는 것, 태양 아래에는 마음의 괴로움밖에 없다는 것을 깨달았습니다. 그러나 훌륭한 것들도 많이 보았습니다. 예술과 종교의 걸작품들을 모두 구경하였고, 사도들이 밟으신 땅과 순교자들의 피로 물든 땅도 밟았으며, 거룩한 물건들을 직접 만지기도 하면서 제 영혼은 더욱 자라났습니다.

로마 여행은 매우 기뻤지만, 아빠가 수도 생활에 대한 제 생각을 바꾸게 하려고 여행에 데려가신 것으로 사람들이 생각한다는 것도 잘 알고 있습니다. 사실 확고한 신념이 없는 성소자라면 그를 흔들리게 할 만한 것들이 로마에는 많았으니까요. 셀린 언니와 저는 여러 사람들과 함께 있어 본 적이 없었는데, 이 여행에서는 순례단의 대부분을 차지하는 상류 사회의 사람들 사이에 끼어 있었습니다. 아! 우리는 위축되고 어리둥절하기는커녕, 그 많은 작위와 'de'[94] 표시가 우리에게는 한 줄기 사라질 연기로밖에 보이지 않았습니다. 멀리서 보면 때때로 눈을 현혹시켰으나 가까이 가 보니 '빛나는 것이 모두 금은 아니라는 것'을 알게 되었습니다. 저는 "세상 위대한 이름이 주는 영향에 개의치 말고, 많은 사람들과 친밀히 지내려고 하지 마라. 어느 누구와도 사사로운 정을 주고받는 데 관심을 두지 마라."[95] 하신 《준주성범》의 말씀을 깨달았습니다.

참된 위대함이란 이름에 있는 것이 아니라 영혼 안에 있다는 것도 깨달았습니다. 이사야 예언자는 "그분의 종들에게는 다른 이름이 주어지리라."(이사 65,15) 하고 말씀하셨고, 요한

---

94 프랑스의 귀족 이름 앞에 들어가는 글자다. – 역자 주
95 《준주성범》 3권 24,2

성인도 "승리하는 사람에게는 숨겨진 만나를 주고 흰 돌도 주겠다. 그 돌에는 그것을 받는 사람 말고는 아무도 모르는 새 이름이 새겨져 있다."(묵시 2,17)라고 말씀하지 않으셨습니까. 그러므로 우리는 천국에 가서야 우리의 자리를 알게 될 것입니다. 그때는 하느님으로부터 각자에게 마땅한 칭찬을 받을 것인데, 예수님을 사랑하기 위해 세상에서 가장 가난하고 미천한 자가 되기를 힘쓴 사람이 가장 높은 자리에 앉고, 가장 존귀하고 부유한 자가 될 것입니다.

제가 두 번째로 경험한 것은 신부님들에 관한 것입니다. 로마에 가기 전까지는 그분들과 가깝게 지낸 적이 없었기 때문에 가르멜 수도회를 개혁한 중요한 목적을 이해할 수가 없었습니다. 죄인들을 위하여 기도한다는 것은 무척이나 마음을 끌었지만, 수정보다도 더 깨끗하다고 생각했던 신부님들의 영혼을 위하여 기도한다는 것은 납득할 수 없었기 때문입니다.

아! 저는 이탈리아에서 제 천직을 깨달았습니다. 이처럼 유익한 배움을 얻기 위해서라면 이 여행도 그리 먼 길은 아니었습니다.

한 달 동안 거룩한 신부님들과 함께 생활하면서, 그분들이 자신들의 높은 지위로 인해 천사들보다 뛰어나다고 해도, 역시 연약한 인간임에는 틀림없다는 것을 알게 되었습니다. 성경에 예수님께서 '세상의 소금'이라고 부르신 거룩한 신부님들조차 다른 이들의 기도를 받을 필요가 있는데, 그보다 열심히 신앙생활을 하지 않는 이들은 어떻겠습니까? 예수님께서는 "소금이 제 맛을 잃으면 무엇으로 다시 짜게 할 수 있겠느냐."(마태 5,13)라고 말씀하지 않으셨습니까?

원장 수녀님, 영혼을 구하는 소금을 보존하려는 우리의 사명은 얼마나 아름답습니까! 이것이 '가르멜'의 사명입니다. 신부님들이 말과 특히 표양으로 영혼들에게 복음을 전하는 동안, 그들을 위해 기도하면서 이러한 '신부님들의 신부님'이 되는 것이 우리의 기도와 희생의 유일한 목적입니다. 이쯤에서 말을 줄이겠습니다. 이 문제에 대해서는 아무리 써도 끝이 없으니까요!

사랑하는 원장 수녀님, 이제 제 여행에 대해 자세한 이야기를 하겠습니다. 너무 장황하게 말씀드려도 용서해 주세요. 이 글을 쓰기 전에 기억을 가다듬지 못했고, 한가한 시간도 별로 없어서 여러 번에 나누어 쓰고 있기 때문입니다. 어쩌면 제 이야기가 지루하게 생각되실지도 모릅니다. 다만 천국에 가면, 제가 받은 은혜에 대해 그곳에서 당신께 즐겁고 흥미롭게 다시 말씀드릴 수 있을 거라고 생각하며 위안을 느낍니다. 그때는 아무것도 우리의 다정한 이야기를 방해하지 않을 것이며,

데레사의 방, 책상 앞에서. 제1부 예수의 아녜스 원장 수녀에게 보낸 글의 원본과 등잔, 모래시계.

저를 한 번만 바라봐도 당신은 모든 것을 깨달으실 것입니다. 슬프게도 아직은 세상의 말을 써야 하기 때문에 저는 엄마의 사랑을 받는 어린아이처럼 순박하게 이야기하겠습니다.

순례단이 파리를 떠난 것은 11월 1일이었지만, 아빠는 그 며칠 전에 우리를 파리로 데리고 와서 구경을 시켜 주셨습니다. 어느 날[96] 새벽 3시에 아직 고요하게 잠들어 있는 리지외 시를 지나갔습니다. 그때 제 마음에는 여러 가지 생각이 스쳐 지나갔습니다. 알지 못하는 세계로 가는 것 같았고, 저 너머에서는 크나큰 일이 기다리는 것 같았습니다. 아빠는 기차가 움직이기 시작하자 "굴러라 굴러, 마차야, 이제 우리 큰길을 달린다."라는 옛날 노래를 유쾌하게 부르셨습니다. 오전 중에 파리에 도착해서 바로 구경을 다니기 시작했습니다. 아빠는 우리를 기쁘게 해 주시려고 무척 바쁘게 여기저기를 구경시켜 주셨습니다. 그래서 우리는 이내 파리의 모든 명소들을 다 볼 수 있었습니다. 그러나 저는 오직 승리의 성모 성당에서만 기쁨을 느낄 수 있었습니다. 그곳에서 제가 느낀 감동은 이루 말할 수가 없습니다. 성모님께서 제게 내려 주신 은혜에 너무나 감격하여 첫영성체 때처럼 단지 눈물로만 행복을 드러낼

---

96   1887년 11월 4일이다.

수 있었습니다. 성모님께서는 제게 미소를 보내 주시어 병을 낫게 해 주신 분이 진실로 당신이었다는 것을 느끼게 하셨습니다. 저는 성모님께서 저를 지켜 주고 계시며, 제가 그분의 딸이라는 것을 확실히 깨달았습니다. 성모님이라는 이름은 엄마라는 이름보다 훨씬 더 다정하게 느껴졌기 때문에 성모님을 '엄마'라고 부를 수는 없었습니다. 성모님의 '망토 그늘'에 저를 숨겨 지켜 주시고, 제 꿈을 실현시켜 달라고 얼마나 열렬히 간청했는지요! 아! 그것은 제 어릴 적 첫 번째 소원 중 하나였습니다. 자라면서 성모님의 망토를 진정으로 찾을 수 있는 곳은 가르멜이라는 것을 깨닫고, 저의 모든 소망은 그 기름진 동산을 향하게 됐습니다. 또한 제 순결을 더럽힐 수도 있는 모든 것을 제게서 물리쳐 달라고 승리의 성모님께 간청했습니다. 이탈리아 등지를 여행하는 동안에 제 마음을 어지럽힐 수 있는 것들을 많이 만나리라는 것을 잘 알고 있었습니다. 물론 "깨끗한 사람들에게는 모든 것이 깨끗합니다."(티토 1,15)라는 말씀과, "악은 감각 없는 물건에 있는 것이 아니라 부정한 마음속에 있는 것이다."라는 말씀은 알고 있었습니다. 그러나 순진하고 곧은 영혼은 어느 곳에서도 악을 발견하지 않는다는 것을 경험하지 못했기 때문에, 게다가 악이라는 것을 모르는 제가 그것을 알게 될까 봐 겁이 났습니다. 그래서 저는 요셉 성인께도 저를 보호하여 주시기를 간청했습니다. 어릴 때부터 요셉 성인께 대한 신심은 동정 성모님께 대한 사랑과 마찬가지로 한결같았습니다. 여행하는 동안 날마다 '동정녀들의 아버지시며, 보호자이신 요셉 성인'께 기도를 드렸기 때문에, 긴 여행 기간 동안 점점 두려움을 느끼지 않게 되었습니다. 저는 보살핌을 잘 받고 있으므로 조금도 겁낼 필요가 없을 것 같았습니다.

몽마르트르의 대성전에서 예수 성심께 우리를 봉헌한 다음, 11월 7일 아침에 파리를 떠났습니다. 오래지 않아 우리는 순례단원들과 친해졌습니다. 평상시에는 부끄러움이 많아서 말을 잘 못하던 제가 그 못난 성격에서 완전히 벗어났습니다. 귀부인들이나 신부님들 또 쿠탕스의 주교님과도 거리낌 없이 말할 수 있게 되어 스스로도 놀라웠습니다. 제 생각에 제가 지금까지 저만의 작은 세계에서 살아온 듯했습니다. 모든 사람들이 우리를 사랑한다고 느꼈으며, 아빠는 그런 두 딸을 자랑스러워하셨습니다. 그러나 아빠가 우리를 자랑스러워하시는 만큼 우리도 아빠가 무척 자랑스러웠습니다. 순례단원 중에 저의 사랑하는 임금님보다 더 아름답거나 훌륭한 신사는 없었으니까요. 아빠는 셀린 언니와 제가 늘 곁에 있는 것을 좋아하셨습니다. 가끔 우리가 마차에서 내려 멀리 가면, 저를 불러서 리지외에서 그러셨던 것처럼 당신과 팔짱을 끼게 하셨습니다. 레베로니 신부님은 저의 모든 행동을 자세히 살펴보셨습니다. 그분이 멀리서 저를 쳐다보시는 것이 보였습니다. 식탁에서 제가 신부님 앞에 앉으면, 일부러 몸을 굽혀서 저를 보시고 제 말을 들으셨습니다. 아마 신부님은 제가 진정으로 가르멜 수도원의 일원이 될 수 있는지 알려고 하신 것 같습니다. 여행이 끝날 무렵에는 저에게 매우 호감을 가지셨던 것을 보면, 그렇게 지켜보신 결과가 만족스러우셨던 듯합니다. 그러나 나중에도 말씀드리겠지만, 로마에서는 조금도 제 편이 되어 주지 않으셨습니다.

우리 순례의 목적지인 영원한 도읍 로마에 도착하기 전에 자연의 많은 걸작품들을 감상했습니다. 처음에 스위스를 지나가며, 머리에 흰 눈을 이고 구름 위에 솟아 있는 높은 산과 여러 가지 모양으로 흐르는 멋진 폭포, 키가 어마어마하게 큰 고사리, 분홍 진달래가 가득한 깊은 골짜기를 보았습니다. 사랑하는 원장 수녀님, 이렇게 풍성하게 전개된 자연의 아름다움이 제 영혼에 얼마나 커다란 이익을 주었겠습니까! 제 영혼은 잠시 동안만 머무르는 귀양살이 땅에도 이러한 걸작품을 만들어 주신 하느님께 깊은 감사를 드렸습니다. 제 눈으로 모든 것을 다 볼 수가 없을 정도였습니다. 저는 기차 안에 서서 거의 숨도 못 쉬고 있었습니다. 뒤를 돌아보면 앞에서 전개되는 경치와는 또 다른 황홀한 풍경이 펼쳐져서, 기차 양쪽에 다 서고 싶었습니다.

기차는 산꼭대기까지 올라가기도 했는데, 발아래에는 깊이를 헤아릴 수 없는 까마득한 낭떠러지가 비껴 있어서 우리를 집어삼킬 것 같았습니다. 또 어떤 때는 멋진 모습의 산장과 종각이 있는 마을과 하얗게 빛나는 구름이 둥둥 떠다니는 예쁜 마을을 지나기도 했습니다. 타는 듯한 노을이 금빛으로 물들인 넓은 호수도 보았습니다. 잔잔하고 맑은 물결이 파란 하늘빛과 석양의 새빨간 빛과 어우러져서 너무도 시적이고 황홀한 광경이었습니다. 광활한 지평선 끝에는 윤곽이 흐릿한 산들이 보였는데, 햇빛으로 아련하게 보이는 눈에 묻힌 산봉우리가 그 아름다운 호수를 더욱 아름답게 보이게 하지 않았다면 그냥 지나쳤을지도 모릅니다.

이 아름다운 경치들을 바라볼 때 저는 하느님의 위대함과 하늘의 기묘함을 깨닫는 것 같았습니다. 자유가 제한되고, 남의 눈에 띄지 않는 작은 희생을 매일 바쳐야 하는 수도 생활이 제 눈앞에 선명하게 떠올랐습니다. 그러나 지금처럼 세상의 아름다움에 빠져 생활한다면, 자기 일에만 급급하게 되고 천직의 숭고한 목적을 잊기 쉽다는 것을 깨달았습니다. 그래서 이다음에 가르멜에 갇혀서 별이 반짝이는 한 조각의 하늘 밖에는 볼 수 없게 될 시련의 때가 오면, 오늘 본 것을 기억하겠다고 생각했습니다. 이 생각이 제게 용기를 줄 것이니, 제가 오직 사랑하고 싶은 하느님의 크심과 권능을 생각하며 작은 이익은 쉽사리 잊을 수 있을 것입니다. "하느님께서는 당신을 사랑하는 이들을 위하여 마련해 두신"(1코린 2,9 참조) 제 마음을 엿본 지금, 저는 지푸라기 같은 작은 것에 애착을 가지는 그런 불행한 짓은 하지 않을 것입니다.

또한 여행 중에 하느님께서 사람들에게 베푸신 권능도 감상할 수 있었습니다. 우리가 맨 처음 구경한 이탈리아의 도시는 밀라노였습니다. 흰 대리석으로만 지은 대성당, 그 안의 셀 수 없이 많은 석상들을 자세히 구경했습니다. 셀린 언니와 저는 대담해져서, 성인들의 유해에 관계되는 것이라면 모두 다 보고 설명도 들으려고 언제나 앞장서서 주교님을 따라다녔습니다. 가롤로 성인의 무덤에서 주교님이 미사를 드릴 때, 우리는 주교 복장을 한 성인의 유해를 넣어 둔 관 위에 머리를 기댄 채 아빠와 함께 제대 뒤에 있었습니다. 어디서나 이렇게 주교님을 따라다녔습니다(다만 주교님이 올라가지 못하는 곳에서는 주교님 곁을 떠났습니다). 겁 많은 부인들이 손으로 얼굴을 가리고 있는 동안 우리는 대성당 위에 있는 탑의 첫 번째 층으로 올라간 다음 제일 용감한 일행과 함께 대리석으로 된 종각의 꼭대기까지 올라갔습니다. 거기서는 밀라노 시가지가 발밑에 내려다보였는데, 그 많은 사람들이 조그만 개미같이 보였습니다. 탑에서 내려와서는 마차를 타고 구경을 다녔습니다. 이러한 유람은 한 달 동안이나 계속되어 실컷 구경하고 싶은 소망을 이룰 수 있었습니다! 너무 즐거워서 피곤하지도 않았습니다. 우리는 캄포산토Camposanto[97]에서 대성당보다도 더 깊은 감명을 받았습니다. 천재의 끝이 완성한 흰 대리석 조각상들이 살아 있는 듯 넓은 묘지에 산재해 있는 것이 무척 매력이 있었습니다. 주위에 있는 관념적 인물들의 조각은 위로하고 싶은 생각이 들 정도였습니다. 조각들의 표정이 어찌나 생생하고, 체념한 듯한 고통의 순간을 잘 나타냈던지 예술가들이 이 작품들을 만들 때 가슴에 품었던 불멸의 생각이 느껴지는 듯했습니다. 아버지의 무덤 위에 꽃을 뿌리는 어린아이 조각상은 가냘픈 꽃잎이 어린아이의 손가락 사이에서 미끄러져 바람에 흩날리는 것 같아서, 무거운 대리석으로 만들어진 것임을 잊을 정도였습니다. 또 과부들의 얇은 베일과 소녀들 머리의 리본은 바람에 나부끼는 것 같았습니다. 아빠

---

[97] 묘지의 이름이다. - 역자 주

도 우리만큼이나 감탄하셨습니다. 스위스에 있을 때부터 피곤해하셨지만, 이곳에서는 다시 기분이 좋아지셔서 아름다운 작품들을 함께 감상하셨습니다. 아빠 얼굴에 나타나는 믿음과 감탄의 표정을 통해 그분의 예술가다운 마음을 엿볼 수 있었습니다. 그런데 시적인 마음을 지니지 못한 것이 분명한 노인 한 분이 곁눈질로 우리를 쳐다보다가 우리처럼 감탄하지 못하는 것이 섭섭한 듯, "어이구! 프랑스 사람들은 감탄도 잘한단 말이야!" 하고 퉁명스럽게 말했습니다. 아마 이분은 집에 남아 있는 편이 나았을 것입니다. 여행에 만족을 느끼는 것 같지도 않았을 뿐만 아니라, 가끔 우리 곁으로 올 때에는 늘 불평을 했기 때문입니다. 그에게는 마차고 여관이고 사람이고 도시고 모든 것이 불만이었습니다. 그러나 마음이 넓으신 아빠는, 그 노인을 위로해 주시려고 당신의 자리를 내어 주시는 등 여러 가지 노력을 하셨습니다. 아빠는 이 불친절한 노인과는 정반대로 어디에 가든지 만족해 하셨습니다. 아! 우리는 정말 각양각색의 사람들을 보았습니다. 속세를 떠나기 임박해서 세상을 연구하다니 얼마나 흥미로운 일입니까!

베네치아에 가니 이제까지와는 전혀 다른 풍경이 펼쳐졌습니다. 대도시의 소음은 없고, 조용한 가운데 곤돌라를 젓는 사공들의 소리와 노에 부딪혀 철썩거리는 물결 소리밖에 들리지 않습니다. 베네치아는 고유한 매력은 있었으나, 조금 쓸쓸한 도시 같아 보였습니다. 총독들의 궁전도 겉모습은 화려했지만, 값진 금과 대리석으로 치장하고 위대한 대가들의 그림들을 걸어 놓은 넓은 방들은 쓸쓸하게 느껴졌습니다. 그 옛날 총독이 생사의 선고를 내리던 방을 지났습니다. 유난히 소리가 잘 울리는 둥근 천장도 오랫동안 아무런 소리를 반사하지 않았습니다. 총독들의 선고를 받고 지하 감옥에 갇혔던 불쌍한 죄수들도 이제는 괴로움을 당하지 않게 되었습니다. 이 처참한 감옥들을 둘러보니 순교자들의 시대에 와 있는 것 같았고, 그들을 본받기 위해 거기에 남고 싶다는 생각이 들었습니다. 그러나 우리는 이내 그곳에서 나와 '한숨의 다리'를 지나야 했습니다. 그 다리는 죄수들이 여기에 있느니 차라리 죽는 편이 낫다고 생각하던 무서운 지하 감옥에서 벗어나 비로소 안도의 한숨을 길게 내쉰 곳이라서 그렇게 부른다고 합니다.

베네치아를 떠난 후, 파도바에서 설교 능력으로 유명한 안토니오 성인에게 공경을 드리고, 볼로냐에 가서는 아기 예수님께서 입을 맞추신 자리를 보존하고 있는 가타리나 성녀를 보았습니다. 도시마다 있었던 재밌는 이야기들과, 여행에서 들었던 색다른 이야기들을 다 하려면 끝이 없을 것 같아서 중요한 이야기만 쓰겠습니다.

볼로냐를 떠날 때 제 마음은 가벼웠습니다. 볼로냐의 시내에는 학생들이 가득했고, 그 학생들이 걷고 있는 우리 주위를 둘러싸서 전 정말로 견디기 힘들었습니다. 특히 어떤 학생이 제게 행한 작은 사건 때문에, 로레토로 가는 길에 들어섰을 때는 매우 기뻤습니다. 성모님께서 이곳을 선택하시어 당신의 축복받은 집을 옮기신 것이 당연해 보였습니다.[98] 그곳에는 평화와 기쁨과 가난이 깃들어 있었습니다. 모두가 순진하고 소박했으며, 여인들도 다른 도시의 여자들처럼 파리의 유행을 따르지 않고, 우아한 이탈리아 옷을 입고 있었습니다. 로레토는 무척 제 마음에 들었습니다. '거룩한 집'에 대해서는 무슨 말을 할까요? 아! 성가정이 사셨던 바로 그 지붕 아래를 들어갈 때, 예수님께서 당신의 거룩한 시선을 멈추셨을 벽을 쳐다볼 때, 요셉 성인의 땀으로 적셔지고, 성모 마리아께서 예수님을 팔에 안고 다니시던 땅을 밟을 때, 이루 말할 수 없는 감동을 받았습니다. 저는 성모님 곁에 천사가 내려왔던 조그만 방을 보았습니다. 그리고 아기 예수님께서 쓰시던 작은 그릇에

---

[98] 로레토는 '이탈리아의 루르드'라고 할 수 있는 성모 공경의 중심지다. 나자렛의 성가족이 사시던 집을 13세기 말에 천사가 이슬람교도들을 피해 로레토로 그대로 옮겨 왔다는 이야기가 전해 내려오고 있다. 데레사는 그 집을 '축복받은 집', '거룩한 집' 등으로 지칭한다. – 편집자 주

제 묵주를 놓았습니다. 이 얼마나 즐거운 추억들입니까!

그러나 가장 기뻤던 것은 바로 예수님이 사셨던 바로 그 집에서 그분을 받아 모시고, 예수님께서 사셨던 영광스런 그 자리에서 우리 자신이 예수님의 살아 있는 궁전이 되었다는 것입니다. 이탈리아 교회의 관습에 따라, 성체성사는 한 제대에서만 행해졌고, 성합을 모셔 두는 제대는 하나만 있으며, 교우들은 거기서만 영성체를 할 수 있었습니다. 로레토에서 성체성사가 행해지는 곳은 '거룩한 집' 위에 세운 대성당이었습니다. 마치 귀중한 다이아몬드가 흰 대리석으로 만든 보석 상자 속에 담겨 있듯이, '거룩한 집'은 대성당 안에 있었습니다. 우리는 보석 상자인 대성당이 아니라, 그 다이아몬드인 '거룩한 집'에서 성체를 모시고 싶었습니다. 아빠는 보통 때처럼 순순히 다른 사람들을 따라가셨지만, 셀린 언니와 저는 줄곧 우리와 함께 다니던 신부님 한 분을 찾아갔습니다. 그분은 특전을 받아 마침 '거룩한 집'에서 미사를 올릴 준비를 하고 계셨습니다. 그분은 작은 제병들을 가져다가 사제용 큰 제병과 함께 성반 위에 놓았습니다. 원장 수녀님, 이 '거룩한 집'에서 우리가 함께 영성체할 때 얼마나 즐거웠을지 당신도 아시겠지요! 그것은 말로 표현할 수 없는 천상의 행복이었습니다. 그러니 하늘에 계신 임금님의 궁궐에서 하느님과 영원히 함께하게 된다면 어떻겠습니까? 그때는 우리의 천상 기쁨이 끝날 염려도 없을 것이며, 추억을 간직하기 위해 예수님께서 사시던 거룩한 벽을 몰래 긁어 가질 필요도 없을 것입니다. 하느님의 집이 영원한 우리 집이 될 테니까요. 하느님께서는 우리에게 땅 위에 있는 당신의 집을 주고자 하지 않으시고, 오직 가난과 숨은 생활을 사랑하게 하시려고 그것을 우리에게 보여 주실 분이십니다. 하느님께서는 우리에게 그분의 영화로운 궁전을 마련해 주셨고, 거기서 우리는 어린아이로서 흰 제병 속에 숨어 계신 하느님이 아닌, 무한한 영광의 광채 속에 계시는 하느님 그대로를 뵐 것입니다!

이제는 로마에 대해서 이야기할 것만 남았습니다. 로마는 여행의 목적지였고, 위로를 얻으리라 생각했는데 뜻밖에 십자가를 만났던 곳입니다. 로마에 이르렀을 때는 한밤중이었습니다. 우리는 잠이 들었다가, "로마, 로마." 하고 역무원들이 외치는 소리에 깨었습니다. 꿈이 아니라, 정말 로마에 도착했습니다.[99]

첫날은 성 밖에서 보냈는데, 그때가 아마 제일 즐거운 시간이었을 것입니다. 성 밖에는 모든 고적이 옛 모습을 그대

---

99 11월 13일이다.

로 지니고 있었는데, 반대로 로마 시내의 여관이나 상점 앞에 서 있으면 마치 파리에 온 것 같은 생각이 들 정도였습니다. 로마 근처의 시골을 걸은 것은 아주 향긋한 추억으로 남았습니다. 우리가 방문했던 곳들을 상세히 쓴 책들이 많이 있으니 여기서는 일일이 열거하지 않겠습니다. 대신 제가 깊은 인상을 받았던 곳만 말씀드리겠습니다. 그중에서도 '콜로세움Colosseum'을 보고 기쁨에 몸이 떨렸습니다. 많은 순교자들이 예수님을 위하여 피를 흘린 싸움터를 마침내 본 것입니다. 저는 즉시 순교자들로 거룩하게 된 땅에 입을 맞추려고 했습니다. 그러나 콜로세움에 대한 기대는 곧 깨어지고 말았습니다! 한가운데에 유적의 무더기가 쌓여 있을 뿐이고 안으로 못 들어가게 울타리를 쳐놓았기 때문에, 일행들은 바라보는 것으로 만족해야 했습니다. 게다가 이 폐허 속을 뚫고 들어가려고 하는 사람은 아무도 없었습니다. 콜로세움에 내려가지 않는다면 왜 로마까지 왔겠습니까? 가만히 있을 수는 없었습니다. 저는 이미 안내자의 설명도 듣지 않았고 다만 경기장에 내려가겠다는 한 가지 생각만으로 가득했습니다. 어떤 일꾼이 사다리를 타고 넘어가는 것을 보고 그것을 빌려 달라는 말이 입술까지 나왔지만, 겨우 참았습니다. 만일 말했다면 저를 미쳤다고 생각했을 테니까요. 마리아 막달레나 성녀가 계속 예수님의 무덤 곁에 남아서, 몸을 굽혀 안을 들여다보다가 마침내 두 분의 천사를 뵈었다는 말이 성경에 있지요(요한 20,11-12 참조). 마리아 막달레나 성녀처럼 제 소원이 이루어지는 것은 불가능하다는 것을 잘 알면서도, 폐허로 내려가고 싶은 마음에 자꾸만 기웃거렸습니다. 결국 천사들은 발견할 수 없었지만, 그 대신 내려갈 만한 길을 발견했습니다. 저는 좋아서 셀린 언니에게 "이리 와, 아마 지나갈 수 있을 거야!" 하고 소리쳤습니다. 그리고 언니와 울타리까지 쌓여 있는 폐기물을 뛰어넘고, 발밑에서 구르는 폐허들 위를 지나갔습니다.

아빠는 우리의 담대한 모습에 놀라서 돌아오라고 말씀하셨지만, 두 도망자에게는 아무것도 들리지 않았습니다. 군인들이 위험한 상황에서 더 용기가 솟는 것처럼, 우리의 소원을 이루기 위한 위험이 더해갈수록 기쁨도 커졌습니다. 저보다 더 신중한 셀린 언니는 안내자의 설명을 들었으므로, 십자 모양으로 조그만 돌을 깔아 놓은 자리가 순교자들이 싸우던 곳임을 기억하고 그곳을 찾기 시작했습니다. 곧 찾아내어 그 거룩한 땅에 무릎을 꿇었을 때, 우리는 한마음이 되어 같은 기도를 올렸습니다. 이어서 그리스도인들의 피로 붉게 물든 땅에 입술을 대었을 때, 제 가슴은 크게 뛰었습니다. 저도 예수님을 위해 순교자가 되고자 하는 은혜를 구했는데, 허락되었음이 마음속 깊이 느껴졌습니다. 이것은 모두 잠깐 사이에 이루어진 일입니다. 우리는 돌을 몇 개 주워서, 다시 위험한 길을 지나 처음 들어왔던 무너진 담을 향해 갔습니다. 아빠는 우리가 큰 행복에 취해 있는 것을 보시고 꾸중을 할 수가 없으셨습니다. 저는 오히려 우리의 용기있는 행동으로 아빠의 어깨가 으쓱하신 것을 알아챘습니다. 우리보다 멀리 가 있던 일행들은 안내자가 가리키는 작은 주춧돌과 멋진 아치형 문을 바라보는 데 정신이 팔려 우리가 없어졌던 것도 몰랐습니다. 그런 것을 보면, 하느님께서는 우리를 확실하게 보호해 주셨던 것입니다. 그래서 안내자도 다른 일행들도 우리 마음에 넘치는 기쁨을 알지 못했습니다.

'카타콤Catacombae'[100]에서도 아주 깊은 인상을 받았습니다. 그곳은 제가 순교자에 관한 책에 묘사된 것을 읽으며 상상했던 그대로였습니다. 카타콤에서 오후를 다 보냈는데도 몇 분밖에 안 지난 것처럼 느껴질 만큼, 그곳에서 머무르는 시간은 행복했습니다. 카타콤에서 기념될 만한 것을 가져가고 싶어서, 언니와 저는 행렬이 좀 멀어지자 체칠리아 성녀의 옛 무

---

100 초기 교회 때 그리스도인들의 비밀 묘지. 박해를 피해 죽은 사람을 그곳에 매장하기도 하고 그곳에서 전례 모임을 갖기도 했다. – 편집자 주

덤 속에 들어가서 성녀로 인해 축복받은 흙을 조금 가져왔습니다. 로마 여행을 떠나기 전에는 이 성녀에 대한 특별한 신심을 갖지 않았습니다. 그런데 지금은 성당터가 된 성녀가 사셨던 곳[101]과 순교하신 자리를 보자 마음이 달라졌습니다. 게다가 성녀께서 음악에 재능이 있으셔서가 아니라, 원치 않으셨던 결혼식 때 결혼 음악 소리를 듣지 못하시고 오히려 마음속으로 천상배필인 하느님께 찬양의 노래를 부르신 것을 기리며 음악의 수호성인이 되셨다는 이야기를 듣고, 이 성녀께 신심 이상의 것, 즉 같은 수행자로서의 참된 우정을 느꼈습니다. 이후에 그분은 제가 좋아하는 성녀이자, 제 비밀 이야기를 속삭일 수 있는 분이 되셨습니다. 그분의 모든 것이 제 마음을 사로잡았지만, 특히 매력을 느낀 점은 하느님의 섭리에 자신을 내맡기고, 온전히 하느님께 의지하여, 이 세상 즐거움만 추구하는 영혼들까지도 깨끗하게 변화시켰다는 것입니다.

체칠리아 성녀는 '아가서'에 나오는 신부新婦와 비슷했습니다. 저는 성녀에게서 "기를 든 군대"(아가 6,10)를 발견했습니다. 성녀의 일생은 가장 어려운 시련 속에서도 피어나는 정말 아름다운 노래 그 자체였는데, 이는 조금도 놀라울 것이 없습

---

101 트라스테베레에 있는 성녀 체칠리아 성당이다.

니다. 성녀의 가슴 위에는 복음서가 놓여 있고 마음속에는 동정녀의 정배가 계셨으니까요……!

성녀 아녜스 성당을 가 본 것도 무척 좋았습니다. 성녀의 이름이 원장 수녀님과 같아, 마치 '어릴 적 친구'를 만나러 간 기분을 느꼈습니다. 저는 성녀의 이름을 갖고 계신 사랑하는 당신에 대해 오랫동안 성녀께 이야기한 다음, 당신께 갖다 드리려고 당신 수호성인의 유물을 하나 얻으려고 갖은 노력을 다했습니다. 그러나 아녜스 성녀 시대부터 내려오는, 따라서 성녀께서 여러 번 바라보셨을 훌륭한 모자이크에서 떨어져 나온 조그만 붉은 돌 조각을 주웠을 뿐, 다른 유물은 가져올 수 없었습니다. 우리가 원하는 것을 사람들이 주지 않자 성녀께서 우리에게 손수 주셨으니, 얼마나 감사한 일입니까? 저는 이 돌을 아녜스 성녀께서 사랑하는 원장 수녀님을 돌보시고 보호해 주시는 사랑의 표시이자 증거라고 늘 생각했습니다!

로마의 중요한 명소를 구경하면서 6일을 보내고, 7일째 되는 날에는 현재 이 땅에서 가장 훌륭한 분이신 레오 13세 교황님을 뵈었습니다……. 그날 저는 교황님을 뵙고 싶었지만 한편으로는 무섭기도 했습니다. 주교님의 회답은 오지 않았고, 원장 수녀님의 편지를 통해 주교님이 제 일에 큰 관심을 두시지 않음을 알았기 때문에, 제 성소는 모두 교황님께 달려 있었습니다. 즉 제 유일한 희망은 교황님의 허락이었습니다……. 그러나 이 허락을 얻으려면 여러 사람 앞에서 감히 교황님께 수도원 입회를 청해야만 했는데, 생각만 해도 가슴이 떨렸습니다. 알현 전에 제가 얼마나 괴로워했는지는 하느님과 사랑하는 셀린 언니만이 알고 있을 것입니다. 셀린 언니가 모든 시련을 저와 함께 받던 일은 결코 잊을 수 없습니다. 제 성소가 바로 언니의 것인 듯했습니다. (우리가 서로 사랑하고 있음을 순례단의 신부님들도 알게 되셨습니다. 어느 날 저녁 모임에 사람들이 너무 많아서 자리가 모자라자 언니는 저를 무릎 위에 앉혀 주었는데, 서로 얼마나 다정하게 바라보았는지 어떤 신부님이 "어떻게 이렇게 서로 사랑하는 아이들이 있는지! 아! 너희는 절대로 떨어질 수 없겠구나!"라고 하셨습니다. 우리는 진정으로 서로 사랑했습니다. 우리의 사랑은 너무도 순결하고 강해서 떨어진다는 생각도 괴롭지 않았습니다. 그 무엇이든, 설령 큰 바다라고 할지라도 우리 둘 사이를 갈라놓을 수 없다는 것을 알고 있었으니까요……. 셀린 언니는 제 작은 배가 가르멜의 기슭을 향해 가는 것을 조용히 보고 있었습니다. 언니도 우리 소원의 목표가 있는 기슭에 제가 곧 닿으리라는 것을 확신하고, 하느님께서 언니를 폭풍 치는 바다 위에 머무르기를 바라시는 한 머무를 각오가 되어 있었던 것입니다……)

11월 20일 주일에 우리는 바티칸 궁전 의식에 따라 옷을 입고(즉, 검은색 옷을 입고, 머리에는 모자 대신 레이스 달린 베일을 쓰고)

흰색과 파란색 리본에 달린 레오 13세의 큰 메달을 목에 걸고, 바티칸 궁전 안에 있는 교황님의 성당에 들어갔습니다. 이윽고 여덟 시에 교황님께서 미사를 드리러 들어오셨을 때 깊은 감명을 받았습니다. 당신 주위에 모인 수많은 순례자들을 강복하신 후, 제대의 계단을 오르셨습니다. 그리고 예수 그리스도의 대리자답게 참으로 '거룩하신 아버지'라는 것을 보여 주셨습니다. 제 가슴은 몹시 두근거렸고, 예수님께서 당신 '사제'의 손 가운데로 내려오실 동안 열심히 기도했습니다. 저는 신념에 차 있었습니다. 그날의 복음에는 아래와 같은 반가운 말씀이 있었습니다. "너희들 작은 양 떼야, 두려워하지 마라. 너희 아버지께서는 그 나라를 너희에게 기꺼이 주기로 하셨다."(루카 12,32)라는 이 말씀을 들으며 저는 조금도 겁내지 않고, 곧 가르멜의 나라가 제 차지가 될 것이라 생각했습니다. 그러나 "내 아버지께서 나에게 나라를 주신 것처럼 나도 너희에게 나라를 준다."(루카 22,29)라는, 즉 너에게 십자가와 시련을 마련해 줄 것이니, 너는 네가 갈망하는 내 나라를 차지하기에 합당한 자가 되라고 하신 예수님의 말씀과, "그리스도는 그러한 고난을 겪고서 자기의 영광 속에 들어가야 하는 것이 아니냐?"(루카 24,26)라는 말씀, 그리고 "내가 마시려는 잔을 너희가 마실 수 있느냐?"(마태 20,22)라고 하신 말씀이 제게 주는 의미를 그때는 생각하지 않았습니다……! 나중에 교황님으로부터 받은 잔에 담긴 쓴 술에는 제 눈물이 섞이게 됐습니다. 교황님의 미사에 이어 감사의 미사가 있었고, 그다음에 알현이 시작되었습니다. 레오 13세 교황님은 하얀 수단과 카마이[102]를 입고, 작은 모자를 쓰고, 높은 안락의자에 앉아 계셨습니다. 그 주위에는 추기경, 대주교, 주교들이 서 계셨으나, 저는 교황님께만 열중해 있었으므로, 그들은 평범하게만 보였습니다. 우리는 줄을 서서 교황님 앞을 지나갔는데, 순례자는 각각 레오 13세 교황님의 손과 발에 입을 맞추고 나서, 교황님의 강복을 받았습니다. 그러면 친위병 두 명이 의식에 따라 순례자에게 손을 대어 일어나게 했습니다. 교황님의 방으로 들어가기를 기다리면서 하고 싶은 말을 다 하려고 단단히 마음먹었는데, 막상 교황님 오른편에 '레베로니 총대리님'이 서 계신 것을 보니 기가 죽었습니다. 바로 그때, "알현이 너무 길어지니 교황님께 말씀드리는 것을 금한다."라는 말이 들려왔습니다……. 셀린 언니의 생각을 알려고 돌아봤더니 언니는 "말씀드리렴!" 하고 말했습니다. 잠시 후에 저는 교황님의 발 앞에 무릎을 꿇었습니다. 발에 입 맞추어 드리

---

102 수단 위에 입는 어깨 망토다.

자, 교황님께서 저에게 손을 내미셨습니다. 그러나 저는 교황님의 손에 입 맞추는 대신에 제 손을 마주 잡고 눈물 맺힌 얼굴을 들어 교황님의 얼굴을 바라보며 이렇게 간청했습니다.
"교황님, 큰 은혜를 청할 것이 있습니다……!"

그러자 교황님께서는 당신 얼굴이 제 얼굴에 거의 닿을 만큼 제게 머리를 숙이셨습니다. 그 검고 그윽하신 눈이 제게 멈추어 영혼 속까지 꿰뚫으시려는 것 같았습니다. 저는 겨우 용기를 내어 "교황 성하, 성하의 금경축 기념으로 제가 열다섯 살에 가르멜에 들어갈 수 있도록 허락해 주십시오……!" 하고 말했습니다.

아마 제 목소리가 감격으로 인해 떨렸던 모양입니다. 그래서 교황님께서는, 놀라움으로 불만스럽게 저를 바라보고 계시던 레베로니 총대리님에게 "무슨 말인지 잘 모르겠는걸." 하고 말씀하셨습니다(만일 이때 하느님께서 허락하셨다면, 레베로니 총대리님이 제 소원을 이루어 주시기는 쉬웠을 것입니다. 그러나 하느님께서는 제게 위로보다는 십자가를 주고자 하셨습니다). 그래서 그분은 "성하, 이 아이는 열다섯 살에 가르멜에 들어가기를 원하는 아이입니다. 그래서 신부와 주교들이 지금 이 문제를 심사하는 중입니다." 하고 대답하셨습니다. "아! 그래, 그럼 그분들이 하라는 대로 하거라." 하고 교황님께서는 저를 다정하게 바라보시며 말씀하셨습니다. 그래서 저는 두 손으로 교황님의 무릎을 짚고, 마지막 힘을 다해서 이렇게 간청했습니다. "교황 성하! 성하께서 좋다고 허락하시면, 모든 이가 다 따를 것입니다……!" 교황님께서는 저를 뚫어지게 들여다보시더니 한 마디 한 마디에 힘을 주시며 이렇게 말씀하셨습니다. "좋다……. 좋아……. 하느님께서 원하신다면 들어가게 될 테지……!" (그분의 말씀이 어찌나 제 마음을 파고드는 듯하고 신념에 차 있던지 지금도 들리는 듯합니다) 다정하신 교황님의 말씀을 듣고 용기가 생겨 다시 말씀을 드리려고 했더니, 친위병 둘이 일어나라고 저를 살짝 건드렸습니다. 그래도 일어나지 않으니까 그들이 제 팔을 붙잡았고 레베로니 총대리님도 거들어서 저를 일으켰습니다. 저는 그때까지 성하의 무릎 위에 두 손을 모으고 꼼짝도 않고 있었으므로, 교황님의 발치에서 저를 억지로 떼어 가야 했던 것입니다……. 제가 이렇게 붙들려 나갈 즈음에, 교황님은 당신 손을 제 입술에 갖다 대시고 다시 손을 들어 강복해 주셨습니다. 그때 저는 눈물에 젖어 있었으므로 레베로니 총대리님은 바이외에서 보셨던 '다이아몬드'를 다시 볼 수 있었습니다……. 친위병 두 사람이 저를 문까지 끌어다 놓으니, 또 다른 친위병 한 명이 와서 레오 13세 교황님의 메달을 제게 주었습니다. 바로 제 뒤를 따르고 있던 셀린 언니는 지금 말씀드린 모든 장면을 낱낱이 다 보았습니다. 언니는 저만큼이나 흥분해 있었지만, 용기를 내어 교황님께 가르멜을 위해서 강복해 주시기를 청했습니다. 그러자 레베로니 총대리님이 "가르멜은 벌써 강복을 받았다." 하고 퉁명스럽게 대답하셨습니다. 교황님께서도 "그래! 벌써 강복했단다." 하고 부드럽게 말씀하셨습니다. 아빠는 우리보다 먼저 다른 남자들과 함께 교황님을 알현하셨습니다. 레베로니 총대리님이 아빠에게는 친절하셔서 '가르멜 수녀 둘의 아버지'라고 소개하셨다고 합니다. 교황님께서도 특별히 더 친절하게 사랑하는 저의 임금님의 머리 위에 손을 얹으시며, 당신께서 성스럽게 대행하고 계신 하느님의 이름으로 '신비로운 표징'을 새겨 주시는 듯 보였다고 합니다. 아! 지금은 천국에 계신, 가르멜의 수녀 넷을 딸로 가지신 아빠의 이마에 놓여진 것은, 아빠의 고난을 예언하는 교황님의 손이 아닙니다. 당신의 '충실한 종'의 머리를 빛나게 하는 것은 '동정녀들'의 '정배'시며 영광의 임금이신 분의 손이었습니다. 그 거룩한 손은 당신께서 영화롭게 하신 이의 이마에 영원히 머무를 것입니다!

아빠는 제가 온통 눈물에 젖어 알현장에서 나오는 것을 보고 매우 슬퍼하시며 갖은 방법으로 어떻게든 저를 위로하려 하셨지만 소용이 없었습니다……. 저는 하느님께서 바라시는 것을 수행하기 위해 할 수 있는 것은 다 했기 때문에, 마음 속 깊이 큰 평화를 맛보았습니다. 그러나 이 '평화'는, 아주 깊숙이 숨어 있었고, 제 마음에 꽉 찬 것은 슬픔이었습니다. 예수님께서는 침묵하고 계셨으니까요. 예수님께서 제 마음에 계시지 않은 것처럼 느껴질 정도로, 당신의 존재를 알려 주는 것은 아무것도 없었습니다. 그날도 해가 비칠 기미도 없이, 이탈리아의 곱고 푸른 하늘은 검은 구름에 뒤덮여 저와 함께 울고 있었습니다……. 아! 모든 노력이 실패로 돌아갔습니다. 제 여행의 목적을 이루지 못하게 되자, 더 이상 여행에서 아무런 즐거움도 발견할 수 없었습니다. 그러나 지금 생각하면 저는 그때 교황님의 마지막 말씀에서 위로를 받아야 했습니다. 그 말씀은 진실한 예언이 아니었습니까? 과연 모든 장해를 물리치고 '하느님의 거룩하신 뜻'이 이루어졌습니다. 하느님께서는 사람들이 자기들 마음대로 하도록 허락하지 않으시고, 당신 뜻을 좇도록 하셨습니다……. 저는 얼마 전부터 저를 '장난감'으로 삼아 달라고 아기 예수님께 저를 바쳤습니다. 어린아이들이 감히 손도 대지 못하고 들여다보기만 하는 비싼 장난감처럼 저를 다루지 마시고, 아무 가치도 없는 작은 공처럼 다루어 주시기를 청했습니다. 땅에 던지거나, 발로 차거나, 구멍을 내거나, 구석에 처박아 두거나, 그러다 혹시 마음이 내키면 가슴에 꼭 껴안거나, 마음대로 하시라고 말씀드렸습니다. 간단히 말하자면, 저는 '아기 예수님을 즐겁고 기쁘게 해 드리고, 아기 예수님께서 하고 싶으신 대로 맡겨 드리려고' 했습니다……. 예수님께서는 제 기도를 듣고, 이를 허락하셨습니다.

예수님께서는 로마에서 당신의 조그만 장난감에 구멍을 내셨습니다. 아마 그 속에 무엇이 들어 있나 보려고 하셨던 것이겠지요. 보시고는, 그 안에 있는 것이 마음에 들어서 이내 공을 떨어뜨리고 잠이 드셨습니다……. 고요히 잠드신 동안 예수님께서는 무엇을 하시고, 또 버려진 공은 어떻게 되었습니까……? 예수님께서는 꿈을 꾸시면서도 공을 갖고 장난을 하셨습니다. 공을 집었다가 떨어뜨렸다가, 또 아주 멀리 굴러가게 던지기도 하셨다가, 마침내 가슴에 꼭 껴안고 다시는 당신의 작은 손에서 멀리 가지 못하게 하셨습니다…….

원장 수녀님, 당신은 작은 공이 '땅에 떨어져서' 얼마나 슬퍼했는지 아시겠지요. 그러나 저는 모든 희망이 없어진 듯 보여도 희망을 잃지 않았습니다(로마 4,18 참조). 교황님의 알현이 있고 며칠이 지나 아빠는 시메옹 수사님[103]을 만나러 가셨

---

103 성 요셉 학교의 교장이다.

는데, 거기서 레베로니 신부님을 만나셨습니다. 그분은 아빠에게 무척 친절하셨다고 합니다. 아빠는 왜 저의 '어려운' 일을 도와주지 않으시냐고 웃으며 물으신 다음에, 시메옹 수사님에게 당신 '여왕'에 대한 이야기를 하셨습니다. 이 존경하는 수사님은 그 이야기를 매우 흥미롭게 들으시고 공책에 적기까지 하시며, "이런 것은 이탈리아에서는 볼 수 없는 일입니다." 하고 감격한 어조로 말씀하셨습니다. 저는 이 만남이 레베로니 신부님에게 아주 좋은 인상을 주었으리라 믿습니다. 왜냐하면 그 후에 신부님이 제 성소를 결국 인정한다는 것을 표명하셨기 때문입니다.

잊지 못할 알현을 한 다음 날 아침, 우리는 나폴리와 폼페이를 향해 떠나야 했습니다. 베수비오 산은 우리를 환영하는 듯 하루 종일 '대포 소리'를 내며 시커먼 연기를 내뿜었습니다. 폼페이 시 폐허 위에 남아 있는 그 흔적을 보니 소름이 끼쳤습니다. 그것은 "땅을 굽어보시니 뒤흔들리고 산들을 건드리시니 연기 내뿜는"(시편 104,32 참조) 하느님의 권능을 보여줍니다.

저는 이 폐허 가운데를 혼자 걸으며 사람의 손으로 만들어진 사물의 덧없음을 생각해 보고 싶었으나, 너무 많은 여행자들로 북적이는 통에 폼페이 시는 멸망한 도시의 우울한 매력을 거의 잃고 말았습니다. 그러나 나폴리는 전혀 달랐습니다. 우리는 말 두 필이 끄는 마차를 타고 시가지 전체가 내려다보이는 언덕에 있는 성 마르티노 수도원으로 소풍을 갔습니다. 그런데 불행히도 마차를 끌던 말들이 어찌나 날뛰는지 몇 번이나 죽는 줄 알았습니다. 마부가 줄곧 "아피포, 아피포……!" 하고 이탈리아 마부들이 쓰는 소리를 질러 댔지만 소용이 없었습니다. 말들은 마차를 뒤집으려고 작정한 것 같았습니다. 그러나 수호천사가 도와주신 덕분에 무사히 화려한 여관으로 돌아왔습니다. 우리는 여행하는 동안 줄곧 왕궁 같은 여관에 묵었는데, 그렇게 사치를 누려 보기는 태어나서 처음이었습니다. 그러나 부富가 행복을 주지 못한다는 말은 이런 경우에 쓰는 것이겠지요. 가슴속에 슬픔을 지닌 채로 금빛으로 번쩍거리는 물건, 대리석 계단, 비단 양탄자에 둘러싸여 있는 것보다는 가르멜에 들어갈 희망을 갖고 초가집에 사는 것이 더 행복하게 느껴졌을 것입니다……. 아! 저는 기쁨이란 우리를 둘러싼 물건에 있는 것이 아니고, 마음속 깊은 곳에 있다는 것을 깨달았습니다. 왕궁 안에서와 마찬가지로 감옥 안에서도 기쁨을 느낄 수 있습니다. 이는 제가 가르멜에 들어와 안팎으로 시련을 겪으면서도, 생활에 필요한 온갖 것을 다 갖고 아빠의 집에서 따뜻한 사랑을 받으며 살던 세속에서의 삶보다 더 행복한 것을 보면 알 수 있지 않습니까……!

비록 슬픔에 잠겨 있었지만, 아무 내색도 하지 않았습니다. 제가 교황님께 청한 것을 아무도 모를 것이라 생각했으니까요. 그러나 얼마 안 지나서 그렇지 않음을 알게 됐습니다. 잠깐 쉬는 사이에 다른 순례자들이 역 안의 식당으로 내려가고 저와 셀린 언니만 기차에 남아 있는데, 쿠탕스의 뢰구 부주교님이 문을 여시고 웃는 얼굴로 저를 바라보시며 "그래, 우리 어린 가르멜 수녀는 안녕하신가?" 하고 말씀하셨습니다. 그제야 저는 모든 순례자들이 제 비밀을 알고 있다는 것을 깨달았습니다. 다행히 그 이야기를 제게 하시는 분은 아무도 없었지만, 다른 이들의 눈에 동정이 가득하다는 것을 느낄 수 있었습니다. 그래서 제가 청했던 것이 나쁜 결과를 내지는 않았음을 알았습니다……. 조그만 도시 아시시에서 레베로니 신부님의 마차를 타게 되었는데, 이런 호의는 여행하는 동안 어떤 여자에게도 베풀어지지 않았던 일입니다. 제가 이 특권을 받게 된 과정은 이렇습니다.

프란치스코 성인과 클라라 성녀의 성덕의 향기가 밴 곳을 가 본 다음 마지막으로 클라라 성녀의 동생인 아녜스 성녀의 수도원에 갔습니다. 성녀의 머리를 마음껏 구경하고 나서 끝까지 남은 몇 사람들 틈에 끼어 나오면서 보니, 허리띠를 잃어버린 것을 알았습니다. 사람들 틈에서 그것을 찾고 있으려니까, 신부님 한 분이 안쓰럽게 여기고 도와주셨습니다. 그러나 그분은 허리띠만 찾아 주신 다음에 바로 가 버리셨는데 허리띠를 매도록 해 주는 장식도 없어졌기에 혼자 남아서 그것을 찾았습니다. 마침내 한쪽 구석에서 반짝거리고 있는 허리띠 장식을 발견하고 주워서 리본에 달았는데, 그 사이 시간이 너무 많이 지났는지 문득 주변을 보니 레베로니 신부님의 마차만 남고, 그 많던 마차가 하나도 보이지 않았습니다. 저는 성당에 혼자 남게 되어서 몹시 당황하고 있었습니다. 어떻게 할까? 기차를 놓쳐서 아빠를 불안하게 할지도 모를 위험을 무릅쓰고, 이미 보이지도 않게 된 마차의 뒤를 쫓아 달려갈까, 아니면 레베로니 신부님의 마차에 태워 달라고 할까? 저는 두 번째 방법을 택했습니다. 속으로는 어쩔 줄 몰랐지만, 겉으로는 아주 태연한 척하며 신부님에게 난처한 사정을 말씀드렸더니 그분도 당황하셨습니다. 그분의 마차도 순례단의 가장 귀한 손님들로 꽉 차서 빈자리가 없었기 때문이었습니다. 그러나 친절하게도 한 분이 자리를 제게 내주며 내리시더니 마부 옆에 가서 앉으셨습니다. 저는 덫에 든 다람쥐 같았습니다. 그 훌륭한 어른들 틈에 끼어서, 더구나 '제일 무서운 어른' 바로 맞은편에 앉아 있으려니 불편하기 짝이 없었습니다. 그러나 레베로니 신부님은 다른 분들과 이야기하는 틈틈이 가르멜에 대한 이야기를 제게 들려주시며 매우 친절하게 대해 주셨습니다. 정거장에 도착하기 전에 그 훌륭한 분들은 '커다란' 지갑을 꺼내서 마부에게 돈을 주었습니다. (값은 이미 모두 치렀지만) 저도 그분들을 흉내 내어 제 '조그만' 지갑을 꺼냈더니 레베로니 신부님이 잔돈을 꺼내지 못하게 하시고, 우리 둘의 몫으로 '큰돈'을 주셨습니다.

한번은 합승 마차에서 레베로니 신부님 바로 옆에 앉았는데, 그분은 제가 가르멜에 들어갈 수 있도록 힘닿는 데까지 돕겠다고 약속해 주셨습니다. 이것이 제 상처에 약이 되기는 했으나, 돌아오는 길에 느껴지는 우울함을 막을 수는 없었습니다. 이제 저는 교황님께 희망을 둘 수가 없었으니까요. 저는 물 한 방울 없는 황량한 사막처럼 느껴지는 이 세상에서 아무런 구원도 찾지 못했습니다. 그러므로 하느님께만 희망을 가질 수밖에 없었습니다. 하느님의 성인들보다는 하느님께 의지하는 것이 더 낫다는 경험을 한 것입니다.

그러나 슬픔 가운데서도 우리가 구경하는 성지에서 큰 흥미를 느끼기도 했습니다. 피렌체에서는 가르멜 수녀들이 우리에게 창살문을 열어 주어서, 제대 한가운데 있는 마리아 막달레나 데 파치 성녀의 유해를 뵙고 큰 위안을 받았습니다.

우리는 이러한 특전을 받을 줄은 몰랐습니다. 많은 순례자들이 자신들의 묵주를 성녀의 무덤에 대려고 했습니다. 그러나 가로막힌 쇠창살 구멍으로 들어갈 만한 손은 제 손밖에 없었기 때문에, 사람들은 모두 자신들의 묵주를 제게 가져왔으며, 저는 이 봉사를 자랑스러워했습니다. 저는 '온갖 것을 다 만져 볼' 계획을 하고 있었습니다. 로마에 있는 예루살렘의 성 십자가 성당에 들어가서 유리를 해 넣지 않은 금으로 만든 유물갑遺物匣 속에 담겨 있는, 실제로 예수님께서 매달리셨던 십자가의 여러 조각과 가시 두 개와 못 하나를 공경하였습니다. 이 귀중한 유물들을 공경하다가, 직접 만져 보고 싶어졌습니다. 그래서 유물갑 틈으로 제 작은 손가락을 내밀어, 예수님의 피로 적신 못을 만져 볼 수 있었습니다……. 저는 너무도 대담했습니다……! 다행스럽게도, 사람의 마음속을 들여다보시는 하느님께서는 제 생각이 순수하며, 제가 이 세상에서 당신께서 싫어하시는 일은 결코 하지 않으리라는 것을 알고 계십니다. 저는 마치 어떤 짓을 해도 괜찮다고 생각하며 아버지의 보물을 자기 것으로 생각하는 어린아이처럼 예수님을 대했습니다. 저는 이탈리아에서는 여인들이 어째서 그리 쉽게 파문을 당하는지 아직도 모르겠습니다. 늘 "여기 들어가지 마라! 저기 들어가지 마라! 들어가면 파문을 당한다!" 하고 말하는 걸 들었습니다. 여인들은 얼마나 불쌍합니까! 그들은 얼마나 경멸을 받고 있습니까! 그러나 여자들이 남자들보다 훨씬 더 하느님을 사랑하며, 예수님께서 수난을 당하시던 날에는 군인들에게 온갖 모욕을 받으면서도 그분의 성스러운 얼굴을 씻어 드리는 등 사도들보다 더 용감했습니다. 아마도 그래서 하느님께서는 당신이 몸소 택하신 경멸을 이 세상에서 여인들이 받도록 허락하셨을 것입니다. 천국에서는 하느님께서 당신 생각이 사람들의 생각과 같지 않다는 것을 보여 주실 것입니다(이사 55,8 참조). 그때에는 "꼴찌가 첫째"(마태 20,16)가 될 테니까요. 그러나 여행하는 동안, 저는 천국에 가기를 기다려 첫째가 되겠다는 그 마음을 가지지 못한 적이 한두 번이 아닙니다.

가르멜 수도원을 방문했을 때, 순례단을 따라 바깥 복도에서만 구경하는 것에 만족하지 못하고, 수도원 내부 회랑으로 들어갔습니다. 들어가자 저쪽에서 가르멜 수사 한 분이 나가라고 손짓을 하셨습니다. 그러나 나가기는커녕 수사에게 다가가서 회랑 안의 그림을 가리키며, 참 예쁘다는 눈짓을 했습니다. 그분은 등으로 늘어진 머리며 앳된 제 얼굴을 보고 제가 어린아이라는 것을 알고는 다정하게 웃으시며, 괜찮을 거라고 생각한 듯 가 버리셨습니다. 만일 그때 이탈리아 말을 할 줄 알았다면 저는 장차 가르멜 수녀가 될 거라고 말했을 것입니다. 그러나 바벨탑을 쌓던 사람들로 인해 언어가 섞인 덕분에 그렇게 할 수 없었습니다.

이후에는 피사와 제노바를 지나서 프랑스로 돌아왔습니다. 오는 길의 경치는 아주 훌륭했습니다. 기차는 바다를 끼고 돌기도 했는데, 얼마나 바다 가까이를 지나는지, 파도가 우리 발밑까지 와 닿을 듯했습니다(이것은 사실 폭풍우로 인해 생긴 광경이었는데, 저녁이라 그 풍경이 더욱 장엄해 보였습니다). 또 노랗게 익은 귤이 달린 귤나무, 얇은 잎을 가진 초록색 올리브나무, 아담한 종려나무가 뒤덮인 벌판을 지나기도 했습니다. 저녁때가 되면 항구에는 무수한 불빛이 반짝이고, 어스름한 하늘에는 이른 별이 빛났습니다. 제 평생에 처음이자 마지막이 될 이 모든 경치를 바라보며, 마음속에 얼마나 시적인 감정이 가득 찼는지요……! 그러나 저는 이런 경치가 사라지는 것이 섭섭하지 않았는데, 제 마음에 다른 선경을 그리고 있었기 때문입니다. 저는 '이 땅의 아름다움'은 충분히 보았기 때문에 '천국의 아름다움'을 그리워했습니다. 그리고 이 아름다움을 영혼들에게 보여 주기 위해 '갇힌 몸'이 되기를 원했습니다……! 그러나 제가 갈망하던 복된 감옥의 문이 제 앞에서 열리는 것을 볼 수 있으려면 아직도 싸워야 했고, 많은 괴로움도 받아야 했습니다. 프랑스로 돌아오는 길에 그것을 깨닫고 있었습니다. 그러면서도 그 복된 감옥에 곧 간다고 믿고 싶은 마음은 계속 커져서, 12월 25일에는 수도원에 들어갈 수 있을 것이라 생각하고 있었습니다. 리지외에 돌아오자마자 맨 처음으로 찾아간 곳이 가르멜이었습니다. 얼마나 가슴 벅찬 대면이었습니까……! 원장 수녀님과 겨우 한 달여를 떨어져 지냈을 뿐인데, 제게는 훨씬 길었던 것처럼 느껴졌고, 몇 해 동안 배우는 것보다 더 많은 것들을 배웠으니 할 이야기가 정말 많았습니다. 사랑하는 원장 수녀님! 당신을 다시 만나 상처받은 마음을 터놓고 이야기할 때 얼마나 기뻤는지요. 원장 수녀님은 저를 잘 이해해 주셔서, 말 한 마디 눈짓 한 번으로 모든 걸 다 알아채지 않으셨습니까! 제가 해야 할 것은 무엇이든, 교황님께 말씀드리는 것조차 당신께서 다 하셨기 때문에 저는 모든 것을 의지했지요. 그래서 이제는 무엇을 더 해야 할지 몰랐습니다. 당신께서는 주교님께 편지를 보내서 제게 하신 약속을 상기시켜 드리라고 일러 주셨습니다. 저는 곧 그대로 했습니다. 최대한 정성을 들여 편지를 썼지만, 외삼촌이 보시고는 말이 너무 단순하다고 하시며 다시 써 주셨습니다. 편지를 막 부치려고 했을 때, 보내지 말고 며칠 더 기다려 보라는 당신의 편지를 받았습니다. 저는 바로 원장 수녀님의 말씀에 따랐습니다. 원장 수녀님을 따르는 것이 가장 좋은 방법이라고 굳게 믿고 있었으니까요. 마침내 예수 성탄 대축일 열흘 전에 편지를 부쳤습니다. 회답이 곧 오리라는 확신을 갖고 매일 아침 미사 후에 아빠와 함께 우체국에 가며 수도원에 입회할 허락이 오기를 기대했습니다. 그러나 매일 아침 실망할 뿐이었습니다. 저는 예수님께 저를 옭아매고 있는 줄을 끊어 달라고 청했는데, 그분께서 응답을 주시기는 하셨지만, 제가 기대했던 것과는 아주 다른 방법이었습니다. 어느덧 즐거운 예수 성탄 대축일이 돌아왔지만, 예수님께서는 아직도 잠이 깨지 않으신 채였습니다. 저는 예수님께서 조그만 공을 땅에 떨어뜨리시고, 한 번도 거들떠보지 않으신다고 생각했습니다.

   자정 미사에 가는 제 마음은 찢어지는 듯했습니다. 이맘때쯤에는 가르멜의 쇠창살 뒤에서 미사를 드릴 거라고 믿고 있었으니까요……! 이것은 제 확신에 크나큰 시련이 되었습니다. 그러나 "잠들었지만 …… 마음은 깨어 있는"(아가 5,2) 예수님께서는 다음과 같은 교훈을 주셨습니다. 즉 "겨자씨 한 알만 한 믿음이라도"(마태 17,20) 가진 자에게는 그 작은 믿음을 굳게 해 주시기 위하여 기적을 내려 산도 옮겨 주시지만, '당신께 가까운 이들과 당신 어머니께는 그들의 신앙을 시험하신 후에야 비로소' 기적을 내리셨다는 것입니다. 라자로가 병이 들었다고 마르타와 마리아가 알렸는데도 예수님께서는 그를 죽게 내버려 두지 않으셨습니까?(요한 11,3-6 참조) 또 카나의 혼인 잔치에 갔을 때 성모님께서 주인을 도와 달라고 예수님께 청하셨는데도, "아직 저의 때가 오지 않았습니다."(요한 2,4) 하고 대답하지 않으셨습니까? 그러나 이러한 시험이 지난 뒤에는 얼마나 큰 보상이 있었습니까! 물은 술로 변하고, 라자로는 부활했습니다……! 예수님께서는 당신의 어린 데레사에게도 이렇게 하셨으니, '오랫동안' 시험하신 뒤에 저의 소원을 모두 들어주셨습니다.

저는 그 기쁜 성탄 대축일의 오후를 눈물로 지내고, 가르멜 수녀들을 보러 갔습니다. 그런데 쇠창살 문을 열자, 제 이름이 새겨진 공을 손에 들고 계신 아기 예수님을 보게 되어 얼마나 황홀하고 놀랐는지요. 너무 어려서 말을 못하는 예수님을 대신해서, 가르멜 수녀들이 사랑하는 원장 수녀님께서 지으신 성가를 불러 주었습니다. 한마디 한마디가 제 마음에 아늑한 위로를 주었습니다. 언제나 애정으로 저를 감싸 주시던 어머니의 마음처럼 따뜻한 마음을 잊을 수 없을 것입니다. 사랑하는 원장 수녀님, 그날 눈물에 젖어 감사를 드리고 집에 왔을 때, 미사에서 돌아온 셀린 언니가 저를 놀라게 했던 일에 대해 말씀드렸던 것을 기억하실 겁니다.

제가 방에 들어가 보니, 예쁜 대야 가운데, 옆에 작은 공을 놓고 잠들어 계신 어린 예수님을 태우고 있는 '작은' 배가 눈에 띄었습니다. 그리고 흰 돛 위에 셀린 언니가 "나는 잠들었지만 내 마음은 깨어 있었지요."(아가 5,2) 하는 말씀을 써 놓고, 배에는 '체념!'이라고 써 놓은 것을 볼 수 있었습니다. 아! 정말로 예수님께서는 당신 약혼녀에게 아직 한 말씀도 하지 않으시고 성스러운 눈을 감고 계셨지만, 당신 마음의 섬세함과 사랑을 이해하는 다른 영혼을 통해서 당신을 약혼녀에게 드러내신 것입니다.

1888년 새해의 첫날, 예수님께서는 선물로 십자가를 하나 더 보내셨는데, 이번에는 저만이 홀로 져야 했습니다. 따라서 그 십자가는 아무도 이해할 수 없었고, 그런 만큼 더 괴로웠습니다……. 곤자가의 마리아 수녀님은 12월 28일 무죄한 어린이들의 순교 축일에 주교님의 회답을 받았는데, 그러나 저를 '40일의 사순 시기'가 지난 다음에야 가르멜에 받아들이기로 결정했기 때문에 알리지 않았다고 말씀하셨습니다. 저는 그렇게 오래 기다려야 한다는 것을 알고 눈물을 참을 수 없었습니다. 이 시련은 아주 독특한 성질을 가진 것이었습니다. 세상과 저와의 인연은 끊어졌지만, 거룩한 방주가 가엾은 어린 비둘기를 거두려 하지 않았습니다. 세 달 동안의 귀양살이를 즐거운 마음으로 기다리지 못하는 제가 참을성이 없어 보였을 것입니다. 그러나 다른 사람들에게는 그렇게 보이지 않았다고 해도, 제가 느끼는 고통은 무척 컸습니다. 하지만 지금은 체념과 그 밖에 여러 덕행을 실행하도록 저를 많이 키워 준 고통이었다고 생각합니다.

제 영혼이 그토록 다양한 은총을 받았던 이 세 달이 어떻게 지났겠습니까……? 처음에는 지금껏 해 오던 것보다 좀 규율이 느슨한 생활을 하며 편하게 지내고 싶었습니다. 그러나 금세 제게 주신 이 시간이 얼마나 귀중한가를 깨닫고, 보통 때보다도 더 '착실하고 극기하는' 생활을 하겠다고 결심했습니다. 제가 극기라고 한 것은 고행을 의미하는 것이 아닙니다. 저는 고행이라고 할 만한 것은 '한 번도 해 본 적이 없습니다.' 어려서부터 여러 가지 고행을 하시는 훌륭한 분들과는 다르게 고행에 대해서는 아무런 매력도 느끼지 않았습니다. 이것은 아마 제 변변치 못한 마음에서 나왔을 것입니다. 그렇지 않았다면 셀린 언니처럼 수천 가지 고행을 해서 괴로움을 받을 수도 있었을 테니까요. 그러나 저는 언제나 어린아이처럼 귀여움을 받으면서, 아무런 고행도 할 필요가 없는 작은 새처럼 보살핌 받았던 것입니다. 제가 하는 극기라는 것은 그저 마음대로 하고 싶은 생각을 접고, 언제나 남을 도와줄 준비를 하며, 말대꾸를 하지 않고, 남몰래 선행을 베풀고, 앉을 때 등을 기대지 않는 등 사소한 것들이었습니다. 이런 작은 일들을 하면서 예수님의 약혼자가 될 준비를 하였습니다. 이 기다림의 시간은 즐거운 추억이 되었습니다. 세 달이 꿈결같이 지나고, 드디어 그토록 바라던 날이 다가왔습니다.

제7장

가르멜 수녀원에서 생활을 시작하다(1888-1890)

　가르멜에서 사순 시기로 인해 연기되었던 주님 탄생 예고 대축일을 지내는 날이던 1888년 4월 9일 월요일에 저는 가르멜에 들어가기로 결정되었습니다. 그 전날 제가 마지막으로 앉게 된 식탁에 온 가족이 둘러앉았습니다. 아! 이 다정한 자리가 얼마나 가슴 아프던지요. 가족들이 저를 금세 잊어버렸으면 좋겠는데, 더없이 다정하게 쓰다듬고 많은 말을 건네어 이별의 아픔이 더욱 뼈저리게 느껴졌습니다. 아빠는 아무 말씀도 하지 않으셨으나, 사랑이 가득한 눈으로 저를 바라보고 계셨습니다. 외숙모는 때때로 흐느끼셨고 외삼촌은 다정한 말씀을 많이 해 주셨습니다. 사촌인 잔 언니와 마리 언니도 애정을 가득 담아 대해 주었는데, 심지어 마리 언니는 저를 한쪽으로 데리고 가서 지금까지 저를 괴롭혔던 일이 있다면 용서해 달라고 했습니다. 마지막으로 몇 달 전에 캉의 성모 방문 수녀회에서 돌아온 사랑하는 레오니 언니는 키스를 퍼붓고 강하게 포옹해 줬습니다.[104] 그런데 이제까지 셀린 언니에 대한 이야기는 한마디도 하지 않았네요. 그러나 원장 수녀님, 셀린 언니와 제가 마지막 밤을 어떻게 보냈는지 짐작하시겠지요……. 그 기쁜 날 아침, 제 어린 시절의 아담한 보금자리, 이제 두 번 다시 볼 수 없는 뷔소네를 마지막으로 둘러보고, 사랑하는 임금님의 팔을 잡고 가르멜 산으로 올라갔습니다. 전날 저녁처럼 온 가족들이 모여서 미사를 드리고 성체를 받아 모셨습니다. 예수님께서 사랑하는 가족들의 마음에 내려오시자, 제 주위에는 흐느껴 우는 소리밖에 들리지 않았습니다. 눈물을 흘리지 않는 사람은 저밖에 없었습니다. 하지만 수도원 문을 향하여 가라는 눈짓을 보자, 가슴이 어찌나 심하게 뛰는지 발을 옮겨 놓기가 힘들었습니다. 가슴이 이렇게 심하게 뛰다가 죽는 건 아닐까 생각하면서도 앞으로 나아갔습니다. 아! 그 순간은 직접 겪어 본 사람이 아니고는 도저

---

104 레오니는 1887년 7월 16일 캉의 성모 방문 수녀회에 들어갔다가 몸이 약해서 1888년 1월 6일에 나왔다.

히 이해할 수 없을 것입니다.

저는 감정을 겉으로 드러내지는 않았습니다. 사랑하는 가족들을 모두 안아 본 뒤, 축복을 받으려고 아빠 앞에 무릎을 꿇었습니다. 아빠도 함께 무릎을 꿇고 울면서 제게 축복을 해 주셨습니다. 이 노인이 꽃다운 청춘인 자신의 딸을 하느님께 바치는 광경은 천사들을 기쁘게 했을 것입니다! 잠시 후 제 뒤에서 방주의 문이 닫히고, 제게 어머니가 되어 주셨고 앞으로는 제 행동의 모범이 되어 주실 '사랑하는 언니들'의 품에 안겼습니다. 마침내 소원이 이루어져서, 제 영혼은 형언할 수 없을 만큼 깊고 그윽한 평화를 맛보게 되었습니다. 이 마음속 평화는 그날부터 오늘까지 7년 넘게 계속 되어서 아무리 어려운 시련 속에 있어도 그것을 잃지 않았습니다.

다른 청원자[105]들처럼, 저도 들어가자마자 성가대로 인도되었는데, 성체를 제대 위에 모셔 놓았기 때문에 성가대 쪽은 어두웠습니다. 제일 먼저 눈에 띈 것은 저를 똑바로 쳐다보고 계신 즈느비에브 수녀님의 눈이었습니다. 저는 잠시 수녀님의 발밑에 무릎을 꿇고, 그분을 아는 은혜를 주신 하느님께

---

105 전교 지역의 수도원에서는 보통 지원기, 청원기, 수련기를 거치지만, 그리스도교를 널리 믿는 서양에서는 청원기부터 시작한다. - 편집자 주

감사드렸습니다. 그리고 곤자가의 마리아 수녀님을 따라 수녀원의 구석구석을 돌아봤습니다. 모든 것이 좋아 보였고, 마치 어릴 때 꿈꾸던 광야에 온 것 같았고, 특히 우리의[106] 조그만 방이 마음에 들었습니다. 그러나 이런 기쁨은 고요한 것이어서 제 작은 배가 지나가는 잔잔한 물을 흔드는 가벼운 바람조차 일지 않았고, 제 파란 하늘을 가리는 구름 한 조각도 없었습니다. 아! 이제껏 겪은 모든 시련에 대해 분에 넘치는 상을 받은 것이었습니다. 얼마나 기쁜 마음으로 "나는 오래도록 여기 있으리!" 하고 읊었는지요.

이 행복은 잠깐 지나가는 것이 아니어서, '첫날의 환영'과 함께 사라지지 않았습니다. 가르멜에 들어오자 하느님께서는 어떠한 환멸도 갖지 않도록 은혜를 내려 주셨던 것입니다. 수도 생활은 예상했던 그대로였고, 어떠한 희생도 당연하게 생각됐습니다. 그렇지만 원장 수녀님께서도 아시다시피 제 첫걸음은 장미보다도 가시를 더 많이 만났습니다. 그렇습니다. 괴로움은 두 팔을 벌리고 저를 맞이했고, 저는 그 품에 반갑게 뛰어들었습니다……. 제가 수도원에서 하려고 한 것은 서

---

106 가르멜 여자 수도원에서는 가난의 덕을 닦고자 무엇이든 '내 것'이라고 하지 않는다. - 역자 주

원식을 하기 전 시험 기간 동안 예수님의 거룩한 발 아래에서 맹세한 것처럼 '영혼들을 구하고 특히 신부님들을 위하여 기도하는 것'이었습니다. 어떤 목적을 이루고자 한다면 그에 맞는 방법을 써야 합니다. 그런데 예수님께서 영혼들을 구하기 위해서는 예수님의 십자가를 져야 한다고 가르쳐 주셨기에, 괴로움이 더하면 더할수록 괴로움에 끌리는 마음이 더해 갔습니다. 저는 5년 동안이나 이런 고난의 길 위에 있었습니다. 그러나 저 혼자만 아는 것이므로 그토록 심각한 괴로움이 밖으로는 전혀 드러나지 않았습니다. 아! 세상의 마지막 날, 우리가 모든 영혼들의 이야기를 알게 될 때 얼마나 놀라울까요! 제 영혼이 걸어온 길을 보고 놀라는 사람이 얼마나 많을까요!

제가 겪은 괴로움을 보여 줄 이야기가 있습니다. 수도원에 들어온 지 두 달 후에 피송 신부님이 성심의 마리아 수녀의 서원식[107] 때문에 오셨습니다. 그분은 하느님께서 제 영혼에 행하신 것을 보고 놀라셨는데, 그 전날 성당에서 제가 기도하는 것을 보시고 제 열심이 무척 순수하고 제 길은 매우 평탄할 것이라 생각했다고 말씀하셨습니다. 착한 신부님을 뵙고 많은 위안을 받았지만, 제 마음을 열어 보여 드리기가 너무나

---

107 1888년 5월 22일이다.

고통스러워서, 저는 눈물에 젖어 있었습니다. 그럼에도 이제껏 해 본 적이 없는 총고해[108]를 하여 제 마음을 보여 드렸습니다. 고해를 들으신 후, 신부님께서는 제 영혼에 가장 큰 위안이 될 말씀을 하셨습니다. "당신이 대죄를 하나도 짓지 않았다는 것을 하느님과 성모 마리아와 모든 성인 앞에서 선언합니다." 그리고 이렇게 덧붙이셨습니다. "하느님께서 당신을 위해서 해 주신 모든 일들에 감사드리세요. 만일 하느님께서 당신을 버리시면 작은 천사는커녕 작은 악마가 될 테니까요." 아! 저는 그 말을 바로 알아들을 수 있었습니다. 제가 얼마나 약하고 불완전한 존재인지 깨달았던 것입니다. 그리고 감사의 마음으로 가슴이 벅차올랐습니다. 세례의 깨끗한 옷을 더럽히지 않을까 몹시 두려워하던 참이라, '우리의 데레사 성녀'가 바라던 것과 같은, '학식과 성덕'을 겸비한 지도자의 입에서 나온 이러한 보증이 예수님의 입에서 나오는 것처럼 생각되었습니다……. 신부님은 제 마음이 따뜻해지는 이런 말씀도 하셨습니다. "주님께서는 언제나 그대의 원장과 수련장 수녀님이 되실 것입니다." 실제로 주님께서는 제 원장 수

108　이미 고백했던, 평생 또는 일정 기간의 모든 죄를 되풀이하여 고백하는 것이다.
　　 – 편집자 주

녀님이며 수련장 수녀님이 되셨고, '지도자'까지 되어 주셨습니다. 그렇다고 제가 웃어른들에게 마음을 주지 않았다는 것은 아닙니다. 오히려 그분들에게 언제나 활짝 열린 책처럼 되려고 노력했습니다. 그러나 자주 편찮으시던 원장 수녀님은 제게 신경을 쓰실 시간이 별로 없으셨습니다. 그분이 저를 무척 사랑하시고 가능한 한 좋은 말씀을 많이 해 주신 것을 압니다. 그러나 하느님께서는 그분 자신도 모르는 사이에 제게 아주 엄하게 대하는 것을 허락하셨습니다. 그분을 만날 때마다 땅에 입을 맞추어야 했으며[109] 그분에게 가끔 지도를 받을 때도 마찬가지였습니다. 아! 얼마나 값진 은혜입니까……! 하느님은 당신의 자리를 대리하는 분 안에서 당신의 존재를 은혜로 드러내셨습니다. 수도원에 들어오기 전에 세상 사람들이 으레 생각하던 것처럼 제가 수녀원의 '귀염둥이'가 되었다면 저는 어떻게 되었겠습니까……? 어쩌면 웃어른들에게서 하느님을 보지 못하고 사람만을 보았을지도 모르고, 세상에서 '애착을 멀리하며 고이 간직했던' 제 마음이 도리어 수도원 안에서 인간적인 애착에 사로잡히게 변했을지도 모릅니다. 다행히 이런 불행을 피할 수 있었습니다. 물론 저는 원장 수녀

---

109 가르멜에서 겸손을 표시하는 몸짓이다.

님을 무척 사랑하지만, 그것은 제 영혼의 정배이신 예수님께 향하게 하는 순결한 애정으로서 원장 수녀님을 사랑한 것입니다.

저희 수련장 수녀님[110]은 '진정한 성녀'셨고, 초대 가르멜 수녀들의 전형이었습니다. 수련장 수녀님이 제게 일을 가르쳐 주셨기 때문에 그분을 종일 따라다녔습니다. 저에게 몹시 잘 대해 주셨지만, 제 마음은 밝아지지 않았습니다. 지도를 받는 것도 몹시 힘들었습니다. 왜냐하면 제 생각을 표현하는 것이 익숙하지 않아서 어떻게 드러내야 할지 몰랐기 때문입니다. 하루는 나이 많은 수녀님 한 분이 이런 제 마음을 이해하시고 쉬는 시간에 웃으면서 이렇게 말씀하셨습니다.

"데레사 자매는 아마 웃어른들께 말씀드릴 게 없는 모양이군요."

"수녀님, 왜 그렇게 말씀하십니까……?"

"당신 마음은 지극히 '단순'하니까요. 그러나 당신이 완전하게 되는 날에는 '더 단순'해질 겁니다. 하느님께 가까워지면

---

[110] 천사들의 마리아 수녀로, 1886년 10월에 수련자들의 일을 맡고 있었다. 그러다가 1893년에 부원장 수녀로 선출되자 수련장 수녀직을 곤자가의 마리아 수녀가 맡았고, 아기 예수의 데레사 수녀의 도움을 받았다. 데레사 성녀가 돌아가신 후, 천사들의 마리아 수녀가 수련장 수녀직을 다시 맡았다.

가까워질수록 더 단순해지거든요."

그 수녀님은 옳은 말씀을 하셨습니다. 그러나 제 마음을 열어 보이는 것이 그렇게 어려웠던 것은 저의 단순함 때문이기도 했지만, 사실은 시련의 하나였다는 것을 이제는 압니다. 지금도 예전처럼 단순하지만 제 생각을 표현하기는 훨씬 쉬워졌습니다.

이미 예수님께서 친히 제 '지도자'가 되었다고 말씀드렸습니다……. 수도원에 들어왔을 때 저를 지도해 주실 만한 분을 만났습니다. 그러나 그분의 귀여워하는 아이들 틈에 제가 포함되자마자 그분은 유배지로 떠나셨습니다.[111] 이렇게 그분을 알게 됨과 동시에 잃고 말았습니다. 제가 아무리 편지를 써도, 1년에 편지 한 장만 겨우 받을 수 있으니 제 마음은 곧장 지도자의 지도자이신 분에게 향했습니다. '가장 어린 자들'에게는 보여 주시되, 박식한 사람들과 지혜로운 자들에게는 감추시는 그 학문을 가르쳐 주신 분이 바로 하느님이셨습니다.

가르멜 동산으로 옮겨 심어진 어린 꽃은 십자가의 그늘에서 활짝 피어났습니다. 주님의 눈물과 성혈을 달콤한 이슬로, 눈물로 덮인 공경하는 얼굴을 태양 삼아……. 그때까지 저는

---

111 피숑 신부인데, 어른들의 명을 따라 1888년 11월 3일 캐나다로 떠났다.

성스러운 얼굴 안에 감추어 있는 보배의 가치를 헤아리지 못했는데, 사랑하는 원장 수녀님께서 이 보배의 가치를 가르쳐 주셨습니다. 그리고 우리 자매 가운데 제일 먼저 수도원에 들어오신 것처럼, 우리 정배의 얼굴에 감추어진 사랑의 신비를 제일 먼저 깊이 깨달으신 분도 당신이셨습니다. 당신의 가르치심으로 저도 '참된 영광'이 어떤 것인지 깨닫게 되었습니다. "남이 너를 몰라주고 남이 너를 하찮게 여기는 것을 오히려 더 좋아해야"[112] 하고, "자기를 천하게 여기고 남에게 업신여김 받기를 원하는 것"[113]만이 가장 현명하다는 것을 천상에 왕국을 가지신 분이 제게 가르쳐 주셨습니다……. 아! 제 얼굴도 예수님의 얼굴과 같이 남들이 보면 눈을 가리고, 이 세상 사람들에게 멸시만 받는 것이(이사 53,3 참조) 저의 소원이었습니다. 저는 괴로움을 당하고 잊혀지기를 간절히 바랐습니다.

주님께서 저를 인도해 주신 길은 항상 얼마나 인자한 길이었는지요. 제게 어떤 바람을 품게 하시면, 언제나 그것을 꼭 이루어 주셨습니다. 그래서 그분의 쓰디쓴 잔도 제게는 달게 느껴졌습니다.

---

112 《준주성범》 1권 2,3
113 《준주성범》 2권 12,9

5월에 마리 언니의 서원식과 착복식이라는 즐거운 축제가 있었는데, 이 '막내둥이'는 '큰언니'의 결혼 날에 화관을 씌워 드리는 행복을 맛보았습니다. 그러나 이날이 지나자 바로 시련이 닥쳐왔습니다……. 지난해 5월에 아빠가 다리에 중풍을 앓으셔서, 우리는 매우 걱정했습니다. 그러나 저의 임금님은 강한 체질로 금방 병을 이기셨고, 우리도 안심할 수 있었습니다. 그러나 로마를 여행하는 동안 아빠가 쉽게 피곤해하시며 예전만큼 유쾌하지 못하신 것을 보았습니다. 특히 제가 유심히 본 것은 아빠가 성덕의 길로 나아가고 계신 것이었습니다. 프란치스코 살레시오 성인을 본받으신 아빠는 타고난 괄괄한 성격을 조절하실 수 있게 되어, 마치 세상에서 가장 부드러운 천성을 가진 사람처럼 보이셨습니다. 그분은 이 세상 사물로부터 영향을 거의 받지 않는 것처럼 보였으며, 현세의 고난을 쉽게 극복함으로써 하느님의 충분한 위로를 받았습니다. 매일 성체를 조배하는 동안 때때로 아빠의 얼굴은 눈물에 젖었고 얼굴에는 하늘의 행복과 기쁨이 넘쳐흘렀습니다……. 레오니 언니가 성모 방문 수녀회에서 나왔을 때도 아빠는 괴로워하지 않으셨고, 사랑하는 딸에게 성소를 내려 달라고 기도한 것을 하느님께서 들어주지 않으신 데 대해 아무런 원망도 하지 않으셨습니다. 그리고 딸을 찾으러 가시는 것에 오히려 기쁜 얼굴을 하셨습니다. 아빠는 당신의 어린 여왕과 작별하실 때도 깊은 신심으로 참으시며 저와의 작별을 알랑송의 친구들에게 다음과 같이 알리셨습니다. "친애하는 친구들, 내 작은 여왕 데레사는 어제 가르멜에 들어갔다네……! 오직 하느님만이 이러한 희생을 요구할 수 있으실 걸세……. 나를 불쌍하게 생각하지는 말게나. 내 마음엔 기쁨이 차고 넘친다네."

이처럼 충실한 종이 일생의 갚음을 받아야 할 때가 된 것입니다. 하느님께서 당신 외아드님이신 천국의 임금님에게 주신 상에 버금가는 것을 저의 임금님에게 주셔야만 했습니다……. 아빠는 하느님께 제대 하나[114]를 바친 적이 있는데, 흠 없는 어린양과 함께 봉헌되기로 선택된 제물은 당신 자신이셨습니다. 사랑하는 원장 수녀님, 1888년 6월에, 특히 24일에[115] 우리의 고통이 얼마나 컸습니까. 이 기억은 우리의 마음 속에 너무도 생생하게 새겨져 있어서, 굳이 적을 필요도 없을 것입니다……. 그런데 이것은 우리에게 닥친 시련의 '시작'에 지나지 않았습니다……. 그러는 동안 제 착복식 날이 다가왔습니다. 수녀회에서는 생각지도 못한 성대한 예절로 저를 맞

---

114 리지외에 있는 '생피에르 성당'의 대제대를 말한다.
115 1888년 6월 23일에 토요일에 마르탱 씨는 심한 뇌동맥 경화증에 걸려 아무도 모르게 집을 떠났다. 그러다가 7월 27일에 르아브르에서 발견되었다.

아 주었습니다. 사람들은 저를 내보내지도 않고[116] 벌써 수도복을 입힐 계획을 세우고 있었는데, 일정이 미뤄졌습니다. 뜻밖에도 착복식이 다가오던 시기에 아빠의 두 번째 중풍 증세가 나타나서, 주교님은 착복식 날을 1월 10일로 정하셨습니다. 참으로 오래 기다렸습니다.[117] 착복식 날은 정말 아름다운 날이었습니다. 아무런 부족함도 없었고, 눈조차 소복하게 내렸습니다. 제가 눈을 무척 좋아한다는 사실을 원장 수녀님께 말씀드렸던가요……? 어릴 때는 그 하얀 빛깔에 마음이 끌렸습니다. 그때는 눈이 펄펄 내리는 길을 걷는 것이 가장 즐거운 일의 하나였습니다. 눈을 좋아하는 마음은 어디서 온 것일까요……? 저는 겨울에 피는 조그만 꽃이고, 어린 눈에 비친 자연의 첫 번째 치장한 모습이 눈 덮인 흰 망토였기 때문인지도 모르겠습니다……. 그래서 제 착복식 날, 자연도 저처럼 하얗게 치장하기를 바랐습니다. 그러나 그 전날 때때로 가랑비가 내려서 저는 회색 하늘을 슬프게 바라보았습니다. 날씨가 아주 따뜻해서 눈을 볼 희망이 없었습니다. 다음 날 아침도 마찬가지였습니다. 그러나 착복식 날은 즐거웠으며, 가장

---

116 착복식 날 수녀 지원자들은 혼례복을 입고 수녀원을 나가서 가족들 예절에 참석한다.
117 청원기가 보통 6개월이므로, 이미 1888년 10월에 착복식이 있어야 했다.

아름답고 가장 즐거웠던 꽃은 사랑하는 저의 임금님이셨습니다. 여태껏 그토록 아름답고 위엄이 있어 보이신 적은 없었습니다……. 모든 사람이 그분을 찬미했으니, 이날은 아빠가 승리하신 날이요, 이 세상에서 그분이 마지막으로 참석하신 행사였습니다. 아빠는 당신의 딸을 '모두' 하느님께 드리게 되었습니다. 셀린 언니도 아빠에게 성소를 말씀드려서, 그분은 기쁨의 눈물을 흘리며 당신 딸들을 모두 수녀가 되는 영광을 주신 하느님께 감사드렸으니까요.

예절이 끝난 다음에 주교님은 '테 데움Te Deum'[118]을 부르기 시작하셨습니다. 신부님 한 분이 이 노래는 서원식 때만 부르는 것이라고 주교님께 말씀드렸지만, 이미 시작된 노래는 끝까지 불러졌습니다. 이 예식에 다른 모든 예식이 포함되어 있으니 노래조차도 '완전한 것'이 되어야 하지 않겠습니까? 마지막으로 저의 사랑하는 임금님을 안아 보고 다시 봉쇄 안으로 들어갔는데 회랑에서 제일 먼저 눈에 띈 것은 꽃과 촛불 가운데에서 제게 미소 지으시는 '분홍빛 아기 예수님의 석상'이었고, 눈을 돌리니 하늘에서 '눈송이'가 내려오고 있었습니다……. 뒤뜰은 저의 옷차림처럼 흰빛으로 뒤덮였습니다. 얼

---

[118] '하느님 당신을'이라는 뜻으로, 하느님께 감사하는 성가다. – 편집자 주

마나 고운 예수님의 마음입니까! 당신의 어린 약혼자의 바람을 채워 주시려고 눈을 내려 주신 것입니다. 아무리 권세가 있는 사람이라도 사랑하는 사람을 기쁘게 하려고 눈을 내릴 수 있는 사람이 어디 있겠습니까? 어쩌면 세상의 사람들도 이러한 소망을 꿈꾸어 봤을지도 모릅니다. 확실한 것은 온 동네가 제 착복식 날 눈이 온 것을 조그만 기적으로 보고 이상하게 생각했다는 것입니다. 제가 눈을 좋아하는 것이 특이한 취향이라고들 했습니다! 이로써 눈처럼 흰 백합을 사랑하시는 그분, 동정녀들의 정배이신 분의 '높으신 자애'가 더 밝게 드러나게 되었습니다……!

예절이 끝난 후 주교님이 들어오셔서 여러 가지 자애를 베풀어 주셨습니다. 제가 마침내 뜻을 이룬 것을 보시고 자랑스러우신 듯했고, 저를 당신의 '작은 딸'이라고 모든 사람에게 말씀하셨습니다. 주교님은 이 아름다운 착복식 이후 오실 때마다 제게 언제나 친절하셨는데, 특히 우리 수호성인이신 '십자가의 요한 성인'의 100주년 기념식 때 베풀어 주신 친절은 아직도 또렷하게 기억합니다. 그분은 제 머리를 양손으로 쥐시고 여러 번 쓰다듬어 주셨습니다. 이제까지 이렇게 귀여움을 받기는 처음이었습니다! 또한 이를 통해 하느님께서는 천사들과 성인들이 모인 앞에서 저를 귀여워해 주시리라는 것을 알게 하셨고, 이 세상에 있을 때부터 그 표징을 조금씩 보여 주셔서 말할 수 없이 큰 위안을 느꼈습니다.

1월 10일은 저의 임금님에게 개선의 날이 되었다고 말씀드렸는데, 저는 이날을 예수 부활 시기에 예수님께서 예루살렘으로 들어오신 것에 비유합니다. 그러나 우리 주 예수님처럼 아빠의 이 '하루 동안'의 영광에도 뼈아픈 고난이 뒤따랐습니다. 그리고 예수님의 고통이 성모님의 마음을 날카로운 칼로 꿰뚫은 아픔이었던 것처럼, 우리도 이 세상에서 가장 아끼는 '아빠의 괴로움'을 마음속 깊이 느꼈습니다……. 1888년 6월, 우리가 첫 번째 시련을 당했을 때, "저는 많은 고통을 당하고 있습니다. 그러나 이보다 더 많은 괴로움을 받아도 견딜 수 있습니다." 하고 말한 것을 기억합니다. 그때 저는 제가 당해야 할 시련을 생각하지 못했습니다. 착복식 후 한 달이 지난 2월 12일, 사랑하는 아빠가 '가장 쓰고 가장 욕된' 잔을 마실 줄은 몰랐던 것입니다.[119]

아! 그날은 더 많은 괴로움을 받을 수 있다는 말을 할 수 없었습니다……! 우리의 슬픔을 말로 표현할 수가 없으니, 글

---

119 1889년 2월 12일, 아버지 루이 마르탱은 리지외를 떠나 캉의 '구세주 요양원'에 들어갔다.

로 쓰려고도 하지 않겠습니다. 우리는 나중에 천국에서 이때의 '영광스러운' 시련을 기쁘게 이야기할 것입니다. 그러나 우리는 벌써 그 괴로움을 당한 것을 기뻐하고 있습니다. 아빠가 순교와 같은 고통을 겪으신 3년이라는 시간을 우리 일생의 가장 사랑스럽고 가장 수확이 많았던 날들로 생각하기 때문에, 성인들이 받은 계시나 탈혼의 체험과도 바꾸지 않을 것입니다. 하늘의 천사들조차 거룩한 질투를 할 만큼 이 값진 보배를 생각하며 늘 감사드렸습니다.

괴로움을 받고자 하는 바람이 넘치게 채워졌지만, 괴로움에 이끌리는 마음은 줄어들지 않았습니다. 그래서 곧 제 영혼도 마음의 괴로움을 함께 나누게 됐습니다. 매일을 무감각하게 아무런 위안도 받지 못하고 지냈지만, 저는 이 세상의 누구보다 행복한 사람이었습니다. 저의 모든 소원이 이루어졌으니까요.

사랑하는 원장 수녀님! 우리의 마음에서는 오직 사랑과 감사의 한숨밖에 나오지 않았으니, 우리에게 큰 시련은 얼마나 기쁜 것이었습니까……! 우리 다섯 자매는 완덕의 길을 걸어가는 게 아니라, 이미 함께 날아가고 있었습니다. 캉에서 귀양살이하고 있던 가엾은 레오니 언니와 셀린 언니도 세상에 있지만 이미 세상의 사람들이 아니었습니다. 아! 아빠가 당하신 시련이 사랑하는 셀린 언니의 영혼에 얼마나 기묘한 작용을 했던지요……! 그 당시 셀린 언니가 보낸 모든 편지에는 사랑과 자신을 끊어 버리는 마음이 엿보였습니다. 우리가 면회 시간을 얼마나 행복하게 보냈는지 그 누가 알겠습니까……? 가르멜의 창살은 우리를 갈라놓기는커녕 우리 마음을 더 굳게 뭉쳐 주었습니다. 우리는 같은 생각, 같은 소망, '예수님과 영혼'들에 대한 같은 사랑을 갖고 있었습니다……. 셀린 언니와 데레사가 이야기할 때, 이미 천국의 것만을 이야기하는 우리의 대화 속에는 이 세상일에 대한 것은 단 한마디도 섞여 있지 않았습니다. 전에 '망루' 위에서 그랬던 것처럼 우리는 '영원한' 것을 꿈꾸고 있었으며, 머지않아 끝없는 행복을 누리기 위해 이 세상에서는 '괴로움과 멸시'만을 선택했습니다. 저의 수련기는 이렇게 흘러갔는데 가엾고 어린 데레사에게는 너무나 지루한 시기였습니다……. 수련기가 다 끝났는데도, 원장 수녀님은 저에게 총장 신부님이 반대하실 것이니 서원을 할 생각은 말라고 하셨습니다. 그래서 여덟 달이나 더 기다려야만 했습니다……. 처음에는 이런 희생을 당하는 것이 몹시 힘들었지만, 곧 제 마음속에 빛이 비쳤습니다. 저는 그때 쉬랭 신부님이 쓰신《영적 생활의 기초 *les fondements de la vie spirituelle*》를 묵상하고 있었습니다. 하루는 기도하는 중에 서원을 하고자 하는 제 간절한 소망에 크나큰 자애심이 섞여 있다는 것을 깨달았습니다. 저는 예수님을 위로해 드리고 기쁘게 해 드리기 위하여 저를 드렸으니, '제가 하고 싶은 대로' 해 주시기를 청해서는 안 되는 것입니다. 그뿐만 아니라, 신부는 혼인날 제대로 꾸며야만 하는데, 저는 이런 준비를 하나도 하고 있지 않았음을 깨달았습니다……. 그래서 예수님께 이렇게 여쭈었습니다. "주님! 제 거룩한 서원을 허락해 주시기를 청하지 않고, '당신께서 원하실 때까지' 기다리겠습니다. 다만 당신과의 결합이 제 잘못으로 인해 미루어지는 것은 원하지 않으므로 갖가지 보석으로 장식한 옷을 만드는 데 온갖 정성을 다하겠습니다. 그 옷이 충분히 꾸며졌다고 생각하실 때에는 당신이 저와 결합하기 위해 제게 오시는 것을 막을 사람이 아무도 없으리라 확신합니다. 사랑하는 주님……!"

저는 착복식을 한 날부터, 수도자의 완덕에 대하여, 그중에서도 '가난'의 서원에 대해 풍성한 가르침을 받았습니다. 수련자로 있는 동안 좋은 물건을 쓰고, 제게 필요한 물건이 가까이에 있는 것을 좋아했습니다. 저의 '지도자'인 예수님께서는 영혼들에게 모든 것을 한꺼번에 보여 주려 하지 않으시기 때문에, 꾹 참아 견뎠습니다. 예수님께서는 보통 당신의 빛을 조금씩 나누어 주십니다(영적 생활을 시작하던 열서너 살 때에는, 이

보다 덕을 얼마나 더 닦을 수 있을까 하고 생각했습니다. 그때는 완덕을 그보다 더 잘 이해할 수 없다고 믿었으니까요. 그러나 이 길은 나아갈수록 목표에서 멀어지는 것처럼 느껴지는 길임을 깨달았습니다. 그래서 지금은 제가 언제나 불완전한 사람이라고 생각하게 됐고, 그렇게 생각함으로써 기쁨을 맛보게 되었습니다). '제 지도자'께서 제게 주신 교훈을 다시 이야기하겠습니다.

하루는 끝기도[120] 후에 등잔을 찾았으나, 늘 놓아두는 선반에 그것이 없었습니다. 그런데 대침묵 시간[121]이라 등잔을 청구할 수도 없었습니다. 저는 어떤 자매가 자기 등잔인 줄 알고 제게 몹시 필요한 그 등잔을 가져갔나 보다 생각했습니다. 그것을 잃어버려서 짜증이 나기보다, 가난이란 마음에 드는 물건뿐 아니라 필요한 것에서 부족함을 느끼는 데에도 있음을 생각하고 오히려 기뻤습니다. 그래서 '어둠 가운데' 있으면서도, 마음속은 환히 빛났습니다……. 그때 저는 아주 못나고 쓸모없는 물건을 진심으로 사랑하는 마음이 생겼습니다. 그래서 우리 방에 있던 조그맣고 예쁜 물병을 내놓고, 그 대신 투박하고 여기저기 금이 간 물병을 갖다 놓는 것을 기뻐했습

---

[120] 시간 전례 중 가장 마지막 기도다.
[121] 가르멜에서는 끝기도에서 다음 날 일시경까지 말을 못하고 꼭 필요하면 손짓과 글씨로 연락한다.

1889년 1월 수련기의 데레사.

니다. 저는 또한 변명하지 않기로 결심했습니다. 그런데 아무 것도 숨기고 싶지 않았던 수련장 수녀님에게는 이 결심을 지키는 것이 몹시 어려웠습니다. 제 첫 번째 승리는 이런 것입니다. 큰 것은 아니었으나, 그래도 대단히 힘들었습니다…….

어느 날 창문 뒤에 있는 조그만 꽃병이 깨진 일이 있었습니다. 수련장 수녀님은 제가 그것을 제대로 챙기지 않은 탓으로 생각하시고 이다음에는 좀 더 조심하라고 말씀하셨습니다. 저는 아무 말 없이 땅에 입을 맞추고, 다음부터는 더 조심하겠다고 약속드렸습니다……. 저는 덕이 부족했기 때문에 이런 조그만 선행도 무척 힘들었고, 최후의 심판 때에는 모든 것이 드러날 것이라고 생각하며 마음을 다스려야만 했습니다. 왜냐하면 우리가 아무 드러냄 없이 자기 일을 할 때는 그것을 아무도 알아주지 않지만, 그와 반대로 모든 결점은 바로 나타난다고 생각했으니까요.

저는 큰 덕행을 닦는 것은 어려워했으므로, 작은 덕행을 닦는 데 힘썼습니다. 그래서 자매들이 망토 정리하는 것을 잊었을 때 그것을 즐겁게 정리해 주는 등 최대한 그들의 일을 돕는 것을 좋아했습니다. 저는 주님께 고행을 좋아하는 마음도 받게 되었는데, 고행을 즐기고 싶은 마음은 점점 커져만 갔습니다. 가르멜에 들어오기 전부터 하던 유일한 작은 고행은 앉을 때 의자에 등을 기대지 않는 것이었습니다. 그런데 만일 사람들이 제게 많은 고행을 허락했다면 제 열정은 오래 가지 못했을 것입니다. 청할 필요 없이 제게 허락된 고행은 제 자애심을 억누르는 것이었기에, 제게는 육체적 고행보다 더 유익했습니다.

착복식 후에 저는 바로 부엌일을 맡았습니다. 그곳에서는 제 자애심을 제자리에, 즉 발밑에 놓을 기회가 많아졌습니다. 원장 수녀님과 같은 일을 하게 되어 원장 수녀님의 덕행을 가까이에서 보게 되니 많은 위안을 받을 수 있었지만, 함께 있는 것은 괴로운 일이기도 했습니다. 예전처럼 모든 것을 당신께 자유롭게 말씀드릴 수 없었습니다. 지켜야 할 규칙이 있었으며, 이제는 아빠와 함께 살던 뷔소네가 아니라 가르멜에 들어와 있는 것이므로, 제 마음을 당신께 펼쳐 보여 드릴 수는 없었습니다……!

그러는 동안, 성모님께서는 제 영혼의 옷을 짓는 것을 도와주셨습니다. 그 옷이 다 완성되자 모든 장해가 저절로 없어졌습니다. 주교님께서 저의 청원을 들어주셨고, 수녀원에서도 저를 받아 주기로 해서 제 서원식이 9월 8일[122]로 결정되었

---

122 1890년이다.

습니다…….

지금 짧게 쓴 것을 자세히 이야기하려면 여러 페이지가 더 필요할 것입니다. 따라서 더 긴 말은 쓰지 않겠습니다. 원장 수녀님, 이 모든 것은 오래지 않아 우리 마음의 한숨이 솟아 올라가는 아름다운 천국인 '우리 아버지의 집'에 가서 말씀드리겠습니다.

제 결혼식 예복은 준비됐습니다. 그 예복은 제 '약혼자'가 주신 옛날 보석으로 꾸며졌으나, 그분은 그것이 마음에 차지 않으셨는지 찬란히 빛나는 새 다이아몬드를 주려고 하셨습니다. 아빠의 시련은 옛날 보석이 되어 있었고, 새 보석은 겉으로 보기에는 아주 작아 보였지만, 사실은 저를 몹시 괴롭히는 시련이 되었습니다. 얼마 전부터 아빠는 건강이 조금 좋아지셔서 마차를 타고 외출을 하고 계셨습니다. 그뿐만 아니라, 이 마차를 타고 우리를 보러 오신다는 이야기까지 듣게 됐습니다. 셀린 언니는 당연히 제 서원식 날에 아빠를 오시게 해야 한다고 생각했습니다. 언니는 "아빠가 예식 처음부터 참석하시면 피곤하실 테니, 데레사가 강복 받을 수 있도록 끝날 때쯤 수도원으로 모셔 올게."라고 말했습니다. 아! 저는 사랑하는 셀린 언니의 마음을 잘 알 수 있었습니다. "사랑은 가끔 한계를 모르고 모든 경계를 넘쳐흐른다. 사랑은 짐을 져도 그 무게를 모르고, 수고를 헤아리지 않고, 자기 힘에 부치는 것도 마다하지 않고, 할 수 없다는 핑계를 대지 않는다."[123] 라고 하신 말씀은 진실입니다. 그와 반대로 '사람의 조심성'은 한 발 떼어 놓을 때마다 떨릴 정도로 믿음이 부족해서 감히 딛지도 못할 정도입니다. 그래서 하느님께서는 저를 시험하시려고 말 잘 듣는 연장으로서 셀린 언니를 사용하셨습니다. 제 결혼식 날, 이 세상에 아버지가 없는 저는 진정한 고아였지만, 믿는 마음으로 하늘을 우러러 "하늘에 계신 우리 아버지……" 하고 말할 수 있었습니다.

---

[123] 《준주성범》 3권 5,4

제8장

서원은 사랑의 봉헌 행위입니다(1890-1895)

    사랑하는 원장 수녀님, 이 시련을 이야기하기 전에, 제 서원식 전에 있었던 피정[124]을 이야기했어야 합니다. 이 피정 기간에 저는 위로를 받는 것이 아니라, 끝없는 무감각과 거의 버림받은 것 같은 느낌에 사로잡혀 있었습니다. 예수님께서는 여전히 제 작은 배 안에서 주무시고 계셨습니다. 아! 저는 사람들이 자신들 안에서 예수님이 편안하게 주무시도록 가만히 두는 일이 드물다는 것을 깨달았습니다. 예수님께서는 보상을 주시느라, 은혜를 내려 주시느라, 너무나 지치셨기에, 제가 그분께 드리는 휴식을 즐겨 이용하시는 것입니다. 아마

---

124 1890년 8월 29일에 시작했다.

저의 영원한 큰 피정이 있기까지는 깨지 않으실 것입니다. 그러나 그것은 괴로움이 아니라 즐거움이었습니다.

진실로, 저는 성녀가 되기에는 아직 부족했습니다. 위에 말한 것만으로도 그것이 충분히 증명됩니다. 저는 무감각을 기뻐할 것이 아니라, 제 열성과 충성이 부족한 것을 탓해야 할 것이고, 7년 전부터 계속되고 있는 기도나 '영성체 후 기도'를 하는 동안에 조는 습관을 슬프게 생각해야 할 것입니다. 그러나 저는 슬퍼하지 않았습니다. 부모는 어린 자녀들이 잘 때나 깨어 있을 때나 똑같이 귀여워합니다. 의사들이 수술할 때에는 환자들을 재웁니다. 이처럼 예수님도 "우리의 됨됨이를 아시고 우리가 티끌임을 기억"(시편 103,14)하신다고 생각합니다.

제 서원식 피정은 그다음 피정과 마찬가지로 지극히 메마른 것이었습니다. 그러나 하느님의 뜻을 따르며 살고, 가장 높은 덕을 닦는 방법을 저도 모르는 사이에 하느님께서 분명하게 보여 주셨습니다. 예수님께서 '먹을 것'을 미리 장만해 주시기보다는, 매번 새로운 음식을 먹여 주신다는 것을 여러 번 경험했습니다. 어떻게 들어왔는지도 모르지만, 그 음식이 제 안에 있는 것을 발견합니다……. 제 작은 마음속에 계신 예수님께서 친히 제 안에서 행하시는 은혜를 주시고, 제 안에 계시는 동안 제게 시키고 싶으신 것을 모두 생각나게 해 주신다는 것을 믿습니다.

서원식 며칠 전에 저는 교황님의 강복을 받는 행복을 얻었습니다. 시메옹 수사에게 아빠와 저를 위해서 강복해 달라고 간청했는데, 결국 강복을 받았습니다. 이로써 저를 로마까지 데리고 가셨던 사랑하는 아빠에게 은혜를 보답할 수 있게 되어 큰 위로를 받았습니다.

드디어 즐거운 제 결혼식 날[125]이 됐습니다. 그날은 구름 한 점 없었지만, 그 전날 제 마음속에 이제껏 경험한 적이 없는 폭풍이 일었습니다. 한 번도 제 성소를 의심해 본 적이 없었기 때문에, 이 시련은 몹시 괴로운 것이었습니다. 밤에 일시경日時經[126]을 마친 후 십자가의 길 기도를 할 때, 갑자기 제 성소가 한낱 꿈이나 환상인 것 같은 생각이 들었습니다……. 가르멜의 생활이 무척 즐거웠지만, 마귀가 그 생활은 제게 전혀 맞지 않으며, 제가 부르심을 받지 않은 길로 나아감으로써 웃어른들을 속인다고 확신하게끔 저를 부추겼던 것입니다. 제게 성소가 없는 것 같다는 생각 외에는 아무 생각도 하지 못할 만큼 마음이 캄캄했습니다. 아! 그때 제 마음의 번민이

---

[125] 1890년 9월 8일이다.
[126] 시간 전례 중 하나로, 제2차 바티칸 공의회 전례 개편에 따라 폐지되었다. – 편집자 주

얼마나 컸겠습니까……? 만일 지도 수녀님께 이런 저의 두려움을 말씀드리면, 수녀님이 서원을 못하게 할 거라는 생각이 들었습니다(이런 당치 않은 생각만 봐도 이것이 마귀의 유혹임을 알 수 있습니다). 결국 제 뜻을 따라 가르멜에 남기보다는 하느님의 뜻에 따라 세상으로 돌아가리라 마음먹었습니다. 그래서 지도 수녀님에게 '어쩔 줄 몰라 하면서' 제 마음의 상태를 고백했습니다……. 다행히도 지도 수녀님은 제 마음을 저보다 더 자세히 꿰뚫어 보시고, 저를 완전히 안심시켜 주셨습니다. 그리고 제 겸손한 행동으로 인해, 제가 감히 이 생각을 고백하지 못하리라 생각했던 마귀는 달아나 버렸습니다. 말을 마치자마자 제 의심은 바로 사라졌습니다. 그러나 겸손을 완전하게 하기 위해 원장 수녀님께도 제 이상한 유혹을 고백했더니, 웃음으로 받아넘기셨습니다.

9월 8일 아침, 마음에는 평화가 넘쳐흘렀고, 저는 "모든 이해를 뛰어넘는"(필리 4,7) 평화 가운데 서원을 했습니다……. 예수님과 저와의 결합은 천둥 번개가 치는 특수한 은혜 가운데서 이루어진 것이 아니라, 엘리야 선지자께서 산 위에서 들으신 것과 같은 "조용하고 부드러운 소리"(1열왕 19,12)가 들리는 가운데 이루어졌습니다.

그날 얼마나 많은 은혜를 청했는지요! 저는 진짜 '여왕'이

된 것처럼 생각했고, 이 지위를 이용하여 죄인들을 놓아 달라고, 또 배은망덕한 백성들을 위해 온갖 은총을 베풀어 달라고 임금님께 청했습니다. 그 밖에도 연옥의 모든 영혼들을 용서해 주시고 죄인들이 회개하도록 은총을 청했습니다. 또한 원장 수녀님과 사랑하는 언니들…… 온 가족을 위해 많은 기도를 드렸지만, 특히 그토록 많은 시련을 겪으신 거룩한 아빠를 위해 기도했습니다……. 저는 예수님께서 저를 가로막는 세상의 모든 것들에 아무런 방해를 받지 않고 제 안에서 당신의 뜻을 완전하게 채우실 수 있도록 저를 그분께 바쳤습니다.

이 아름다운 날도 아주 슬픈 날과 마찬가지로 저물고야 말았습니다. 아무리 즐거운 날이라도 지나가는 법이니까요. 그러나 제 화관을 성모상 아래에 놓을 때에는 조금의 슬픔도 없었습니다. 세월이 아무리 흐르더라도 저의 행복은 사라지지 않을 것이라고 생각했습니다……. 예수 성탄 대축일은 예수님의 정배로서 얼마나 아름다운 축일입니까? 성모님께서 아기 예수님에게 당신의 '소화'를 드렸습니다……. 그날은 모든 것이 작았습니다. 작지 않은 것이 있다면, 제가 받은 은혜와 평화였습니다. 저녁 하늘에 반짝이는 별들을 바라보며, 머지않아 제 눈앞에 황홀하고 아름다운 천국이 열리고 영원한 기쁨 안에서 천상배필과 결합하리라는 것을 생각하면, 마음은 평화로움으로 가득해졌습니다.

24일에는 베일을 받는 예식이 있었는데, 이날 제 얼굴은 온통 눈물로 덮였습니다……. 아빠는 당신의 '여왕'을 축복하러 오실 수 없었습니다……. 그리고 피숑 신부님은 캐나다에 계셨습니다……. 예절에 참석하시고 외삼촌 댁에서 식사하기로 하셨던 주교님도 병환으로 오지 못했습니다. 모든 것이 슬픔이요, 쓰라림뿐이었습니다…….그러나 '평화', 언제나 '평화'가 잔 아래 깊숙이 간직되어 있었습니다……. 이날 예수님께서는 제가 눈물을 흘리는 것을 허락하셨는데, 아무도 제가 우는 까닭을 몰랐습니다……. 저는 그보다 훨씬 더 큰 시련도 눈물 없이 견뎌 왔습니다. 그러나 그런 시련이 있을 때에는 항상 힘 있는 은총의 도움을 받았습니다. 그런데 24일에는 예수님께서 저의 힘에만 시련을 맡겨 두심으로써 제 힘이 얼마나 보잘것없는지 드러나게 하신 것입니다. 베일을 받는 예식이 끝나고 8일 후에 잔 언니[127]의 결혼식이 있었습니다. 사랑하는 원장 수녀님, 잔 언니의 이야기를 듣고 아내가 남편에게 쏟아야 하는 고운 마음씨에 관한 많은 것을 배울 수 있었습니다. 언니의 이야기에서 배울 점이 많아서 열심히 들었습니다.

---

127 데레사의 사촌인 잔 게랭으로, 1890년 10월 1일 프랑시스 라 넬과 결혼했다.

언니가 프랑시스를 사랑하는 마음보다 훨씬 더 예수님을 사랑하고, 언니가 프랑시스를 위하는 것보다 훨씬 더 예수님을 위해 헌신하고 싶었습니다. 아마 프랑시스는 대단히 훌륭한 사람이겠지만, 그래도 역시 '인간'일 테니까요.

잔 언니의 결혼 청첩장과 비교해 보려고 저도 장난삼아 아래와 같은 내용의 청첩장을 만들어 보았습니다.

아기 예수와 성면聖面의 데레사 수녀의 결혼 청첩장

천지의 창조자이시며, 세상의 최고 지배자이신 전능하신 하느님과 천상의 왕후인 지극히 영광스런 동정 마리아는, 임금님 중의 임금님이요, 주인 중의 주인이신 존귀한 아들 예수님과 데레사 마르탱의 결혼식에 참석하시기를 바랍니다. 데레사 마르탱은 자신의 신성한 배필이신 예수님께서 예물로 가져오신 왕국, 즉 예수님의 어린 시절과 수난이라는 왕국에 있는 귀부인이요 여왕이라, 아기 예수와 성면聖面이라는 칭호를 받았습니다.

고통과 굴욕의 영지의 주인이신 루이 마르탱 씨와 천상 궁궐의 공주요 귀부인인 마르탱 부인은, 그들의 딸 데레사와 거룩한 삼위 가운데 두 번째에 자리하시며 성령의 힘으로 사람이 되시어, 천상의 왕후이신 마리아의 아들로 태어나신 예수님과의 결혼식에 참석하시기를 바랍니다.

1890년 9월 8일, 가르멜 산 위에서 지낸 혼인 축복에는 참석을 청할 수가 없었으나(천상의 귀인들만이 참석할 수 있었으므로), 내일 '영원의 날'에 있을 신행新行에는 참석하기를 청합니다. 그 날 하느님의 아들 예수님은 찬란한 위엄 가운데 하늘의 구름을 타고 오셔서 '산 이'와 '죽은 이'를 심판하실 것입니다.

시간은 아직 정해지지 않았으므로 항상 깨어 준비하고 있기를 청합니다.

원장 수녀님, 이제 무엇을 더 말씀드릴까요? 아! 다 말씀드린 줄 알았더니, 즈느비에브 수녀님을 알게 되어 느꼈던 행복에 대해서는 아직 아무것도 말씀드리지 않았군요……. 그분을 알게 된 것은 그 어느 것보다 귀중한 은혜입니다.

이제까지 무한한 은혜를 주신 하느님께서는, 제가 한 '성녀'와 함께 살기를 원하셨습니다. 그분은 우리가 본받을 수 없는 그런 요원한 경지에 계시는 성녀가 아니라, 드러나지 않는 보통의 덕행으로 완덕에 나아간 분이셨습니다……. 그분에게서 커다란 위안을 받은 것이 한두 번이 아니었는데, 어느 일요일에는 특히 그러했습니다……. 평소처럼 잠깐 문안을 드리려고 그분에게 갔더니, 즈느비에브 수녀님 곁에 두 분의 수녀가 있었습니다. 저는 미소를 띠며 수녀님을 뵙고, 환자

곁에 세 사람이나 있을 수 없을 것 같아서 금방 나오려고 했습니다. 그때 수녀님이 영감을 받으신 듯 "잠깐 기다리세요. 말할 것이 있습니다. 수녀님이 올 때마다 늘 영적 꽃다발을 달라고 했으니 오늘은 이것을 주겠습니다. '하느님은 무질서의 하느님이 아니라 평화의 하느님'(1코린 14,33)이라는 것을 잊지 마세요."라고 하셨습니다. 저는 하느님께서 제 영혼의 상태를 즈느비에브 수녀님에게 알려 주신 것이라 확신하고, 고맙다는 말씀을 드린 후에 감격으로 눈물을 흘리며 나왔습니다. 그 당시 저는 지극히 어려운 시험을 당해서, 하느님께 사랑을 받고 있는지도 알 수 없을 만큼 어둠 속에서 우울한 생각에 사로잡혀 있었습니다. 그러니 제가 느낀 기쁨과 위로를 원장 수녀님도 짐작하실 것입니다!

그다음 주일에 저는 즈느비에브 수녀님이 무슨 계시를 받으셨는지 알려고 했습니다. 그러나 수녀님은 아무 계시도 받지 않았다고 말씀하셨습니다. 그래서 저는 예수님께서 수녀님 안에 사시며 얼마나 현명하게 말하도록 하시는지를 보고 더 높이 우러러보게 됐습니다. 아! 이런 '성덕'이야말로 가장 '참되고 거룩한' 것이라 생각합니다. 제가 원하는 것도 이런 성덕입니다. 거기에는 아무런 환멸도 없으니까요. 제 서원식 날, 즈느비에브 수녀님도 당신의 소명을 말씀하시기 전에 저와 똑같은 시련을 받으셨다는 것을 알고 많은 위안을 얻기도 하였습니다.

사랑하는 원장 수녀님, 당신도 큰 고통을 당할 때 즈느비에브 수녀님이 우리에게 주셨던 위로를 떠올리시겠지요? 이렇듯 즈느비에브 수녀님은 제 마음속에 향기로운 추억을 남겨 주셨습니다. 수녀님이 천국을 향해 떠나시던 날[128] 저는 큰 감동을 받았습니다. 임종을 지켜 본 것은 이번이 처음이었는데, 참으로 훌륭한 광경이었습니다……. 저는 돌아가시는 분의 침대 옆에 있었기 때문에, 그분의 지극히 작은 움직임도 잘 보였습니다. 거기서 두 시간을 보내는 동안 제 영혼은 열정으로 가득 찼어야 했지만, 오히려 일종의 무감각 상태에 빠져 있었습니다. 그러나 거룩하신 즈느비에브 수녀님이 하늘 나라에 들어가시는 '바로 그 순간'에 제 심경은 갑자기 변했습니다. 눈 깜짝할 사이에 말할 수 없는 기쁨과 열정이 넘쳐흘렀습니다. 마치 즈느비에브 수녀님이 자신이 이미 누리고 있던 행복과 기쁨의 일부분을 제게 나누어 주신 것 같았습니다. 왜냐하면 저는 그분이 곧장 천국에 가셨으리라 확신하니까요……. 그분이 살아 계실 때, "수녀님은 연옥에는 안 가실 거

---

128 1891년 12월 5일 토요일이다.

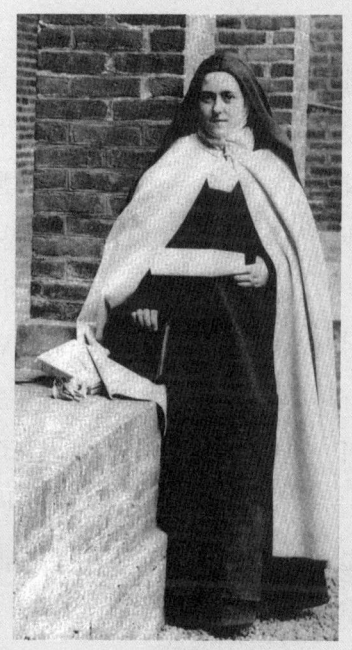

1896년 7월 초의 데레사.

예요……!" 하고 말씀드렸더니, "나도 그랬으면 합니다." 하고 조용히 대답하셨습니다. 아! 물론 하느님께서는 이렇게도 겸손한 희망을 헛되게 하지 않으셨을 것입니다. 우리가 받은 은총이 그것을 증거합니다…….

수녀들은 제각기 즈느비에브 수녀님에게 유물을 청했습니다. 제가 기쁘게 간직하고 있는 유물을 원장 수녀님도 아시지요. 저는 그분의 눈시울에 눈물 한 방울이 맺혀, 다이아몬드처럼 반짝이는 것을 눈여겨보았습니다. 그분이 이 세상에서 '마지막으로 흘리신 눈물'은 떨어지지 않아서, 안장하기 위해 그분을 성당에 모셔 놓았을 때에도 여전히 반짝이고 있었습니다. 그러나 아무도 그 눈물을 거두려 하지는 않았습니다. 그래서 저는 저녁에 아무도 모르게 얇은 헝겊 조각을 갖고 가서, '성녀의 마지막 눈물'을 유물로 차지했습니다……. 그 후 저는 이 눈물을 제 소원이 담긴 작은 주머니 속에 넣어 항상 지니고 있습니다.

저는 꿈을 대수롭게 여기지 않을 뿐더러 상징적인 꿈을 꾸는 일이 매우 드뭅니다. 그런데 낮 동안에는 줄곧 하느님만을 생각하는데, 어째서 잠자는 동안에는 하느님 생각이 나지 않는지 이상하게 여기기도 합니다……. 보통은 숲, 꽃, 시내, 바다 등의 꿈을 꿉니다. 그리고 거의 언제나 예쁜 어린이들을 보고, 평생 보지도 못했을 정도로 많은 나비와 새를 잡기도 합니다. 원장 수녀님께서도 아시다시피 제 꿈을 시적詩的이라고 할 수 있을지는 몰라도, 신비하다고는 할 수 없을 것입니다. 즈느비에브 수녀님이 돌아가신 후 며칠이 지난 날 밤에, 위로가 되는 꿈을 꾸었습니다. 꿈에 수녀님이 우리 수녀들 각자에게 당신이 갖고 있던 물건을 하나씩 나누어 주시며 유언을 하고 계셨는데, 제 차례가 되었을 때는 수녀님에게 남은 것이 아무것도 없었습니다. 그래서 저는 수녀님의 물건을 받지 못할 것이라 생각하고 있었는데, 수녀님이 일어나시며, "당신에게는 내 '마음'을 남겨 줄게요."라고 세 번이나 분명하게 말씀하셨습니다.

수녀님이 세상을 떠나신 지 한 달 후에, 수녀원에는 유행성 독감이 크게 퍼졌는데,[129] 다른 자매 두 사람과 저만이 독감에 걸리지 않았습니다. 독감이 퍼진 시기에 제가 보았던 온갖 일들, 제가 본 인생, 여기에서 일어나는 모든 일들은 말할 수 없이 참혹했습니다······.

저의 열아홉 번째 생일은 원장 수녀님[130]의 죽음으로 지냈

---

[129] 1891년 12월 말 무렵이다.
[130] 1892년 1월 2일, 원장 수녀인 '예수의 성 요셉 수녀'다.

고, 곧이어 자매 두 분이 세상을 떠났습니다. 그때 제 전임자가 병이 심각해서 저 혼자만 제의방을 담당했습니다. 그래서 모든 장례 준비와 미사 때 성당의 쇠창살 문 열기 등 여러 가지 일을 도맡아 했습니다. 그때 하느님께서는 많은 은혜를 내려 주셨습니다. 지금 생각해도 어떻게 그 모든 일들을 아무 두려움 없이 해낼 수 있었는지 모르겠습니다. 어느 곳이나 죽음으로 뒤덮여 있었고, 겨우 일어나 걸을 수 있는 환자는 자신보다 아픈 환자를 간호해야 했습니다. 자매 한 분이 숨을 거두어도, 남은 사람들은 환자를 돌보기에도 시간이 없었기 때문에 그대로 내버려 둘 수밖에 없었습니다. 어느 날 아침, 일어나자마자 문득 마리아 막달레나 수녀님이 세상을 떠났으리라는 예감이 들었습니다. 복도는 아주 캄캄했고, 방에서 나오는 사람은 아무도 없었습니다. 마침내 저는 문이 열려 있던 마리아 막달레나 수녀님의 방에 들어가기로 결심했습니다. 과연 수녀님은 옷을 입은 채 침대에 누워 있었습니다. 저는 조금도 겁내지 않았습니다. 저는 수녀님의 방에 초가 없는 것을 보고, 초와 장미꽃 관을 찾으러 갔습니다.

부원장 수녀님이 돌아가시던 날 밤에는, 간호 수녀님과 저만이 부원장 수녀님을 모시고 있었습니다. 그 시절 수녀원이 어떠한 상황이었는지 상상조차 할 수 없을 것입니다. 그때 일어나 다닐 수 있던 소수의 사람들만이 알 수 있을 것입니다. 그러나 이러한 비참한 가운데서도 저는 하느님께서 우리를 지켜 주고 계신다는 것을 느꼈습니다. 죽는 이들은 힘들이지 않고 보다 나은 생명으로 옮겨 가는 것이었고, 숨을 거두는 그들의 얼굴에는 금세 기쁨과 평화의 표정이 퍼져서, 마치 고요히 잠자는 듯했습니다. 그것은 정말로 고요한 잠이었습니다. 이 세상에서의 형상을 벗게 된 후에는, 선택된 사람들을 위해 하늘에 마련된 영원한 행복을 즐기게 될 테니까요…….

수녀원이 이렇게 시련을 겪는 동안, 저는 매일 성체를 받아 모시는 커다란 위로를 받았습니다. 아! 비참한 시간을 보내고 있었지만, 성체를 받아 모시는 것은 참으로 기뻤습니다. 예수님께서는 당신의 충실한 정배들보다 더 오랫동안 저를 귀여워하셨습니다. 다른 자매들은 그분을 모시는 행복을 누리지 못했는데도, 저는 그분을 모실 수 있도록 허락받았으니까요. 또한 제구祭具를 만질 수 있고, 예수님을 받아 모시는 데 쓰이는 조그만 '성작 수건'을 챙길 수 있다는 것도 기뻤습니다. 저는 더 열심히 해야 한다는 것을 깨달았고, 어떤 거룩한 부제에게 "주님의 기물들을 나르는 자들아 …… 그는 높이 올라 숭고해지고 더없이 존귀해지리라."(이사 52,11-13) 하신 말씀을 자주 생각했습니다.

이 당시 감사 기도를 드리는 동안 거의 위로를 받지 못했습니다. 아마 이때처럼 위로를 받지 못한 적은 없었을 것입니다. 그러나 예수님을 모시고자 하는 것이 제 만족을 위해서가 아니라, 당신을 제게 주신 예수님을 즐겁게 해 드리려고 제 자신을 예수님께 바친 것이므로, 위로를 받지 못해도 당연하다고 생각합니다. 저는 제 영혼을 빈터로 생각하고, 빈터가 되는 데 장해가 될 수도 있는 '쓰레기'를 치워 주시기를 성모님께 청합니다. 그리고 그 터에 하늘 나라만큼 넓은 장막을 손수 세워 주시고 당신 자신의 장식물로 꾸며 주시기를 청하며, 모든 성인들과 천사들을 오게 하시어 장중한 노래를 불러 달라고 청합니다. 그러면 예수님께서 제 마음에 내려오시는 것 같고, 훌륭한 영접에 무척 만족하시는 듯 느껴지고, 저 또한 만족하게 됩니다. 그러나 이 기도 중에도 분심이 들거나 졸음이 쏟아지는 것은 어쩔 수가 없어서, 감사 기도를 하고 나올 때에는 기도를 너무 소홀하게 한 것을 깨닫고, 하루 종일 이 기도를 계속하겠다고 결심합니다…….

사랑하는 원장 수녀님, 당신도 아시다시피 저는 절대로 두려움의 길을 걷지는 않습니다. 저는 언제나 행복하게 되는 방법과 고난을 이용하는 방법을 찾아낼 줄 압니다. 물론 이것이 예수님을 불쾌하게 해 드린다고는 생각하지 않습니다. 그분도 이 길로 나아가는 것을 격려해 주시니까요.

하루는, 성체를 모시러 나갈 때 평상시와는 달리 걱정이 조금 생겼습니다. 하느님께서 제게 만족하지 않으신다는 생각이 들었습니다. 그래서 '만일 오늘 성체를 반쪽밖에 받지 못한다면 대단히 슬플 것 같다. 예수님께서 내 마음에 오시는 것을 달가워하지 않으신다고 느껴질 테니까.' 하고 생각했습니다. 그리고 저는 나아갔습니다. 그런데 이게 무슨 일입니까! 생전 처음으로 신부님이 따로 떨어진 '두 성체'를 집어서 제게 주셨습니다……. 이토록 큰 자애로움에 제가 기쁨의 눈물을 흘린 것을 당신은 이해하시겠지요.

제가 서원식을 한 다음 해, 즉 즈느비에브 수녀님이 돌아가시기 두 달 전에 있었던 피정[131]에서도 큰 은혜를 받았습니다. 보통 강론을 듣는 피정은 혼자 하는 피정보다 무척 힘들었지만, 그 해는 그렇지 않았습니다. 그 신부님은 신실한 영혼들보다 특히 큰 죄인들을 선함으로 인도하는 재주가 있다는 말을 들었습니다. 따라서 저를 이해할 것 같지 않아서 힘든 피정이 될 거라는 생각은 했지만, 그래도 열렬한 마음으로

---

131 1891년 10월 8일부터 15일까지의 피정으로, 당시 '성 라자로관'의 관리장이었던 알렉시 프루 신부가 지도했다.

9일 기도를 드리며 피정을 준비했습니다. 하느님께서는 당신만이 제 영혼의 지도자임을 보이시기 위해서, 저밖에 진가를 알아보는 사람이 없는 이 신부님을 이용하셨습니다……. 그때에 저는 정신적으로 여러 가지 괴로움을 당하고 있었습니다(때로는 천국이라는 곳이 있을까 하는 생각조차 했으니까요). 이런 마음속의 생각을 어떻게 드러내야 할지를 몰랐기 때문에 아무에게도 말하면 안 될 것 같았습니다. 그러나 고해소에 들어가자마자, 제 마음이 활짝 개는 것을 느꼈습니다. 신부님에게 몇 마디 하지도 않았는데, 신기하게도 제 마음을 꿰뚫어 보시는 듯 저를 이해하셨습니다……. 제 마음이 저보다 신부님이 더 잘 읽으시는 책처럼 느껴졌습니다. 신부님은 제가 몹시 끌리면서도 감히 나아가지 못했던 '믿음'과 '사랑'의 파도 위로 돛을 힘껏 펴고 달리도록 밀어 주셨습니다. 신부님은 "당신은 잘못으로 하느님의 마음을 아프게 하지 않았습니다." 하고 말씀하시고, '하느님의 대리자'로서 하느님께서 제 영혼을 무척 흡족하게 여기신다는 것을 '하느님을 대신해서' 단언한다고 하셨습니다.

아! 저는 이런 위로의 말씀을 들으며 정말 기뻤습니다……! '저의 잘못이 하느님의 마음을 아프게 하지 않았다'는 말을 이전에는 들은 적이 없었습니다. 이 확언은 제 마음을 기쁨으로 넘치게 했고, 이 세상 귀양살이를 참고 견디게 했습니다……. 그것이 사실이라고 굳게 믿었습니다. 하느님께서는 어머니보다 더 인자하시니까요. 사랑하는 원장 수녀님, 당신도 제가 모르고 한 작은 잘못에 대해서는 언제나 용서해 줄 마음을 갖고 계시지 않습니까? 저는 그런 따뜻한 경험을 얼마나 여러 번 했는지 모릅니다! 어떠한 꾸지람도 당신께서 한 번 쓰다듬어 주시는 것보다 저를 더 감동시키지 못했습니다. 저는 무서우면 뒤로 물러나고, 사랑을 받으면 앞으로 걸어 나갈 뿐만 아니라, '날아가기'까지 하는 그런 성격을 갖고 있었습니다.

사랑하는 원장 수녀님! 제가 사랑의 길로 날아간 것은, 특히 당신께서 원장 수녀님으로 선정된 날[132] 이후였습니다. 그날 폴린 언니는 저의 살아 계신 예수님이 되셨습니다. 오래전부터 저는 예수님께서 사랑하는 원장 수녀님을 통해서 행하시는 '기묘한 일'을 보는 기쁨을 갖고 있었습니다……. '괴로움'을 통해서만 영혼을 만들어 낼 수 있다는 것을 알고 있지만, 예수님의 숭고한 이 말씀의 깊은 뜻이 지금처럼 잘 이해된 적은 없었습니다. "내가 진실로 너희에게 말한다. 밀알 하나가 땅에 떨어져 죽지 않으면 한 알 그대로 남고, 죽으면 많

---

[132] 예수의 아녜스 수녀는 1893년 2월 20일 월요일에 원장 수녀가 되었다.

은 열매를 맺는다."(요한 12,24) 원장 수녀님은 당신 사명의 열매를 얼마나 풍성히 거두셨는지요! 당신은 눈물 가운데 씨를 뿌리셨습니다(시편 126,5 참조). 하지만 오래지 않아 당신 일의 열매를 보실 것이니, 양손에 곡식 단을 들고 환호하며 돌아오실 것입니다(시편 126,6 참조). 원장 수녀님, 저는 꽃들이 핀 풀밭 가운데 지금은 작은 흰 꽃으로 숨어 있지만, 하늘 나라에 가서는 당신이 귀양살이의 그늘과 침묵 가운데 날마다 행하시는 덕행과 당신의 '사랑'을 소리 높여 노래할 것입니다.

사실 2년 전부터, 이전에는 알지 못했던 수많은 신비를 깨달았습니다. 하느님께서는 솔로몬 임금님에게 베푸신 것과 같은 인자함을 제게도 베푸셨습니다. 그분은 제가 이루어질 수 없는 바람은 하나도 갖지 못하게 하셨으니, 완덕을 지향하는 바람뿐만 아니라, 경험하지 않아도 그것이 헛된 일이라는 것을 알고 싶어하는 바람을 들어주셨습니다.

사랑하는 원장 수녀님, 저는 항상 당신을 저의 이상으로 생각하고, 무엇이든 당신이 하시는 대로만 하려고 했습니다. 원장 수녀님이 예쁜 그림을 그리고, 아름다운 시를 짓는 것을 보고, '아! 나도 그림을 잘 그릴 줄 알고 내 생각을 시로 잘 표현할 줄 알아서, 영혼들에게 이로움을 베풀 수 있다면 얼마나 좋을까…….' 하고 생각했습니다. 그러나 이런 타고난 재능을 청하는 것은 생각조차 하지 않았기 때문에 제 바람은 마음속 깊이 숨은 채 그대로 남아 있었습니다. 이 조그만 '마음'속에 '숨어 계신 예수님'께서도 '태양 아래 모든 것'이 허무하고 마음을 번거롭게 한다는 것을 (코헬 2,11 참조) 가르쳐 주고 계십니다……. 저에게 그림을 그리라고 사람들이 말했을 때, 하느님께서는 사랑하는 원장 수녀님이 제게 가르쳐 준 공부를 이용하도록 허락하셨습니다. 그리하여 수녀님들이 제 그림을 보고 깜짝 놀랐습니다……. 또한 하느님께서는 원장 수녀님을 본받아 저도 시를 지을 수 있게 해 주셔서, 몇 편의 시를 지으니 모두 아름답다고 했습니다. 그러나 '솔로몬이 그토록 수고를 들였던 자신의 사업을 돌아보고 모든 일이 헛되고 마음을 번거롭게 할 뿐임을 깨달은 것'처럼, 저도 행복이란 자기를 감추고 피조물에 전혀 관심을 두지 않을 때 생긴다는 것을 '경험'으로 깨달았습니다. 그리고 사랑이 없으면 모든 사업이, 즉 죽은 자를 부활시키거나 만인을 회개시키는 것처럼 아주 위대한 일까지도 쓸모없는 것에 지나지 않는다는 것을 깨달았습니다.

하느님께서 제게 풍부히 내려 주신 재능은(제가 하느님께 청한 것은 아닙니다) 저에게 해를 끼치거나 제가 자만하게 만들지 않고, 저를 하느님께 인도해 주었습니다. 그분이 홀로 '변치 않는 분'이시며, 저의 한없는 바람을 채워 주실 유일한 분이라는 것을 알게 해 줬습니다. 또한 그분은 저의 다른 바람인, 착복식 때 눈이 내리기를 바랐던 것처럼 어린아이 같은 바람도 기꺼이 들어주셨습니다.

사랑하는 원장 수녀님, 제가 꽃을 얼마나 사랑하는지 아시지요. 열다섯 살에 수녀원에 들어온 뒤로 저는 봄꽃으로 수놓은 들판을 뛰어다니는 행복은 영원히 단념하였습니다. 그런데 가르멜에 들어온 뒤 어느 때보다도 더 많은 꽃을 갖게 되었습니다……. 세상에서는 약혼자가 자신의 약혼녀에게 꽃다발을 주는 관습이 있다는 것을 예수님께서도 잊지 않으셔서, 도깨비부채며, 마거리트며, 양귀비며, 제가 가장 좋아하는 꽃들을 가득 주셨습니다. 그리고 리지외를 떠난 후로는 다시 볼 수 없었던 밀깜부기라고 불리는 작은 꽃까지도 주셨습니다. 저는 알랑송 들판에서 보던 '제 어린 시절'의 꽃을 꼭 다시 보고 싶다고 항상 생각했는데, 그 꽃을 가르멜에서 다시 보게 되었습니다. 이를 통해 하느님께서는 당신을 사랑하기 위해 모든 것을 버린 영혼들에게는 큰일이든 작은 일이든 지상에서부터 백 배로(마태 19,29 참조) 상을 주신다는 것을 알게 되었습니다.

그러나 제 소원 중에서 가장 크고 은밀한 소원은, 사랑하는 셀린 언니가 우리 자매가 있는 가르멜에 들어오는 것이었습니다. 한 지붕 아래 살면서 같은 수도자의 기쁨과 괴로움을 함께 나눌 수 있다는 이 꿈은 실현 가능성이 없어 보였습니다. 그래서 저는 제 자신을 완전히 희생하고, 만약 필요하다면 셀린 언니가 선교를 위해 세상 끝으로 떠나는 것까지도 견디리라 결심하며, 사랑하는 언니의 장래를 예수님께 맡겼습니다. 그러나 견딜 수 없었던 단 한 가지는 셀린 언니가 예수님의 정배가 되지 못한다는 것이었습니다. 셀린 언니를 저 자신만큼 사랑하기 때문에, 언니가 자신의 마음을 한 사람에게 주는 것은 차마 볼 수 없었습니다. 세상에서 제가 겪어 보지 못한 위험을 언니가 당한다는 것을 알았을 때 저는 무척 괴로웠습니다. 제가 가르멜에 들어온 뒤부터 셀린 언니에 대한 애정은 우애임과 동시에 어머니의 사랑이었다고 말할 수 있습니다. 셀린 언니가 밤에 열리는 파티[133]에 가기로 한 날, 저는 하도 걱정이 되어 눈물까지 줄줄 흘리며(이런 일은 흔하지 않았습니다) "언니가 춤을 추지 못하게 해 주세요."라고 예수님께 간청했습니다. 그런데 그분은 정말 제 기도를 들어주셔서, 당신의 어린 약혼자가 그날 밤 춤을 추도록 허락하지 않으셨습니

---

133 데레사 어머니의 조카인 앙리 모들롱드 씨의 결혼식 날 밤에 열린 파티다.

다(필요한 상황에서는 아무 거리낌 없이 춤을 추던 언니였는데 말입니다). 언니는 거절할 수 없을 만큼 많은 청을 받았지만, 상대편 남자는 도저히 언니를 춤추게 할 수 없었습니다. 그는 아주 당황해서 그저 언니를 자리로 데려다 주기 위해 걸어가기만 했습니다. 그러고는 슬쩍 빠져 나가 그날 밤에는 끝내 나타나지 않았습니다. 이 특별한 사건으로 제 이마에 징표를 찍어 주시고, 사랑하는 셀린 언니의 이마에도 징표를 찍어 주신 하느님에 대해 믿음과 사랑이 자라게 되었습니다.

지난해 7월 29일, 하느님께서는 영원한 보상을 주시려고 당신의 충실한 종[134]을 불러 올리셨습니다. 이와 동시에, 당신의 사랑하는 약혼자에게 매어져 있던 세상의 줄도 끊으셨습니다. 셀린 언니는 자신의 첫 사명을 마친 것입니다. 그토록 깊이 사랑한 아빠의 곁에서 언니는 우리 모두를 대신해서 이 사명을 천사같이 마쳤습니다. 천사들은 세상에 머무르지 않고, 하느님의 뜻을 다 채우면 곧 그분께 돌아갑니다. 그래서 천사들에게는 날개가 있는 것입니다……. 우리의 천사도 흰 날개를 달고 예수님을 찾아 '아주 멀리' 날아가려고 했지만, 그분께서는 '바로 근처'로 날아가게 하셨습니다. 예수님께서

---

[134] 아버지 루이 마르탱은 1894년 7월 29일 주일에 뮈스 성관에서 별세했다.

는 어린 저에게 너무나 괴로웠던 제 큰 희생을 받으시고 만족하셨습니다. 2년 동안이나 셀린 언니는 제게 비밀을 숨기고 있었습니다.[135] 아! 셀린 언니도 얼마나 괴로워했는지요……! 이 세상에서도 빠른 것을 좋아하시던 사랑하는 저의 임금님께서는 드디어 천상에서 셀린 언니의 헝클어진 상황을 서둘러 정리해 주셨고, 마침내 9월 14일에 셀린 언니도 우리와 같은 곳으로 오게 되었습니다!

아빠를 잃고 힘든 나날을 보내던 어느 날, 감사 기도를 하는 동안 예수님께 이런 말씀을 드렸습니다. "주님, 아버지가 '곧장 천국으로' 올라가셨는지를 제가 얼마나 알고 싶어 하는지 잘 아시지요. 저는 당신께서 제게 말씀이 아닌 어떤 표징 하나만이라도 보여 주시기를 바랍니다. 만일 '예수의 애메 수녀'가 셀린 언니의 가르멜 입회를 찬성하든가 적어도 반대하지 않는다면, '아버지는 당신과 함께 바로 천국으로 올라가셨다'는 대답으로 알겠습니다." 사랑하는 원장 수녀님, 당시에 예수의 애메 수녀는 우리 자매 중에 벌써 셋이나 가르멜에 들어와 있는 것을 지나치다고 생각해서 한 사람 더 받는 것을 원하지 않았습니다. 그러나 사람들의 마음을 손에 쥐시고 당

---

[135] 셀린은 피송 신부의 권고를 듣고 캐나다 선교단으로 갈 계획을 하고 있었다.

신이 원하는 방향으로 기울이시는 하느님께서는, 이 자매의 마음에 변화를 일으켜 주셨습니다. 영성체 후 기도를 바친 뒤 제일 처음 만난 이가 이 자매였는데, 다정한 얼굴로 저를 방으로 부르더니 눈물을 글썽거리며 셀린 언니에 대해 이야기했습니다. 아! 제 모든 소원을 모두 살펴 주시는 예수님께 얼마나 많은 감사를 드려야 하는지요…….

이제 제게는 예수님을 열정적으로 사랑하는 것 이외에 다른 소원은 아무것도 없습니다……. 제 어린 소원은 모두 사라졌습니다. 물론 아직도 제가 아기 예수님의 제대를 꽃으로 꾸미고는 싶어 하지만, 하느님께서 제가 가장 원하던 '꽃'인, 사랑하는 셀린 언니를 주신 후로는 다른 꽃은 바라지 않습니다. 제가 가장 아름다운 꽃다발로 하느님께 바친 것은 셀린 언니이기 때문입니다.

제가 죽음과 괴로움을 사랑하기는 하지만, 이제는 그 둘을 원하지는 않습니다. 저를 끌어당기는 것은 오직 '사랑'뿐입니다……. 저는 오랫동안 이 세 가지를 다 원했습니다. 그리하여 괴로움을 차지하였고, 그래서 천국의 언덕에 닿을 것이라 생각했습니다. 저는 이 작은 꽃이 봄이 다 가기 전에 꺾어지리라 생각했습니다……. 오늘날 저를 인도하는 것은 오직 하느님의 거룩한 뜻에 저를 모두 맡기는 것뿐이고, 다른 나침반이라고는 없습니다! 이제는 세상의 방해를 받지 않고 제 영혼에 하느님의 뜻이 완전히 이루어지는 것만 열렬히 구할 뿐입니다. 저는 십자가의 요한 성인의 《영적 찬가》에 나오는 아래의 말을 할 수 있습니다. "사랑하는 이의 그윽한 술광에서 나는 마셨네. 그리고 밖으로 나오니 허허벌판이라 아는 것이 전혀 없네. 기르던 양 떼도 잃고 말았구나……. 내 영혼이 모든 힘을 다하여 그를 섬겼네. 이제는 양 떼도 없고, 할 일이 아무것도 없으니, '이제는 오직 사랑하는 것만이 나의 일이구나.'"[136] 또한 "내가 사랑을 맛본 뒤로 '사랑'은 '모든 것'에서 이익을 취할 줄 안다네. 내 영혼을 '사랑'으로 바꿀 만큼 위대한 일을 하도다."[137] 사랑하는 원장 수녀님, '사랑'의 길이란 얼마나 기쁜 것입니까. 물론 우리는 그 길에서 넘어질 수도 있고, 신의를 저버릴 수도 있습니다. 그러나 '모든 것에서 이익을 취할 줄 아는' 사랑은 예수님의 마음에 들지 않은 것은 즉시 모두 태워 버리고, 마음에는 겸손하고 아늑한 평화만을 남겨 둡니다.

아! 저는 십자가의 요한 성인의 저서에서 얼마나 많은 빛을 얻었는지 모릅니다……! 17, 18세 때에는 이 책 외에는 다

---

[136] 십자가의 요한 성인의 《영적 찬가》 제26노래와 제28노래다.
[137] 성시, '신성 해설'에 나오는 구절이다.

른 정신적 양식이 없었습니다. 그러나 나이가 들어서는 어떤 책을 읽어도 무감각했고, 지금도 아직 그런 경향이 있습니다. 어떤 영적 작가가 쓴 책이 아무리 아름답고 감각적이라도 제 마음은 불편해지고, 읽는다 하더라도 알아듣지 못합니다. 혹시 알아듣더라도 묵상을 할 수 없게 마음이 굳어 버립니다……. 이렇게 무능한 중에 성경과 《준주성범》이 저를 구원해 줍니다. 저는 책에서 단단하고 '깨끗한' 양식을 찾게 됩니다. 그러나 기도하는 중에 제게 말을 건네주는 것은 무엇보다도 복음이어서, 제 가엾은 작은 영혼에 필요한 것은 모두 거기서 찾아냅니다. 또한 복음에서 언제나 새로운 빛과 신비롭고 숨겨진 뜻을 찾아냅니다…….

저는 "하느님의 나라는 너희 가운데에 있다."(루카 17,21)라는 것을 깨닫고, 또 경험으로 알게 됩니다. 예수님께서는 영혼을 가르치는 데 책이나 학자를 필요로 하지 않으십니다. 학자 중의 '학자'이신 그분은 요란한 소리 없이 가르치십니다.[138] 저는 그분께서 직접 말씀하시는 것을 들은 적은 없지만, 그분께서 제 안에 계신 것을 느낍니다. 예수님께서는 시시각각으로 저를 인도하시고, 제가 해야 할 말과 행동을 알려 주십니

---

138 《준주성범》 3권 43,3

다. 그것이 작용을 할 때 그때까지 보지 못하던 빛을 보게 됩니다. 보통 이런 빛은 기도를 드릴 때가 아니라, 오히려 그날 그날의 일을 해나가는 중에 보게 됩니다.

아, 사랑하는 원장 수녀님! 이렇게 많은 은혜를 받고 나니 "주님의 자애는 영원하시다."(시편 118,1)라고 시편의 저자처럼 노래할 수 있지 않겠습니까? 만일 모든 사람이 저와 같은 은혜를 받는다면, 아무도 하느님을 두려워하지 않고 미칠 듯이 그분을 사랑할 것이며, 두려움이 아닌 '사랑' 때문에, 하느님께 괴로움을 끼쳐 드리지 않을 것입니다……. 그러나 모든 영혼이 똑같을 수는 없다는 것을 압니다. 하느님의 완전하심을 한 가지씩 특별히 공경하기 위해서는 여러 종류의 영혼이 있어야 합니다. 제게는 무한하신 당신의 자비를 주셨고, 하느님의 다른 완전하심을 보고 찬미하는 것도 '자비를 거쳐'야 가능합니다……! 그러니 제 눈에는 모든 완전하심이 '사랑'으로 빛나 보입니다. 믿음까지도 '사랑'에 싸여 있다고 생각합니다……. 주님께서는 공의公義하신 분이라는 것을, 즉 우리의 약함을 잘 이해하시고, 우리 본성의 연약함을 잘 아심을 생각하면 얼마나 기쁩니까. 그러니 제가 무엇을 두려워하겠습니까? 아! 탕자의 모든 잘못도 그렇게 인자하게 용서해 주시는 무한히 공의하신 하느님께서 '늘 당신과 함께 있는'(루카 15,31

참조) 저에게도 '공의하실' 것이 아닙니까?

올해 6월 9일 삼위일체 대축일에, 저는 예수님께서 얼마나 사랑받기를 원하시는지 그 어느 때보다도 더 잘 깨닫게 되는 은혜를 받았습니다.[139]

죄인들이 받을 벌을 대신 받기 위해 자신을 하느님의 공의에 희생으로 바치는 영혼들을 생각하고, 그 제물을 크고 너그러운 것으로는 여기지만, 저도 그렇게 하겠다는 마음은 조금도 없었습니다. 저는 마음속으로 부르짖었습니다. "오, 주님! 당신의 공의만이 영혼들을 희생 제물로 받아 주십니까……? 당신의 '인자하신 사랑'에도 제물이 필요하지 않습니까? 그 사랑은 가는 곳마다 무시를 당하고 배척을 당하고 있습니다. 당신은 사랑을 풍부히 베풀고자 하시지만, 사람들의 마음은 당신 품에서 무한한 '사랑'을 받아들이는 대신, 피조물에게 달려가 그들의 보잘것없는 애정을 통해 행복을 구하려고 합니다……. 하느님! 푸대접을 받은 당신의 사랑이 당신의 마음속에 남아 있습니까? 만일, 당신의 '사랑'에 희생 제물로 자신을 바치는 영혼이 있다면, 당신은 곧 그 영혼들을 살라 버리시

---

[139] 1895년 6월 9일, 데레사는 자비로운 사랑에 자신을 바쳤다. 부록에 이 봉헌 기도의 전문이 실려 있다.

고, 당신 속에 품으신 무한한 애정의 물결을 억제하지 못함을 기뻐하실 것이라 생각합니다……. 이 땅 위에만 미치는 당신의 공의도 짐을 풀기를 즐긴다면 당신의 자애는 하늘까지 미치는 것이니(시편 36,6 참조) 당신의 인자하신 사랑은 얼마나 더 영혼들을 사르고 싶으시겠습니까? 예수님! 저에게 이 행복한 희생을 하게 허락하시어, 당신의 작은 제물을 '하느님의 사랑'의 불로 태워 주십시오……!"

저를 하느님께 바치는 것을 허락하신 원장 수녀님, 제 영혼에 차고 넘친 강물을, 아니 은총의 바다를 아시겠지요……. 행복한 그날 이후로 사랑이 제 안에 스며들어 저를 에워쌉니다. 이 자비로운 사랑이 시시각각으로 저를 다시 살게 하고 제 영혼을 깨끗하게 하여, 아무런 죄의 흔적도 남겨 놓지 않습니다. 그래서 저는 연옥조차 무서워하지 않습니다. 거룩한 영혼들만이 연옥에 들어갈 수 있으므로, 제 힘으로는 이 속죄하는 곳에 들어갈 자격조차 얻을 수 없다는 것을 압니다. 그러나 '사랑'의 '불'은 연옥의 불보다도 영혼을 더 거룩하게 만드는 힘이 있다는 것과 예수님께서는 우리가 쓸데없는 괴로움을 당하는 것을 원치 않으신다는 것을 압니다. 그러므로 하느님께서 제 소원을 채워 주실 마음이 없으셨다면 이런 소원이 제 마음에 생기지 않게 하셨으리라는 것도 압니다.

아! 사랑의 길이란 얼마나 기쁩니까……. 언제나 하느님의 뜻에 모든 것을 맡기고 그 뜻을 이루는 데 제 모든 힘을 기울이기를 얼마나 바라는지요!

사랑하는 원장 수녀님, 당신의 어린 데레사의 생애에 대해서 말씀드릴 수 있는 것은 이것뿐입니다. 데레사가 어떤 아이라는 것과, 예수님께서 그 아이에게 해 주신 것에 대해서는 원장 수녀님이 훨씬 더 잘 아시므로 저의 수도 생활에 대한 이야기를 많이 하지 않은 것을 용서해 주십시오.

이 '작은 흰 꽃의 내력'은 어떻게 끝날까요……? 작은 꽃은 일찍 꺾일지도 모르고 다른 언덕에 옮겨 심어질지도 모릅니다.[140] 그것을 지금은 알 수 없으나 제가 확실히 아는 것은 하느님의 인자하심이 항상 작은 꽃과 함께하실 것이라는 것과, 소화는 자신을 예수님께 바쳐 주신 원장 수녀님을 언제까지나 축복하리라는 것입니다. 이 소화는 원장 수녀님의 화관을 꾸미는 꽃 중의 하나인 것을 영원히 즐거워할 것입니다……. 저는 사랑하는 원장 수녀님과 함께 항상 새로운 사랑의 노래를 오랫동안 부를 것입니다.

---

140 선교 지방으로 파견될지도 모른다는 암시다.

문장紋章에 대한 설명

JHS 문장은 예수님께서 당신의 보잘것없고 가련한 배필에게 선물로 내려주신 것이다. 베레지나의 고아는 아기 예수와 성면의 데레사가 되었는데, 이는 데레사의 귀족 작위이자 그녀의 자산이며 희망이다. 문장을 두 부분으로 나누는 포도나무는 다음과 같이 말씀하신 분, 예수님의 모습이다. "나는 포도나무요 너희는 가지다. 내 안에 머무르고 나도 그 안에 머무르는 사람은 많은 열매를 맺는다."(요한 15,5 참조) 둘레를 에워싼 두 개의 잔가지는(하나는 성면이고 다른 하나는 아기 예수님이다) 데레사의 모습을 나타낸다. 그 데레사가 이 세상에서 바라는 게 있다면, 아기 예수님의 갈증을 가시게 해 줄 작은 포도송이처럼 기꺼이 자신을 봉헌하고 예수님을 기쁘게 해 드리려는 열망, 예수님께서 수난을 겪으시는 동안 그분의 타

예수님과 데레사의 문장

1 — 문장 위쪽 문구: "저는 주님의 자비로우심을 영원히 찬양할 것입니다……!"

2 — 문장 아래쪽 문구: 주님께서 당신의 보잘것없는 배필에게 내리신 은총의 날들 1873년 1월 탄생 · 1873년 1월 4일 세례성사 · 1889년 5월 승리의 성모님의 미소 · 1884년 5월 8일 첫영성체 · 1884년 6월 14일 견진성사 · 1886년 12월 25일 크리스마스의 은총 · 1887년 11월 20일 레오 13세 교황님 알현 · 1888년 4월 9일 가르멜 수도원 입회 · 1889년 1월 10일 착복식 · 1889년 2월 12일 아버지의 요양원 입원 · 1890년 9월 2일 레오 13세 교황님의 교회법에 의거한 심의 및 승인 · 1890년 9월 8일 서원식 · 1890년 9월 24일 베일 착용 · 1895년 6월 9일 자비로우신 사랑에 자신을 봉헌

는 듯한 갈증을 풀어 드리고 싶은 열망뿐이었다. 하프는 예수님께 늘 사랑의 노래를 불러 드리고 싶어하는 데레사를 의미한다.

FMT 문장은 성모님의 작은 꽃, 마리 프랑수와즈 데레사의 문장이다. 작은 꽃은 이른 새벽에 다정한 샛별이 발하는 유익한 빛을 받아들이는 모습으로 그려져 있다. 풀이 자라는 땅은 작은 꽃이 자라난 데레사의 축복받은 가족을 나타내고, 좀 더 멀리 보이는 산은 가르멜 수도원을 뜻한다. 데레사는 사랑하는 그분을 위해 진정으로 자신의 피를 바칠 수 있는 날을 기다리며, 자신에게 순교의 영예를 가져다줄, 사랑으로 불타는 투창을 의미하는 곳으로 문장 속에서도 바로 이 복된 장소 가르멜을 선택했다. 데레사는 예수님께서 자신을 위해 해 주신 모든 것을 그분을 위해 해 드리는 것으로 예수님의 사랑에 응답하고자 했다……. 그렇지만 데레사는 자신이 연약한 갈대에 불과하다는 것을 언제나 잊지 않았으며, 그런 의미에서 연약한 갈대를 문장 속에 넣었다.

빛을 발하는 삼각형은 가련하고 보잘것없는 데레사의 영혼에 이루 헤아릴 수 없는 은혜를 끊임없이 베풀어 주시는 경배 받으실 삼위일체를 나타낸다. 이에 감사를 드리는 마음으로, 데레사는 "큰 사랑을 받은 것에 보답하는 길은 큰 사랑을 드리는 것뿐이다."라는 경구를 영원히 잊지 않을 것이다.

제2부

성심의 마리아 수녀에게
보낸 편지

✣ 데레사의 첫째 언니 마리에게 보낸 편지다.

제1장

나의 소명은 사랑(1896)

J. M. J. T.

1896년 9월

예수 †

사랑하는 언니! 어쩌면 마지막이 될지도 모르는[141] 제 피정[142]을 기념할 만한 것을 달라고 하셨지요. 원장 수녀님[143]의

---

141 1896년 성금요일에 데레사는 첫 번째 각혈을 했다.
142 데레사는 1896년 9월 초에 특별 피정을 하였다. 이 피정 때 자신의 성소에 대한 큰 빛을 얻었다. 그래서 9월 13일, 성심의 마리아 수녀(첫째 언니 마리)가 그것을 편지로 써 보내 달라고 청했다. 데레사는 이 글을 1896년 9월 13일과 16일 사이에 써 보냈는데, 이 글이 제2부의 바탕을 이루게 된다.
143 1896년 3월 21일부터 다시 원장 수녀직을 맡은 곤자가의 마리아 원장 수녀를 말한다.

허락으로 두 가지 의미에서 저의 언니가 되시는 당신, 즉 제가 아직 말을 하지 못하는 아이일 때 저를 대신하여 예수님만 섬기겠다는 약속을 말씀드려 주신 당신과 이야기를 하게 되어 참으로 기쁩니다……. 사랑하는 대모님, 오늘 저녁 당신에게 이야기하는 사람은 당신이 주님께 바친 아이입니다. 이 아이는 어머니를 사랑하듯 당신을 사랑합니다. 제 가슴에 넘쳐 흐르는 감사의 정은 천국에 가서야 아실 것입니다……. 사랑하는 언니! 예수님께서 언니의 작은딸에게 보여 주시는 비밀을 언니도 듣고 싶으시지요. 예수님께서 이 비밀을 언니에게도 가르쳐 주시고 계심을 저는 알아요. 주님의 가르침을 받아들이도록 제게 일러준 것이 언니였으니까요. 사람의 마음으로 겨우 느낄까 말까 한 것을 사람의 말로 드러내지 못할 것을 알지만, 그래도 몇 마디나마 하려고 합니다.

제가 위로를 받고 있다고 생각하지 마세요! 세상에서 그런 위로를 받지 않는 것이 저에게는 오히려 위로가 됩니다. 예수님께서는 눈에 띄지 않게, 목소리도 들리지 않게, 비밀스럽게 저를 가르치십니다. 책으로 가르치시는 일은 없습니다. 저는 책을 읽어도 알아듣지 못하니까요. 하지만 때로는(침묵과 무감각 가운데 있은 뒤) 묵상한 후에 얻는 아래와 같은 말이 저를 위로해 줍니다. "내가 네게 주는 스승이 여기 있다. 네가 해야 할 일은 모두 그가 가르쳐 줄 것이다. 나는 '사랑의 학문'[144]이 들어 있는 생명의 책을 네가 읽게 하고 싶다." 사랑의 학문! 이 말씀이 제 영혼의 귀에 기쁘게 울립니다. 저는 이 학문만을 원합니다. 이를 위해서는, '아가서'의 신부처럼 "제 집의 온 재산을 내놓는다 해도"(아가 8,7) 아무것도 바치지 않은 것처럼 느껴집니다. 우리를 하느님의 마음에 들게 해 주는 것은 사랑밖에 없다는 것, 이 사랑만이 제가 탐내는 보물이라는 것을 너무나 잘 압니다. 예수님께서 이 '거룩한' 감각으로 인도하는 한 갈래 길을 제게 알려 주십니다. 이 길은 아버지의 품에서 아무런 걱정 없이 잠드는 어린아이의 '온전한' 마음 그것입니다……. 성령께서 솔로몬의 입을 빌려 "작은 이는 누구나 이리로 들어와라!"[145] 하고 말씀하셨으며, 이 '사랑의 성령'은 "작거나 크거나 다 그분께서 만드셨고 모두 똑같이 생각해 주신다."(지혜 6,7)라고도 말씀하셨습니다. 또한 "그분께서는 목자처럼 당신의 가축들을 먹이시고 새끼 양들을 팔로 모아 품에 안으시며 젖 먹이는 어미 양들을 조심스럽게 이끄신다."(이사 40,11)라는 것은 하느님의 성령을 대신하여 이사야 예언

---

144 예수님께서 마르가리타 마리아 알라코크 성녀에게 하신 말씀이다.
145 우리말 성경은 '작은 이'를 '어리석은 이'로 옮겼다(잠언 9,4 참조). – 편집자 주

자가 우리에게 일러 주십니다.

그리고 이 모든 증거가 부족하기라도 한 것처럼, 계시 받은 눈으로 영원한 신비를 내다보던 이사야 예언자는 주님의 이름으로 부르짖습니다. "어머니가 제 자식을 위로하듯 내가 너희를 위로하리라."(이사 66,13) "너희는 젖을 빨고 팔에 안겨 다니며 무릎 위에서 귀염을 받으리라."(이사 66,12) 사랑하는 대모님! 이러한 말씀을 들었으니, 어떻게 사랑과 감사의 눈물을 흘리지 않을 수 있겠습니까……. 아! 모든 영혼 가운데 가장 어린, 당신의 어린 데레사가 느끼는 것을 약하고 불완전한 모든 영혼들이 느낀다면, 사랑의 가장 높은 곳에 올라가지 못하겠다고 낙담할 사람은 아무도 없을 것입니다. 왜냐하면 예수님께서는 어떤 위대한 행동을 바라시는 게 아니라, 다만 자신을 온전히 맡기는 믿음과 감사의 정을 바라실 뿐이기 때문입니다. 하느님께서는 시편 50장에서 이렇게 말씀하셨습니다. "나는 네 집에 있는 수소도, 네 우리에 있는 숫염소도 받지 않는다. 숲속의 모든 동물이며 수천 산들의 짐승이 내 것이기 때문이다. 나는 산의 새들을 모두 안다. 들에서 움직이는 생물들도 내게 속한 것들이다. 나 비록 배고프다 하여도 네게 말하지 않으리니 누리와 그를 채운 것들이 나의 것이기 때문이다. 내가 황소의 고기를 먹고 숫염소의 피를 마시기라도 한

단 말이냐? 하느님에게 찬양 제물을 바쳐라."(시편 50,9-14 참조)

예수님께서 우리에게 바라시는 것은 오직 이것뿐입니다. 그분께는 우리의 행동이 아니라, 오직 우리의 '사랑'이 필요한 것입니다. 당신이 시장하시다는 말씀을 우리에게 할 필요가 없다고 하신 하느님께서, 사마리아 여인에게 물 한 모금을 서슴지 않고 청하셨습니다. 목이 마르셨던 것입니다……. 그러나 "나에게 마실 물을 좀 다오."(요한 4,7)라고 말씀하셨을 때, 천지의 창조주가 가련한 피조물에게 청하신 것은 물이 아닌 '사랑'이었습니다. 그분은 사랑에 목마르셨던 것입니다. 아! 저는 예수님께서 그 어느 때보다도 목말라하심을 압니다. 그분은 세상의 제자들 중에서 배신하거나 무관심한 자들만 만나셨고, 자신을 그분에게 남김없이 바치며, 그분의 무한한 사랑이 얼마나 정다운지를 아는 마음은 별로 만나지 못하셨습니다.

사랑하는 언니, 우리 천상배필의 비밀을 깨달았으니 얼마나 복됩니까. 아! 만약 언니가 여기에 대해서 아는 것을 모두 쓴다면, 우리는 아름다운 글을 많이 읽을 수 있을 것입니다. 그렇지만 언니가 '임금님의 비밀'을 마음속 깊이 간직하고 싶어 한다는 것을 잘 압니다. 저에게는 "하느님의 업적은 존경하는 마음으로 드러내어 밝히는 것이 좋다."(토빗 12,7)라고 하셨지요. 그러나 저는 언니가 조용히 지내시길 잘했다고 생각합니다. 하늘의 신비를 땅의 언어로는 표현할 수가 없기 때문이지요. 그렇기에 제가 이 글을 쓰는 것도 오직 당신을 기쁘게 해 드리기 위해서입니다. 그리고 저는 많은 글을 쓰고 나서도, 아직 쓰기를 시작도 하지 않은 것처럼 느껴질 것입니다……. 경치가 너무나 많고, 색이 끝없이 변해서, 어둠 속에 잠긴 현세가 지난 후에 만날 하늘 화가의 '팔레트'만이 그분께서 제 영혼의 눈에 보여 주시는 기묘한 풍경을 그릴 만한 빛깔을 만들 수 있을 것입니다.

사랑하는 언니, 언니는 제 꿈과 '제 작은 도리'를 글로 써 달라고 하셨지요……. 다음 장에 그것을 써 두긴 했지만 글솜씨가 너무 서툴러서 당신이 알아듣지 못하실 것 같습니다. 언니는 제 표현이 과장되었다고 생각하실지 모릅니다……. 이는 사람의 마음을 별로 끌지 못하는 저의 문체 탓이니 용서해 주세요. 그러나 제 마음은 아무런 과장됨이 없이 조용하고 침착하다는 것을 맹세합니다……. (이 글을 쓸 때, 저는 예수님께 말씀을 드리는 것처럼 쓰겠습니다. 그것이 제 생각을 드러내기에 더 쉬우니까요! 아! 그렇다고 해도 제 생각이 제대로 표현될 리는 없습니다!)

J. M. J. T.

1896년 9월 8일[146]

사랑하는 성심의 마리아 수녀님께

오! 사랑하는 저의 예수님! 당신이 얼마나 큰 애정으로, 얼마나 부드럽게 제 작은 영혼을 인도하시는지 누가 알 수 있겠습니까! 캄캄한 폭풍우가 몰아칠 때에도 당신 은총의 빛이 저를 환하게 밝혀 주시지 않았습니까……! 예수님, 당신 승리의 아름다운 축일, 빛나는 예수 부활 대축일이 지난 후부터, 제 영혼에는 폭풍우가 몹시도 세차게 일었습니다. 5월의 어느 토요일, 당신께서 어떤 영혼들에게 가끔 내려 주시는 아름다운 꿈을 생각하고, 그것이 굉장히 따뜻한 위로가 될 것이라고 생각했지만, 그 위로를 청하지는 않았습니다. 밤하늘을 덮고 있는 구름을 바라보다가, 제 '어린 영혼'은 아직도 그 아름다운 꿈이 제 몫이 아니라고 생각하며 폭풍우 아래에서 잠이 들었습니다. 그 이튿날은 5월 10일이었는데, 그날은 '성모 성월'의 둘째 주일이었으며, 아마도 성모님께서 당신의 작은 꽃에게 친히 미소를 보여 주셨던 날부터 딱 1년이 지난 날이었습

---

146 데레사는 이 편지에 서원식 기념일 날짜를 썼다.

니다.[147]

저는 꿈속에서 새벽빛이 퍼질 무렵의 어떤 복도에 서 있었습니다. 다른 사람도 여러 명 있었지만 저와는 멀리 떨어져 있었습니다. 원장 수녀님만 제 곁에 있었는데, 어떻게 들어왔는지 갑자기 망토를 입고 큰 베일을 쓴 가르멜 수녀 세 분이 보였습니다. 그분들은 원장 수녀님을 뵈려고 온 것 같았는데, 하늘에서 오신 것만은 분명히 느낄 수 있었습니다. 아! 이분들 중 한 분의 얼굴이라도 볼 수 있다면 얼마나 좋을까 하고 마음속으로 부르짖었습니다. 그랬더니 제 소원을 들으신 것처럼, 그중 제일 크신 한 분이 제게로 걸어오셨습니다. 저는 바로 무릎을 꿇었습니다. 아! 제 마음이 얼마나 기뻤는지요! 그 가르멜 수녀는 '자기 베일을 조금 들어 저를 덮어 주셨습니다……' 저는 즉시 그분이 프랑스 가르멜의 창설자인 '예수의 안나 원장 수녀님'[148]임을 알아보았습니다. 그분의 얼굴에는 아름다움이 가득했는데, 그것은 세상의 아름다움이

---

147 1883년 성모님께서 데레사에게 미소를 보여 주신 것이 5월의 둘째 주일이었던 것은 사실이다. 그러나 10일이 아니라 13일이었다.
148 로베라의 안나는 1570년 가르멜의 첫 번째 혁신 수도원인 아빌라의 성 요셉 수도원에 들어가서 예수님의 안나라는 이름을 받았다. 수녀는 아빌라의 데레사 성녀의 고문이자 친구가 되었고, 데레사의 정신을 이어받았다. 십자가의 요한 성인에게서 《영적 찬가》를 받은 분이 바로 이분이다. 후에 수녀는 프랑스와 네덜란드에 데레사식 혁신을 주입시켰다.

아니었습니다. 주위에서 아무 빛도 나오지 않았고, 두터운 베일이 우리를 싸고 있었는데도, 밖이 아닌 그분의 얼굴에서 나오는 듯한 말할 수 없이 따스한 광채로 숭고한 얼굴이 빛나는 것을 보았습니다.

제가 느꼈던 이 큰 기쁨을 제대로 말씀드릴 수가 없습니다. 느낄 수는 있어도 표현할 수 없는 그런 것이기 때문입니다. 이 즐거운 꿈을 꾼 지 여러 달이 지났지만, 제 마음속에는 아직도 기억이 생생하게 남아 있습니다……. 저는 아직도 존경하는 원장 수녀님의 '사랑 가득한' 시선과 미소가 눈에 선합니다. 그분이 쓰다듬어 주시던 손길을 지금도 느끼는 것 같습니다.

제가 이토록 사랑받는 것을 보고, 저는 이런 말을 감히 입 밖에 내었습니다. "원장 수녀님, 하느님께서 저를 오랫동안 세상에 두시려는 건지 말씀해 주십시오……. 하느님께서는 머지않아 저를 데리러 오실까요……?" 그분은 다정하게 웃으시며 "그럼요, 곧……. 내가 약속합니다." 하고 말씀하셨습니다. 저는 또 "원장 수녀님, 하느님께서 제 하찮은 일과 제 소원 이외에 다른 것은 바라지 않으시는지도 말씀해 주십시오. 하느님이 저를 만족하게 여기십니까?" 하고 여쭈었습니다. 원장 수녀님의 얼굴은 처음에 말씀하실 때보다 '비교할 수 없이' 더 다정한 표정이셨습니다. 원장 수녀님의 시선과 어루만짐은 가장 부드러운 대답이었습니다. 그리고 "하느님께서는 당신에게 다른 어떤 것도 바라지 않으십니다. 그분은 매우 만족하게 여기십니다……!" 하고 말씀해 주셨습니다. 그러고는 세상의 어머니 가운데 가장 자애로운 어머니가 자기 아이를 쓰다듬는 것 이상으로 저를 사랑스럽게 쓰다듬어 주신 후에 떠나셨습니다. 제 마음은 기쁨으로 가득했지만, 저의 언니들을 생각하고, 그들을 위해 몇 가지 은혜를 청하려고 했습니다. 그러나 슬프게도 꿈에서 깨어났습니다.

오, 예수님! 그때는 폭풍도 으르렁대지 않았고, 하늘은 고요하고 눈부시게 파랬습니다. 저는 천국이 있으며, 그곳에는 저를 아이처럼 여기고 귀여워해 주는 영혼들이 가득한 것을 느끼고 믿게 됐습니다. 제가 예수의 안나 원장 수녀님에 대해 그때까지는 큰 관심을 두지 않았던 만큼, 이 꿈은 제 마음속 깊이 남아 있습니다. 저는 그분에게 전구를 청한 적이 없었고, 그분에 대한 이야기를 들을 때에야 그분이 생각날 정도였지만, 그것조차도 드문 일이었습니다. 그래서 원장 수녀님께서 저를 얼마나 사랑하시며 얼마나 많은 관심을 가지셨는지 깨달았을 때, 제 마음에는 저를 찾아 주신 그분에 대한 감사와 나아가 하늘 나라에 사시는 모든 '복된 분'들에 대한 사랑과 감사의 정이 넘쳐흘렀습니다.

오! 지극히 사랑하는 예수님! 이 은혜는 당신께서 제게 풍부히 내려 주시는 큰 은혜의 시작에 지나지 않았습니다. 제 유일한 '사랑'이신 예수님, '우리 결합'의 여섯 번째 해[149]가 되는 오늘, 당신께 이 은혜를 회상시켜 드리는 것을 허락해 주십시오……. 그리고 끝없는 제 소원과 희망을 말씀드리다가 두서없는 말이 되거든, 저를 용서해 주시고 제 영혼이 바라는 것을 주셔서 낫게 해 주십시오!

예수님! 당신의 정배가 되는 것, '가르멜 수녀'가 되는 것, 당신과 결합하여 영혼들의 어머니가 되는 것, 이런 것들로 저는 충분히 만족해야 합니다……. 그런데 그렇지 못합니다……. 가르멜 수녀, 당신의 정배, 그리고 어머니가 되는 이 세 가지 특권이 제 성소임은 틀림없습니다. 그러나 저는 군인, 신부, 사도, 학자, 순교자 같은 다른 성소도 자꾸 원하게 됩니다. 결국 저는 예수님을 위해서 가장 용감한 일을 모두 해내고 싶은 소망과 욕심을 가지게 됩니다. 저는 십자군 병사와 교황군 병사의 용맹을 가슴에 느끼며, 교회를 지키는 싸움터에서 죽고 싶습니다.

---

149 데레사는 1890년 9월 8일에 서원식을 했다.

1896년 7월 12일 무렵의 데레사.

저는 '사제의 성소'를 제 안에 느낍니다. 예수님, 제 목소리가 성체성사를 통해 당신을 하늘에서 내려오시게 할 때, 저는 얼마나 큰 사랑으로 두 손에 당신을 받쳐 들 것이며, 얼마나 큰 사랑으로 당신을 영혼들에게 주겠습니까! 그러나 신부가 되기를 원하면서도 아시시의 프란치스코 성인의 겸손을 우러러보고 부러워하며, 그 성인을 본받아 '사제직'의 높은 지위를 사양하는 성소 또한 느낍니다.

저의 사랑과 생명이신 예수님! 어떻게 하면 이 모순이 조화를 이루겠습니까? 제 '작은 영혼'의 소원을 어떻게 이룰 수 있겠습니까?

아! 저는 작지만, 예언자나 학자들처럼 다른 이들의 영혼을 비추고 싶습니다. 저는 사도가 될 성소를 갖고 있습니다……. 온 세상을 두루 다니며, 당신의 이름을 퍼뜨려, 당신의 영광스러운 십자가를 외방에 꽂고 싶습니다. 그러나 오, 지극히 사랑하는 하느님! 저는 한 가지 사명만으로는 만족하지 못할 것입니다. 저는 복음을 세계 방방곡곡, 가장 멀리 떨어진 섬에 이르기까지 전하고 싶습니다. 단지 몇 해 동안만 선교 사제의 일을 하고 싶은 게 아니라, 세상이 시작한 때부터 이 세기가 끝날 때까지 계속 하고 싶습니다……. 오, 지극히 사랑하는 그리스도님, 무엇보다도 당신을 위해 제 피의 마지막 한 방울까지 쏟고 싶습니다. '순교', 이것이 제 어릴 적 꿈이었습니다. 이 꿈은 가르멜 수녀원의 생활 속에서 점점 커져 갔습니다……. 그러나 곧 이 꿈이 어리석은 것임을 느꼈습니다. 저는 한 가지 종류의 순교만으로는 만족하지 않을 테니까요. 저는 모든 순교를 다 당해야만 겨우 만족할 것입니다……. 공경하는 예수님, 저도 당신처럼 매를 맞고 십자가에 못 박히고 싶습니다……. 바르톨로메오 성인처럼 가죽이 벗겨져서 죽고 싶습니다……. 요한 성인처럼 끓는 기름 가마에 잠기고도 싶습니다. 순교자들이 받은 모든 형벌을 다 받고 싶습니다……. 아녜스 성녀와 체칠리아 성녀처럼 칼 아래 목을 들이밀고 싶고, 사랑하는 잔 다르크 성녀처럼 불타는 장작더미 위에서 "오, 예수님!" 하고 당신의 이름을 부르고 싶습니다……. '그리스도의 적들' 시대[150]에 교우들이 받을 형벌을 생각하면 가슴이 뛰고, 그 형벌에 제 몫이 남아 있었으면 합니다……. 예수님, 제 모든 소원을 쓰려면, 모든 성인들의 행실이 적혀 있는 '당신의 생명의 책'을 빌려야만 할 것입니다. 그 책에는 모든 성인들의 행적이 적혀 있는데, 저는 당신을 위해 그 행적들을 모두 행하고 싶습니다.

---

150 1요한 4,3; 2,18.22; 2요한 1,7 참조

오, 예수님! 이런 제 어리석은 생각에 어떤 대답을 주시겠습니까……? 제 영혼보다 더 작고 힘없는 영혼이 세상에 또 있겠습니까……! 그러나 주님, 제가 이렇게 약함을 아시고 당신께서는 제 '작고 어린' 소원을 채워 주셨습니다. 그리고 온 세상보다도 더 큰 다른 소원도 채워 주려 하십니다.

이 간절한 소원은 묵상할 때 순교만큼의 고통으로 바뀌어서, 무슨 대답이라도 얻고 싶은 마음에 바오로 사도의 서간집을 폈습니다. 코린토 신자들에게 보낸 첫째 서간 12장이 눈에 띄었습니다……. 거기에는 모든 사람이 한꺼번에 '사도와 예언자'와 교사 등 여러 가지가 동시에 될 수 없다는 것, 교회는 여러 지체肢體로 이루어졌다는 것(1코린 12,29 참조), 그리고 "눈이 동시에 손이 될 수는 없다."(1코린 12,21 참조)라는 말이 있었습니다……. 분명한 대답이기는 했지만, 제 소망이 채워진 것도 평화가 온 것도 아니었습니다……. 텅 빈 무덤가에서 줄곧 울던 마리아 막달레나 성녀가 무덤 쪽으로 몸을 굽혀 들여다보다가, 마침내 그녀가 찾던 것을 발견했던 것처럼(요한 20,11-18 참조), 저도 제 허무의 깊은 속까지 저를 낮춤으로써 오히려 높이 올라가 제 목적까지 다다르게 되었습니다…….[151] 저는

---

151 십자가의 성 요한의 탈혼에 대한 제2의 찬가.

실망하지 않고 계속 읽어 나가다가 이 구절에서 마음이 가벼워졌습니다. "여러분은 더 큰 은사를 열심히 구하십시오. 내가 이제 여러분에게 더욱 뛰어난 길을 보여 주겠습니다."(1코린 12,31) 그리고 사도께서는 어째서 아무리 완전한 특별한 은사라도 '사랑'이 없으면 아무것도 아닌지를 설명하셨고……, '하느님께로 확실히 가기 위해서는 사랑이 가장 훌륭한' 길이라는 것을 설명하셨습니다.

마침내 저는 안정을 찾았습니다……. '가톨릭 교회'의 신비체를 살펴보니, 바오로 사도께서 설명하신 지체의 어떤 곳에서도 저를 찾을 수 없었습니다. 그래서 저는 더욱 모든 지체에서 저를 찾아내려고 했습니다……. '사랑'이 제 '성소'에 대한 답을 주었습니다. 만일 교회가 여러 지체로 이루어진 몸이라면, 모든 기관 중에 가장 필요하고 가장 귀한 것이 교회에 있을 것임을 알게 됐습니다. '교회에는 심장이 있고, 이 심장에는 사랑이 불타고 있다는 것'을 깨달았습니다. 오직 사랑만이 교회의 모든 지체를 움직이게 한다는 것과, 사랑의 불이 꺼진다면 사도들은 더 이상 복음을 전하지 못할 것이며, 순교자들은 피를 흘리려 하지 않으리라는 것을 알았습니다……. 그리고 '사랑은 모든 성소를 포함할 뿐만 아니라 모든 시간과 모든 것도 포함한다는 것……, 즉 사랑은 영원하다는 것'을 깨달았습니다…….

저는 미칠 듯한 기쁨에 이렇게 부르짖었습니다. "오, 제 사랑이신 예수님……. 제 성소를 마침내 찾았습니다. 제 성소는 사랑입니다."

그렇습니다. 저는 교회에서 제 자리를 찾아냈습니다. 그리고 하느님, 이 자리를 제게 주신 분은 바로 당신이십니다……. '어머니이신 교회의 마음' 속에서 저는 '사랑'이 되겠습니다. 그리하여 모든 것이 되겠습니다……. 이렇게 저의 꿈은 이루어질 것입니다.

제가 왜 미칠 듯한 기쁨이라고 말했을까요? 이 표현은 정확하지 않습니다. 오히려 항구로 안내하는 등대를 바라보는 항해자의 고요하고 맑은 평화라고 할 것입니다……. 오, 사랑으로 빛나는 '등대'여! 어떻게 해야 당신께 도달할 수 있는지 저는 압니다. 당신의 불꽃을 차지할 수 있는 비밀을 찾았습니다.

저는 힘없고 약한 어린아이에 지나지 않습니다. 그러나 예수님, 제가 '당신 사랑의 희생으로' 저를 드릴 용기를 내는 것은, 제가 약하기 때문입니다! 예전에는 깨끗하고 흠 없는 제물만을 '강하고 전능하신' 하느님께서 받아 주셨습니다. '하느님의 공의公義'를 만족시키기 위해서는 완전한 희생이 필요했지만, '두려움의 법'을 '사랑의 법'이 물려받았고, 사랑은 약하고 불완전한 피조물인 저를 제물로 선택했습니다……. 이 선택은 '사랑할 만한' 것이 아닙니까……? 그렇습니다. 사랑이 충족되기 위해서는 허무까지 내려가, 허무를 '불'로 바꾸어야만 하는 것입니다.

  오, 예수님, 사랑은 사랑으로밖에 갚지 못한다는 것[152]을 저는 압니다. 그래서 당신의 '사랑'을 '사랑'으로 갚아, 제 마음을 위로할 방법을 찾아냈습니다. "세속의 재물로라도 친구를 사귀어라. 그래서 재물이 없어질 때 너희는 영접을 받으며 영원한 집으로 들어갈 것이다."(루카 16,9 참조) 주님, 이것이 당신께서 제자들에게 "세속의 자녀들이 저희끼리 거래하는 데에는 빛의 자녀들보다 더 영리하다."(루카 16,8 참조)라고 말씀하신 후에 주신 교훈이었습니다. 빛의 아이인 저는 '모든 것이 되고자 하는', 그리고 '모든 성소를 차지하고자 하는' 제 소원이 저를 불의하게 만들 수 있다는 것을 깨달았고, 소원들을 '제 벗을 만드는 데' 썼습니다……. 엘리사가 그의 스승 엘리야 예언자에게 '두 가지 능력'(2열왕 2,9 참조)을 청할 때 드린 기도를 생각하고, 천사들과 성인들 앞에 나아가 말했습니다. "저는 피조물 가운데 가장 작은 자입니다. 저는 제 비천함과

---

152 십자가의 성 요한, 《영적 찬가》 제9노래다.

약함을 압니다. 그러나 높고 너그러우신 분들이 은혜 베풀기를 얼마나 좋아하시는지도 압니다. 그러니 하늘 나라의 '복되신' 분들이여, '저를 양녀로 받아들여 주시기를' 청합니다. 제게 주실 영광은 오직 당신들께로만 돌아갈 것입니다. 제 기도를 들어주십시오. 제 기도가 합당치 못한 것을 알지만, 감히 '당신들의 두 가지' 사랑을 제게 주시기를 청합니다."

예수님, 저는 이것을 계속 요청할 수는 없었습니다. 제 대담한 소원의 무게에 짓눌릴까 봐 겁이 났으니까요……. 이런 청을 대담하게 드린 데 대한 핑계는 제가 '어린아이'라는 것입니다. 어린아이들은 자신의 말이 가진 힘을 생각하지 못합니다. 그렇지만 그들의 부모들이 옥좌에 앉아 한없는 보물을 차지하게 된다면, 자신만큼 사랑하는 '어린 자녀들'의 청을 서슴지 않고 들어줍니다. 아이들을 즐겁게 하기 위해서는 주책없는 일도 저지르고, 그들이 하자는 대로 하기도 합니다……. 그런데 저는 '가톨릭 교회의 어린아이'이고, 가톨릭 교회는 임금님 중의 임금님이신 당신의 정배이자 여왕입니다……. 어린아이의 마음이 간구하는 것은 재물이나 '영광'(천국의 '영광'이라 할지라도)이 아닙니다. 영광은 당연히 제 형제들인 천사와 성인들의 것임을 알고 있습니다……. 이 아이의 영광은 그의 '어머니'의 이마에서 비치는 빛일 것입니다. 이 아이가 청하는 것은 사랑입니다……. 오, 예수님, 어린아이가 아는 것은 단 한 가지, 당신을 사랑하는 것뿐입니다. 빛나는 하늘의 사업은 그 아이가 할 수 없습니다. 복음을 전할 수도 없고, 피를 흘릴 수도 없습니다……. 그러나 그것이 무슨 상관이 있습니까? 그 아이의 형제들이 대신 일을 하고, 그 아이는 임금님과 여왕님의 옥좌玉座 곁에 붙어 서서 싸우는 형제들을 대신하여 '사랑합니다.' 그러나 '사랑'은 행동으로 증거할 수 있는 것인데, 그는 자신의 사랑을 어떻게 증거할 수 있을까요? 방법이 있습니다. 어린아이는 '꽃을 던질 것'입니다. 꽃향기로 옥좌를 향기롭게 하고 은방울을 굴리는 듯한 목소리로 '사랑'의 노래를 부를 것입니다.

그렇습니다. 지극히 사랑하는 예수님, 제 목숨은 이렇게 타 버릴 것입니다……. 제가 당신께 사랑을 증거하기 위해 저는 꽃을 던지는 것밖에 다른 방법이 없습니다. 조그만 희생 하나, 눈길 한 가닥, 말 한마디 놓치지 않는 것 등 아주 작은 것들을 사랑을 증거하는 데 이용하는 것입니다……. 저는 사랑으로 괴로움을 받고, 사랑으로 즐거움을 맛보고 싶습니다. 이렇게 당신의 옥좌 앞에 꽃을 뿌리겠습니다. 한 송이 꽃이라도 만나면, '꺾어서' 당신을 위해 던지겠습니다. 그리고 꽃을 던지면서 노래를 부르겠습니다(이처럼 즐거운 일을 하면서 울 수가 있겠습니까?). 가시덤불 속에서 꽃을 따야 하더라도 노래할 것이며, 가시가 길고 따가우면 따가울수록 제 노래는 더욱 아름다울 것입니다.

예수님, 제 꽃과 노래가 당신께 어떤 역할을 할까요……? 아! 향기로운 비[雨]며, 여리고 이름 없는 꽃잎이며, 가장 작은 마음에서 우러나오는 이 사랑의 노래가 당신을 기쁘게 하리라는 것을 잘 압니다. 그렇습니다. 이 하찮은 것들이 당신을 기쁘게 할 것이며, 그것들은 '개선 교회凱旋教會'[153]의 미소를 자아낼 것입니다, 그리고 이 교회는 '사랑으로' 잎이 뜯어진 저의 꽃을 주워 당신의 거룩한 손을 거치게 하고, 이 천상 교회도 자신의 어린아이와 같이 놀려고 당신의 거룩한 손이 닿아 무한한 값을 지니게 될 이 '꽃'을 던질 것입니다. 천상 교회는 이 꽃들을 단련 교회鍛鍊教會[154]에 던져 그 불길을 끄려 할 것이고, 신전 교회神戰教會[155]에 던져 그에게 승리를 거두게 할 것입니다.

오, 저의 예수님! 저는 당신을 사랑하고 어머니이신 교회를 사랑합니다. "깨끗한 사랑에서 나오는 아주 작은 행동이

---

153 천국의 교회를 의미한다. – 편집자 주
154 연옥의 교회를 의미한다. – 편집자 주
155 지상의 교회를 의미한다. – 편집자 주

다른 사업을 모두 모은 것보다도 교회에 유익하다."[156]라는 것을 기억합니다. 하지만 이 깨끗한 사랑이 제 마음속에 있을까요……? 이러한 끝없는 제 소원이 꿈이나 망상은 아닐까요……? 아! 아니라면 예수님, 저를 비추어 주십시오. 당신께서도 아시다시피 저는 '진리'를 찾습니다. 만약 제 소원이 허무맹랑한 것이라면, 이 소원들이 제게는 가장 괴로운 것이니 없애 주십시오……. 오, 예수님. '사랑'의 가장 높은 곳을 동경하다가 다음날 그곳에 이르지 못하게 된다고 하더라도, 제가 세상에서 가졌던 희망의 기억을 당신이 없애 버리지만 않으신다면 저는 '기쁨과 즐거움의 나라'에서 맛볼 기쁨보다 더 많은 기쁨을 제 사랑에 대한 '괴로움과 맹랑한 생각'에서 맛볼 것이라 생각합니다. 그러니 제가 귀양살이하는 중에 사랑을 동경하는 기쁨을 즐길 수 있게 해 주십시오. 괴로움의 즐거운 쓴맛을 맛보게 해 주십시오.

예수님, '당신을 사랑하는 것'을 '원하는 것'이 이렇게 즐거운데, 당신의 사랑을 차지하고 누리게 된다면 얼마나 즐겁겠습니까……? 어떻게 저 같은 불완전한 영혼이 '사랑'의 극치極致에 이르기를 바랄 수 있겠습니까? 오, 예수님! '최고의 유

---

156 십자가의 요한 성인, 《영적 찬가》 주해 29절

일한 벗'이며 제 사랑을 바칠 유일하신 분, 이것이 무슨 신비입니까……? 당신은 어째서 이 무한한 소원을 위대한 영혼들, 하늘 높이 날아다니는 독수리들에게 남겨 두지 않으십니까……? 저는 가벼운 솜털밖에 나지 않은 '힘없는 작은 새'일 뿐이라고 생각합니다. 저는 '독수리'가 아니라, 독수리의 '눈과 마음'만 가졌을 뿐입니다. 제가 지극히 작지만, 하느님이신 태양, 사랑의 태양을 감히 쳐다볼 때면 '독수리'의 모든 소원이 제 마음에도 솟아나기 때문입니다……. 이 작은 새는 눈부시게 빛나는 '태양'을 향해서 날고 싶어 합니다. 그는 거룩한 성삼의 중심까지 올라가는 그의 형제 독수리들처럼 날고 싶어 합니다……. 아! 그러나 그 새가 할 수 있는 것은 오직 '조그만 날개를 파닥거리는 것'뿐, 날아오르는 것은 힘에 겨운 일입니다! 그러면 어떻게 되겠습니까? 자신이 이렇게 힘이 없음을 알고 괴로움으로 죽게 될까요……? 절대로 아닙니다. 그 작은 새는 슬퍼하지도 않을 것입니다. 대담하게도 온전하게 믿는 마음으로 그의 '거룩한 태양'을 똑바로 쳐다볼 것입니다. 바람도 비도 그 아무것도 그에게 겁을 주지는 못할 것입니다. 만약 캄캄한 구름이 '사랑의 태양'을 가리게 된다고 하더라도 이 작은 새는 옮겨 앉지도 않을 것입니다. 구름 저편에서 자신의 태양이 언제나 빛난다는 것과, 그 빛이 잠시도 흐려질 리 없다는 것을 알고 있으니까요. 때때로 이 작은 새의 마음은 폭풍우에 시달리고, 자신을 둘러싸고 있는 캄캄한 구름 이외에 아무것도 없다고 생각하는 것처럼 보이기도 합니다. 그러나 그때야말로 약하고 '가엾은 작은 새'에게는 오히려 가장 기쁜 순간입니다. 자신에게 믿어지지 않는, 보이지 않는 이 빛을 똑바로 쳐다보려고 남아 있는 것이 얼마나 기쁜 일이겠습니까! 예수님, 저는 지금까지 이 작은 새가 당신 곁을 떠나지 않는 것을 보고 그에 대한 당신의 사랑을 깨달았습니다. 그러나 당신과 제가 알고 있는 것처럼 이 불완전한 작은 피조물은 제자리에(즉 '태양'빛 아래) 머물러 있으면서도 오직 하나뿐인 자신의 직분에 몰두하지 못하고, 종종 두리번거리며 낟알을 줍기도 하고, 때로는 작은 벌레를 잡으러 뛰어가기도 하지요. 그러다가 작은 물구덩이를 만나, 겨우 생겨난 털을 적시게 됩니다. 또 예쁜 꽃을 보면 금세 꽃에 마음을 뺏깁니다. 결국 독수리처럼 날아오를 수 없는 이 작은 새는 세상의 하찮은 일에 몰두합니다. 그러나 이런 모든 잘못을 저지른 뒤에 한쪽 구석에 숨어 슬퍼서 울고 후회로 죽는 대신, 자신이 '지극히 사랑하는' 태양에게 돌아서서, '젖은' 작은 날개를 그 자애로운 빛 속에 펼치고 제비처럼 흐느끼며, 아름다운 노래로 자신의 불충실함을 일일이 고백합니다. 이 작은 새는 그대로 내어놓고 믿음으로써 더 큰 힘을 얻고, "의인이 아니라 죄인을 부르러 오신"(마태 9,13 참조) '그분'의 사랑을 더 가득히 받으리라 생각하는 것입니다……. 그러나 '찬미 받는 태양'이 이 슬픈 지저귐을 못 들은 척 숨어 계시면, 이 작은 새는 젖은 채로 추위에 벌벌 떨면서도, 자신의 잘못으로 인해 받게 된 이 괴로움을 오히려 기뻐합니다……. 오, 예수님! 당신의 '작은 새'가 약하고 작은 것이 얼마나 다행입니까. 그가 컸다면 어떻게 됐겠습니까……? 그랬다면 절대로 당신 계신 곳으로 담대하게 나가지도 못할 것이며, 당신 앞에서 졸지도 못했을 것입니다……. 그렇습니다. 이 작은 새의 약함은 여기에서도 드러납니다. 그가 거룩한 태양을 똑바로 쳐다보는데, 구름이 한 줄기 빛도 보이지 않게 태양을 가리고 있으면, 그의 작은 눈은 저절로 감기고 그 작은 머리는 조그만 날개 밑에 파묻히며, 여전히 그의 '사랑하는 태양'을 똑바로 보고 있다고 믿으면서 잠이 드는 것입니다. 잠이 깨면 그는 근심하지 않고, 마음은 평화에 잠겨서 '사랑'의 일을 다시 시작합니다. 그는 선망의 목표인 이글이글 타는 태양을 향해서 독수리처럼 날아 올라가는 천사들과 성인들에게 기도합니다. 그러면 이 독수리들은 그들의 작은 동생을 불쌍히 여겨 그를 보호하고 지켜 주며, 그를 잡아먹고 싶어 하는 다른 독수리들을 쫓아 버립니다. 작은 새는 마귀의 형상을 한 이 독수리들을 무서워하지 않습니다. 그는 다른 독수리들의 먹이가 되는 것이 아니라, '사랑의 태양'으로 향하는 독수리들의 먹이가 되도록 마련된 것입니다. 오, '거룩한 말씀'이시여, 저를 이끌어 주시는, 제가 사랑하는 독수리는 당신이십니다. 귀양살이 땅으로 내려오시어 영원히 행복한 성삼으로 끌어가시기 위해 괴로움을 받고 죽음을 원하시던 분도 당신이십니다. 이후에 당신 거처가 될, 가까이하지 못할 '빛'으로 다시 올라가신 분도 당신이십니다……. 흰 제병祭餠 모양 안에 숨어서, 아직도 눈물의 골짜기에 머물러 계시는 분도 당신이십니다. 영원한 독수리시여, 당신의 거룩한 시선이 끊임없이 제게 생명을 주시지 않는다면 작은 새는 허무 속으로 다시 빠져 들어가게 될 것이기에, 작고 가엾은 저를 당신의 거룩한 영양분으로 기르려고 하십니다……. 오, 예수님! 제가 당신께 한없는 감사를 드리는 것을 허락해 주십시오. 그리고 "당신의 사랑은 미친 듯하다."라는 말을 할 수 있게 해 주십시오. 이러한 '미친 듯한 사랑'을 눈앞에서 보고 어떻게 제 마음이 당신께 향하지 않을 수 있겠습니까? 어떻게 제 신뢰에 끝이 있겠습니까……? 아! 성인들이 당신을 위해 맹목적인 사랑을 보여 드렸다는 것을, 그들이 '독수리'인 까닭에 큰일을 하였다는 것을 압니다. 예수님, 저는 큰일을 하기에는 너무도 작으니……. 저의 '맹목적인' 것은 당신 '사랑'이 저를 희생으로 받아 주시기를 바라는 것뿐입니다. 저는 '맹목적'으로 제 형제들인 독수리들에게 간청하여 하느님이신 '독수리의 날개'(신명 32,11 참조)를 타고 사랑의 태양을 향해 날아갈 은혜를 제게 주시기를 바랍니다.

오, 지극히 사랑하는 분, 당신께서 원하시는 때까지 당신의 작은 새는 힘도 날개도 없이, 줄곧 당신만을 똑바로 바라보며 남아 있을 것입니다. 그는 당신의 거룩하신 눈길에 '홀리고' 싶고, 당신 '사랑'의 '먹이'가 되고 싶어 합니다. '사랑하는 독수리'여, 당신의 작은 새를 찾으러 오셔서 '사랑의 골짜기'로 데려 가시고, 저를 희생으로 바친 사랑으로 이글이글 타는 구덩이에 영원히 담가 주시기를 바랍니다.

오, 예수님! 모든 작은 영혼에게 당신의 닿을 수 없는 자애를 제가 말해 줄 수 있었으면 합니다. 이것은 있을 수 없는 일이지만, 만약 당신께서 저보다 더 약하고 작은 영혼을 만나셨는데, 그 영혼이 당신의 무한한 인자하심을 굳게 믿어서 자신을 온전히 맡긴다면 당신께서는 큰 은혜를 넘치도록 내려 주시리라 생각합니다. 그런데 예수님, 어째서 당신 사랑의 비밀을 다른 사람에게 전하고 싶은 마음이 드는 것입니까? 당신께서 그것을 제게 가르쳐 주셨으니, 또 다른 사람에게도 당신이 가르쳐 주실 수 있지 않겠습니까? 그렇습니다. 저는 그것이 가능하다는 것을 알고, 또 그렇게 해 주시기를 간청합니다. 당신께서 거룩하신 눈을 들어 수많은 '작은' 영혼들을 굽어보시기를 애원합니다……. 그 영혼들을 선택하시어 당신 '사랑'에 걸맞는 '작은' 희생의 군대를 만드시기를 간절히 청합니다.

　　　　가르멜 수녀원에서 아기 예수와 성면聖面의 데레사 수녀

제3부

곤자가의 마리아 원장 수녀에게
보낸 글

제1장

신심의 시련(1897)

J. M. J. T.

1897년 6월

지극히 사랑하는 원장 수녀님,[157] 당신께서는 제가 "주님의 자애"(시편 89,2)를 당신과 함께 노래했으면 하는 뜻을 보이셨습니다. 그래서 저는 어린 시절에 저를 인도하도록 하느님으로부터 책임을 부여받은 어머니였던, 당신의 사랑하는 딸 예수의 아녜스 수녀와 함께 이 기쁜 노래를 부르기 시작했습니

---

[157] 예수의 아녜스 원장 수녀의 3년 임기가 끝난 후, 1896년 3월 21일 선거에서 곤자가의 마리아 수녀가 다시 원장 수녀직을 맡았다.

다. 이 '어린 꽃'이 봄철을 맞았을 때는 동정 성모님께서 베풀어 주신 은혜를 아녜스 수녀와 함께 노래해야 했습니다. 그러나 새벽의 따사로운 햇볕이 한낮의 타는 듯한 햇볕으로 바뀐 이제는, 이 작은 꽃의 행복을 당신과 함께 노래해야겠습니다. 그렇습니다, 지극히 사랑하는 원장 수녀님. 저는 당신과 함께 당신의 바람을 따르기 위해,[158] 제 영혼의 느낌과 하느님께 대한 감사와 저에게는 하느님의 대리인이신 당신께 대한 감사를 되풀이해 말하려고 합니다. 제가 어머니 같은 당신의 손을 거쳐 온전히 하느님께 저를 맡기게 된 것이 아닙니까? 원장 수녀님, 서원식 날[159]을 기억하십니까? 저는 당신께서 그날을 잊지 못하실 거라고 생각합니다……. 그 축복받은 날, 제 마음속에 피어나던 감정을 이 세상 말로는 표현할 방법이 없으니 아름다운 천국에 가서야 말씀드릴 수 있을 것 같습니다.

사랑하는 원장 수녀님, 가능한 일인지는 모르겠지만, 제 영혼이 당신 영혼에 한결 더 가까워진 또 다른 날이 있었으니, 예수님께서 당신에게 다시 원장직을 맡기시던 날이었습니다. 사랑하는 원장 수녀님, 당신은 눈물 가운데서 씨를 뿌

---

158 예수의 아녜스 수녀가 곤자가의 마리아 원장 수녀에게 청하여 데레사는 1897년 6월 3일에 그의 회고록을 계속하라는 허락을 받았다.
159 1890년 7월 8일에 있었던 서원식을 말한다.

리셨지만, 천국에 가서는 귀중한 곡식 단[160]을 안고 기쁨에 넘칠 것입니다(시편 126,5-6 참조). 원장 수녀님, 저의 어린아이 같은 단순함을 용서해 주십시오. 어린 수녀로서 원장 수녀님께 꾸밈없이 말씀드리는 것을 허락하실 것이라고 생각합니다. 제가 아랫사람에게 허락된 한계를 벗어나 말씀드릴지도 모릅니다. 그러나 저는 그것이 원장 수녀님의 탓이라고 감히 말씀드립니다. 원장 수녀님께서 저를 원장님이 아니라 어머니로서 대해 주시기 때문에, 저는 당신께 어린아이처럼 행동하게 되니까요.

아! 사랑하는 원장 수녀님, 하느님께서 언제나 당신을 통해 제게 말씀하신다는 것을 잘 압니다. 많은 자매들은 제가 수녀원에 들어오면 당신이 저를 소중하게 대해 주시고, 귀여워해 주시며, 칭찬만 하실 것이라고 생각했습니다. 그러나 그렇지 않았습니다. 제 어린 시절의 추억을 적은 노트를 보신다면, 당신에게서 받은 '엄격하고' 어머니다운 가르침에 대해 제가 어떻게 생각해 왔는지 아실 것입니다. 원장 수녀님께서 저를 엄격하게 대해 주신 것을 마음속 깊이 감사하고 있습니다. 예수님께서는 작은 꽃에게 엄격한 훈육이라는 생명의 물이

---

[160] 곤자가의 마리아 원장 수녀가 간신히 다시 원장 수녀직을 맡은 것을 말한다.

필요하다는 것을 잘 알고 계셨습니다. 소화小花는 이런 도움 없이는 뿌리를 내리지도 못할 만큼 너무 약했습니다. 이 은혜를 받게 해 주신 분도 원장 수녀님이십니다.

1년 반 전부터 예수님께서는 당신의 소화를 자라게 하는 방법을 바꾸고자 하셨습니다. 아마 '물'은 이제 넉넉히 받았다고 생각하셨나 봅니다. 지금 소화를 자라게 하는 것은 '햇볕'입니다. 예수님께서는 이제 당신의 미소만을 보내 주시고자 하며, 그것도 사랑하는 원장 수녀님, 당신을 거쳐서 주십니다. 이 따뜻한 해는 소화를 시들게 하는 것이 아니라, 오히려 무럭무럭 자라나게 합니다. 꽃 밑바닥에는 전에 받은 귀중한 이슬이 맺혀 있고, 이슬은 이 꽃이 어리고 약하다는 것을 늘 일깨워 줍니다……. 모든 사람들이 이 꽃에 몸을 낮추고 우러러보고 칭찬을 하더라도, 하느님의 눈에는 가엾은 작은 허무虛無에 불과할 뿐이라는 것을 생각하고, 이유는 모르겠지만 마음속에 느껴지는 진정한 기쁨에 조그마한 거짓의 기쁨도 더하지 못할 것입니다……. 제가 이유를 모르겠다고 말씀드리긴 했지만, 그것이 어린 꽃의 밑바닥이 경멸의 이슬로 채워져 있지 않았을 때에도 칭찬의 물이 거기에 들어오지 못했던 까닭은 아닐까요? 이제는 아무런 위험도 없지만, 소화는 오히려 그 밑바닥에 가득 찬 이슬을 너무도 달게 생각해서, 싱거운 칭찬의 물과 바꿀 생각은 꿈에도 안 할 정도입니다.

사랑하는 원장 수녀님, 당신께서 제게 보여 주시는 사랑과 믿음에 대해서도 그렇게 생각한다는 것은 아닙니다. 당신의 어린아이가 원장 수녀님의 사랑에 별 느낌을 갖지 않는다고는 생각하지 마십시오. 다만 이제는 아무것도 겁낼 것이 없다고 생각하고, 오히려 하느님께서 제게 주신 좋은 것을 그분께 돌려드림으로써 그것을 즐거워할 수 있습니다. 저를 실제 모습보다 더 훌륭하게 보이도록 하시는 것이 그분의 뜻이라도 그것은 제 탓이 아닙니다. 하느님께서는 하고 싶으신 대로 하실 수 있으니까요……. 오, 원장 수녀님, 우리 주님께서 영혼들을 인도하시는 길은 얼마나 여러 갈래입니까! 성인들의 행적을 보면 자신들에 대한 한 가닥의 추억, 한 줄의 글조차 남기지 않고 돌아가신 분들이 많음을 알게 됩니다. 그와 반대로, 우리 성녀 데레사 원장 수녀님처럼 하느님께서 사람들에게 더 잘 알려지고 더 많은 사랑을 받으시도록 '임금'의 비밀을 드러내기를(토빗 12,7 참조) 꺼리지 않고, 심오한 도리로 성교회의 뜻을 널리 알린 성인들도 있습니다. 이 두 부류의 성인들 중에 어느 쪽이 하느님의 마음에 더 들겠습니까? 원장 수녀님, 제 생각에는 똑같이 하느님의 마음에 들 것 같습니다. 왜냐하면 모두가 성령의 인도를 따랐으며, 하느님께서도

"의인들은 잘되고 자기가 한 일의 성과를 누리리라."(이사 3,10) 하고 말씀하셨으니까요. 그렇습니다, 예수님의 뜻을 따를 때에는 모든 것이 좋은 일입니다. 작은 꽃에 불과한 저도 지극히 사랑하는 원장 수녀님을 기쁘게 해 드리려고 노력함으로써 예수님께 순종하는 것입니다.

원장 수녀님도 아시다시피 저는 항상 성녀가 되고 싶었습니다. 그러나 아! 저를 성인들과 비교해 볼 때면, 구름을 찌르는 높은 산과 행인들의 발에 차이는 초라한 모래알 사이처럼 성인들과 저 사이에 엄청난 차이가 있음을 늘 느낄 수 있습니다. 그러나 실망하지 않고 이렇게 생각했습니다. '하느님께서는 내가 이루지 못할 소원을 내 마음에 생기게 하지는 않으실 거야. 그러므로 내가 아무리 조그맣더라도 성덕을 욕심낼 수 있겠지. 나를 크게 만드는 것은 해서는 안 되는 일이고, 수많은 결점투성이인 나 그대로를 견뎌 나가야 할거야. 그러나 아주 곧고, 가깝고, 아주 새로운 작은 길을 통해 천국으로 올라가는 방법을 찾아내고 싶어. 지금 우리는 급격한 발명이 이루어지는 시대를 살고 있으니, 이제는 계단을 하나하나 걸어 올라갈 필요가 없지. 부잣집에는 계단 대신 편리한 엘리베이터가 있으니까. 나도 예수님 계신 곳까지 올라갈 수 있는 엘리베이터를 만났으면 좋겠다. 완덕의 가파른 층계를 걸어 올라가기에 나는 너무나 작으니까.' 그래서 주님께서 제가 바라는 엘리베이터로 인도해 주시기를 바라며 성경책을 찾아보았더니, "작은 이는 누구나 이리로 들어와라!"[161] 하시는 '영원한 지혜'의 말씀이 있었습니다. 그래서 저는 찾던 것을 발견한 것으로 짐작했습니다. 그리고 오, 하느님! 저는 당신의 부르심에 대답한 '작은 이'에게 당신이 어떻게 하실 것인지 알고 싶어서 계속해서 찾아보았더니, 이런 말씀이 눈에 띄었습니다. "어머니가 제 자식을 위로하듯 내가 너희를 위로하리라."(이사 66,13) "너희는 젖을 빨고 팔에 안겨 다니며 무릎 위에서 귀염을 받으리라."(이사 66,12) 아! 이보다 제 영혼을 더 기쁘게 하는 정답고 듣기 좋은 말씀은 없었습니다. 저를 하늘까지 들어 올려 줄 엘리베이터는, 오! 예수님, 당신 팔입니다! 이렇게 되려면 저는 큰 사람이 될 필요가 없이 '작은' 채로 있어야 하고, 오히려 점점 더 작아져야만 합니다. 주님, 당신은 제가 바라던 것 이상의 것을 주셨으니, 당신의 인자하심을 찬양하려고 합니다. "당신께서는 제 어릴 때부터 저를 가르쳐 오셨고 저는 이제껏 당신의 기적들을 전하여 왔습니다."(시편 71,17) 제게 있어서 나이가 들었을 때라는 것이 언제겠습니까? 주님의 눈에는

---

161 우리말 성경은 '작은 이'를 '어리석은 이'로 옮겼다(잠언 9,4 참조). – 편집자 주

이천 년도 이십 년보다 길지 않고……. 천 년도 지나간 어제와 같으시니(시편 90,4 참조) 그때가 지금일 수도 있다고 생각합니다……. 아! 사랑하는 원장 수녀님, 그러나 당신의 딸이 당신을 떠나고 싶어 한다고는 생각하지 마세요. 또한 당신 딸이 젊어서 죽는 것을 더 큰 은혜로 여긴다고도 생각하지 않으셨으면 합니다……. 제가 생각하고 원하는 것은 오직 예수님을 '즐겁게 해 드리는 것'뿐입니다……. 예수님께서 저를 영광의 나라로 데려가시려고 가까이 오시는 것처럼 느껴지는 지금, 당신의 딸은 기쁩니다. 하느님께서 이 세상에 선을 내려 주시는 데는 누구의 힘도(더구나 다른 사람도 아닌 저처럼 부족한 이의 힘) 빌릴 필요가 없다는 것을 오래전부터 깨달았습니다.

원장 수녀님, 저로 인해 당신이 슬퍼하시는 일이 있다면 용서해 주십시오……. 아! 저는 당신을 굉장히 기쁘게 해 드리고 싶습니다. 그러나 당신의 소원이 이 세상에서 이루어지지 않고, 예수님께서 아이를 그 어머니에게서 '며칠' 동안 떼어 놓으신다 해도, 이 기도가 천국에서 이루어지지 않겠습니까……?

제가 원장 수녀님 곁에서 매우 쉽고 재미있는 직무[162]를 다하기를 당신께서 바라시는 것은 압니다. 그런데 이 직무를 천

---

162 부수련장 수녀직을 의미한다.

국에 올라가서 마칠 수도 있지 않을까요……. 예수님께서 베드로 사도에게 하신 것처럼, 원장 수녀님도 저에게 "내 어린 양들을 돌보아라."(요한 21,15) 하고 말씀하셨습니다. 저는 깜짝 놀라서 "저는 너무 '어립니다."라고 당신께 말씀드렸지요……. 그리고 원장 수녀님께서 친히 당신의 어린양들을 기르시고, 저도 그 양들 사이에 끼워 주시어 부디 보호해 달라고 간청했습니다. 지극히 사랑하는 원장 수녀님, 당신께서는 제 청을 '어느 정도' 들어주셔서, 어미 양과 함께 어린양을 보호해 주셨습니다.[163] 그러면서도 저에게 그들을 그늘진 곳으로 인도하고, 가장 영양분 있는 풀을 가르쳐 주고, 또 발로 짓밟는 것은 되지만 절대로 만져서는 안 되는 빛나는 꽃도 일러주라고 명령하셨습니다……. 사랑하는 원장 수녀님, 당신께서는 제가 당신의 어린양들을 잘못된 길로 가도록 내버려 두지 않을까 걱정하지 않으셨습니다. 또한 제가 어리고 미숙한 것도 걱정하지 않으셨습니다. 아마 원장 수녀님은 주님께서 작은 자들에게 자주 지혜를 주신다는 것을 생각하신 것 같습니다. 그리고 어떤 날에는 기쁨에 넘치셔서, 지혜롭다는 자들

---

163 곤자가의 마리아 원장 수녀는 원장직에 있으면서 청원자 지도 수녀의 직책도 맡고 있었다. 데레사는 여기서 청원자를 '어린양'으로, 서원한 수녀를 '어미 양'으로 나타냈다.

과 슬기롭다는 자들에게는 감추신 비밀을 철부지들에게는 드러내 보이신(마태 11,25 참조) 당신 성부께서 축복하신 것을 생각하신 것 같습니다. 세상에는 얕은 생각으로 하느님의 전능을 저울질하는 사람들이 많습니다. 세상 사람들 중에는 가는 곳마다 예외가 있기를 바라며, 오직 하느님만 전능하실 권리를 가지신 것은 아니라고 생각하는 사람도 있습니다. 사람들 사이에서는 예로부터 햇수로 경험의 깊이를 재는 방법이 쓰인다는 것을 압니다. 다윗 성인 임금도 젊었을 때에 "제가 하찮고 멸시당하지만"(시편 119,141) 하는 노래를 주님께 드렸으니까요. 그러나 같은 시편 119장에는 아래와 같은 말씀들도 서슴지 않고 했습니다. "제가 노인들보다 현명하니 당신 규정을 따르기 때문입니다."(시편 119,100) "당신 말씀은 제 발에 등불, 저의 길에 빛입니다."(시편 119,105) "당신 계명을 지키려 저는 지체하지 않고 서두릅니다."(시편 119,60)

지극히 사랑하는 원장 수녀님, 당신께서는 어느 날 하느님께서 제 영혼을 비추시고 '여러 해'를 지나야 얻을 수 있는 경험까지 주셨다고 말씀해 주셨습니다……. 그러나 원장 수녀님! 저는 허영심을 가지기에는 '너무나 작고', 또 저의 겸손을 보여 드리기 위해 아름다운 말을 쓰기에도 '너무나 어립니다'. '전능하신 분'께서 거룩하신 어머니의 딸의 마음속에 큰 은혜를 베푸셨는데, 그중에도 가장 큰 은혜는 제가 '작고' 무능하다는 것을 가르쳐 주신 것입니다. 그리고 저는 그것을 인정하는 것을 좋아합니다. 사랑하는 원장 수녀님, 당신도 아시겠지만, 하느님께서는 제 영혼이 여러 가지 시련을 겪도록 하셨습니다. 저는 세상에 태어난 후로 많은 괴로움을 겪었습니다. 어렸을 때에는 괴로움을 당하면 슬펐지만, 지금은 오히려 기쁨과 평화 속에서 괴로움을 당합니다. 저는 지금 괴로움을 당하는 것이 참으로 행복합니다. 오! 원장 수녀님, 이 글을 읽으며 웃지 않으시려면, 제 마음의 모든 비밀을 아실 필요가 있습니다. 겉에서만 본다면 저보다 시련을 덜 겪은 영혼은 하나도 없을 것입니다. 그러나 제가 1년 전부터 당하는 제 마음속 시련을 사람들이 본다면 얼마나 놀라겠습니까! 지극히 사랑하는 원장 수녀님, 당신은 이 시련을 잘 알고 계십니다. 그렇지만 당신이 축복받은 원장직에 계실 동안 이 시련을 받는 것을 큰 은혜로 생각하기에, 또다시 말씀드리겠습니다.

지난해 사순 시기에 하느님께서는 제가 금식재를 완전히 지킬 수 있도록 허락해 주셨습니다. 금식재를 지킬 때 오히려 어느 때보다도 기운이 솟는 것을 느꼈는데, 이 기운은 부활 시기까지 이어졌습니다. 그런데 성금요일에 예수님께서는 제가 머지않아 당신을 뵈러 천국으로 갈 것이라는 희망을 보여 주셨습니다……. 아! 얼마나 달콤한 추억인지요! 성체를 모신 '임시 제대' 앞에서 자정까지 있다가, 방으로 돌아왔습니다. 베개 위에 머리를 대고 막 잠이 들려는데, 무슨 거품 같은 것이 입술까지 부글부글 끓어올랐습니다. 저는 그것이 무엇인지 몰랐지만, 이제 죽으려나 보다 하고 생각하자 마음에는 기쁨이 넘쳤습니다……. 그러나 등불을 끈 후여서, 저의 행복을 확인하려면 아침까지 기다려야겠다고 생각했습니다. 보이지는 않았지만 제가 토한 것이 피라고 이미 짐작한 것입니다. 금세 아침이 되어, 저는 눈을 뜨고 곧 좋은 소식을 들을 것이란 생각을 하며 창가로 가서 토한 것을 보았습니다. 제 예상이 틀림없었습니다……. 아! 제 마음은 커다란 위로로 가득 찼습니다. 저는 예수님께서 세상을 떠나신 그날에, 첫 번째 부르심을 제게 들려주고자 하셨다는 확신을 마음속에 갖게 되었으니까요. 그것은 마치 '신랑이 오심'(마태 25,6 참조)을 알려 주는 고요하고 아득한 속삭임 같았습니다.

저는 비상한 결심을 하고 일시경一時經과 용서를 청하는 모임[164]에 참석했습니다. 사랑하는 원장 수녀님, 저는 당신께 용

---

164 성금요일에 원장 수녀는 애덕에 대한 연설을 하고, 수녀들은 서로 용서를 청하며 포옹한다.

서를 비는 마음으로, 한편으로는 저의 희망과 행복을 당신께 알리고 싶은 마음으로 차례를 기다렸습니다. 제 차례가 되었을 때 저는 아무런 괴로움도 느끼지 않는다고 말하며(그것은 사실이었습니다) 당신께 저를 조금도 특별히 취급하지 않으시기를 간청했던 것입니다. 사실 저는 제가 원했던 대로 성금요일을 지내는 행복을 받았습니다. 일찍이 가르멜의 엄격함이 그토록 즐겁게 느껴진 적이 없었을 만큼, 천국에 갈 희망이 저를 몹시 기쁘게 한 것입니다. 이 복된 날도 저물어 잘 시간이 되었습니다. 그러나 선하신 예수님께서는 제가 머지않아 영원한 생명에 들어가리라는 표징을 전날 밤처럼 다시 주셨습니다……. 그때에 저는 너무나 생생하고 너무나 확실한 신앙으로 천국을 생각하는 것이 제 행복의 전부였으므로, 신앙을 가지지 않은 불신자가 있다는 것을 믿을 수가 없었습니다. 하느님께서 몸소 그들의 갚음이 되고자 하시는 아름다운 천국의 존재를 불신자들이 부인하는 것은, 의도하지 않은 말을 하는 것일 뿐이라고 믿었습니다. 그러나 즐거운 부활 시기에 예수님께서는, 은총을 남용한 탓에 참되고 순수한 기쁨의 유일한 근원인 신앙이라는 보물을 잃어버리는 영혼이 실제로 있다는 것을 가르쳐 주셨습니다. 그분은 캄캄한 어둠이 제 영혼을 엄습하고, 제게 그렇게도 기쁨을 주던 천국에 관한 생각

마로니에 길과 환자용 휠체어. 1897년 6월 데레사는 여기서 '곤자가의 마리아 원장 수녀에게 보낸 글'을 썼다.

이 오로지 싸움과 괴로움의 원인이 되는 것을 허락하셨습니다……. 이 시련의 기간은 며칠이나 몇 주일에 끝나는 것이 아니라, 하느님께서 정하신 때까지 계속될 것이었고……. 아직 그 시간이 오지 않았습니다. 제가 느끼는 것을 표현할 수 있다면 좋겠습니다. 하지만 슬프게도 할 수 없습니다. 터널 안이 얼마나 어두운지는 이 캄캄한 '터널' 속을 지나가 본 사람만이 압니다. 그래도 비유를 들어 설명해 보려고 합니다.

제가 깊은 안개가 자욱이 깔린 나라에서 태어나서, 찬란한 햇빛으로 가득 차고, 그로 인해 다양한 형상을 가진 아름다운 자연의 풍경을 본 적이 없다고 합시다. 물론 어려서부터 이 훌륭한 풍경 이야기를 많이 들었고, 지금 살고 있는 나라가 고향이 아니며, 제가 끊임없이 그려야 할 다른 나라가 있다는 것도 압니다. 이는 제가 살고 있는 음울한 나라의 누군가가 지어 낸 이야기가 아니라, 확실한 사실입니다. 왜냐하면 해가 빛나는 나라의 임금님이 어둠의 나라에 오셔서 서른세 해를 사셨기 때문입니다. 그러나 슬프게도 어둠은 그분이 그 거룩한 임금님, 이 세상의 빛이라는 것을 깨닫지 못했습니다(요한 1,5 참조). 그러나 주님, 당신 아이는 당신의 거룩한 빛을 깨달았습니다. 그는 형제들을 대신해 당신께 용서를 청합니다. 그는 당신께서 요구하시는 만큼 오랫동안 괴로움의 빵을 먹어도 좋다고 생각하고, 당신께서 정해 주신 날 쓴맛이 가득 찬 가엾은 고해석을 떠나지 않을 생각입니다. 그러나 그는 그의 이름과 형제들의 이름으로 "오, 하느님! 이 죄인을 불쌍히 여겨 주십시오!"(루카 18,13) 하고 말할 수도 있지 않겠습니까……! 오! 주님, 우리를 의로운 자로 만들어 돌려보내 주십시오. 신앙의 빛나는 등불로 비추어지지 않는 모든 사람들이 마침내 그 불을 보게 해 주십시오. 오, 예수님, 저들로 인해 더러워진 식탁이 당신을 사랑하는 한 영혼으로 깨끗해질 수 있다면, 당신께서 저를 빛나는 당신 나라에 이끌어 들이실 때까지 그 식탁에 앉아 시련의 빵을 먹고자 합니다. 저는 오직 잠시도 당신 마음을 상해 드리지 않도록 하는 은혜를 당신께 청합니다……!

지극히 사랑하는 원장 수녀님, 제가 지금 쓰는 글을 잠시 멈추겠습니다. 동화 같은 제 짧은 이야기가 금세 기도로 변해 버렸군요. 원장 수녀님께서 헝클어지고 표현도 잘 다듬어지지 않은 이 글을 읽으실 때 조금이라도 흥미를 느끼실지 모르겠습니다. 그러나 원장 수녀님, 저는 문학 작품을 만들기 위해서가 아니라 순종하는 뜻에서 이 글을 쓰는 것입니다. 혹시 지루한 글이라고 생각하시더라도 당신의 딸이 성의를 보였다는 것만은 아실 것입니다. 그러니 용기를 잃지 않고 제가 중지했던 곳에서부터 이 작은 비유를 계속하겠습니다. 제가 언젠가는 슬프고 어두운 나라를 떠나 먼 곳으로 가리라는 것을 어렸을 때부터 확신하고 있었다는 말씀은 이미 드렸습니다. 저보다 병이 중한 사람들이 하는 말을 듣고 믿는 것만이 아니었습니다. 또한 더 아름다운 곳에 대한 그리움을 마음속 깊이 느끼기도 했습니다. 그것은 마치 이전까지는 아무도 생각해 본 일이 없는데도 크리스토퍼 콜럼버스가 신대륙이 있음을 예감한 것처럼 저도 하나의 다른 세상이 있고, 그 세상이 이후에 제게 허락된 집이 있을 것이라고 느끼고 있었습니다. 그런데 갑자기 저를 둘러싸고 있던 안개가 더욱 짙어져서 제 마음속까지 뚫고 들어왔으며, 안개가 어찌나 짙은지 다시는 제 고향의 즐겁던 모습은 찾아볼 수도 없을 정도였습니다. 모든 것이 사라져 버렸습니다! 아주 짙게 에워싼 안개 때문에 지쳐서 제가 그리는 빛나는 나라에 관한 생각으로 위안을 삼으려고 하면, 고통은 더욱 심해집니다. 어둠이 죄인들의 목소리를 빌려서 저를 이렇게 비웃는 것 같습니다. "너는 빛을 동경하고 향기 나는 고향을 그리고 있지? 너는 이런 훌륭한 것을 만든 '조물주'를 '영원히' 차지하기를 꿈꾸고, 너를 에워싸고 있는 안개 속에서 언젠가 벗어나는 날이 있을 것이라 믿고 있지! 그렇게 계속 믿어라. 계속해 봐. 네가 바라는 것을 주기는커녕, 훨씬 더 캄캄한 밤, 허무의 밤을 안겨 줄 죽음을 즐겨 봐라."

사랑하는 원장 수녀님, 제 마음을 캄캄하게 한 어둠을 당신께 말씀드리려고 한 이 비유는 마치 그림을 실제 '모델'과 비교한 것처럼 불완전합니다. 그러나 이 이상 쓰기는 싫습니다. 제가 감히 모독冒瀆하는 말을 드릴까 겁이 나니까요……. 이미 쓴 것만으로도 너무 지나치게 말씀드리지 않았는지 겁이 나기까지 합니다.

아! 만일 제가 예수님께 괴로움을 끼쳐 드렸다면, 부디 용서해 주십시오. 그러나 예수님께서는 제가 '신덕을 누리지는' 못해도 적어도 신덕에서 우러나는 행동을 하려고 노력하는 것을 잘 아십니다. 제가 1년 전부터 나타낸 신덕의 마음이, 평생을 통해서 나타낸 것보다도 많다고 생각합니다. 새로운 싸움의 기회가 올 때마다 저는 용감하게 행동합니다. 결투를 하는 것은 비겁한 짓임을 알기 때문에, 저는 절대로 원수와 맞서려 하지 않고 돌아섭니다. 그리고 예수님께로 곧장 달려가서, '천국'이 있음을 증명하기 위해서는 마지막 한 방울까지 피를 쏟을 각오가 되어 있다고 말씀드립니다. 또한 예수님께서 아름다운 천국을 불쌍한 불신자들에게 영원히 열어 주시기 위해서라면, 이 땅에서 아름다운 천국을 누리지 못하더라도 만족한다고 말씀드립니다. 기쁜 마음을 모조리 **빼앗기**는 이런 시련을 당하지만, 그래도 이렇게 부르짖을 수 있습니다. "주님, 당신께서 하신 일로 저를 기쁘게 하셨으니"(시편 92,5) 당신 사랑을 위하여 괴로움을 받는 것보다 더 큰 기쁨이 있겠습니까……? 오, 주님! 괴로움이 더해지면 더해질수록, 사람들의 눈에 잘 띄지 않으면 않을수록 당신을 더 기쁘게 해 드리게 될 것입니다. 그러나 모든 것을 다 아시는 주님이시기에, 이것은 가능한 일이 아닙니다. 만약 당신께서 모르시는 괴로움이 제게 있고, 그것으로 혹시 '신덕'을 거슬러 범한 죄를 하나만이라도 막거나 갚을 수 있다면, 괴로움을 당하는 것을 행복으로 여길 것입니다.

사랑하는 원장 수녀님, 제가 받는 시련을 과장한다고 생각하실지 모르겠습니다. 만일 제가 올해 지은 몇 편의 짧은 시 속에 표현된 제 감정만을 보고 판단하신다면 제가 넘치게 위로를 받은 영혼처럼 보이실 수도 있습니다. 그래서 저의 신덕의 휘장이 거의 찢어진 것처럼 느끼실 수도 있으시겠지만, 이미 저에게 휘장은 문제가 되지 않습니다. 하늘 위까지 쌓인 담이 별이 반짝이는 밤하늘을 가려 놓습니다……. 천국의 행복을 노래하고, 하느님을 영원히 차지하는 것을 노래할 때에도 저는 아무런 기쁨을 느끼지 않습니다. 왜냐하면 저는 '믿고 싶은 것'을 노래할 따름이니까요. 혹시라도 반짝이는 햇빛이 제 캄캄한 밤을 잠깐 동안 비출 수도 있습니다. 그런 때에는 '잠시 동안' 시련이 멎습니다. 그러나 그다음에는 잠깐 동안 햇빛을 본 기억이 저를 위로해 주기는커녕 오히려 암흑을 한층 더 짙게 만듭니다.

오, 원장 수녀님, 주님께서 인자하시고 자비하심을 이보다 더 깊게 깨달은 적은 없었습니다. 그분은 이 시련을 제가 견딜 수 있을 만한 때에 비로소 보내 주셨습니다. 좀 더 일찍 보내 주셨더라면, 근심에 빠져 버렸을 것입니다……. 이제는 이 시련이 천국을 사모하는 마음에서 오는 일체의 자연적인 만족감을 모두 물리쳐 버립니다……. 지극히 사랑하는 원장 수녀님, 이제는 제가 천국으로 날아가는 것을 아무것도 막지 못할 것 같습니다. 이제는 사랑으로 인해 죽음에 이를 정도로 주님을 사랑하는 것 이외에는 더 큰 소원이 없기 때문입니다…….[165]

사랑하는 원장 수녀님, 제가 어제 당신께 쓴 글을 보고 매우 놀랐습니다. 얼마나 어지러운 글씨였던지요! 제 손이 어찌나 떨리는지 계속해서 쓸 수 없을 것 같았고, 이제는 왜 이 글을 쓰려고 했을까 후회까지 듭니다. 오늘은 침대에 누워 있는

---

165 1897년 6월 9일에 쓴 글이다.

것이 아니라 하얗고 예쁜 안락의자에 앉아 있으니, 좀 더 읽기 쉽게 쓸 수 있으리라 생각합니다.

오, 원장 수녀님, 제가 당신께 드리는 말씀이 앞뒤가 잘 맞지 않음을 압니다. 그러나 지난 일에 대해 말씀드리기 전에 지금의 생각부터 말씀드려야겠습니다. 이다음에는 아마 기억이 흐려질 테니까요. 먼저 제가 어머니처럼 세심한 당신의 마음에 얼마나 감동했는지 말씀드리고 싶습니다. 아! 사랑하는 원장 수녀님, 당신 딸의 마음은 감사로 가득하며, 당신께서 베풀어 주신 것은 하나도 잊지 못할 것입니다.

원장 수녀님, 무엇보다도 저를 가장 감격하게 했던 것은 당신께서 '승리의 성모님'께 드리는 9일 기도[166]와, 제 병의 쾌유를 위해 당신께서 드리시는 미사들입니다. 이 모든 영적 보배가 제 마음에 큰 도움이 됩니다. 9일 기도를 시작할 때 성모님께서 저를 낫게 해 주시거나 천국으로 데려가 주셔야만 할 것이라고 당신께 말씀드렸지요. 병든 젊은 수녀를 돌본다는 것이 당신이나 수녀원으로서는 아주 슬픈 일이라 생각했으니까요. 지금은 제가 아픈 것이 만약 하느님을 즐겁게 해 드리는 것이라면 평생 아프기를 간절히 바라고, 아픈 상태로

---

166 이 9일 기도는 1897년 6월 5일에 시작되었다.

제 생명이 무척 오래 이어진다고 해도 상관없습니다. 제가 바라는 단 하나의 은혜는 사랑으로 인해서 부서졌으면 하는 것입니다.

저는 오래 사는 것도 두렵지 않고 싸움도 피하지 않습니다. "주님은 저의 반석, 저의 산성, 저의 구원자. 저의 하느님, 이 몸 피신하는 저의 바위. 저의 방패, 제 구원의 뿔, 저의 성채"(시편 18,3)이시기 때문입니다. 저는 젊어서 죽기를 하느님께 청한 적은 없었으나, 그것이 하느님의 뜻이기를 바라기는 했습니다. 주님께서는 가끔 당신 영광을 위하여 일하고자 하는 소원만을 보시고도 만족하시는데, 원장 수녀님도 아시겠지만 제 소원은 매우 큽니다. 당신은 예수님께서 제게 쓴 잔을 주셨다가, 그 잔에 입술을 대기도 전에 거두어 가신 것도 아시지요. 그러나 제가 그 쓴맛을 보기 전에 가져가신 것은 아니었습니다. 사랑하는 원장 수녀님, "얼마나 좋고 얼마나 즐거운가, 형제들이 함께 사는 것이!"(시편 133,1) 하는 시편 저자의 노래는 옳은 말씀입니다. 그것은 진심에서 우러나온 말이라고 느꼈습니다. 그러나 이 세상에서는 이러한 화목이 희생 가운데에서 이루어지기 마련입니다. 제가 가르멜에 들어온 것은 언니들과 함께 살기 위해서가 아니라, 오직 예수님의 부르심에 답하기 위해서입니다. 지극히 인간적인 성향을 절대로 인정하지 않으려 한다면, 언니들과 함께 사는 것이 끊임 없는 괴로움의 원인이 될 것을 미리부터 잘 알고 있었습니다.

자기 가족들로부터 멀리 떠나는 것이 더 완전한 수도 생활에 이를 수 있다는 말을 어떻게 생각해야 할까요……? 형제들이 같은 전쟁터에서 싸우고, 순교의 승리를 얻으려고 함께 달려가는 것을 누가 책망한 적이 있습니까……? 아마 당연히 그들이 서로 격려할 것이라 생각하고, 또 한 사람 한 사람의 순교가 모두의 순교가 된다고 생각해야 할 것입니다. 신학자들이 하나의 순교라고 부르는 수도 생활도 마찬가지입니다. 하느님께 바쳤다고 해서 가족에 대한 타고난 마음의 애정이 없어지지도 않을 뿐더러, 오히려 이 애정은 더 깨끗하고 더 거룩하게 점점 자랍니다.

사랑하는 원장 수녀님, 저는 이러한 애정으로 원장 수녀님과 언니들을 사랑합니다. 저는 '가족들과 함께' 하느님의 영광을 위하여 싸우는 것이 행복합니다. 그러나 '거룩하신 대장'께서 원하신다면, 망설임 없이 날아가겠습니다. 명령까지도 필요 없습니다. 눈짓 한 번, 표지 하나면 충분할 것입니다.

축복받은 방주方舟에 들어온 뒤부터, 하느님께서 저를 곧 하늘로 데려가지 않으시면, 저는 노아의 작은 비둘기 같은 운명을 당할 것이라고 늘 생각했습니다. 즉 하느님께서 어느 날

방주의 문을 여시고, 저에게 '올리브' 가지를 물고 머나먼 외교인들의 강 언덕으로 날아가라고 하시리라는 것입니다. 원장 수녀님, 제 영혼은 이 생각으로 자라게 되어, 모든 피조물들 위로 높이 떠다니게 되었습니다. 저는 가르멜 안에서도 이별이 있다는 것과 오로지 천국에만 완전하고 영원한 일치가 있다는 것을 깨달았습니다. 그래서 제 마음은 천국에 가서 살고, 이 세상 것들은 그저 먼발치에서나 보기를 원했습니다. 제가 알지 못하는 사람들의 땅으로 귀양살이 가는 것뿐 아니라, '더 슬픈 일'이기는 하지만, 언니들이 귀양살이를 가는 것까지도 참아 견디기로 했습니다. 1896년 8월 2일,[167] 선교 사제들이 떠나던 이날을 저는 결코 잊을 수 없을 것입니다. 예수의 아녜스 원장 수녀님도 떠나실 거라는 이야기가 상당히 진행되었습니다. 아! 원장 수녀님이 떠나시기로 결정이 됐다고 해도, 당신을 떠나시지 못하게 하는 행동은 아무것도 하지 않았을 것입니다. 그러나 제 마음은 슬픔으로 미어지는 듯했습니다. 저는 그토록 상냥하고 섬세한 원장 수녀님이 당신을 이해하지 못할 사람들 가운데서 살게 되지는 않을 거라고

---

167 1896년 8월 2일, 데레사의 정신적 남매였던 롤랑 신부는 다른 선교 사제들과 함께 마르세유에서 중국으로 가는 배를 탔다.

생각했습니다. 수천 가지 생각이 제 머릿속을 어지럽혔고, 예수님께서는 말씀이 없으셨습니다. 그리고 그분께서는 고난의 폭풍우를 멈추지 않으셨습니다……. 그래서 저는 예수님께 이렇게 말씀드렸습니다. "주님, 당신의 사랑을 위해서라면 저는 무엇이나 순종하겠습니다. 당신께서 바라신다면 슬픔으로 죽도록 괴로워하게 되는 것도 순종하겠습니다." 예수님께서는 저의 이 순명을 만족해하셨습니다. 그러나 몇 달 뒤에 다시 성면의 즈느비에브 수녀님과 성삼聖三의 마리아 수녀님이 떠난다는 이야기가 나왔습니다. 이것은 또 다른 종류의 깊은 괴로움이었습니다. 저는 그들이 받을 여러 가지 시련과 실망을 머리에 그려 보았습니다. 결국 저의 하늘에는 먹구름이 가득하게 되었습니다……. 오직 제 마음속에만 정적과 평화가 남아 있었습니다.

사랑하는 원장 수녀님, 당신의 신중한 마음은 하느님의 뜻을 알아 내실 줄 알기에, 그분을 대신하여 청원자들이 그들 수도 생활의 어린 시절을 보낸 이 수도원을 떠날 생각을 하는 것을 막아 주셨습니다. 원장 수녀님도 젊으셨을 때 베트남의 사이공에 가려고 청하신 적이 있기에 그들의 소원을 이해하고 계셨지요. 그러나 어머니들의 바람은 가끔 아이들의 마음에 반항심을 불러일으킵니다. 오, 사랑하는 원장 수녀님, 당신도 제 마음속에서 당신과 똑같은 사도적 욕망을 보지 않으셨습니까. 만일 성모 마리아께서 제 병을 낫게 해 주신다면, 어떤 이유로 제가 당신의 자애로운 눈앞에서 행복하게 살아가는 이 즐거운 오아시스를 떠나 낯선 땅으로 가기를 원했고, 지금도 원하는지 말씀드리게 해 주십시오.

원장 수녀님, 당신도 말씀하셨지만 외국에 있는 가르멜 수녀원에 가서 살려면 아주 특별한 성소가 필요합니다. 그런데 많은 사람들이 사실은 자신의 성소가 아닌데도, 자신이 부르심을 받았다고 생각합니다. 원장 수녀님은 저에게 그런 성소가 있으나, 다만 제 건강이 장해가 된다고 말씀해 주셨습니다. 저는 하느님께서 먼 곳으로 저를 불러 주신다면 이런 장해쯤은 사라질 것임을 잘 알고 있습니다. 만약 제가 사랑하는 가르멜을 떠나야 하는 날이 온다면 무척 섭섭할 것입니다. 예수님께서는 제게 돌 같은 마음을 주지 않으셨습니다. 제 마음이 드릴 수 있는 모든 것을 그분께 드리기를 원하는 것도, 제 마음이 괴로움을 받을 줄 알기 때문입니다. 사랑하는 원장 수녀님, '여기서' 저는 세상의 보살핌으로 아무 불편 없이 살고 있으며, 당신께서 맡기신 기쁘고 쉬운 일만 하면 됩니다. '여기서' 당신의 자애로운 애정을 넘치게 받고 부족한 것이 아무것도 없으므로, 가난도 느끼지 않습니다. 특히 '여기서' 저는 원장 수녀님과 모든 자매들의 사랑을 받고 있으며, 이러한 사랑으로 몹시 기쁩니다. 그러나 이러한 수도원 생활이기에 저를 아는 이가 아무도 없고, 가난과 애정에 목마름을 겪어야 할, 마음의 귀양살이를 할 수 있는 수녀원을 그리워하는 것입니다.

아! 제가 사랑하는 모든 것을 떠나려는 것은 저를 받아들이기 바라는 가르멜에 이익을 드리려는 생각에서가 아닙니다. 아마 제가 할 수 있는 것은 모두 하겠지만, 제가 얼마나 능력이 없는지도 잘 압니다. 그래서 힘껏 노력한다고 해도 말씀드린 대로 세상사에 대해 아는 것이 하나도 없으므로, 잘하지는 못할 것입니다. 따라서 제 유일한 목적은 하느님의 뜻을 채우고 그분께서 원하시는 방법으로 그분을 위하여 저를 희생하는 것입니다.

제가 아무런 환멸도 느끼지 않으리라는 것을 잘 압니다. 왜냐하면 온전히 괴로움만 당하려고 생각한다면, 극히 작은 기쁨이라도 큰 기쁨으로 느껴지게 되니까요. 원장 수녀님도 아시겠지만, 괴로움을 아주 소중한 보물처럼 찾아다니면, 그것이 바로 가장 큰 기쁨이 됩니다.

오! 제가 떠나려는 것이 제가 한 일의 결과를 누리기 위해서는 아닙니다! 제 목적이 거기에 있다면 마음에 넘쳐흐르는 이 아늑한 평화를 느끼지 못할 것이고, 먼 나라에 가서 선교하겠다는 제 성소를 실현하지 못하는 것을 괴로워해야 할 것입니다. 그러나 오래전부터 저는 이미 제 것이 아니고, 온전히 예수님께 바친 몸입니다. 그러니 예수님께서는 저에게 당신 하고 싶으신 대로 무엇이든지 하셔도 됩니다. 예수님께서는 제게 귀양살이를 그리워하는 마음을 주셨고, 이 잔을 마지막 한 방울까지 마시기를 바라는지 물으시면서, 거기서 제가 만나게 될 '모든 괴로움'을 깨닫게 하셨습니다. 그래서 제게 내미신 그 잔을 잡으려 했더니, 예수님께서는 당신 손을 다시 거두시며, 제가 그것을 받으려고 한 것만으로도 만족하신다는 것을 보여 주셨습니다.

오, 원장 수녀님! 순명順命의 서원을 따를 때, 사람들은 얼마나 많은 불안에서 해방됩니까! 순명에 그대로 따르기만 하면 되는 수도자들은 얼마나 행복합니까! 어른들의 뜻이 그들의 유일한 지침인 만큼, 그들은 언제나 바른 길을 걷는다는 확신을 가집니다. 혹시 어른들이 조금 잘못된 방향으로 지시하는 것처럼 느껴지더라도, 순명하기만 한다면 어른들의 뜻을 그르칠까 봐 염려할 필요가 없습니다. 그러나 틀림없는 지침을 따르지 않게 될 때, 즉 자신의 생각에 더 옳은 길로 보이는 곳으로 나아가 하느님의 뜻을 행하겠다는 구실 아래 어른들에게 순명하는 길에서 멀어지는 날이면, 영혼은 곧장 은총의 물이 없는 메마른 길에서 헤매게 됩니다.

사랑하는 원장 수녀님, 예수님께서는 저를 영원한 언덕으로 안전하게 인도하시기 위해 당신을 저의 지침으로 보내 주셨습니다. 원장 수녀님을 바라보고, 주님의 뜻을 따르는 것이 제게는 얼마나 기쁜 일인지요! 제가 신덕을 거스르는 유혹으로 괴로워하도록 허락하신 때부터, 주님께서는 제 마음에 신덕의 정신을 훨씬 자라게 해 주셨습니다. 저는 이 신덕의 정신을 통해, 당신을 제가 사랑하고 저를 사랑하시는 어머니로 생각합니다. 무엇보다도 당신 마음속에 사시며 하느님의 뜻을 제게 전하시는 예수님을 보여 주시는 어머니로 생각하게 됩니다. 원장 수녀님, 당신께서 저를 허약한 영혼으로, 응석받이 아이로 대하고 계심을 잘 알고 있기 때문에, 순명의 짐을 지는 것이 괴롭지 않습니다. 그러나 원장 수녀님께서 제게 엄하게 대하신다 하더라도 제 행동이 달라질 리 없고, 당신께 대한 제 애정이 조금도 변하지 않으리라는 것을 가슴속 깊이 느끼고 있습니다. 왜냐하면 원장 수녀님께서 그렇게 행동하시는 것도 모두 제 영혼에 더 큰 이익을 주시려는 예수님의 뜻이라고 생각하기 때문입니다.

사랑하는 원장 수녀님, 올해 하느님께서는 애덕이라는 것이 무엇인지 제가 이해할 수 있는 은혜를 내리셨습니다. 전에도 그것을 이해하기는 했지만 불완전했습니다. "이것이 가장 크고 첫째가는 계명이다. 둘째도 이와 같다. '네 이웃을 너 자신처럼 사랑해야 한다'는 것이다."(마태 22,38-39)라고 하신 예수님의 말씀을 깊이 생각해 본 적이 없었습니다. 무엇보다도 '하느님을 사랑하는 것'에 힘을 써왔지만, 저의 사랑이 말로만 표현되어서는 안 된다는 것을 그분을 사랑하면서 깨달았습니다. 왜냐하면 예수님께서 "나에게 '주님, 주님!' 한다고 모두 하늘 나라에 들어가는 것이 아니다."(마태 7,21)라고 하셨으니까요. 그분은 이를 여러 번 가르쳐 주셨으니, 복음서의 거의 모든 페이지마다 그런 말씀이 있다고 해야 할 것입니다. 그러나 마지막 만찬을 드실 때, 예수님께서는 성체의 말할 수 없는 신비 속에서 제자들의 마음이 당신께 대한 사랑으로 열렬히 타고 있음을 아시고, 다정한 그분께서는 '새로운 계명'을 주려고 하셨습니다. 예수님께서는 제자들에게 말할 수 없는 애정을 가지고 "내가 너희에게 새 계명을 준다. 서로 사랑하여라. 내가 너희를 사랑한 것처럼 너희도 서로 사랑하여라. 너희가 서로 사랑하면, 모든 사람이 그것을 보고 너희가 내 제자라는 것을 알게 될 것이다."(요한 13,34-35)라고 말씀하셨습니다.

예수님께서는 당신의 제자들을 어떻게, 또 왜 그들을 사랑하셨을까요? 아! 그분의 마음에 들 수 있었던 것은 제자들의 타고난 장점 덕분이 아니었으니, 그분과 제자들 사이에는 큰 차이가 있었기 때문입니다. 예수님은 지식, 즉 '영원한 지혜'를 갖고 계셨고, 제자들은 무식하고 세속적인 상념에 잠겨 있는 변변찮은 어부들이었습니다. 그런데도 예수님께서는 그들을 '친구'(요한 15,15)라고 부르십니다. 그분은 당신 아버지의 나라에서 제자들과 함께하기를 원하시고, 그들에게 그 나라의 문을 열어 주시려고 십자가에 매달려 죽고자 하십니다. 예수님께서는 "친구들을 위하여 목숨을 내놓는 것보다 더 큰 사랑은 없다."(요한 15,13)라고 말씀하셨던 것입니다.

사랑하는 원장 수녀님, 예수님의 이 말씀을 묵상하며 자매들에 대한 저의 사랑이 얼마나 불완전한 것인지 깨닫고, 그분께서 우리를 사랑하시는 것처럼 제가 자매들을 사랑하지 못하고 있다는 것을 깨달았습니다. 참된 애덕은 다른 사람의 결점을 모두 참아 견디며, 그들의 약함을 이상하게 여기지 않고, 그들이 행하는 극히 조그만 덕행까지도 본보기로 삼는 것에 있다는 것을 이제야 깨닫습니다. 그러나 무엇보다도 사랑은 마음속 깊이 가두어 놓는 것이 아님을 깨달았습니다. 예수님께서 "등불은 켜서 함지 속이 아니라 등경 위에 놓는다. 그렇게 하여 집 안에 있는 모든 사람을 비춘다."(마태 5,15) 하고 말씀하셨지요. 이 등불은 사랑하는 사람뿐만 아니라 '집 안에 있는 모든 사람'을 한 사람도 빠짐없이 비추고 즐겁게 해야 하는 애덕을 상징한다고 생각합니다.

주님께서 당신 백성에게 "네 이웃을 너 자신처럼 사랑해야 한다."(레위 19,18)라고 명하셨을 때는, 아직 이 세상에 내려오시기 전이었습니다. 사람들이 스스로를 얼마나 사랑하는지 잘 아시는 만큼, 이웃을 그보다 더 사랑하라고 사람들에게 요구하실 수는 없으셨던 것입니다. 그러나 예수님께서 사도들에게 "내가 너희를 사랑한 것처럼 너희도 서로 사랑하여라."(요한 15,12) 하는 새로운 계명을 주실 때에는, 그 뒤에 말씀하신 것처럼, 이웃을 자신과 같이 사랑하라고 하십니다. 그뿐만 아니라, 예수님께서 우리를 사랑하신 것처럼 그리고 세상을 마칠 때까지 사랑하실 것처럼 이웃을 사랑하기를 요구하십니다.

아! 주님, 당신께서는 할 수 없는 일을 명하시지 않는 분이심을 압니다. 당신께서는 제 약함과 불완전함을 저보다도 잘 아시며, 당신께서 '제 안에 계시어 자매들을 사랑하지' 않으시면, 제가 당신께서 사랑하시는 것처럼 자매들을 사랑하지 못하리라는 것도 잘 아십니다. 당신은 이 은혜를 제게 주시고자 '새로운' 명령을 내리셨습니다……. 오! 저에게 사랑하도록 하신 모든 이를 당신이 '제 마음속에서' 사랑하고자 하신다는 것을 이 명령이 확실히 알려 주기 때문에 이 명령을 사랑합니다! 제 마음이 자애심으로 가득할 때, 제 안에 계신 예수님께서 홀로 그 일을 하신다는 것을 깨닫습니다. 제가 예수님과 일치하면 일치할수록 모든 자매들을 더욱 사랑하게 됩니다. 제 마음 안에 이러한 사랑을 더 불러일으키려고 하실 때면, 게다가 저에게 그리 친절하게 대하지 않는 자매의 결점을 제 마음의 눈앞에 보여 주려고 하실 때면, 저는 그 자매의 덕과 착한 마음씨를 찾으려고 애씁니다. 혹시 그 자매가 잘못하는 것이 한 번 제 눈에 띄었다 하더라도, 어쩌면 착한 일은 많이 했으면서도 겸손한 마음으로 그것을 숨겼을지도 모르는 것이고, 또 저의 눈에는 잘못으로 보이는 것이라도 그 자매의 마음가짐에 따라 그것이 덕행이 될 수도 있다고 생각합니다. 다른 사람을 판단하면 안 된다는 경험을 했기 때문에, 그만큼 더 쉽게 판단하지 않으려 노력하게 됩니다.

하루는 쉬는 시간에 문지기 수녀가 종을 두 번 울렸습니다. 구유를 꾸미는 데 쓰일 나무를 받으려면 일꾼들이 드나드는 큰 문을 열어야 했습니다. 원장 수녀님께서 계시지 않았기 때문에 저는 그 쉬는 시간이 즐겁지 않아서, 누군가 저에게 당가當家 수녀를 따라가라고 보낸다면 참 좋겠다고 생각하고 있었습니다. 그런데 마침 부원장 수녀님이 저나 제 곁에 있던 자매 중 한 명이 가서 당가 수녀를 도와주라고 말씀하셨습니다. 그래서 곧 갈 준비를 시작했는데, 제 옆에 있던 자매가 그 일을 맡으면 좋아할 것 같아서, 그 자매에게 양보할 생각으로 앞치마를 느릿느릿 벗었습니다. 당가 수녀 대신 일을 하던 자매는 제가 천천히 일어나는 것을 보고 우리를 웃으며 바라보다가 이렇게 말했습니다. "아! 나는 당신이 이 진주를 당신 영광의 화관에 끼우지 못하리라고 생각했어요. 당신은 너무 행동이 느렸거든요……."

다른 자매들도 모두 제가 원래 성격이 느긋해서 그렇게 행동했다고 생각했습니다. 그러나 이 조그만 일은 제 영혼에 굉장히 이로웠고, 다른 사람의 약점에 대해 몹시 너그럽게 생각하도록 만들었습니다. 이 일로 인해, 제가 다른 사람들에게 좋은 판단을 받을 때에도 허영심이 생기지 않게 됐습니다. 사람들이 제 조그만 덕행을 결점으로 볼 수도 있다면, 반대로 결점을 덕행이라고 생각해서 일을 그르칠 수도 있다고 생각했기 때문이었습니다. 그래서 저는 바오로 사도와 같이 이렇게 말합니다. "여러분에게 심판을 받든지 세상 법정에서 심판을 받든지, 나에게는 조금도 문제가 되지 않습니다. 나도 나 자신을 심판하지 않습니다. …… 나를 심판하시는 분은 주님이십니다."(1코린 4,3-4) 그래서 이 판결이 제게 유리하도록 하기 위해서, 그보다도 아예 판결을 받지 않기 위해서, 저는 늘 관대한 생각을 가지려고 합니다. 왜냐하면 예수님께서는 "남을 심판하지 마라. 그러면 너희도 심판받지 않을 것이다."(루카 6,37)라고 하셨기 때문입니다.

원장 수녀님께서는 지금 제가 쓴 글을 읽으시고, 이제는 애덕을 행하는 것이 제게 어렵지 않다고 생각하실지 모릅니다. 그것은 사실입니다. 몇 달 전부터 이 아름다운 덕행을 행할 때 마음속에서 싸울 필요가 없어졌습니다. 이렇게 말씀드린다고 제가 아무 잘못도 저지르지 않게 되었다는 것은 아닙니다. 아! 그러기에 저는 너무나 불완전합니다. 그러나 제가 넘어졌을 때 다시 일어나는 것은 그리 어렵지 않게 됐습니다. 이는 어떤 싸움에서 제가 승리를 거두었기 때문입니다. 제가 지금 쓰려는 영광스러운 싸움에서 승리를 얻은 후에 다시 패배를 당하는 것을 하늘에서는 참고 볼 수가 없어서, 이제는 천상의 군대가 저를 도와주러 오십니다.

수녀원의 한 자매가 행동이나 말, 성격 등 어느 부분에서나 제게 '아주 못마땅하게' 느껴져서, 제 기분을 불쾌하게 만들고는 했습니다. 그렇지만 이 수녀도 분명 하느님께 커다란 즐거움이 될 거룩한 수녀입니다. 저에게 자연스럽게 생겨나는 반감을 누르기 위해, 애덕은 마음속에만 있는 것이 아니라 행실에서도 나타나야 하는 것이라고 생각했습니다. 그래서 제가 가장 사랑하는 사람에게 행할 만한 행동을 그 자매를 위해 하려고 노력했습니다. 그 자매를 만날 때마다 그를 위해 하느님께 기도드리고, 그 자매의 모든 덕과 공을 하느님께 드렸습니다. 저는 예수님께서 그것을 매우 기뻐하시리라 생각했습니다. 자신의 작품이 칭찬을 받는 것을 좋아하지 않을 예술가는 없는 것처럼, 영혼을 만드시는 예술가이신 하느님께서도 사람들이 당신 처소로 택하신 성전 안에까지 들어와서 그 아름다움을 감탄한다면, 매우 기쁘게 생각하실 것이기 때문입니다. 저는 제 마음의 싸움거리를 그렇게 많이 장만하여 주는 그 자매를 위해 기도를 많이 하는 것에 만족하지 않고, 할 수 있는 대로 무엇이든지 도와주려고 애썼습니다. 그리고 그 자매에게 불쾌하게 대응하고 싶다는 유혹이 들 때면, 더욱 사랑스러운 미소를 지어 보이거나 더 좋은 화제로 이야기를 돌리려고 노력했습니다. 《준주성범》에도 "다른 사람과 논쟁하여 공격하는 것보다는 그가 생각하는 대로 내버려 두는 것이 더 낫다."[168]는 말씀이 있으니까요.

---

168 《준주성범》 3권 44,1

때때로 이 자매와 함께 일을 해야 할 때 제 마음속에서 싸움이 너무 심해지면, 저는 슬쩍 달아나기도 하였습니다. 그 자매는 그런 제 생각을 전혀 눈치채지 못했고 제 행동의 동기를 조금도 의심하지 않았으므로, 오히려 제가 자신의 성격을 좋아한다고 알고 있었습니다. 하루는 쉬는 시간에 아주 흡족한 표정으로 이런 말까지 하였습니다. "아기 예수의 데레사 자매, 어째서 나에게 그렇게도 마음이 끌리는지 말해 주겠어요? 자매는 나를 볼 때마다 항상 웃고 있잖아요?" 아! 제 마음을 끄는 것은 그 자매의 영혼 안에 숨어 계신 예수님…… "쓴 것을 달고 맛있게"[169] 만들어 주시는 예수님이셨습니다. 그러나 저는 그 자매를 보면 좋아서 웃음이 나왔다고 대답했습니다(물론 그것이 영혼의 눈으로 보았을 때라는 말은 덧붙이지 않았습니다).

사랑하는 원장 수녀님, 싸움에서 패배를 피하는 '마지막 방법'은 도망이라고 말씀드렸습니다. 이 방법은 수련기에 이미 썼는데, 언제나 완전히 성공했습니다. 그것에 대한 예를 한 가지 말씀드릴 텐데, 들으시면 원장 수녀님도 웃으실 겁니다. 원장 수녀님이 기관지염으로 편찮으시던 어느 날 아침, 제의 방 일을 맡고 있는 제가 감실의 열쇠를 갖다 놓으려고 조용

---

169 《준주성범》 3권 5,3

히 원장 수녀님 방으로 갔습니다. 마음속으로는 당신을 뵐 기회를 가진 것이 싫지 않고 무척 기쁘기까지 했지만, 겉으로는 나타내지 않도록 조심했습니다. 그런데 하느님께 대한 열심이 대단하고, 저를 사랑하던 자매 한 분이 제가 당신 방에 들어가는 것을 보고, 원장 수녀님을 깨우게 될 것이라 생각했습니다. 그 자매는 제게서 열쇠를 빼앗으려고 했지만, 저도 성격이 보통이 아니라서, 열쇠를 주거나 '제 권리'를 양보하지 않으려 했습니다. 저는 원장 수녀님을 깨우지 않도록 할 것이며, 열쇠를 갖다 놓는 것은 '제 권리'라고 최대한 공손하게 말했습니다……. 저보다 연장자인 그 자매에게 양보하는 것이 더 좋았을 것이라고 지금은 생각합니다. 그러나 그때는 그것을 깨닫지 못했습니다. 그래서 저보다 먼저 방으로 들어간 자매가 제가 들어오는 것을 막으려고 문을 미는 것을 억지로 따라 들어가려고 했기 때문에, 곧 염려했던 일이 일어났습니다. 우리가 낸 소리에 원장 수녀님께서 눈을 뜨셨습니다……. 원장 수녀님, 그런데 모든 잘못의 책임은 저에게 돌아왔습니다. 저와 실랑이를 벌였던 자매는 즉시 긴 연설을 늘어놓았는데, 그 내용은 이러했습니다. "소리를 낸 건 제가 아니라 아기 예수의 데레사 자매랍니다……. 정말 불쾌하네요." 그 일에 대해 자매와 전혀 다른 생각을 갖고 있던 저는 변명하고 싶은 마음이 간절했습니다. 그러나 다행히 더 훌륭한 생각이 머리에 떠올랐습니다. 변명을 하기 시작하면 분명히 제 마음의 평화를 잃게 될 것이라고 생각했습니다. 그렇다고 아무 대꾸도 하지 않고 비난을 들을 수 있을 만큼 제 덕이 굳세지는 못하니까 구원의 마지막 방법은 오직 도망가는 것이라 생각했고, 그 생각이 들기가 무섭게 실행에 옮겼습니다. 로마에 대한 카미유의 저주와 비슷한 연설을 계속하고 있는 그 자매를 뒤로 하고, 저는 아무 말도 없이 그 방을 떠났습니다. 그러나 제 가슴이 어찌나 세게 뛰는지 멀리는 갈 수가 없어서, 계단에 걸터앉아 조용히 제 승리의 열매를 맛보았습니다. 원장 수녀님, 그것은 용맹은 아니었지만, 질 것을 뻔히 아는 때라면 싸움을 하지 않는 편이 낫지 않을까요? 아! 저의 수련기를 돌이켜 생각하면 제가 얼마나 불완전한 존재였는지 알게 됩니다. 그때는 지금 생각해 보면 웃음이 나오는, 너무나 하찮은 일에도 괴로워했습니다.

제 영혼을 기르시고 날개까지 달아 주신 우리 주님은 얼마나 인자하십니까……. 이제는 어떤 사냥꾼의 그물도 겁나지 않습니다. 왜냐하면 "무슨 날짐승이든 그 눈앞에서 그물을 치는 것은 헛된 일"(잠언 1,17)이기 때문입니다. 나중에 돌이켜 보면 지금 이 시절도 아직 불완전함으로 가득 찼던 시기로 보일

지도 모릅니다. 그러나 이제는 무엇에도 놀라지 않고, 저의 약함을 알아도 근심하지 않습니다. 오히려 그 약함을 자랑으로 알고, 제게서 날마다 새로운 불완전함을 발견할 각오를 갖고 있습니다. "사랑은 모든 허물을 덮어 준다."(잠언 10,12)라는 말씀을 생각하고, 예수님께서 제 앞에 열어 주신 이 풍부한 보물 창고에서 보배를 꺼냅니다. 주님께서는 '당신의 새로운 계명'이 어떤 것인지 복음에서 설명해 주십니다.

'마태오 복음'에 이런 말씀이 있습니다. "'네 이웃을 사랑해야 한다. 그리고 네 원수는 미워해야 한다.'고 이르신 말씀을 너희는 들었다. 그러나 나는 너희에게 말한다. 너희는 원수를 사랑하여라. 그리고 너희를 박해하는 자들을 위하여 기도하여라."(마태 5,43-44) 물론 가르멜 안에 원수는 없습니다. 그러나 특히 마음이 맞는 사람은 있습니다. 그러한 자매에게는 마음이 무척 끌리는 반면에, 어떤 자매와는 마주치지 않으려고 길을 돌아가기도 합니다. 이처럼 모르는 사이에 그 자매는 핍박을 받게 됩니다. 그렇습니다! 예수님께서는 이런 자매를 사랑하고 그녀를 위해 기도하라고 말씀하십니다. "너희가 자기를 사랑하는 이들만 사랑한다면 무슨 인정을 받겠느냐? 죄인들도 자기를 사랑하는 이들은 사랑한다."(루카 6,32) 그러나 그저 사랑하는 것만으로는 부족하고, 그 사랑을 드러내야 합니다. 누구든지 벗에게 선물을 주는 것을 좋아하고, 특히 뜻밖의 선물을 해서 벗을 놀라게 하는 것을 좋아합니다. 하지만 이것은 애덕이 아닙니다. 죄인들도 그런 일은 하기 때문입니다. 예수님께서는 또 이런 것을 제게 가르쳐 주십니다. "달라고 하면 누구에게나 주고, 네 것을 가져가는 이에게서 되찾으려고 하지 마라."(루카 6,30) '달라고' 하는 모든 이에게 주는 것은 마음으로부터 우러나서 먼저 주는 것보다는 유쾌하지 않습니다. 또 누가 친절히 무엇을 청할 때에는 주는 것이 그리 힘들지 않으나, 혹시 누가 곱지 않은 말로 청할 때에는 완전한 애덕을 지니고 있지 않은 영혼이라면 곧 반발심이 일게 됩니다. 그런 때에는 청을 거절하기 위해 별별 이유를 다 생각해 내며, 청한 사람이 자신의 무례함을 깨달을 만큼 면박을 준 다음에야 비로소 '생색을 내며' 청한 것을 줍니다. 혹은 있지도 않은 권리가 있는 듯 꾸미느라, 필요한 시간보다 훨씬 더 걸리도록 늦장을 부리며 해 주기도 합니다. 청하는 모든 사람에게 원하는 것을 주는 것이 어렵다면 '남이 빼앗은 자신의 물건을 도로 찾으려 하지 않는 것은 훨씬 더 어렵습니다.'

오, 원장 수녀님, '어렵다'고 말씀드렸지만, 차라리 '어려운 것 같다'고 해야 할 것입니다. 왜냐하면 "정녕 내 멍에는 편하고, 내 짐은 가벼워서"(마태 11,30) 그것을 메자마자 경쾌함을 깨닫고, 다윗 성인 임금처럼 이렇게 부르짖기 때문입니다. "당신께서 제 마음을 넓혀 주셨기에 당신 계명의 길을 달립니다."(시편 119,32) 제 마음을 넓힐 수 있는 것은 애덕밖에 없습니다. 오, 주님, 이 달콤한 불꽃이 제 마음을 태운 뒤부터 저는 당신의 '새로운 계명'의 길로 기쁘게 달려갑니다. 그래서 동정녀들의 행렬을 따라가, 틀림없이 '사랑' 노래일 당신의 새로운 노래(묵시 14,3 참조)를 부르며 무한한 공간 속에서 당신을 따라갈 수 있는 행복한 날이 올 때까지 그 길을 달리고 싶습니다.

제 물건을 도로 찾는 것을 예수님께서 원하지 않으신다는 말씀을 드렸지만, 사실 '제 물건이란 아무것도 없었으니' 그것은 지극히 당연한 일이라고 생각했어야만 할 것입니다. 저는 가난의 서원으로 이 세상에서의 재산을 포기하고 있었으니까요. 제 것도 아닌 것을 누가 제게서 빼앗아 간다고 불평할 권리는 없습니다. 오히려 가난을 깨닫는 일이 생기면 저는 기뻐해야 합니다. 일찍이 저는 아무 물건에도 마음이 끌리지 않는다고 생각했는데, 예수님의 말씀을 깨달은 후로는 때에 따라 제가 매우 불완전하다는 것을 알게 되었습니다.

한 가지 예를 들자면, 그림 그리는 도구 중에 제 소유인 것은 하나도 없다는 것을 잘 알고 있습니다. 그러나 그림을 그리려고 할 때 붓이나 물감이 여기저기 아무렇게나 흩어져 있다든지 자나 칼이 없다든지 하면 화가 치밀어 올라서, 짜증 내지 않고 없어진 물건을 청구하려면 무척 힘이 듭니다. 필요한 물건을 청해야 할 때가 가끔 있습니다. 그때 겸손하게 청해야만 예수님의 계명을 어기지 않을 것이고, 필요한 물건을 얻으려고 손을 내미는 가난한 사람처럼 청해야 하는 것입니다. 아무도 자신들에게 무엇을 줄 의무가 없으니, 그들은 거절을 당해도 크게 개의치 않습니다. 아! 자연의 감정을 초월할 때 영혼은 비로소 어느 정도의 평화를 누리게 되는 것입니다. 진실로 마음으로 가난한 자가 맛보는 것에 비할 만한 기쁨은 없습니다. 욕심 없이 필요한 물건을 청했지만 그것을 받지도 못하고, 자기가 가진 물건까지 남이 빼앗으려 든다면, 그는 "너를 재판에 걸어 네 속옷을 가지려는 자에게는 겉옷까지 내주어라."(마태 5,40) 하신 예수님의 교훈을 따르면 됩니다.

겉옷을 빼앗아 가게 둔다는 말씀은 자신의 마지막 권리를 버리고, 자신을 다른 사람들의 종처럼 여긴다는 뜻인 것 같습니다. 겉옷을 벗어 버리면 걷거나 뛰기가 더 쉬워집니다. 그래서 예수님께서도 "누가 너에게 천 걸음을 가자고 강요하거든, 그와 함께 이천 걸음을 가 주어라."(마태 5,41) 하고 말씀하십니다. 따라서 '청하는 사람'에게 주는 것만으로는 부족하고,

저들의 소원을 먼저 헤아리고 도움을 베풀 수 있는 것을 매우 고맙고 영광으로 생각한다는 것을 보여 주어야 합니다. 또 제게 필요한 물건을 누가 가져가도 못마땅한 표정을 지어서는 안 되고, 오히려 그 물건을 '치워 버린' 것을 다행으로 여기는 것처럼 보여야 합니다. 사랑하는 원장 수녀님, 제가 이해하는 덕행을 실천하려면 아직도 멀었지만, 반드시 실천하겠다는 마음을 가지는 것만으로도 평화를 맛봅니다.

제가 그 어느 때보다도 서둘러서 제 생각을 말씀드린 것 같습니다. 원장 수녀님은 제가 쓴 애덕에 관한 '하나의 연설'을 읽으시다가 싫증을 느끼실 테지만, 용서해 주시기 바랍니다. 그리고 제가 방금 쓴 것을 간호 수녀들이 저에게 행하고 있다는 것을 생각해 보세요. 이 간호 수녀들은 스무 발자국이면 넉넉할 텐데도 이천 걸음 걷는 것을 마다하지 않습니다. 저는 실행하고 있는 애덕을 직접 볼 수 있는 것입니다! 아마 제 마음은 이것을 보고 향기로워졌을 것입니다. 그러나 제 정신은 이런 헌신 앞에 조금 마비되어서, 글을 써야 하는 붓이 무거워졌습니다. 제 생각을 나타낼 수 있으려면 홀로 사는 참새 같아야 할 텐데, 제가 그런 상황에 놓이게 되는 것은 드문 일입니다. 제가 붓을 들자마자, 어떤 자매가 쇠스랑을 어깨에 메고 제 곁을 지나갑니다. 그 자매는 제게 몇 마디 이야기를 해서 기분을 좋게 해 주려고 건초니, 오리니, 암탉이니, 의사의 방문 등을 모두 끌어내서 이야기합니다. 사실 그리 긴 이야기는 아니지만, 다정한 자매가 그 자매 하나만이 아닙니다. 건초에 관한 일을 맡은 또 한 자매가 갑자기 저의 감수성을 불러오고 싶었는지, 제 무릎 위에 꽃을 놓아 줍니다. 그러나 저는 그때 꽃을 바라지 않았기 때문에, 그 꽃을 가지에 그대로 두어 흔들리게 했다면 더 좋았을 것이라 생각했습니다. 마침내 이 노트를 덮었다 폈다 하는 것이 지겨워져서, 책을 펴고(그 책은 펼쳐진 대로 있어 주질 않습니다) 우리 원장 수녀님의 영명 축일[170]을 위해서 시편과 복음의 말씀을 베낀다고 딱 잘라 말했습니다. 저는 인용을 많이 하기 때문에 거짓말은 아니었습니다…….

사랑하는 원장 수녀님, 가르멜의 여러 자매들 사이에서 제가 겪었던 일들을 모두 말씀드리면 당신께서 재밌어 하시리라 생각합니다. 저는 단 한 번의 방해 없이 열 줄 이상 쓴 적이 없는 것 같습니다. 이런 일들이 제게는 우습지도 즐겁지도 않았지만, 하느님과 제게 참으로 다정한 자매들(제게 참으

---

[170] 곤자가의 마리아 원장 수녀의 영명 축일은 6월 21일 알로이시오 곤자가 성인 축일이었다.

로 다정했습니다)의 사랑을 위해서 만족해 보이려고 하고, 실제로 '만족하려고' 노력합니다……. 한번 보세요. 건초일을 맡은 자매가 아주 측은해하는 목소리로 "가엾은 어린 자매, 그렇게 온종일 글을 쓰면 얼마나 피곤할까요?"라고 말하며 갑니다. 그러면 저는 "걱정 마세요. 많이 쓰는 것 같지만 사실은 거의 아무것도 쓰지 않는답니다." 하고 대답합니다. 그 자매는 안심했다는 듯, "참 다행이군요! 저도 그래요. 건초를 말리는 일을 할 때 사실 저는 굉장히 만족한답니다. 이건 늘 조금은 쉴 수 있는 일이거든요." 하고 말합니다. 정말 저에게 이렇게 참견하는 것은 큰 분심을 가져오기 때문에(간호 수녀 이외에도 말입니다) 제가 거의 아무것도 쓰지 않는다고 말해도 거짓말은 아닙니다.

다행히도 저는 쉽게 낙담하는 성격이 아니므로, 예수님께서 애덕이라는 문제에 대해 제게 이해시켜 주신 것을 원장 수녀님께 마저 설명해 드리겠습니다. 아직 저는 원장 수녀님께 외부와의 관계에서 오는 애덕에 대한 것밖에 말씀드리지 않았지만, 이제는 어떻게 제가 정신적인 애덕을 깨달았는지 고백하고 싶습니다. 드리고 싶은 말씀들이 서로 섞여 혼돈하실지도 모르겠습니다. 그러나 당신께서는 어렵지 않게 제 생각을 알아채시고 당신 딸의 헝클어진 말을 풀 수 있으시리라 믿습니다.

　가르멜에서 복음의 말씀을 언제나 글자 그대로 실행할 수는 없습니다. 자신의 일 때문에 때때로 누군가가 청하는 일을 거절해야만 할 때도 있습니다. 그러나 애덕이 영혼 안에 뿌리를 깊이 박고 있으면 밖으로 드러나는 법입니다. 자기가 주지 못하는 물건을 거절할 때에도 거절하는 것이 주는 것만큼이나 반갑게 여겨지도록 친절하게 대할 수가 있습니다. 물론 늘 남을 도와주려는 마음씨를 보여 주는 자매에게 청하기가 덜 불편한 것도 사실입니다. 그러나 예수님께서는 "꾸려는 자를 물리치지 마라."(마태 5,42) 하고 말씀하셨습니다. 이처럼 거절하기 어렵다는 핑계로 도움을 청하는 자매들을 피해서는 안 됩니다. 또한 제가 남의 일을 잘 돌보는 것처럼 보이기 위해서나, 자기가 도와주는 자매가 다음에 자신의 일을 거들어 주기를 바라는 마음으로 일을 해 줘서도 안 됩니다. 우리 주님께서는 또 이렇게 말씀하시니까요. "너희가 도로 받을 가망이 있는 이들에게만 꾸어 준다면 무슨 인정을 받겠느냐? 죄인들도 고스란히 되받을 요량으로 서로 꾸어 준다. 그러나 너희는 원수를 사랑하여라. 그에게 잘해 주고 아무것도 바라지 말고 꾸어 주어라. 그러면 너희가 받을 상이 클 것이다."(루카 6,34-35) 아, 그렇습니다! 상은 이 세상에서도 많이 받게 됩니다……. 이 길에서는 오직 첫 걸음만이 힘이 듭니다. '아무 것도 바라지 말고 꾸어 주는 것'은 선뜻 행하기가 힘들어 보입니다. 꾸어 주느니 차라리 아예 주는 것이 더 낫다고 생각될 것입니다. 준 물건은 이미 자기 것이 아니니까요. 가끔 어떤 자매가 저에게 정색을 하고 "자매, 몇 시간 동안만 저를 좀 도와주세요. 그렇지만 염려하지는 마세요. 원장 수녀님의 허락도 받았고, 당신이 제게 준 시간을 돌려 드릴 테니까요. 저는 자매가 얼마나 바쁜지 알고 있거든요." 하고 말할 때가 있습니다. 그러나 빌려 준 시간은 영원히 돌아오지 않는다는 것을 잘 알고 있는 저는 차라리 "그 시간을 당신에게 드리죠."라고 말하고 싶은 것입니다. 그렇게 하면 저의 자애심을 만족시킬 수 있을 것이며, 꾸어 주는 것보다는 아예 주는 것이 더 너그러운 일이고, 또 그 자매에게는 제가 자매의 도움을 바라지 않는다는 것을 깨닫게 하니까요……. 아! 예수님의 가르침은 얼마나 우리 본성의 감정과 어긋나는 것입니까! 은총의 도움 없이는, 그 교훈을 실행하기는커녕 이해조차 할 수 없을 것입니다.

제2장

여러분이 내게 주신 것들(1896-1897)

    원장 수녀님, 예수님께서는 제게 애덕의 오묘함을 깊게 깨닫는 은혜를 내려 주셨습니다. 제가 깨닫는 것을 드러낼 수만 있다면 원장 수녀님께서는 하늘의 멜로디를 들으시는 것과 같을 것입니다. 그러나 저는 어린아이처럼 떠듬거릴 줄밖에 모릅니다……. 만일 예수님의 말씀이 저를 거들어 주지 않으셨다면, 저는 원장 수녀님께 청하여 붓을 놓고 싶었을 것입니다……. 그러나 그래서는 안 됩니다. 제가 순명으로 시작했으니 순명으로 계속해야 합니다.

    사랑하는 원장 수녀님, 이제 이 세상 물건은 제 것이 아니기 때문에, 누가 그것을 언제든 **빼앗아** 가더라도 도로 찾으려고 절대로 생각하지 말아야 한다고 이미 말씀드렸습니다. 하늘의 물건도 저의 것은 아닙니다. 그것은 하느님께서 저에게 빌려 주신 것이니, 도로 찾아가신다 해도 원망할 권리가 없습니다. 그러나 지혜나 마음의 열정, 깊은 사상처럼 하느님께 직접 받은 재산은 모두 하나의 재물이 되는 것이므로, 아무도 건드릴 수 없는 자신의 물건처럼 애착을 느끼게 됩니다……. 예를 들어 누군가가 묵상하는 동안 얻은 좋은 생각을 쉬는 시간에 어떤 자매에게 가르쳐 주었는데, 얼마 지나지 않아 그 자매가 그 좋은 생각을 마치 자신이 생각해 낸 것처럼 다른 사람에게 이야기한다면, 다른 사람의 것을 가지는 것처럼 생각됩니다. 또 다른 예로, 쉬는 시간에 누군가가 재밌는 말이나 슬기로운 말을 어떤 자매에게 들려주었는데, 이 자매가 어디서 들었는지 밝히지 않고 그 이야기를 하고 다닌다면, 처음 말을 한 사람에게서 그 말을 훔친 것으로 보일 것이고, 주인은 자신의 권리를 주장하지는 않더라도 주장하고 싶은 마음은 있어서, 기회만 닿는다면 그 사람이 자기 생각을 훔쳤다고 넌지시 말하려 할 것입니다.

원장 수녀님, 제 마음속에서 이것을 직접 경험하지 않았다면, 이 슬픈 감정을 이렇게까지 잘 말씀드릴 수 없었을 것입니다. 그리고 사랑하는 어린 수련자들이 유혹당한 이야기를 들으라는 명령을 제게 주시지 않았다면, 저 혼자만 그런 슬픈 생각을 했나 보다 하고 줄곧 생각했을 것입니다. 저는 원장 수녀님께서 맡겨 주신 임무를 수행하는 동안 많은 것을 배웠습니다. 무엇보다도 제가 다른 사람을 가르치지 않고는 견딜 수 없게 됐습니다. 그래서 이제는 세상 재물과 마찬가지로 정신이나 마음의 재물에도 애착을 갖지 않는 은혜를 예수님께서 주셨다고 말씀드릴 수 있습니다. 제가 자매들의 마음에 드는 일을 생각하거나 말했을 때, 그들이 마치 자신의 물건처럼 그 말을 **빼앗아** 가는 것이 이제는 지극히 자연스럽게 여겨집니다. 바오로 사도께서 "'사랑의 성령의 힘'이 아니면 우리는 하늘에 계신 하느님을 '아버지'라고 부를 힘도 없다."(로마 8,15 참조)라고 말씀하셨으니, 이 생각은 제 것이 아니라 하느님 성령의 것입니다. 그러므로 성령께서 어떤 영혼에게 좋은 생각을 주시는 데 얼마든지 저를 이용하실 수 있습니다. 만일 그 생각이 제 물건이라고 생각한다면, 저는 마치 성인들께 드리는 공경이 저를 향한 것이라고 착각하는 '성자의 유물을 신고 가는 당나귀'[171]와 같은 존재일 것입니다.

저는 영혼을 살지게 하고 하느님과 일치를 이루게 해 주는 깊은 생각을 업신여기지는 않지만, 그것을 너무 중히 여기거

---

171 《라 퐁텐 우화집》 5부에 수록되어 있다.

나, 완덕 때문에 하느님께 좋은 생각을 많이 받게 된다고 생각하지는 말아야 함을 오래전에 깨달았습니다. 아무리 훌륭한 생각이라도 훌륭한 행실이 따르지 않으면 아무 소용이 없습니다. 하느님께서 특별한 은혜를 내려 주신 어떤 영혼의 잔치에 참여하도록 허락하심을 영혼들이 겸손한 마음으로 감사드린다면, 거기에서 많은 이익을 얻을 수 있습니다. 그러나 이 특별한 은혜를 입은 영혼이 자기 자신의 '아름다운 생각'에 만족해서 바리사이와 같은 기도를 한다면, 그는 자기가 초대한 손님들은 맛있는 음식을 마음껏 먹으며 어쩌면 저렇게 많은 재산을 가졌나 하고 부러운 눈으로 쳐다보는데, 정작 주인은 잘 차려 놓은 상 앞에서 허기져서 굶어 죽는 사람처럼 되는 것입니다. 아! 참으로 사람의 마음속을 아시는 분은 하느님밖에 없습니다……. 사람들은 어쩌면 그렇게 생각이 짧을까요……. 어떤 사람이 자신들보다 많은 은혜를 받으면, 그들은 예수님께서 그 사람보다 자신들을 덜 사랑하는 것으로 즉시 판단하고, 자신들은 그 사람처럼 완덕에 이를 수 없다고 금세 포기해 버립니다. 하느님께서는 당신께서 사랑하시는 영혼들이 필요로 하는 양식을 나누어 주시기 위해 어떤 사람을 쓰실 수 있는 '권리'를 언제부터 잃으신 것입니까? 이집트의 지배를 받던 시기에도 주님께서는 아직 이 '권리'를 갖고 계셨습니다. 성경에는 주님께서 파라오에게 "까닭이 있어 너를 살려 두었다. 너에게 내 능력을 보이고, 온 세상에 내 이름을 떨치게 하려는 것이다."(탈출 9,16)라고 하신 말씀이 있으니까요. '지극히 높으신 분'이 그 말씀을 하신 뒤로 한없이 오랜 세월이 흘렀지만, 그분의 행동은 변함이 없어서, 언제나 여러 사람들을 당신의 연장으로 가려내시어 영혼들 안에서 당신의 뜻을 이루십니다.

만약에 화가가 그림을 그리는 캔버스가 생각을 하고 말을 할 줄 안다고 해도, 붓이 자꾸만 자신을 건드린다고 불평하지는 않을 것입니다. 그리고 자기가 아름다워지는 것이 붓 때문이 아니라, 붓을 놀리는 화가 덕분임을 알기 때문에 붓을 부러워하지는 않을 것입니다. 붓은 붓대로 자신을 사용하여 나온 걸작을 자랑하지는 못할 것입니다. 왜냐하면 화가는 가끔 아주 여리고 불완전한 연장을 사용하는 것을 난처해하지도 않고 재미있어 하며, 어려움을 대수롭지 않게 여기곤 하기 때문입니다…….

원장 수녀님, 저는 당신께서 제게 맡겨 주신 영혼 안에 예수님의 모상模像을 그리기 위해 예수님께서 고르신 작은 붓입니다. 화가는 붓을 하나만 사용하는 것이 아니라, 적어도 두 개는 필요로 합니다. 하나는 둘 중에 더 유용한 것이어서, 캔

버스 전체에 밑바탕을 칠하는 데 쓰는 것이고, 또 다른 작은 붓은 잔손질을 하는 데 쓰입니다. 원장 수녀님, 당신은 예수님께서 그분 자녀들의 영혼 안에서 '큰일'을 이루고자 하실 때 예수님의 손이 사랑스럽게 잡는 귀중한 붓이고, 저는 잔손질을 하실 때 쓰이는 '아주 작은' 붓입니다.

예수님께서 처음으로 당신의 작은 붓을 쓰신 것은 1892년 12월 8일이었습니다. 저는 언제까지나 그때를 은총의 시절로 기억하려고 합니다. 사랑하는 원장 수녀님, 이 즐거운 추억을 당신께 말씀드리겠습니다.

열다섯 살에 제가 드디어 가르멜에 들어오는 행복을 갖게 되었을 때, 저보다 몇 달 앞서 들어온 수련자가 하나 있었습니다.[172] 그 자매는 저보다 여덟 살이나 많았지만, 어린아이 같은 성격을 갖고 있어서 나이 차이를 느끼지 않았습니다. 오래지 않아서 원장 수녀님도 이 두 수련자들이 서로를 더없이 잘 이해하고, 떨어질 수 없게 된 것을 기쁘게 보셨지요. 저희의 우애가 덕의 열매를 맺는 데 적당하다고 생각하시고, 당신께서는 우리가 짧은 영적 담화를 가끔 나누어도 괜찮다고 허락하셨습니다. 그 다정한 자매는 순진함과 자기 마음을 솔직

---

172 예수의 마르타 수녀였다.

하게 모두 드러내는 성격을 갖고 있어서, 저를 기쁘게 했습니다. 그러나 한편으로는 원장 수녀님께 대한 그 자매의 애정이 제가 원장 수녀님께 갖는 애정과 몹시도 다른 것을 보고 이상하게 생각했습니다. 그 밖에도 다른 자매를 대하는 그 자매의 행동에는, 제가 보기에는 좀 바꾸었으면 하는 점이 많이 있었습니다……. 이 시기부터 하느님께서는 당신의 인자하심으로 꾸준히 기다리시며, 당신의 빛을 조금씩 주시는 영혼이 있다는 것을 가르쳐 주셨습니다. 따라서 저는 하느님께서 정한 시간을 앞질러 갈 생각은 전혀 하지 않고, 예수님께서 그것을 이루시는 시기만 끈기 있게 기다리게 됐습니다.

하루는 가르멜 여자 수도원의 거룩한 규칙에 쓰여 있는 것처럼, '우리의 천상배필께 대한 사랑을 더 열렬하게 하기 위해' 둘이서 이야기해도 된다는 허락을 당신께 받은 것을 생각하니, 우리의 이야기가 그 목적에 닿지 못하는 것이 슬펐습니다. 그때 하느님께서는 때가 되었으니 이야기하는 것을 더 이상 무서워하지 말든지, 아니면 세상에 있는 사람들이 주고받는 것 같은 담화를 그만두어야 한다는 것을 깨닫게 해 주셨습니다. 그날은 토요일이었는데, 이튿날 '영성체 후 기도' 시간에, 상대가 수긍할 수 있게 하는 부드러운 말을 제 입술에서 나오게 해 주시거나, 저를 통해서 친히 말씀해 주시기를 하느님께 간청했습니다. 하느님은 제 청을 들어주시어 제 희망을 온전히 채워 주셨습니다. "주님을 찾았더니 내게 응답하시고 온갖 두려움에서 나를 구하셨네."(시편 34,5) "올곧은 이들에게는 어둠 속에서 빛이 솟으리라."(시편 112,4) 첫 번째 말씀은 제게 하신 것이고, 두 번째 말씀은 참으로 곧은 마음을 가진 그 자매에게 하신 것입니다······.

우리가 만나기로 한 시간이 되자, 그 자매가 저를 바라보았다가 제 태도가 평소와 다른 것을 곧 알아차렸습니다. 그 자매는 제 가슴에 머리를 대고 얼굴을 붉히며 제 곁에 앉았습니다. 그래서 저는 그 자매에 대해 제가 생각하는 것들을 눈물 머금은 목소리로 이야기했습니다. 제가 깊은 애정을 나타내며 매우 다정하게 이야기했기에, 그 자매의 눈에도 저처럼 곧 눈물이 흘렀습니다. 그 자매는 아주 겸손하게 제가 말한 것이 모두 옳다고 인정하고, 새로운 생활을 시작하겠다고 약속하며, 자신의 잘못을 언제든지 깨우쳐 달라고 청했습니다. 우리가 헤어질 때는 우리의 애정은 전부 영적인 것이 되어, 인간적인 애정은 조금도 남지 않았습니다. "배반당한 형제는 견고한 성읍보다 더하고 분쟁은 대궐 문의 빗장과 같다."(잠언 18,19)라고 하신 성경의 구절이 우리에게 이루어진 것입니다.

원장 수녀님, 예수님께서 하느님께만 바쳐지길 바라는 영혼 안에서 그분의 일을 이루고자 하실 때, 당신을 통해 하지 않으셨더라면 그분께서 자신의 조그만 붓을 가지고 하신 것들은 이내 지워졌을 것입니다. 가엾은 제 자매에게 이 시련은 무척 힘든 것 같았습니다. 그러나 당신의 꿋꿋한 마음은 승리했습니다. 저는 그 자매를 위로하기 위해, 원장 수녀님께서 여러 수녀 중에 자매로 골라 주신 이 수녀에게 참된 사랑이 어떤 것인지 설명할 수 있었습니다. 그 자매가 사랑하는 것은 그 자신이지 원장 수녀님이 아니라는 것을 말해 주고, 제가 원장 수녀님을 어떻게 사랑하는지, 또 제가 순전히 물리적으로 원장 수녀님께 애착을 느끼지 않기 위해서 수도 생활을 시작할 때 겪을 수밖에 없었던 희생이 어떤 것인지를 들려주었습니다. 사랑이란 희생으로 자라는 것이므로, 영혼이 본성적인 만족을 물리치면 물리칠수록 애정은 더욱 강해지고 욕심을 초월하게 되는 것이지요.

제가 아직 청원자였을 때, 가끔은 원장 수녀님 방에 들어가서 제 마음을 만족시키고 조금이라도 기쁨을 맛보고 싶은 강한 유혹에 당신의 방 앞을 빨리 지나가야만 했고, 때로는 계단 난간을 꼭 붙들지 않으면 안 될 정도였습니다. 여러 가지 허락을 청하고 싶었고, 결국 제 본성을 만족시키기 위한 갖가지 이유를 다 생각해 내고는 했습니다……. 수도 생활 초기부터 제 본성과 싸워 이긴 것이 지금은 얼마나 다행으로 생각되는지요! 저는 용감히 싸우는 자에게 약속된 상을 벌써 받고 있습니다. 그리고 이제는 마음의 위안을 물리치기 위해 애쓸 필요가 없다고 생각합니다. 왜냐하면 제 마음은 제가 오직 사랑하고자 하는 '분'의 손으로 굳세어졌기 때문입니다. 저는 하느님을 사랑하면서 차츰 마음이 커져 갑니다. 또한 하느님께서는 이기적이고 아무 이익이 없는 다른 애정에 모든 힘을 쏟는 것과는 비교가 안 될 정도의 깊은 애정을 당신을 사랑하는 자들에게 주시기에, 그것을 보며 행복해집니다.

사랑하는 원장 수녀님, 예수님과 당신께서 저를 통해 이루고자 하신 첫 번째 일에 관해 말씀드렸습니다. 그러나 이것은 그 후에 제게 맡겨질 일의 시작에 지나지 않았습니다. 영혼들의 은밀한 곳까지 들어가게 되었을 때, 이 일이 저에게 힘겨운 일이라는 것을 금방 알았습니다. 그래서 아기처럼 하느님의 품으로 가 안겨, 그분의 품에 얼굴을 묻고 이렇게 말씀드렸습니다. "주님, 저는 당신의 아이들을 기르기에는 너무나 어립니다. 저를 거쳐서 그들 각자에게 알맞은 음식을 주려고 하신다면, 제 작은 손을 가득히 채워 주십시오. 그러면 저는 당신 품을 떠나지 않고, 머리조차 돌리지 않고, 제게 먹을 것을 청하러 오는 영혼들에게 당신 보물을 나누어 주겠습니다. 음식이 그들의 입에 맞는다면, 그것은 저의 덕이 아니라 당신의 덕에 의한 것임을 압니다. 혹시라도 그 영혼이 제가 주는 것이 쓰다고 불평하더라도, 제 마음의 평화는 흔들리지 않을 것이며, 그 음식이 당신에게서 온다는 것을 알아듣게 깨우쳐 줄 뿐, 그에게 다른 음식을 구해 줄 생각은 아예 하지 않겠습니다."

원장 수녀님, 제 힘으로는 아무것도 할 수 없다는 것을 깨달은 후에는 당신께서 제게 맡기신 일이 어려워 보이지 않았습니다. 제게 필요한 것은 예수님께 더욱 일치되려고 노력하는 것뿐이고, 다른 "모든 것도 곁들여 받게 될 것"(마태 6,33)이라고 생각합니다. 제 기대는 한 번도 어긋나지 않아서, 제가 맡은 자매들의 영혼에 양식을 줄 필요가 있을 때에는 하느님께서 언제든지 제 작은 손을 가득 채워 주셨습니다. 사랑하는 원장 수녀님, 만일 조금이라도 제 힘만 믿고 의지했다면, 저는 그 일을 곧 포기해 버렸을 것이라고 고백합니다…….

'멀리서' 볼 때는, '영혼들에게 선을 베풀고', 그들로 하여금 하느님을 더 사랑하게 하고, 나아가 제 뜻과 생각대로 그들을 다루는 것이 아주 쉬운 것처럼 보입니다. 그러나 '가까이에서' 보면 이런 생각은 사라집니다. 하느님의 도움을 받지 않고 선을 행한다는 것은, 한밤중에 햇빛이 비치게 하는 것만큼이나 불가능한 일이라는 것을 깨닫게 됩니다……. 자신의 취미나 자신의 개인적 견해는 모두 잊어버려야 하고, 영혼들을 인도할 때는 자신의 길로 인도하려 하지 말고, 예수님께서 저들에게 가르쳐 주신 길로 인도해야 한다는 것을 깨닫게 됩니다. 그러나 가장 어려운 것은 따로 있습니다. 제게 무엇보다 힘든 것은, 그들의 아주 조그마한 잘못과 결점이라도 살펴서 그들과 치열하게 싸우는 것입니다. 저를 위해서는 불행히도(아닙니다, 그것은 비겁할 테니까요) 이렇게 말하지요. 자매들을 위해서는 다행스럽게도 예수님의 품안에 자리를 잡은 뒤부터, 저는 산성의 제일 높은 망루에서 적을 살피는 군사처럼 됐습니다. 제 눈길을 피할 수 있는 것은 아무것도 없습니다. 가끔 제 자신도 놀랄 만큼 많은 것이 똑똑히 보여서, 요나 예언자가 니네베의 멸망을 고하지 않고 달아난 것도 이상하지 않다고 생각하게 되었습니다. 저는 남에게 꾸지람을 하는 것보다는 차라리 꾸지람을 듣는 편이 훨씬 낫다고 생각합니다. 그러나 이 일의 경우에는 저에게 고통이 되더라도, 꾸지람을 하는 것이 꼭 필요하다고 느낍니다. 왜냐하면 본성만을 따라 행동한다면, 잘못을 지적받은 사람이 자신의 잘못은 깨닫지 못하고 그저 '내 지도를 맡은 자매가 기분이 안 좋아서, 좋은 마음만 갖고 있는 나에게 화풀이를 하는구나.'라고 생각하기 때문입니다.

저도 원장 수녀님의 어린양들이 저를 무섭게 생각하는 것을 압니다. 제가 그들 뒤를 따라다니며 고운 털이 더러워진 것을 엄하게 일러 주거나, 길에 있는 가시 덩굴에 걸린 그들의 털을 거두어 오라고 말하는 것이 제게는 전혀 힘들지 않을 거라고 그들은 이야기할 것입니다. 어린양들이 무슨 말을 하든 신경 쓰지 않습니다. 마음속으로는 그들도 제가 그들을 참된 애정으로 사랑하고 있으며, 제가 '이리가 오는 것을 보면 양들을 버리고 달아나는 삯꾼'(요한 10,12 참조)과는 전혀 다르다는 것을 느끼고 있을 것입니다. 저는 그들을 위해 목숨을 바칠 각오를 하고 있지만, 그들이 그것을 알기를 원하지도 않을 만큼 제 애정은 지극히 순수한 것입니다. 저는 하느님의 은혜를 청하며 그들의 마음을 제게로 끌려고 하지는 않을 것이며, 제 사명은 저들을 하느님께 인도하고, 원장 수녀님이야말로 이 세상에서 그들이 사랑하고 공경해야 할 눈에 보이는 예수님이라는 것을 이해시키는 것임을 깨달았습니다.

사랑하는 원장 수녀님, 다른 이를 가르치는 중에 제가 많은 것을 배웠다고 말씀드렸지요. 저는 모든 영혼들이 거의 다 같은 싸움을 겪는다는 것을 알게 됐지만, 한편으로는 그 싸움들에는 다른 점도 많아서, "사람들의 얼굴이 저마다 다른 것 이상으로 영혼들도 저마다 다르다."라는 피숑 신부님의 말씀을 깨닫게 됩니다. 그렇기에 그들을 모두 같은 방법으로 대할 수는 없습니다. 어떤 영혼을 대할 때에는, 저를 작게 만들고 낮추어서 제가 겪은 싸움과 당한 실패를 스스럼없이 말해야 한다고 느낍니다. 그러면 그 자매들은 그들과 같은 연약함을 가지고 있는 저를 보고 자신의 잘못을 고백하며, 제가 '경험을 통해' 그들을 이해하는 것을 보고 좋아합니다. 이와는 다르게 대해야 하는 경우도 있습니다. 어떤 영혼들에게는 그들에게 이익을 주기 위해 오히려 아주 꿋꿋하게, 한 번 말한 것은 절대로 변경해서는 안 된다는 것을 알았습니다. 이런 경우에는 자신을 낮추는 것이 겸손이 아니라 무기력으로 보일 것입니다. 하느님께서는 싸움을 조금도 무서워하지 않는 은혜를 저에게 주셨습니다. 그러므로 저는 어떻게 해서든지 제 직분을 다해야 합니다. "내게서 무엇을 얻고자 하거든, 윽박지르지 말고 온유하게 대하라. 윽박질러서는 아무것도 얻지 못할 것이다." 하는 말씀을 한두 번 들은 것이 아닙니다. 그러나 저는 아무도 자기 자신의 일을 올바르게 판단할 수 없다는 것과, 의사에게서 아픈 수술을 받는 아이가 고래고래 소리를 지르고, 병보다 약 먹는 것을 더 고통스럽게 느낄 수도 있음을 압니다. 그러나 며칠 뒤에 병이 깨끗이 나으면, 고통의 시간을 지나 이제는 뛰어다니며 놀 수 있게 되어 무척 좋아할 것입니다. 영혼도 이와 마찬가지여서, 어떤 경우에는 조금 쓴

맛이 단맛보다 낫다는 것을 곧 인정하고, 이를 고백합니다. 어떤 때에는 하루 사이에 커다란 변화가 일어나는 것을 보고 마음속으로 웃음을 참을 수가 없었습니다. 정말 신기합니다……. 한 자매가 와서 이런 말을 하는 일이 있었습니다. "어제 수녀님이 엄하게 하시기를 잘하셨습니다. 처음에는 반항심이 생겼지만, 나중에 곰곰이 생각해 보니 수녀님이 하신 일이 옳다는 것을 깨달았습니다……. 사실 어제 수녀님 방을 나오면서 이게 마지막이다, 원장 수녀님을 만나 뵙고 다시는 아기 예수의 데레사 수녀와 이야기하지 않겠다고 말씀드리려 했습니다. 그러나 곧 마귀가 그런 생각을 불어넣은 것임을 깨달았고, 또 수녀님이 저를 위해 기도하시는 것처럼 느껴져서 가만히 있었더니, 빛이 나타나기 시작했습니다. 그래서 지금은 앞으로 저를 더 환히 비춰 달라고 청하러 온 것입니다." 고백에 이어서 대화가 시작됩니다. 저는 쓴 음식을 대접하지 않으면서도 제 마음 가는 대로 할 수 있는 것이 무척 행복합니다. 그러나 너무 급히 나아가면 안 된다는 것을 이내 깨닫게 됩니다. 눈물 속에 세운 아름다운 집이라도 '한마디 말'로 헐어 버릴 수 있는 것입니다. 혹시라도 어제 말한 것의 무게를 조금이라도 더는 듯한 말을 하게 되면, 그 자매는 다시 자기변명을 하려고 생각하게 됩니다. 그럴 때 저는 마음속으로 짧은 기도를 하고, 그러면 진리는 언제나 승리하게 됩니다. 아! 제 힘은 오직 기도와 희생에서 오는 것이고, 이것이 예수님께서 제게 주신, 다른 사람이 저를 감히 이길 수 없게 하는 무기입니다. 이 무기야말로 말보다 훨씬 더 영혼을 감동시킬 수 있다는 것을 여러 번 경험했습니다. 다음은 제게 즐겁고 기쁜 인상을 준 많은 이야기 중 하나입니다.

사순 시기에 있었던 일입니다. 그때 저는 지도 수녀로서, 수련자 한 사람만 맡고 있었습니다. 어느 날 아침에 그 자매가 기쁨에 넘치는 얼굴로 저를 찾아와서 이렇게 말했습니다. "아! 수녀님, 지난밤에 꿈을 꾸었습니다. 저는 제 동생 곁에 있었는데, 그 애가 허영심이 너무 심해서 늘 거기에서 구해 내고 싶었습니다. 그래서 저는 '사랑에 산다'는 노래 가운데서, '예수님 당신을 사랑함은 얼마나 열매가 풍부한 손실인지요……! 나의 모든 향기는 영원히 당신께 바쳤습니다.'라는 부분을 해석해 주었습니다. 제 말이 동생의 영혼 속에 깊숙이 파고드는 것을 깨닫고 무척 기뻤습니다. 오늘 아침에 눈을 뜨면서, 저는 하느님께서 동생의 영혼을 당신께 드리기를 원하시는 것 같다는 생각이 들었습니다. 사순 시기가 지난 후에 그 애에게 제 꿈 이야기와 예수님께서 그 애를 차지하고자 하신다고 편지에 써서 보내면 어떨까요?" 저는 즉시, 그 일이

가능하기는 하겠지만 먼저 원장 수녀님의 허락을 청해야 한다고 대답했습니다.

사순 시기가 끝나려면 아직도 멀었기 때문에, 원장 수녀님은 너무 이른 것으로 생각되는 이 청을 듣고 매우 놀라셨지요. 그리고 가르멜 수녀들은 하느님의 비추심을 확실히 받은 후에 편지보다도 기도로 영혼을 구해야 한다고 대답하셨습니다.

원장 수녀님의 결정을 알자 저는 곧바로 그것이 예수님의 결정이라는 것을 깨닫고 성삼의 마리아 수녀에게 이렇게 말했습니다. "일을 시작해야 합니다. 기도를 많이 드립시다. '사순 시기가 끝날 때' 우리의 기도가 이루어진다면 얼마나 기쁘겠습니까……!" 아! 당신 자녀들의 기도를 열심히 들으려 하시는 하느님의 무한한 인자하심이여……. 마침내 '사순 시기가 끝날 때' 또 하나의 영혼이 자신을 예수님께 바치게 됐습니다. 그것은 정말 은총의 기적이며, 겸손한 한 수련자의 열심으로 얻은 기적이었습니다.

그러니 기도의 힘이 얼마나 큽니까! 기도는 어느 때든지 임금님 앞에 나아가 청하는 것을 모두 얻을 수 있는 여왕이라고도 할 수 있을 것입니다. 청하는 것을 얻기 위해서, 그런 경우에 외우라고 쓰여 있는 훌륭한 기도문을 찾아 읽을 필요는 없습니다. 그렇게 해야 한다면…… 아! 저는 얼마나 불쌍한 사람이겠습니까……! 제가 암송하기에는 '너무도 부당한' 성무일도 외에는, 훌륭한 기도문을 책에서 찾아 외울 용기가 없습니다. 너무 많아서 머리가 아플 지경이니까요……! 그리고 모든 기도문이 저마다 '가장 훌륭해' 보입니다……. 그러니 모두 다 외울 수도 없고, 어떤 것을 골라야 할지도 모르겠습니다. 그래서 저는 글을 읽을 줄 모르는 아이처럼 아름다운 말을 가려서 쓰려고 하지 않고, 그저 제가 드리고 싶은 말씀만 하느님께 드립니다. 그러면 하느님께서는 언제든지 제 말을 알아들으십니다. 제게 있어서 기도는 하나의 열정이며, 하늘을 한번 우러러보는 것, 기쁨을 맛보거나 시련을 당할 때에도 감사와 사랑을 부르짖는 것입니다. 끝으로, 그것은 영혼을 살게 하고 예수님과 결합시키는 위대한 무엇, 초자연적인 무엇입니다.

사랑하는 원장 수녀님, 그러나 제가 성당이나 수녀원에서 공동으로 기도할 때에도 믿음 없이 기도문을 암송한다고 오해하지는 마세요. 오히려 저는 공동 기도를 굉장히 좋아합니다. 예수님께서 "내 이름으로 모인 곳에는 나도 함께 있겠다."(마태 18,20 참조)라고 약속하셨으니까요. 그때는 자매들의 열심으로 인해 저의 열심이 보충되는 것을 느낍니다. 그러나 혼자 있으면(고백하기가 부끄럽습니다) 묵주 기도를 하는 것이 고행의

띠를 매는 것보다도 힘이 듭니다……. 너무도 서툴게 외우는 것처럼 느껴집니다. 묵주 기도의 오묘한 도리를 생각하려고 애쓰지만 잘 되지 않고, 정신을 가다듬지 못하고 맙니다……. 저는 오랫동안 이토록 신심이 부족한 것을 괴로워했습니다. 제가 성모님을 그토록 사랑하니까, 그분께서 기뻐하시는 기도문을 드리는 것도 쉬워야 하지 않겠냐고 생각했기 때문입니다. 그러나 지금은 덜 괴로워합니다. 천상의 여왕님께서는 제 어머니시니, 제 성의를 보시고 그것으로 만족하시리라 생각하니까요.

어떤 날, 제 정신이 심한 무감각 상태에 있어서 하느님과 일치할 수 있는 생각을 하나도 끌어내지 못할 때에는 '아주 천천히' 주님의 기도를 외운 다음에 성모송을 외웁니다. 그러면 기도문들이 저를 기쁘게 하고, 빨리 백 번을 외우는 것보다도 제 마음을 훨씬 더 풍요롭게 합니다.

성모님께서는 저에게 화내고 계시지 않음을 보여 주시고, 당신께 기도할 때마다 한 번도 빠짐없이 저를 즉시 보호해 주십니다. 저는 불안하거나 당황하는 상황에 놓이면 재빨리 성모님을 향해 돌아서고, 그러면 그분은 어머니 가운데 제일 따뜻한 어머니처럼 저를 보호해 주십니다. 수련자들을 가르치다가 성모님께 기도하고 그분의 자애로운 보호의 은혜를 느낀 적이 얼마나 많았던지요……!

 수련자들은 저에게 가끔 이런 말을 합니다. "수녀님은 무슨 말을 들으시든지 대답을 하시는군요. 이번에는 당황하실 줄 알았는데……. 도대체 당신이 말씀하시는 것을 어디에서 생각해 내십니까?" 어떤 순진한 자매들은 제가 그들이 생각하는 것을 미리 말해서 일깨워 준 적이 있다면서, 제가 그들의 마음속까지 꿰뚫어 볼 수 있다고 생각하기도 했습니다. 어느 날 밤, 한 자매가[173] 자신을 몹시 괴롭히는 근심을 숨기려고 했습니다. 제가 아침에 그 자매를 만났을 때, 그 자매는 얼굴에 웃음을 띠며 말을 걸었습니다. 저는 그의 말에는 대꾸도 않고 "당신에게 슬픔이 있군요." 하고 다 알고 있는 듯한 어조로 말했습니다. 만일 제가 그의 발 앞에 달을 떨어뜨렸다고 해도 그 자매가 그렇게 놀란 눈으로 저를 쳐다보지는 않았을 것입니다. 그 자매가 어찌나 당황하는지 저 역시 당황했으며, 한순간 초자연적인 공포에 사로잡혔습니다. 제가 마음속을 꿰뚫어 보는 은혜를 지니지 않은 것은 틀림없으니까, 그렇게 정확하게 들어맞는 것이 더 놀라웠습니다. 저는 하느님께서 아주 가까이에 계시고, 제가 알지도 못하는 사이에 저에게서 나온 말

---

173 예수의 마르타 수녀였다.

이 아닌 하느님께서 나온 말을 했다는 것을 느꼈습니다.

　사랑하는 원장 수녀님, 당신도 아시는 것처럼 수련자들에게는 모든 것이 허락되어 있습니다. 좋은 일이든 나쁜 일이든 그들이 생각하는 것은 모두 숨김없이 말할 수 있어야만 합니다. 그들은 수련장 수녀에게 가져야 하는 경의를 제게 나타내지 않아도 괜찮기에, 그만큼 좀 더 편한 마음으로 말하게 됩니다. 예수님께서 저를 '남의 눈에 보이도록' 굴욕의 길로 가게 하신다고 말할 수는 없습니다. 그분은 저를 마음속으로 낮추는 것으로 만족하십니다. 사람들 앞에서 제가 하는 일은 모두 성공합니다. 저는 수도 생활 중에 가능한 한도 내에서 명예의 길을 걷고 있습니다. 몹시 위험해 보이는 이 길을 제가 걸어야 하는 것이 저를 위해서가 아니라 다른 사람들을 위해서라는 것을 깨닫습니다. 자매들 눈에는 제가 결점은 많으나 능력과 재주는 없고, 주책없는 자매로 보였다면, 원장 수녀님께서 어떻게 저에게 도와주기를 청하셨겠습니까? 그러니 하느님께서 제 안팎의 결점을 보이지 않게 휘장으로 가려 주신 것입니다. 이 휘장으로 인해 때때로 수련자들에게 칭찬을 듣게 됩니다. 그것은 아첨하기 위한 칭찬이 아니라, 그들이 생각하는 대로 말하는 것임을 압니다. 그러나 저는 제가 어떤 사람인지 잘 알고 있으므로, 이런 칭찬도 제게 허영심을 일으키지는 못합니다. 가끔 칭찬보다는 좀 다른 것을 듣고 싶은 마음이 들기도 합니다. 사랑하는 원장 수녀님, 제가 설탕보다도 식초를 좋아한다는 것은 알고 계시지요. 제 영혼도 너무 단 음식에는 이내 싫증을 냅니다. 그러면 예수님께서는 식초를 알맞게 치고 양념을 잘한, 썩 좋은 '샐러드'를 주시는데, 이 샐러드에는 더 좋은 맛이 나게 하는 '기름'만 빠지고 다른 것은 아무것도 빠진 것이 없습니다……. 저는 조금도 기대하지 않던 때에 이 샐러드를 수련자들에게 받게 됐습니다. 하느님께서 제 불완전함을 가렸던 휘장을 벗겨 주시면 사랑하는 자매들은 제 실제 모습을 보고, 자기들 마음에 꼭 맞는다고 생각하지 않게 됩니다. 그들은 제가 어떤 싸움을 자신들에게 마련해 주는지, 또 제 안의 어떤 것이 그들의 마음에 들지 않는지를 귀여울 만큼 순진하게 이야기합니다. 그들이 이렇게 이야기하는 것을 제가 무척 좋아하는 줄 알고, 남의 이야기나 하듯이 아무 거리낌 없이 이야기하는 것입니다. 아! 그것은 정말 즐거움 이상의 그 무엇이며, 제 영혼에 기쁨이 넘쳐흐르게 하는 맛있는 요리입니다. 본성으로 보면 그렇게도 싫게 생각되는 것이 어떻게 이렇게 큰 행복을 줄 수 있는지 설명해 드릴 수가 없습니다. 만일 제가 직접 경험하지 않았다면 믿을 수 없었을 것입니다……. 하루는 업신여김 받기를 간절히 바라고 있는데, 마침 한 젊은 수련자가 제 바람을 바로 남김없이 풀어 주어서, 저는 다윗 성인 임금을 저주하는 시므이(2사무 16,10 참조)가 떠올라 이렇게 생각했습니다. "그렇구나, 내게 이런 말을 하도록 시키신 분은 분명히 하느님이시다……." 그리고 제 영혼은 그토록 풍족하게 대접받은 쓴 음식을 기쁘게 맛보았습니다.

하느님께서는 저를 이렇게 보살피십니다. 그분은 기운을 내게 하는 빵인 외부의 굴욕을 늘 받게 하지는 못하십니다. 그러나 가끔 "자식들이 떨어뜨린 부스러기"(마르 7,28)를 제가 주워 먹는 것은 허락하십니다. 아! 그분의 인자하심은 얼마나 크신지, 저는 천국에 가서나 그것을 노래할 수 있을 것입니다.

사랑하는 원장 수녀님, 저는 이 세상에서부터 이 무한한 인자하심을 당신과 함께 노래하려는 것이니, 원장 수녀님께서 제게 맡겨 주신 임무에서 얻은 큰 이익을 더 말씀드리겠습니다. 전에는 어떤 자매가 제 마음에 맞지 않는 일이나 규칙을 거스르는 일을 하는 것을 보면 이렇게 생각했습니다. '아! 이 자매에게 내가 생각하는 것과 자매가 잘못하는 것을 알려 줄 수 있다면 얼마나 좋을까!' 그러던 것이 이 직분을 얼마 동안 수행하고 나서는 제 생각이 확연히 달라졌습니다. 어떤 자매가 불완전하게 보이는 행동을 하는 것을 보면, 저는 안도의 한숨을 내쉬며 '다행이다! 이 자매는 수련자가 아니니까 내가 깨우쳐 주지 않아도 괜찮겠다.' 하고 생각합니다. 그리고 즉시 그 자매를 용서하고, 아마 나쁜 뜻으로 하지는 않았을 거라고 선의로 해석하려고 노력합니다. 아! 저의 원장 수녀님, 제가 병이 든 후에 당신께서 극진히 돌보아 주시는 것에서도 저는 애덕에 대한 많은 교훈을 받았습니다. 원장 수녀님은 어떠한 약이라도 비싸다고 생각하지 않으시고, 그 약이 듣지 않으면 포기하지 않고 또 다른 약을 써 보십니다. 제가 정원에라도 나가면, 조금이라도 찬바람을 쏘일까 봐 얼마나 염려를 해 주셨는지요!

이렇게 온갖 일을 다 말씀드리려면 끝이 없을 것입니다. 이런 일들을 생각하다가, 원장 수녀님께서 저를 그렇게도 사랑스럽게 돌보아 주신 것처럼, 저도 자매들의 정신적 병을 함께 아파하는 마음으로 돌보겠다고 생각했습니다.

가만히 보니(어쩌면 아주 당연한 일입니다) 가장 거룩한 자매들이 사랑도 제일 많이 받습니다. 누구든지 그 자매들과 대화하기를 원하고, 그들이 청하지 않아도 일을 거들어 줍니다. 즉 조금 소홀히 하고 불친절하게 대해도 참을 줄 아는 영혼들이 모든 사람의 애정을 풍성히 받는 것을 봅니다. "내가 자애심을 갖고 찾지 않게 될 때 모든 재물이 내게 주어졌다."라고 하신 십자가의 요한 성인의 말씀은 이들에게 어울리는 것입니다.

이와 반대로, 불완전한 영혼들은 버림을 받습니다. 물론 그들을 대할 때 수도자다운 공손함을 유지하려고 합니다. 그러나 혹시라도 그들에게 싫은 말을 할지도 몰라서, 되도록 가까이하지 않으려 합니다. 불완전한 영혼이라고 말씀드리는 것은 정신적인 불완전만을 뜻하는 것이 아닙니다. 아무리 완전한 영혼이라도 천국에 가기 전에는 완벽하게 완전할 수는 없으니, 판단력이 없다거나 교육을 받지 못했다거나 발끈하는 성미가 있다거나 하는, 생활을 유쾌하게 만들지 못하는 모든 것들을 저는 불완전이라고 부릅니다. 이런 정신적인 병은 만성적인 것이라, 고칠 희망이 없다는 것을 잘 알고 있습니다. 그러나 제가 평생 앓아누워 있다고 해도, 원장 수녀님께서 끊임없이 병간호를 해 주시고 도와주시려고 애쓰실 것도 잘 압니다. 따라서 저는 이런 결론을 내리고자 합니다. 제가 쉬는 시간을 보낼 때나 관면을 맡았을 때, 제 마음에 가장 들지 않는 수녀들을 가까이해서 이 상처받은 영혼들 곁에서 착한 사마리아 사람 같은 일을 해야겠다고 말입니다. 친절한 말 한마디, 웃음 한 가닥으로 우울한 영혼을 활짝 피게 하는 때가 많습니다. 그러나 제가 애덕을 베풀려는 것이 이런 목적을 바라고 하는 것은 절대로 아닙니다. 그런다면 제가 곧 실망할 것을 아니까요. 아무리 좋은 뜻으로 한 말이라도, 아주 다르게 해석될 수가 있는 것입니다. 그래서 제 시간을 잃지 않기 위해서 모든 사람에게(특히 그중 불친절한 자매에게) 친절함으로써 예수님을 즐겁게 해 드리고, 복음에 있는 다음과 같은 예수님의 교훈을 따르려고 합니다. "네가 점심이나 저녁 식사를 베풀 때, 네 친구나 형제나 친척이나 부유한 이웃을 부르지 마라. 그러면 그들도 다시 너를 초대하여 네가 보답을 받게 된다. 네가 잔치를 베풀 때에는 오히려 가난한 이들, 장애인들, 다리 저는 이들, 눈먼 이들을 초대하여라. 그들이 너에게 보답할 수 없기 때문에 너는 행복할 것이다."(루카 14,12-14)

친절하고 기쁨이 깃들인 애덕으로 된 영적인 잔치 이외에, 가르멜 수녀가 어떤 잔치를 자매들에게 베풀 수 있겠습니까? 저는 다른 잔치를 모르니, "기뻐하는 이들과 함께 기뻐하라."(로마 12,15) 하고 말씀하신 바오로 사도를 본받으려 합니다. 물론 바오로 사도께서도 근심하는 이들과 함께 우셨고, 제가 대접하는 잔치에도 눈물이 섞이는 일이 있을 것입니다. 그러나 "하느님께서는 기쁘게 주는 이를 사랑하십니다."(2코린 9,7) 따라서 저는 눈물이 결국은 "기쁨으로 바뀌도록"(요한 16,20 참조) 언제나 노력하겠습니다.

제가 아직 수련자였을 때 하느님께서 일깨워 주셔서 제가 행할 수 있었던 애덕의 행동이 생각납니다. 아주 하찮은 것이 긴 하지만, '감추어진 것을 보시고', 행동의 크기보다는 속마음을 더 중요하게 보시는 하느님께서는 나중을 기다리지 않고 '이미 제게 갚아 주셨습니다.' 그것은 성 베드로 수녀님이 아직 성당과 식당에 갈 수 있던 시기의 일입니다. 저녁 묵상 때 그 수녀님은 제 앞에 앉아 있었습니다. 저는 6시 10분 전이면 묵상을 멈추고 수녀님을 식당으로 데려다 주어야만 했습니다. 간호 수녀들은 환자가 너무 많아서 이 수녀님을 데리러 올 수가 없었으니까요. 너무나 아파서 자신의 안내자를 좋아할 마음의 여유가 없던 성 베드로 수녀님을 만족시키기란 쉽지 않다는 것을 알고 있었기 때문에, 그 작은 일을 맡겠다고 하기가 무척 힘들었습니다. 그러나 "너희가 내 형제들인 이 가장 작은 이들 가운데 한 사람에게 해 준 것이 바로 나에게 해 준 것이다."(마태 25,40)라고 하신 예수님의 말씀을 생각하니, 애덕을 행할 수 있는 이 좋은 기회를 놓치고 싶지는 않았습니다. 그래서 저는 아주 공손하게 그 수녀님께 데려다 드리겠다고 했지만, 수녀님이 승낙하기까지는 몹시 힘들었습니다. 마침내 저는 그 일을 맡게 되었고, 큰 선의를 보임으로써 완전히 성공했습니다.

매일 저녁 그 수녀님이 모래시계를 흔드는 것이 보이면,

"갑시다!"라는 뜻임을 알게 됐습니다. 처음에는 이 일을 하는 것이 너무나 괴로웠습니다. 그러나 저는 머뭇거림 없이 그 일을 했는데, 그러려면 여러 가지 절차를 거쳐야 했습니다. 우선 의자를 가져가야 했는데, 옮기는 데 일정한 방법이 있어서 무엇보다도 서두르지 않아야 했습니다. 그런 다음에는 걷기를 시작했습니다. 그 수녀님의 허리띠를 잡고 부축하며 따라갔는데, 저는 최대한 조심했습니다. 그러나 어쩌다가 한 발자국이라도 헛디디는 일이 있으면, 제가 잘못 잡아서 넘어질 뻔한 것으로 생각하고는 "아이고! 왜 이리 빨리 가요? 다치겠구먼." 하고 말했습니다. 그래서 좀 천천히 가려고 하면, "아니, 왜 안 따라와요? 손은 어떻게 했고? 놓았구려! 넘어지겠네. 아! 그러게 데레사는 너무 어려서 날 인도할 수 없다고 했잖아요?" 하고 불평했습니다. 아무튼 별다른 사고 없이 식당에 도착했습니다. 그러나 아직 까다로운 몇 가지 과정이 남아 있었습니다. 성 베드로 수녀님을 자리에 앉혀야 했는데, 다치지 않게 주의를 기울여야 했고, 그런 다음 수녀님이 원하는 모양으로 소매를 걷어 주고 난 후에야 물러날 수 있었습니다. 그런데 수녀님이 불편한 손으로는 빵을 잘라 접시에 놓기도 힘들어 한다는 것을 알아채고는, 저녁마다 이 작은 일까지 해 준 다음에야 물러났습니다. 수녀님이 직접 이런 일을 청하지는 않았기 때문에, 제가 신경을 써 주는 것에 매우 감격했습니다. 이처럼 조금도 특별하지 않은 방법으로 완전히 그 자매의 환심을 샀는데, 나중에 안 사실이지만 빵을 잘라 주고 나서 나오기 전에 항상 상냥하게 웃어 준 것이 무엇보다도 좋았다고 합니다.

사랑하는 원장 수녀님, 벌써 오래전에 한 이 작은 애덕의 행동을 말씀드려서 원장 수녀님은 아마 놀라셨을 것입니다. 아! 제가 이 이야기를 한 것은 주님을 위하여 그분의 인자하심을 노래해야 한다고 느꼈기 때문입니다. 주님께서는 저로 하여금 애덕을 행하도록 하는 어떤 향기와 같이 그 기억을 남겨 주셨습니다. 저는 때때로 제 영혼에게는 봄바람과 같았던 어떤 이야기 하나를 떠올리고는 합니다. 어느 겨울 저녁에 보통 때처럼 하찮은 일을 하고 있었는데, 그날따라 몹시 춥고 어두웠습니다······. 별안간 멀리서 여러 악기가 어우러진 소리가 들려 왔습니다. 그래서 저는 눈부신 불빛에 싸인 금빛 장식이 번쩍이는 방에서 멋있게 옷을 차려입은 여자들이 사교적인 칭찬과 인사를 주고받는 것을 눈앞에 그려 보았습니다. 그러고는 제가 부축하고 있는 가엾은 병자에게 눈을 돌렸습니다. 아름다운 음악 대신에 구슬픈 신음 소리가 가끔씩 들려오고, 금빛 장식 대신에 희미한 불빛에 겨우 비친 볼품없는 우리 수도원의 벽이 보였습니다. 그때 제 마음에 스친 생각을 어떻게 표현해야 할까요. 다만 제가 말할 수 있는 것은 주님께서 세상의 어두운 빛을 무한히 초월하는 '진리'의 빛으로 제 영혼을 비추어 주셨고, 제 행복이 믿을 수 없을 만큼 컸다는 것뿐입니다……. 아! 그런 세속적인 기쁨을 천년 동안 누리게 해 준다고 해도 제 겸손한 애덕의 일을 행하는 데 쓰는 단 10분과는 바꾸지 않을 것입니다. 괴로움 중에도, 싸움을 하면서도, 하느님께서 우리를 세상에서 구해 내셨음을 생각합니다. 그러면 세상의 온갖 행복을 초월하는 한순간의 행복을 즐길 수 있습니다. 한순간의 행복도 이토록 큰데, 천국에서 "주님의 집에 살도록"(시편 23,6 참조) 선택하심으로써, 주님께서 우리에게 베푸신 크나큰 은혜를 하늘 나라에서 끝없는 기쁨과 영원한 휴식을 누리며 볼 때에는 어떠하겠습니까?

저는 언제나 이런 기쁨을 맛보며 사랑을 베푼 것은 아닙니다. 그러나 제 수도 생활 초기에 예수님께서는 당신 정배의 영혼 안에 계신 당신을 뵙는 것이 얼마나 즐거운지 깨닫게 해 주셨습니다. 그래서 성 베드로 수녀님을 모시고 갈 때에도, 예수님을 모시고 간다고 해도 그보다 더 잘 할 수는 없을 만큼 극진한 사랑을 갖고 했습니다. 사랑하는 원장 수녀님, 전에도 말씀드렸지만, 사랑의 일을 하면서 언제나 그런 기쁨을 맛본 것은 아닙니다. 이를 증명하기 위해 당신께서 웃으실 만한 몇 가지의 싸움 이야기를 하겠습니다.

저녁 묵상 시간에, 저는 오랫동안 이상한 버릇을 가진 어떤 자매 앞자리에 앉게 되었습니다. 이 자매는 책을 별로 사용하지 않는 것으로 보아 영적 조명도 많이 받았다고 생각됩니다. 이 자매는 들어오자마자, 조개껍질 두 개를 서로 비빌 때 나는 것 같은 이상한 작은 소리를 내기 시작했습니다. 저는 귀가 몹시 밝아서(때로는 너무 밝습니다) 저만이 그 소리를 들었습니다. 원장 수녀님, 저는 그 작은 소리로 인해 마음이 몹시 번잡해졌습니다. 고개를 돌려 그 자매를 쳐다보고 싶은 마음이 간절했습니다. 틀림없이 그 자매는 자신의 버릇을 모르고 있는 것 같으니, 그것을 알려 주려면 이 방법밖에 없어 보였습니다. 그러나 마음속으로 하느님의 사랑을 위해서, 그리고 그 자매에게 괴로움을 주지 않기 위해서 꾹 참는 편이 낫겠다고 생각했습니다. 그래서 하느님과의 일치 안에서 그 소리를 잊으려 애썼습니다……. 그러나 모두가 허사였습니다. 식은땀이 흐르고 괴로운 마음으로 기도할 수밖에 없었습니다. 그러나 괴로운 가운데서도 저는 불쾌하지 않고, 마음으로라도 평화롭고 기쁘게 참을 궁리를 했습니다. 그래서 그토록 유쾌하지 않은 그 소리를 사랑하려고 노력했습니다. 그 소리를 듣지 않으려고 애쓰는 대신(될 수도 없는 일이었으니까요) 그것이 훌륭한 음악이나 되는 것처럼 정신을 가다듬고 들었으며, 제 묵상 시간('조용한' 기도는 될 수 없었습니다)은 이 음악을 예수님께 드리는 것으로 보냈습니다.

또 어느 날은 빨래터에서 제 앞에 있던 어떤 자매가 빨래를 하며 더러운 물을 자꾸 제 얼굴에 튀게 했습니다. 처음에는 좀 얌전하게 빨래를 해야 한다는 것을 그 자매에게 깨닫게 하고 싶어서 얼굴을 닦으며 뒤로 물러나고 싶은 충동을 느꼈습니다. 그러나 곧 하느님께서 이렇게 너그러이 주시는 보배를 밀쳐 버리려 하는 것이 어리석다는 생각이 들어, 제 싸움을 얼굴에 드러내지 않기로 했습니다. 그래서 더러운 물을 많이 받고 싶은 마음이 생기도록 애썼더니, 마침내 물을 뒤집어쓰는 것이 이전과는 다르게 기쁨으로 느껴져서, 이렇게 많은 보물을 주는 이 자리에 또 오겠다고 마음먹었습니다.

사랑하는 원장 수녀님, 원장 수녀님도 아시다시피, 저는 '아주 작은' 것밖에는 하느님께 드리지 못하는 '아주 작은 영혼'입니다. 게다가 마음에 많은 평화를 주는 이런 자그마한 희생조차 자주 놓쳐 버립니다. 그렇다고 실망하지는 않습니다. 평화를 좀 덜 누리게 될 것을 참으며 다음에는 더 조심하려고 노력합니다.

1895년 4월 19일 빨래터에서. 가운데에는 검은색 베일을 쓴 데레사. 데레사의 오른쪽에 있는 수련자가 셀린.

아! 주님께서는 제게 너무나 인자하셔서, 저는 그분을 무서워할 수가 없습니다. 그분은 제가 원하는 것은 무엇이든 주셨습니다. 아니, 오히려 제게 주시고 싶은 것을 제가 먼저 원하도록 만드셨습니다. 그래서 믿음을 거스르는 시련이 시작되기 바로 전만 해도 이런 생각을 했습니다. '나는 정말 외부에서는 큰 괴로움을 받지 않는구나. 그리고 마음속 시련을 받게 되려면 하느님께서 내 길을 바꿔 주셔야 하는데, 그렇게 하실 것 같지도 않다. 그렇지만 내가 이렇게 편한 마음으로 늘 휴식하며 살아 갈 수는 없지……. 예수님께서는 나를 시험하시기 위해서 어떤 방법을 생각하실까?' 그에 대한 대답이 즉시 와서, 제가 사랑하는 하느님께서는 여러 가지 방법을 준비하고 계시다는 것을 보여 주셨습니다. 그분은 제 길을 바꾸지 않은 채 시련을 주시어, 제가 누리는 모든 기쁨에 유익한 쓴맛이 섞이게 된 것입니다. 예수님께서는 제게 시험을 보내려 하실 때에만 그것을 미리 알려 주셔서, 제가 그것을 원하게 하시는 것이 아닙니다. 저는 이룰 수 없어 보였지만, 아주 오래전부터 '오빠 신부'를 두고 싶은 소원을 간직하고 있었습니다. 제 오빠들이 천국으로 가지 않았다면, 그들이 제대에 올라가는 것을 보는 행복을 누렸을 것이라고 종종 생각했습니다. 그러나 하느님께서 오빠들을 작은 천사들로 만들려고 선택하셨으니, 제 꿈이 이루어지는 것을 바랄 수 없었습니다. 그런데 예수님께서는 제가 원하던 것을 이루어 주셨을 뿐만 아니라, '두 분' 신부와 영혼의 인연을 맺어 주시어 저의 오빠들이 되게 하셨습니다……. 사랑하는 원장 수녀님, 예수님께서 어떻게 제 바람을 채워 주셨는지, 거룩한 제대에서 매일같이 저를 생각해 주는 오빠 신부 한 분만을 갖고 싶었던 바람을 오히려 넘치게까지 어떻게 채워 주셨는지 자세히 말씀드리겠습니다.

우리의 성녀 데레사 원장 수녀님께서 1895년 당신 축일의 선물로 첫째 오빠[174]를 제게 보내 주셨습니다. 그날은 한창 빨래를 하던 중이었는데, 예수의 아녜스 원장 수녀님이 저를 따로 불러서 그분이 받은 편지를 읽어 주셨습니다. 편지에는 데레사 성녀의 가르침을 받은 어떤 신학생이 신앙의 힘으로 많은 영혼을 구원하는 자신의 활동에 특별한 헌신과, 기도와 희생으로 자신을 도와줄 누이를 구한다는 것이었습니다. 그는 자기가 미사를 드릴 수 있게 되면, 누이가 될 수녀를 미사 때

---

[174] 모리스 바르텔르미 벨리에르 신부로 바이외 교구의 신학생이며 열성적인 선교 사제 지원자였다. 1897년 9월 29일 데레사 성녀가 별세하기 전날 알제리로 떠나 블랑 사제회에 들어갔다. 아프리카에서 몇 년 동안 선교를 하고, 기면성 뇌염 嗜眠性腦炎에 걸려 프랑스로 돌아왔다가 1907년 7월 14일에 별세했다.

에 항상 기억해 주겠다고 약속했습니다. 그런데 예수의 아녜스 원장 수녀님은 제가 이 장래 선교 사제의 누이가 될 것을 바라셨습니다.

원장 수녀님, 그때 저는 굉장히 큰 행복을 느꼈습니다. 뜻밖에 제 소원이 이루어졌으므로 저는 어린아이처럼 기뻐했습니다. 영혼에 차고도 넘칠 만큼 이렇게 짜릿짜릿한 기쁨은 어린 시절을 더듬어야 찾아낼 수 있을 만큼 커다란 기쁨이었습니다. 여러 해 동안 이런 행복을 맛본 적이 없었고, 이런 느낌은 일찍이 가져 보지 못한 새로운 것이었습니다. 그것은 마치 그때까지 잊어버린 채 두었던 악기의 줄을 건드린 것과 같았습니다.

저는 맡은 책임을 깨닫고, 곧 신부의 누이로서 열심히 노력하며 일을 시작했습니다. 처음에는 제 열정을 북돋우기에 적절한 위로를 받지 못했습니다. 제 오빠는 정성의 마음으로 가득한 감사의 편지를 예수의 아녜스 원장 수녀님께 보낸 뒤로, 11월에 자신이 군대에 들어간다는 것을 알리는 엽서를 보낸 것 이외에는 다음 해 7월에야 소식을 알려 주었습니다. 사랑하는 원장 수녀님, 하느님께서는 이미 시작된 이 일을 당신께서 마치게 하시려고 남겨 두셨던 것입니다. 선교 사제들을 도우려면 물론 기도와 희생을 해야 할 것입니다. 그러나 예수님께서 당신의 영광을 위해 두 영혼을 결합시키려고 하실 때에는 그들이 함께 의사소통을 하며 하느님을 더욱더 사랑할 수 있도록 서로 격려하게 해 주십니다. 그러나 이렇게 하려면 웃어른들의 '분명한 허락'이 있어야 합니다. 그렇지 않으면 선교 사제에게는 해가 되지 않는다 하더라도, 언제나 자신의 태도나 행동을 반성하며 살아가는 가르멜 수녀에게는 이러한 서신 왕래가 이익보다도 해를 더 끼칠 수 있다고 생각합니다. (비록 드문드문 하는 것이라도) 이러한 편지의 왕래는 그 자매를 하느님과 일치시키는 대신 쓸데없이 정신만 번거롭게 할 것입니다. 그 자매는 스스로 훌륭한 일을 한다고 생각할지 모르지만, 사실은 열심이라는 핑계로 신앙생활에 도움이 안 되는 오락을 장만하는 데 지나지 않을지도 모릅니다. 저도 다른 사람의 경우와 다르지 않습니다. 저의 편지가 이익을 가져오기 위해서는 순종해서 편지를 써야 하고, 편지를 쓰는 데서 즐거움보다는 차라리 싫증을 느껴야만 합니다. 그래서 수련자와 이야기할 때 저는 마음을 애써 누르면서 이야기하려 하고, 제 호기심을 만족시킬 만한 질문을 피합니다. 그 자매가 재미있는 이야기를 하다가 싫증이 나는 다른 이야기로 말머리를 돌려도, 그 자매가 하다만 이야기를 다시 꺼내게 할 생각은 아예 하지 않습니다. 자기 욕심만 챙긴다는 것이 결코 좋은 일은 아니라고 생각하니까요.

　사랑하는 원장 수녀님, 끝내 제 버릇은 고치지 못할 것 같습니다. 원래의 이야기에서 또 멀어졌군요. 용서해 주시기 바랍니다. 저로서는 달리 어떻게 할 수 없으니, 다음에 다시 반복해도 눈감아 주시기 바랍니다……! 마치 하느님께 아주 세세하게 말씀드릴 때에도 제 괴로움과 기쁨을 모르시는 것처럼 싫증 내지 않고 들어주시는 것처럼, 원장 수녀님도 제 얘기를 그렇게 들어주십니다……. 원장 수녀님도 하느님처럼 제가 생각하는 것이나, 제 생애 가운데 기억에 남을 만한 사건은 오래전부터 모두 알고 계십니다. 그러니 새로운 것은 알려 드릴 게 아무것도 없습니다. 그래서 저만큼이나 저의 생애를 자세히 알고 계신 당신께 이 모든 이야기를 속속들이 쓰는 것을 생각하면 웃음을 참을 수 없습니다. 사랑하는 원장 수녀님, 저는 시키시는 대로 따를 뿐이니, 당신께서 지금은 이 글을 읽으실 때 아무런 흥미를 느끼지 않으신다고 해도 노후에는 소일거리가 될지도 모르며, 그런 뒤에는 불쏘시개로도 쓰일 수 있을 테니, 시간 낭비는 아닐 것입니다……. 저는 어린아이처럼 이야기하는 것이 즐겁습니다. 원장 수녀님, 제가 이 작은 일을 함으로써 무슨 이익을 얻으려 한다고 생각하지는 마십시오. 저는 다만 시키시는 일에 순종한다는 생각만으로도 만족하므로, 당신께서 이 글을 읽기도 전에 제가 보는 앞에서 태워 버리신다 해도, 조금도 섭섭하지 않을 것입니다.

이제 다시 제 생활에 커다란 자리를 차지하고 있는 제 오빠들의 이야기를 하겠습니다. 지난해 5월의 어느 날,[175] 당신께서는 식사 전에 저를 부르셨습니다. 사랑하는 원장 수녀님 방에 들어갈 때 가슴이 몹시 뛰었습니다. 당신께서 저를 이렇게 부르신 것은 그때가 처음이었기 때문에, 당신께서 무슨 말을 할 것인지 생각해 보았습니다. 제게 앉으라고 말씀하시고 이렇게 물으셨지요. "사제로 서품되어 곧 떠날 선교 신부님에게 정식으로 도움이 되는 일을 하고 싶으십니까?"[176] 그러고는 그 신부님이 청하는 것을 분명히 알려 주시려고 그의 편지를 읽어 주셨지요. 처음에는 기쁨을 느꼈으나, 그 감정은 금세 공포로 변했습니다. 사랑하는 원장 수녀님, 저는 당신께 제 초라한 공을 장래의 선교 신부님 한 분을 위해 이미 바쳤으니, 또 다른 신부님을 위해서 드리지는 못할 것 같다고 말씀드렸습니다. 그리고 저보다 더 훌륭한 자매들이 많으니, 그

---

175 1896년 5월 30일 토요일이다.
176 아돌프 룰랑 신부로 파리 외방 전교회 신학생이었다가 1896년 6월 28일 서품되어 그해 8월 2일에 중국으로 떠났다. 1909년 프랑스로 돌아와서 여러 가지 일을 하다가 1934년 6월 12일에 별세했다.

들이 그 신부님의 청을 들어줄 수 있을 거라고 덧붙였습니다. 그러나 아무런 변명도 소용없었습니다. 원장 수녀님께서는 누구나 형제를 여러 명 가질 수 있다고 말씀하셨지요. 그래서 순종이 제 공을 곱절로 만들 수 있느냐고 여쭈었더니, 원장 수녀님께서는 그렇다고 대답하시며, 여러 가지 이유에서 아무 걱정할 필요 없이 새 오빠를 받아들이라고 말씀하셨습니다. 원장 수녀님, 저도 마음속으로는 당신과 같은 생각을 하고 있었으며, 또 "가르멜 수녀들의 열심은 온 세상을 품에 안아야"[177] 하므로 하느님의 은혜로, 두 선교 신부님만이 아니라 더 많은 이들에게 도움이 되기를 바랍니다. 나아가 외교인들에게 복음을 전하는 선교 신부님들 못지않게 어려운 일을 맡아 보는 일반 신부님들을 포함한 모든 신부님을 위해서도 기도할 수 있게 되기를 바랍니다. 우리 데레사 성녀처럼 '성교회의 딸'[178]이 되어, 전 세계를 품에 안고자 하시는 교황님의 뜻을 따라 기도하겠습니다. 이것이 제 일생의 모든 목적이기는 하지만 그렇다고 제 오빠들이 신부님들이었다면 하셨을 일에 제 힘을 특별히 합하고 기도하는 것을 막지는 못했을 것

---

177 《거룩한 잔치 Le Banquet Sacré》 혹은 《완전한 가르멜 수녀의 사상 l'Idée d'une Parfaite Carmélite》이란 책의 한 구절
178 아빌라의 데레사 성녀가 이 말을 임종의 자리에서 여러 번 되풀이해 말했다.

입니다. 그렇습니다! 예수님께서 제게 오빠로 주신 선교 신부님들과도 저는 이렇게 정신적으로 하나가 되었습니다. 제 것은 모두가 오빠 각각의 것입니다. 하느님께서는 지극히 선하시므로 제가 가진 것을 나눈다고 해서 감소시키지 않으시리라 생각합니다. 그분은 지극히 부유하시기 때문에 제가 청하는 것은 따지지도 않고 주십니다. 원장 수녀님, 저는 이것저것 길게 말씀드리지 않겠습니다.

두 오빠와 수련자들을 맡은 다음부터, 각 사람에게 필요한 것을 청하고 하나씩 들어주려면 하루해가 모자랄 지경이고, 다른 중요한 일을 잊어버릴 수도 있을 것입니다. 단순한 사람에게 복잡한 방법은 맞지 않습니다. 그런데 저도 단순한 영혼의 하나이므로 어느 날 아침에 감사 기도를 올릴 때 예수님께서 제 사명을 채우는 '아주 간단한' 방법을 일러 주셨습니다. 예수님께서는 "나를 당신에게 끌어 주셔요."(아가 1,4) "정녕 당신의 향유 내음은 싱그럽습니다."(아가 1,3 참조)라고 쓰인 '아가서'의 말씀을 깨닫게 하셨습니다.

오! 예수님, 그러니 "저를 이끌면서, 제가 사랑하는 영혼들도 이끌어 주소서!" 하고 말할 필요가 없습니다. "저를 이끄소서!" 한마디면 충분합니다. 주님, 어떤 영혼이 당신 향기에 사로잡히게 되면 혼자만 갈 수 없고, 그가 사랑하는 모든 영혼들도 뒤따라간다는 것을 깨닫습니다. 그것은 억지로 되는 것이 아니라, 당신께로 이끄는 힘의 자연스러운 결과입니다. 오! 예수님, 저를 끌고 가시는 것처럼 당신 사랑의 끝없는 바다에 잠기는 영혼도 자신의 모든 보화를 끌고 갑니다……. 주님, 제게 있어서 보화는 당신께서 기꺼이 제게 결합시켜 주신 영혼들밖에 없다는 것을 아실 것입니다. 이 보화는 당신께서 제게 맡겨 주신 것이니, 저는 당신께서 나그네 몸이며, 또 돌아가실 몸으로, 이 세상에서 지내신 마지막 저녁에 하느님께 하신 말씀을 감히 빌리려 합니다. 지극히 사랑하는 예수님, 저는 언제 제 귀양이 풀릴지 모릅니다. 제가 이 귀양살이에서 당신의 인자하심을 노래하는 것이 하루 저녁만은 아닐 것입니다. 그러나 제게도 '마지막 저녁'은 올 것입니다. 오, 주님! 그러니 저는 당신께 이런 말씀을 드리는 것이 소원입니다.

"저는 아버지께서 저에게 맡겨 주신 일을 다함으로써 세상에 당신의 영광을 드러냈습니다……. 저는 아버지께서 세상 사람들 가운데서 뽑아 제게 맡겨 주신 이 사람들에게 당신을 분명히 알려 주었습니다. 이 사람들은 본래 당신의 사람들이었지만 제게 맡겨 주셨습니다. 지금 이들은 저에게 주신 모든 것이 아버지께로부터 왔다는 것을 알고 있습니다. 당신께서 저에게 하신 말씀을 이 사람들에게 전하였습니다. 이들은 그 말씀을 받아들였고 제가 당신으로부터 온 것임을 참으로 깨달았으며 당신께서 저를 보내신 것을 믿습니다. 저는 이들을 위해 기도합니다. 세상을 위해 기도하는 것이 아니라 아버지께서 제게 맡기신 이 사람들을 위해 기도합니다. 이 사람들은 당신의 사람들입니다……. 저는 이제 세상을 떠나 당신께 돌아가지만 이들은 세상에 남아 있을 것입니다. 거룩하신 아버지, 저에게 주신 당신의 이름으로 이들을 지켜 주십시오……. 저는 이제 아버지께 갑니다. 아직 세상에 있으면서 이 말씀을 드리는 것은 이 사람들로 하여금 제 기쁨을 마음껏 누리게 하려는 것입니다……. 제가 아버지께 원하는 것은 이들을 이 세상에서 데려가시는 것이 아니라 악마에게서 지켜 주시는 일입니다. 제가 이 세상에 속하지 않은 것처럼 이들도 이 세상에 속한 사람들이 아닙니다……. 저는 이 사람들만을 위해 기도하는 것이 아니라 이들의 말을 듣고 저를 믿는 사람들을 위해 기도합니다……. 아버지께서 제 안에 계시고 제가 당신 안에 있는 것과 같이 이 사람들도 우리 안에 있게 해 주십시오. 그러면 아버지께서 저를 보내셨다는 것을 세상이 믿게 될 것입니다."(요한 17,1-4 참조)[179]

---

179 데레사는 이 구절들을 자유롭게 인용하였다.

그렇습니다, 주님. 이것이 제가 당신의 품으로 날아 들기 전에 당신의 뒤를 이어 하고 싶은 말입니다. 이것이 어쩌면 헛된 생각일까요? 그렇지 않습니다. 당신께서는 오래전부터 제가 당신을 대할 때 담대하게 되는 것을 허락하셨습니다. 저 탕자의 아버지가 맏아들에게 말한 것처럼, "내 것이 다 네 것이다."(루카 15,31)라고 당신께서 제게 말씀하셨습니다. 오, 예수님, 그러니 당신의 말씀이 제 것이고, 제게 딸린 영혼들에게 하늘에 계신 하느님의 은총을 주기 위해 그 말씀을 쓸 수가 있는 것입니다. 그러나 주님, 제가 있을 곳에 당신께서 제게 주신 이들도 함께 있기를 바란다고 말씀을 드린 것은, 당신께서 제게 주신 것보다 더 높은 영광에 그들이 이를 수 없다는 말이 아닙니다. 다만 이다음에 당신의 아름다운 천국에서 우리가 모두 함께 모이기를 청하는 것입니다. 오, 주님, 제가 오직 당신을 사랑하기만 원했다는 것, 다른 영광은 탐내지 않았다는 것을 당신은 아십니다.

당신께서는 어렸을 때부터 사랑으로 제 소원을 미리 알아 채워 주셨고, 그 사랑은 저와 함께 자라서, 지금은 깊이를 헤아리지 못할 만큼 심연深淵이 되었습니다. 사랑은 사랑을 인도합니다. 저의 예수님, 그래서 제 사랑은 당신을 향해 내달리며, 제 사랑을 끌어당기는 깊은 연못을 메우고 싶습니다.

그러나 아! 그것은 큰 바다에 떨어진 이슬 한 방울도 못 됩니다……! 당신께서 저를 사랑하시는 것처럼 당신을 사랑하려면 당신의 사랑을 빌릴 수밖에 없습니다. 그래야만 마음이 놓입니다. 오! 저의 예수님, 이것은 어쩌면 착각일지도 모릅니다. 그러나 당신께서 제게 주신 것보다 더 큰 사랑을 다른 영혼에게 주실 수 있을 것 같지는 않습니다. 그래서 저는 "아버지께서 저를 보내시고, 또 저를 사랑하셨듯이"(요한 17,23) 제게 맡기신 이들도 사랑하여 주시기를 감히 청하는 것입니다. 이다음 천국에 가서, 당신께서 저보다 그들을 더 사랑하신 것을 알게 되어도, 그 영혼들이 더 사랑받을 자격이 있음을 이 세상에서부터 인정하고 있으니 오히려 기쁘게 생각하겠습니다. 그러나 이 세상에서 '저는 보잘것없건만', 당신께서 제게 어떤 보답도 바라지 않고 베풀어 주신 것보다 더 큰 사랑을 상상할 수가 없습니다.

사랑하는 원장 수녀님, 다시 당신께로 붓을 돌려야겠습니다. 어째서 이런 말을 썼나 하고 이상하게 여기실 것입니다. 이런 말씀을 드릴 생각이 아니었지만, 이왕 쓴 것이니 남겨 두겠습니다. 그러나 제 오빠들의 이야기를 다시 하기 전에, 제가 "아버지께서 저에게 주신 말씀을 제가 이들에게 주고, 이들은 또 그것을 받아들였기 때문입니다."(요한 17,8)라고 하신 복음의 말씀을 거듭할 때, 오빠들이 아니라 제 수련자들을 생각했다는 것을 원장 수녀님께 말씀드리고 싶습니다. 제가 선교 사제들을 가르칠 자격이 있다고는 생각하지 않기 때문입니다. 아직 그렇게 생각할 정도로 오만하지는 않습니다! 그뿐만 아니라, 제게는 하느님을 대신하시는 분과 같으신 원장 수녀님께서 합당한 은혜를 주지 않으셨더라면, 저는 자매들에게 어떠한 충고도 할 수 없었을 것입니다.

"이들을 세상에서 데려가시라고 비는 것이 아니라"(요한 17,15) "이들의 말을 듣고 저를 믿는 이들을 위해서도 빕니다."(요한 17,20)라고 하신 예수님의 말씀과 그다음 말씀을 쓰면서 제가 생각했던 것은, 당신께서 사랑하시는 정신적 아들들인 제 오빠들이었습니다. 그들이 저 멀리 떨어진 선교 지방에서 겪을 괴로움과, 설교로 구하게 될 영혼들을 위해 어떻게 기도하지 않을 수 있겠습니까? 원장 수녀님, "나를 당신에게 끌어 주셔요, 우리 달려가요."(아가 1,4) 하는 '아가서'의 구절에 대한 제 생각을 좀 더 말씀드려야 할 것 같습니다. 제가 말씀드리려 했던 것이 알아듣기가 힘들 것이라 생각하니까요. "나를 보내신 아버지께서 이끌어 주지 않으시면 아무도 나에게 올 수 없다."(요한 6,44)라고 예수님께서 말씀하셨습니다. 그리고 사람들이 흔히 쓰는 방법을 쓰지 않으시고, 숭고한 비유로

써 "누구든지 청하는 이는 받고, 찾는 이는 얻고, 문을 두드리는 이에게는 열릴 것이다."(마태 7,8) 하고 가르쳐 주십니다. 또한 "너희가 내 이름으로 아버지께 청하는 것은 무엇이든지 그분께서 너희에게 주실 것이다."(요한 16,23)라고 말씀하십니다. 그러한 이유로 예수님께서 태어나시기 전에 하느님의 성령께서 "나를 당신에게 끌어 주셔요, 우리 달려가요."(아가 1,4) 하는 예언적인 기도를 계시하셨나 봅니다.

'끌어 주시기를' 청하는 것이, 자신의 마음을 차지하신 주님과 굳게 일치하기를 원하는 것이 아니면 무엇이겠습니까? 만일 쇠와 불에 이성理性이 있어서, 쇠가 불에게 "끌어 다오." 하고 말한다면, 그것은 불이 타오르는 본질로써 쇠를 속속들이 꿰뚫고 들어가, 둘이 동화되기를 원한다는 말이 아니겠습니까? 사랑하는 원장 수녀님, 제 기도가 바로 이것입니다. 저는 예수님께 당신 사랑의 불꽃 속으로 저를 인도하시고 제 안에서 살고 행동하시도록, 저를 당신께 강하게 일치시켜 주시기를 청하는 것입니다. 사랑의 불이 제 마음을 태우면 태울수록 "저를 당신에게 끌어 주셔요."라고 말할 것이고, 제게(제가 하느님의 열정을 멀리했더라면 저는 아무 소용없는 하찮은 쇳조각일 것입니다) 가까이하는 영혼들도 가까우면 가까울수록 더 '사랑하는 이의 향기를 따라 빨리 달려갈 것'이라고 느낍니다. 사랑의 불이 붙은 영혼은 가만히 있을 수 없으니까요. 물론 그들은 마리아 막달레나 성녀처럼 예수님의 발밑에 가만히 앉아 그분의 부드럽고 열렬한 말씀을 들을 것입니다. 아무것도 드리지 않은 것 같으면서도, 저들은 "많은 일을 염려하고 걱정하며"(루카 10,41 참조) 자기 동생이 자신을 본받기 바라는 마르타보다 훨씬 더 많은 것을 드립니다. 예수님께서는 마르타가 일하는 것을 책망하시는 것이 아닙니다. 성가정의 음식을 예비하셔야 했던 성모 마리아께서도 이와 같은 일을 평생 겸손하게 하신 것입니다. 예수님께서 고치려고 하신 것은 오직 이 여주인의 '걱정'이었습니다.[180]

모든 성인들이 그것을 깨달았고, 그중에서도 복음의 도리로 세상을 비춘 이들이 더 잘 깨달았을 것입니다. 바오로 사도, 아우구스티노 성인, 십자가의 요한 성인, 토마스 아퀴나스 성인, 프란치스코 성인, 도미니코 성인, 그 외에 수많은 뛰어난 하느님의 벗들이 세상의 위대한 천재들을 황홀하게 만든 이 거룩한 지식을 얻어 낸 것은 묵상 중에서가 아니었습니까? 아르키메데스는 "지렛대와 굄목[181]만 다오, 그러면 지구

---

180 여기서부터 원고는 연필로 쓰여 있다. 7월 8일부터 데레사는 방에서 병실로 옮겨졌고, 그곳에서 이 마지막 글을 썼다.
181 물건의 아래를 받치는 나무다. – 편집자 주

를 들어 올리겠다." 하고 말했습니다. 그런데 그가 하느님께 청하지 않고, 물질적인 관점에서만 구했기 때문에 얻지 못한 많은 것을 성인들은 넘치게 받았습니다. 전능하신 분께서 성인들에게 괴목을 주셨으니, 그것은 '당신, 오직 당신'만을 바랐기 때문입니다. '지렛대'는 사랑의 불로 태우는 '묵상'이니, 이렇게 해서 그들은 '세상을 들었고', 이렇게 해서 아직 싸우는 성인들이 세상을 받들고, 세상이 마칠 때까지 앞으로 나올 모든 성인들이 또한 들어 올릴 것입니다.

사랑하는 원장 수녀님, 이제는 '지극히 사랑하는 이의 향기'란 무슨 뜻인지 말씀드리고 싶습니다. 예수님께서는 하늘로 올라가셨으니, 저는 그분이 남기신 자취만 따를 수밖에 없습니다. 그러나 그 자취는 얼마나 빛나고 향기롭습니까! 복음을 들여다보기만 해도 예수님 생애의 향기를 맡을 수 있고, 그래서 어느 쪽으로 가야 할지를 알게 됩니다. 제가 올라갈 곳은 첫자리가 아니라 끝자리입니다. 저는 바리사이와 함께 앞으로 나아가는 대신에, 가득히 믿는 마음으로 세리稅吏의 겸손한 기도를 되뇝니다. 그러나 무엇보다도 마리아 막달레나 성녀의 행동을 본받으려 합니다. 예수님의 마음을 기쁘게 하는, 놀랍기보다는 차라리 사랑이 가득한 대담함이 제 마음을 끄는 것입니다. 그렇습니다. 제가 비록 죄라는 죄는 모두 마음에 지니고 있다고 하더라도, 뉘우침으로 가득한 가슴으로 예수님의 품으로 달려들 것입니다. 예수님께서 당신께 돌아온 탕자를 얼마나 사랑하셨는지 알고, 하느님께서 미리 자애를 베푸시어 제 영혼을 대죄에서 보호해 주셨음도 알기 때문입니다. 믿음과 사랑만을 가지고 하느님께 올라가는 것은 아닙니다.[182]

---

[182] 7월 11일, 데레사는 예수의 아녜스 수녀에게 말하여 미완성된 원고를 마치게 했다. "수녀님, 제가 온갖 죄를 범했을지라도, 저는 늘 변함없는 믿음을 가지고 있을 것이며, 이 수많은 죄도 이글이글 타는 화롯불에 떨어진 물 한 방울처럼 느낀다는 것을 말씀해 주십시오. 그리고 사랑 속에서 죽은 회개한 여인의 이야기를 수녀님께서 해 주시기 바랍니다……." 이 이야기는 부록에 수록되었다. 두 달 정도가 지난 1897년 9월 30일 저녁 7시 반에 아기 예수의 데레사 성녀는, 자신이 늘 원했던 것처럼 십자가에 매달리신 예수님의 죽음을 본받아 별세했다.

데레사 성녀의 마지막 모습

저는 되돌아올 거예요!

'……믿음과 사랑으로.'

불편한 만년필 대신 사용해 왔던 연필이 이 문장을 마지막으로 데레사의 손에서 막 떨어졌다. 떨리는 손으로 쓴 듯한 글씨체에서는 책을 마저 끝내려고 안간힘을 쓰는 그녀의 강인한 의지가 엿보인다. 쇠약해질 대로 쇠약해진 데레사는 결국 책을 완성하지 못했다. 앞으로 남은 시간이 채 세 달도 되지 않았기에…….

지혜와 평온함으로 가득한 그녀의 글을 읽는 독자 중 어느 누가, 이 글을 써온 이가 벌써 몇 주 전부터 병이 심해져서 병상에 누워 있었다는 사실을 알아차릴 수 있을까? 주변 사람들의 각별한 보살핌을 받고 있다는 사실만이 그녀의 글을 통해 간간히 언급되었을 뿐이다. 둘째 언니인 예수의 아녜스 수녀가 동생의 병상을 지키며 틈틈이 적어 둔 짧은 메모가 없었다면, 아기 예수와 성면의 데레사 성녀가 병이 들어 임종의 고통을 겪다가 죽어 가던 당시의 자세한 상황을 아무도 알지 못했을 것이다. 하지만 주변 사람들의 증언과 기록들이 남아 있어서[183] 성녀가 마지막 순간을 어떻게 보냈는지 알 수 있고, 마지막 모습이 그녀가 평소 말하거나 글로 쓴 내용 그대로였다는 사실도 확인할 수 있다.

자서전 쓰기를 그만두기 며칠 전부터 데레사 성녀는 수녀원 1층에 있는 병실에 있었다. 몇 달 전부터 병세가 악화되어 사순 시기가 끝날 무렵에는 '공식적인' 병자가 되었다. 고열과 기침에 시달리고, 미사에 참석하는 동안에도 몸을 가누기가 힘들었다. 이런 까닭에 공동 시간 전례를 제외한 일상적인 직무를 면제받았다. 1897년 6월에는 방에서 휴식을 취하고, 정원에 나가 맑은 공기를 마시며 여름날의 따스한 햇볕을 쬐고, 6월 3일부터는 둘째 언니인 예수의 아녜스 수녀의 지시에 따

---

183 《마지막 대화 Dérniers Entretiens》, 《편지 모음집 Corréspondance Générale》에서 참조했다.

라 쓰게 된 어린 시절의 이야기를 완성하는 것이 유일한 일과였다. 글을 쓰는 것이 데레사가 맡은 마지막 '작은 임무'였으나, 결국 임무를 끝내지 못했다. "'보잘것없는' 나의 삶을 기록하느라 골치를 썩고 싶지는 않아요. 마치 낚시질을 하듯이 생각나는 대로 써내려갈 뿐이지요."

7월 6일에 갑작스럽게 병세가 악화되었고, 8월 5일까지 각혈이 지속되었다. 숨을 쉬기가 어려웠고, 마치 '간처럼 생긴' 핏덩이를 토해내며, 고열에 시달렸다. 드 코르니에르 박사는 데레사를 '임종 환자'로 규정하고, 살아날 확률은 2%밖에 안 된다고 말했다.

성녀는 '기쁨에 넘쳐' 고해 신부에게 고해성사를 하고, 그토록 바라던 병자성사를 요청했다. 7월 8일 목요일 저녁에 데레사는 병실로 옮겨졌다.

그때부터 데레사는 병실에서 지내게 되었고, 임종 전까지 병실을 나오지 못했다. 병실의 한쪽 구석에는 철제 침대가 놓여 있었고, 갈색 커튼이 침대의 주변을 둘러싸고 있었다. 데레사는 커튼 자락에 평소 좋아하던 인물들의 초상을 붙여 놓았다 (그리스도의 거룩한 얼굴, 성모님, 존경하던 테오판 베나르 선교사 등). 침대 왼쪽에는 자기 방에서 가져온 승리의 성모상을 두었다. 그리고 데레사가 몸을 일으킬 수 있는 날에 앉아 있곤 하던 안락의자가 하나 있었다. 창문 너머로는 꽃이 만발한 정원이 보였다.

7월 9일에 가르멜 원장 수녀가 데레사의 병세가 그리 심각하지 않다고 판단해 병자성사 일정을 늦추기로 결정했다. 실제로 데레사는 활력을 되찾았고, 언니들이 깜짝 놀랄 정도로 유쾌하게 수다를 떨었다. 데레사는 '언니들과의 다정한 만남이라는 천을 갈기갈기 찢어 버릴 도둑'이 빨리 찾아오기를 기다리며 살고 있다고 말했다. 십자가의 요한 성인의 말처럼 '사랑으로 죽는 것'은 데레사가 평생 갖고 있던 소망이었다. 예수의 아녜스 수녀가 기록한 대화 내용을 보자. "지금 아주 가까이 와 있는 죽음이 두렵지 않니?" "아! 시간이 지날수록 점점 더 두렵지 않네요!" "그 도둑이 두렵지 않다고? 도둑은 벌써 문 앞에 와 있구나!" "아니요, 문 앞이 아니라 이미 방 안에 들어와 있어요. 그런데 언니, 뭐라고 말씀하셨죠? 도둑을 두려워하는지 물으셨나요? 제가 그토록 사랑하는 누군가를 어떻게 두려워할 수 있죠?"

데레사는 계속해서 각혈을 하고, 머리와 늑골 부위의 통증에 시달렸다. 의사의 지시대로 먹은 우유마저 모두 토했다. 몸은 점점 더 쇠약해졌다.

7월에도 예수의 아녜스 수녀를 비롯한 언니들의 질문에 대답할 수 있을 만큼 아직 기력이 남아 있었다. 데레사는 자서전을 완성하는 데 필요한 어린 시절에 대해 언니들에게 자세히 이야기하고, 여러 가지 조언도 했다. 또한 당시 관습에 따라, 데레사가 죽은 뒤에 모든 가르멜 수도자들에게 보낼 부고를 작성할 때에도 어린 시절의 기록이 필요할 수도 있겠다고 생각했다. 그러던 어느 날 문득, 어린 시절 이야기를 언젠가 책으로 만들어 출간할 수도 있겠다는 생각이 들었다. 만일 그렇게 될 경우에, 언니인 예수의 아녜스 수녀가 그 일을 맡도록 부탁하고, 아직 '완성되지 못한 노트'를 '사랑 속에서 죽은 회개한 여인의 이야기'로 마무리 지어 달라고 간청했다. "영혼들은 곧 알아차릴 거예요. 저의 글은 제가 말하고자 하는 것에 대한 매우 인상 깊은 사례가 될 테니까요." 그리고 자신의 자서전에 대해 이렇게 덧붙였다. "아주 특별한 길을 선택한 이들뿐만 아니라, 모든 사람들을 위한 이야기가 될 거예요."

데레사는 자서전으로 많은 사람에게 도움을 주게 되리라는 것과, 죽은 이후 자신의 행동이 전 세계에 영향을 미치게 될 것을 예감했다. "내가 사랑하는 이 땅의 사람들에게 작은 기쁨조차 줄 수 없다면, 하늘에 머무는 동안에도 난 불행할 거예요!" 그리고 데레사는 여러 차례 수수께끼 같은 약속의 말을 했다. "저는 되돌아올 거예요……. 이 땅으로 내려올 거예요……." 그중에서도 7월 17일에 데레사가 했던 말은 유명한 말이 되었다. "이제 나의 소명을 이행할 것입니다. 내가 하느님을 사랑한 것처럼 좋으신 하느님을 사랑하도록 사람들에게 가르치는 일, 내 작은 길을 많은 영혼들에게 보여 주는 일, 이것이 나의 소명입니다. 하느님께서 내 소원을 들어주신다면, 나는 하늘 나라에 머무는 대신 이 세상이 다하는 날까지 이 땅에 머물겠습니다. 그렇습니다. 나는 하늘 나라에서도 이 땅을 위해 좋은 일을 하겠습니다."

7월 28일 병세가 급격하게 악화되었다. 데레사 자신이 마침내 '큰 고통'이 시작되었다고 털어놓았을 정도였다. 의사는 그날 밤을 넘기지 못할 거라고 예상했다. 병실 옆방에서는(데레사를 돌보던 넷째 언니 즈느비에브 수녀가 쓰고 있었다) 장례 절차에 필요한 준비를 했다. 7월 30일 금요일 오후 6시에 모파 신부가 병자성사와 임종의 영성체를 행하였다.

그러나 예상과는 달리(누구보다도 병자 자신이 죽음을 가장 기다렸다. 이때쯤에 데레사는 "이제는 나도 나의 병에 대해 전혀 모르겠어요." 하고 말했다) 데레사는 다시 한 번 고비를 넘겼다. 병세가 급격히 악화되었다가 진정되는 것이 반복되어 무척 혼란스러웠지만, 자신을 하느님께 온전히 의탁한다는 마음에는 변함이 없었다. "저녁 때 언니가 드 코르니에르 박사님은 내가 한 달 이상 더 살 것이라 예상하셨다고 말했을 때, 무척 놀랐어요. 바로 어제는 당장 병자성사를 해야 한다고 말하지 않으셨나요? 그렇지만 나는 어제도 오늘도 평온한 마음 상태 그대로랍니다."
"이제는 죽는 것도 사는 것도 더 이상 열망하지 않으렵니다."

실제로 8월 5일에 각혈이 완전히 멈췄고, 병세가 어느 정도 진정되었다. 드 코르니에르 박사는 휴가를 떠났다. 의사는 왼쪽 폐가 완전히 손상되었다는 진단을 내리고 약을 처방했다. 그러나 열흘쯤 지난 뒤인 성모 승천 대축일에 통증이 다시 시작되어, 데레사는 의사가 없는 동안 큰 고통을 겪어야 했다.

기침과 호흡 곤란, 늑골 사이의 통증과 고열에 시달리고, 다리는 퉁퉁 부었다. 8월 22일부터 27일 사이에 고통은 극에 달했다. 결핵은(폐결핵이라는 병명을 처음으로 언급한 사람은 데레사와 사돈지간인 프랑시스 라 넬 박사였다. 라 넬 박사는 가르멜 수녀원의 요청으로 캉에서 급히 달려와 주었다) 이미 다른 장기로 전이된 상태였다. 무척 여위고 수척해진 데레사는 숨을 쉴 때마다 마치 '뾰족한 철사 위에 앉는 것처럼' 심한 통증을 느꼈다. 모두들 괴저 증상[184]이 나타나지 않을까 염려했다. 이에 대해 데레사

---

[184] 혈액 공급이나 세균 등의 문제로 인해 큰 덩어리의 조직이 죽는 현상이다. – 편집자 주

는 "어차피 온 몸 곳곳이 심한 통증에 시달릴 거라면, 여러 가지 병을 한꺼번에 앓게 되어도 지금과 별 차이가 없을 것 같네요."라고 말했다. 그로부터 얼마 후, 기진맥진하여 이런 말을 털어놓았다. "사랑하는 하느님께서 제게 힘을 주지 않으셨다면, 저는 어떻게 되었을까요? 지금 제가 겪는 고통이 어떤지 아무도 모를 거예요. 직접 느껴 보기 전에는 결코 알 수 없죠." 데레사는 주위 사람들에게 미안하다고 말하면서 작은 소리로 울부짖었다. "신앙심을 갖는다는 것은 얼마나 큰 은총인지! 내게 신앙심이 없었다면, 한순간의 망설임도 없이 나 자신을 죽음에 내맡겨 버렸을 거예요……."

8월의 마지막 며칠 동안은 병세가 잠시 진정됐지만, 9월 13일에 다시 악화되었다. 라 넬 박사는 데레사의 한쪽 폐의 절반만이 제 기능을 한다고 말하면서 생존 기간이 한 달밖에 남지 않았다는 진단을 내렸다.

앞에서 살펴본 것처럼 데레사 성녀의 병세와 그에 대한 데레사의 반응과 태도, 주변 사람들과의 대화 내용, 주고받은 편지(8월 10일자 편지가 마지막이다)에서 성녀의 모든 면모가 드러난다. 자서전의 마지막 부분에 쓴 내용과 병실에서 보낸 그녀의 삶 사이에는 아무런 차이가 없었다.

데레사는 죽음을 앞두고 '무언가 대단한 것을 생각하지도 않고 바라지도 않는' 다른 중환자들과 다름이 없었다. "사랑하는 언니들, 죽음을 앞둔 가련한 병자들을 위해 기도해 주세요. 우리 같은 병자들이 겪는 고통을 아무도 알 수 없겠죠! 아주 사소한 일에도 금방 인내심이 바닥나 버릴 정도랍니다……! 저도 예전에는 상상조차 못했으니까요." 누군가가 물었다. "지금 자매님의 삶을 어떻게 꾸려 가고 있나요?" "보잘것없는 저의 인생, 고통을 겪는 게 전부랍니다. 그래도 어쩌겠어요? 전 괜찮아요."

그러나 데레사 성녀는 '아무런 가식이 없는'(데레사는 평소에도 거짓이나 그럴듯한 말로 꾸미는 것을 싫어했다) 쾌활함으로 자신이 처한 비극적인 상황을 완화시키려 애썼다. 병실 분위기는 전혀 우울하지 않았다. "슬퍼하는 기색은 조금도 없었어요. 데레사는 찾아오는 사람들을 모두 웃게 할 정도로 명랑함을 잃지 않아서, 서로 그녀의 곁에 있고 싶어 했지요. …… 마지막 순간에도 웃으면서 죽어 갈 거라는 생각이 들 정도로 언제나 쾌활하답니다." 사촌 언니인 성체의 마리아 수녀가 부모(데레사의 외삼촌 부부)에게 보낸 환자의 상세한 상태 보고서에 쓴 내용이다.

데레사가 하는 말장난, 여러 가지 '놀이', 흉내, 자신이나 의

사들의 무능력을 놀리는 유머, 이런 것들 속에는 성녀의 낙천적인 성격과 따뜻한 동료애가 스며들어 있었다. 데레사의 쾌활함은 이제 곧 만나게 될 '좋으신 하느님 아버지'의 뜻을 전적으로 수용하려는 태도에서 비롯된 것이었다. "아픈 내 모습을 보고 슬퍼하지 마세요, 언니. 좋으신 하느님께서 저를 얼마나 행복하게 해 주시는지 잘 아시잖아요. 저는 늘 기쁘고 행복하답니다."

데레사는 '원하는 사람이라면 누구에게나 입맞춤을 해 주고, 때로는 자신에게 입맞춤을 해달라고 간청하는, 정이 많고 감수성이 풍부한' 사람이었다. 성녀가 6월에 쓴 글에는 동료 수녀들에 대한 깊은 사랑이 잘 드러나 있다. 수녀들은 충고를 듣거나 성녀의 미소를 보려고 병실로 찾아왔다. 수련자들을 담당하는 책임자였던 그녀는 임종을 맞는 마지막 순간까지 성삼의 마리아 수녀가 슬픔을 견뎌 내지 못할까 봐 걱정하고, 즈느비에브 수녀가 절망에 빠지지 않을까 염려했으며, 자신을 돌봐 준 간호사인 나이 많은 성 스타니슬라오 수녀의 실수를 용서했다.

병실에서 데레사가 내내 '칠흑 같은 어둠' 속에, '지하 세계'에, 또는 '앞을 가로막은 드높은 장벽 앞'에 있었음을(속내를 털어놓던 몇몇 사람을 제외하고는) 과연 누가 알아차릴 수 있었을까?

곤자가의 마리아 원장 수녀에게 털어놓았던 그 칠흑 같은 어둠인 끔찍한 시련의 고통은 생의 마지막 날이 되어서야 비로소 그쳤다. 죽음을 눈앞에 둔 데레사는 극심한 고통에 시달리며 있는 힘을 다해 하늘 나라를 열망했다. 하지만 하늘 나라는 자신에게 '문을 걸어 잠근' 듯했다. "그토록 하늘 나라를 열망하고 있는데……. 도무지 이해가 안 되네요!" 둘째 언니 예수의 아녜스 수녀에게 이렇게 가끔씩 속내를 털어놓곤 했다. "좋으신 하느님과 성모님을 사랑해야 하고, 그런 생각을 갖고 있지만…… 도저히 거기에 정신을 집중할 수가 없어요." 창문 너머 정원에 있던 '시커먼 구덩이'를 보면서 이렇게 말하기도 했다. "내 영혼과 육신이 저런 구덩이 속에 들어가 있는 것 같아요. 그래요, 컴컴한 어둠 속에 있는 것 같아요! 그렇지만 마음은 너무도 평온해요."

'고해석'에 홀로 앉은 데레사는 외부의 어떤 도움도 기대할 수 없는 지경에 이르렀음을 깨달았다. 고해 신부는 병자가 악의 유혹에 넘어가지나 않을까 염려했다. "여기서 멈춰선 안 돼요. 그건 매우 위험해요!" 데레사는 언니들이 고통스러워할까 봐 더 이상 말하지 않았다. 성사도 기대하지 않았다. 8월 19일에는 마지막으로 성체를 모셨다. "데레사에게 성체를 모셔 왔을 때, 우리는 '미제레레'[185]를 음송하며 병실로 들어갔

---

185 '미제레레'는 '불쌍히 여기소서'라는 뜻의 라틴어로, 하느님의 자비를 비는 성가를 말한다. – 편집자 주

다. 데레사가 몸이 너무 쇠약해서, 우리의 목소리를 들으면 오히려 신경이 곤두서는 건 아닌지 걱정했다. 그만큼 성녀는 심한 고통에 시달리고 있었다."

그날 이후로 영성체를 하는 것조차 불가능했지만, 데레사는 실망하지 않았다. "성체를 모시는 것은 틀림없이 큰 은총이에요. 하지만 하느님께서 그것을 허락하지 않으신다고 해도 괜찮아요. 하느님께서 행하시는 모든 것이 은총이니까요."

데레사는 가르멜의 이아생트 로이종 신부에게서 마지막 성체를 모셨다. '이제 내 손에 쥘 수 있는 건 아무것도 없다'고 생각했기 때문이었다. "내가 가진 것과 내가 얻은 모든 것은 교회와 모든 영혼들의 것입니다." 그러나 모든 죄인들을 구원하고자 하는 열망은 날이 갈수록 점점 커졌다. 데레사가 '실효성 있는 도움을 약속했던' 영적 형제들과 편지를 주고받았던 것도 그런 열망을 갖게 된 계기가 되었다. 벨리에르 신부에게는 이렇게 썼다. "내 영혼의 사랑하는 형제여, 제가 항구에 닿으면, 이 세상의 거친 바다에서 어떻게 항해해야 하는지 알려 드릴게요. 아버지가 자신을 사랑한다는 것을, 위험한 순간에 결코 혼자 내버려두지 않으시리라는 것을 아는 어린아이처럼 하느님을 사랑하고 그분께 자신을 맡기세요……. 소박한 사랑과 신뢰의 길은 여러분을 위한 것이랍니다."

병실에서의 일상이 너무나 평범하고 단조로워서 그곳에서 한 성녀가 죽어 가고 있다는 것을 누구도 짐작조차 할 수 없었을 것이다. 그렇지만 신비스러운 말들이 가끔씩 데레사의 입에서 흘러나왔다. "사랑하는 자매들, 여러분이 지금 작은 성녀를 돌보고 있다는 사실을 아시나요?" "……이 장미 꽃잎들을 잘 모아 두세요. 이 꽃잎들이 언젠가는 여러분에게 기쁨을 줄 거예요……. 잃어버리면 안 돼요……." 그러면서도 데레사가 언제 임종을 맞을지에 대해 주변 사람들이 이야기를 나눌 때마다 자신은 '보잘것없는' 존재라고 말하곤 했다. "아! 언니, 그렇게 짐작할 뿐이죠! 제가 얼마나 보잘것없는 존재인지 모르시나요? 저는 언니가 아는 것 이상은 알지 못해요! 눈으로 보고 느끼는 것으로 짐작할 뿐이에요."

데레사가 병실에서 했던 말들은 주님의 자비로움을 찬양하는 성녀의 자서전 속에서 방대한 마니피캇[186]으로 새롭게 태어나고 있다. 데레사 성녀는 순수한 은총으로 '하느님께 온전히 의탁하는' 경지에 도달할 수 있었다. "'하느님께서 나를 죽이신다 해도 나는 여전히 하느님께 기대하리라.'라는 욥의 말은 어린 시절부터 나를 매료시켰답니다. 교육을 받기 오래

---

186 하느님을 찬양하는 노래다.

전부터 이미 그러한 믿음을 갖고 있었어요. 지금도 여전히 그렇고요. 좋으신 하느님께서 그렇게 만드셨습니다. 저를 당신 품에 안으시고, 그곳에 올려놓으셨지요……."

그러나 지혜로운 데레사는 자신의 한계를 인정하고, 중병을 앓고 있었기에 어쩔 수 없이 감내해야 하는 치욕스러운 상황들도 있는 그대로 인정했다(자신의 나약함이나 울음, 성가시게 하는 몇몇 동료 수녀들에 대한 짜증 등). "오! 내가 불완전한 존재라는 사실을 내 눈으로 확인하고, 죽음의 순간에도 하느님의 자비를 필요로 하는 존재가 되어 얼마나 행복한지요!"

이처럼 마지막 순간에 데레사는 '순수하고 투명한' 존재가 되었다. "모든 것이 하느님으로부터 비롯된다는 사실을 알게 될 거예요. 내가 얻게 될 영광스러운 것, 그것은 하늘에서 주는 무상의 선물로 내 것이 아니지요. 모든 사람이 그것을 알게 될 거예요……."

8월 말에 극심한 고통이 찾아오고 난 뒤, 데레사의 침대를 병실 한가운데로 옮겼다. 성녀는 창문 너머로 아름다운 정원(그녀는 꽃과 열매를 무척 좋아했다)과 이 세상의 하늘(그녀가 가고 싶은 하늘은 굳게 닫혀 있는 듯했다)을 바라보고, 성당 안에서 시편을 낭송하는 소리나 멀리서 들려오는 노랫소리를 들었다. 갑자기 식욕이 돌아왔기에 잠시 동안 활력을 되찾는 듯했다. 외숙모가 데레사에게 맛있는 음식(초콜릿 에클레르[187] 등)을 만들어 주려고 애를 썼다.

8월 30일에 데레사를 바퀴 달린 침대로 옮기고는, 성당 안을 들여다볼 수 있도록 수도원 열주 회랑列柱回廊 아래, 성당 내진[188]으로 난 문 가까이로 데려갔다. 이때 즈느비에브 수녀가 데레사의 모습을 사진으로 찍었다. 사진으로 남은 성녀의 마지막 모습이었다. 깡마르고 수척해진 데레사는 미소를 지으려 애쓰며, 늘 갖고 다니던 십자가 위로 장미 꽃잎을 하나씩 떨어뜨렸다.

9월 8일에는 서원식 7주년을 기념하는 행사가 열렸다. 꽃으로 둘러싸인 데레사는 감사의 눈물을 흘렸다. "저에 대한 하느님의 세심한 사랑으로 저는 축복받았어요. 저를 둘러싼 모든 것이 축복으로 가득합니다. 하지만 내면은 여전히 시련 속에 있답니다……. 그래도 마음은 평온해요." 데레사는 수레국화로 화환 두 개를 만들어 승리의 성모상 앞에 바쳤다.

휴가에서 돌아온 드 코르니에르 박사는 환자의 상태가 좋

---

187 표면에 초콜릿을 바른 과자의 한 종류다. – 편집자 주
188 성가대석과 제단이 있는 부분이다. – 편집자 주

은 것을 보고 놀라워했다. 그러나 19일 동안의 안정된 상태 이후에 다시 병세가 악화되었다. 결핵이 왼쪽 폐를 완전히 침식한 상태였다. 기침이 심해지고, 문장을 짧게 끊어 말할 수밖에 없게 되었다. "언니……! 이 땅의 공기가 부족한 것 같아요. 하느님께서는 언제 하늘의 공기를 허락하실지……. 아! 내 호흡이 이렇게 짧았던 적이 없었는데!"

여행 막바지에 피곤함으로 비틀거리는 기진맥진한 여행자처럼, 데레사는 마침내 자신이 걸어야 할 십자가의 길의 종착지에 도착했다. "하지만 저는 곧 하느님의 품속으로 쓰러지겠지요!" 데레사는 죽음 앞에서 잠시 동안 불안함과 망설임의 순간을 맞았다. "죽음을 두려워할까 봐 그게 두려워요……. 하지만 그것 이외에는 두려울 것이 없어요. 장담해요! 삶에 대한 회한은 없어요. 오! 전혀요. 단지 이런 생각이 들 뿐이지요. …… 영혼과 육신의 신비스러운 분리, 그게 도대체 무엇일까요? 처음으로 그런 의문을 갖게 됩니다. 그렇지만 좋으신 하느님께 온전히 의탁하겠다는 마음은 늘 한결같아요."

임종의 고통은 이틀 동안 지속되었다. 그러다가 9월 21일 데레사는 나지막이 속삭였다. "임종의 고통이란 무엇일까요? 제가 지금 겪고 있는 게 아닐까요?"

9월 29일 수요일 아침, 데레사는 숨쉬기조차 고통스러운 듯 숨을 헐떡였다. 곤자가의 마리아 원장 수녀는 공동체의 모든 이들을 불러 모았고, 성녀의 침대 주위로 모두 모여서 한 시간 동안 임종을 맞은 환자를 위한 기도를 했다. 정오가 되자 데레사가 원장 수녀에게 물었다. "원장 수녀님, 이게 임종의 고통인가요……? 죽음을 맞기 위해 어떻게 하면 되나요? 어떻게 죽어야 하는 건지 모르겠어요……." 의사가 다녀간 뒤에 다시 물었다. "원장 수녀님, 그게 오늘인가요?" "그런 것 같아요." "이제 곧 죽음이 찾아온다면, 얼마나 행복할까요!" 그리고 얼마 후 이렇게 말했다. "……언제 숨이 완전히 멎게 될까요……? 더 이상은 아무것도 할 수가 없네요! 아! 저를 위해 기도해 주세요……! 예수님! 성모님……! 그래요! 저는 바랍니다, 간절히 바랍니다……."

그날 저녁, 포콩 신부가 고해성사를 주려고 왔다. 신부는 병실을 나서면서 크게 감동받은 얼굴로 이렇게 말했다. "얼마나 아름다운 영혼인지! 마치 은총으로 견진성사를 받은 이처럼 보였어요."

그날 밤, 즈느비에브 수녀와 성심의 마리아 수녀가 데레사의 만류에도 불구하고 밤새 성녀의 곁을 지켰다. 데레사는 밤새도록 고통에 시달렸다. 다음 날 아침, 미사를 보는 동안 세 언니가 데레사의 곁에 머물렀다. 데레사는 숨을 헐떡이며 성모상을 바라보았다. "오! 그동안 얼마나 열심히 성모님께 기도드렸는지……! 하지만 죽음을 맞는 지금은 약간의 위로도 없고, 순전히 임종의 고통만 있을 뿐이네요……."

9월 30일 목요일 오후, 데레사는 자리에서 일어나 침대 위에 앉았다. 침대에서 일어나 앉는 것은 몇 주 만에 처음이었다. "오늘은 기운이 나네요! 곧 죽을 것 같지도 않아요! 앞으로 몇 달, 아니 몇 년은 더 살 것 같아요!" 하지만 증인들의 말에 따르면, 그때가 '가장 끔찍한 임종의 고통과 마지막으로 힘겨운 싸움'을 벌이는 중이었다.

오후 세 시쯤, 침대에 앉은 데레사는 양 옆에 있던 예수의 아녜스 수녀와 성면의 즈느비에브 수녀에게 몸을 기댄 채 두 팔을 뻗었다. 여기서 데레사 자신이 그토록 바라던 '사랑으로 죽는다는 것'에 대해 지난 6월에 했던 말을 떠올려 보자. "사랑하는 언니들, 제가 큰 고통을 겪는다고 해도, 죽음을 맞는 순간에 제게서 행복의 징후가 전혀 보이지 않는다고 해도, 조금도 마음 아파하지 마세요. 우리 주님께서도 사랑으로 죽음을 맞으신 순교자셨지요. 그분께서도 죽음의 순간에 얼마나 큰 고통을 겪으셨는지 언니들도 잘 아시지 않나요……!" 또한 7월에도 이렇게 말한 바 있다. "십자가에 매달리신 주님께서는 번민과 고뇌 속에서 돌아가셨어요. 그렇지만 사랑으로 죽어간 가장 아름다운 본보기가 되셨지요. …… 사랑으로 죽는다는 것은 격정과 흥분 속에서 죽어 가는 게 아닙니다. 지금 제가 겪고 있는 시련이 사랑으로 죽어 간다는 것의 증거라고 생각해요."

예수의 아녜스 수녀는 데레사의 입에서 흘러나오는 말들을 기록해 두었다.

"저는 저를 위한 죽음을 믿지 않아요……. 고통만을 믿을 뿐이지요……. 하지만 저는 괜찮아요!"

"오, 하느님……! 저는 좋으신 하느님, 그분을 사랑합니다!"

"오, 좋으신 성모님, 제게 오셔서 저를 구해 주소서!"

"이게 임종의 고통이라면, 죽음은 또 어떨까요……?"

"아! 좋으신 하느님……! 그래요, 하느님은 좋으신 분입니다. 하느님께서는 좋으신 분이라고 생각합니다……."

"숨쉬기 어렵다는 게 어떤 것인지 아무도 모를 거예요!"

"하느님, 당신의 가엾은 딸을 불쌍히 여기소서! 저를 불쌍히 여기소서!"

다음은 데레사가 곤자가의 마리아 원장 수녀에게 한 말이다.

"오, 원장 수녀님! 고통의 잔은 가득 찼습니다……!"

"……하지만 좋으신 하느님께서는 저를 버리지 않으시겠

지요. 저는 굳게 믿어요……."

"……그분께서는 단 한 번도 저를 버리신 적이 없어요."

"……예, 하느님, 당신께서 바라시는 대로 하소서. 하지만 저를 불쌍히 여기소서!"

"……사랑하는 언니들! 사랑하는 언니들! 저를 위해 기도해 주세요!"

"……하느님! 나의 하느님! 당신은 참 좋으신 분입니다!"

"……오! 그렇습니다. 당신은 좋으신 분입니다! 저는 알고 있습니다……."

"그래요. 저는 평생 진리만을 찾으려 애썼다고 생각합니다. 그렇습니다. 그러나 저는 마음의 겸손을 깨달았어요……. 저는 보잘것없는 사람일뿐이에요."

"고통을 열망한다고 썼던 저의 모든 글들. 오! 지금 이렇게 고통스러우니 그건 다 사실이었어요!"

"……하느님의 크나큰 사랑에 제 한평생을 바쳤다는 것에 대해 조금도 후회하지 않습니다."

데레사는 확신에 찬 목소리로 이렇게 되풀이했다.

"오! 그럼요. 조금도 후회하지 않아요. 오히려 자랑스럽게 생각해요!"

다음은 예수의 아녜스 수녀의 말이다.

"그때는 데레사 곁에 나 혼자만 있었어요. 네 시 반쯤 되었을 때, 데레사의 얼굴이 갑자기 창백해지는 것을 보고 마지막 순간이 임박했음을 예감했지요. 먼저 원장 수녀님이 들어오시고, 잠시 뒤에는 공동체 모두가 데레사의 침대 주위로 모여들었어요. 원장 수녀님이 데레사를 보며 미소를 지으셨어요. 하지만 데레사가 죽음을 맞는 순간까지 원장 수녀님은 말이 없으셨어요. 데레사는 두 시간이 넘도록 숨을 헐떡거렸고, 가슴이 찢어지는 듯한 고통을 겪고 있었지요. 그녀의 얼굴은 붉게 변하고, 두 손은 푸르스름했답니다. 발은 차게 얼어붙고, 한기로 팔다리를 떨었고요. 이마에서 땀방울들이 두 뺨을 타고 비 오듯 흘러내렸지요. 호흡하기가 점점 더 어려워졌고, 데레사는 숨을 쉬느라 자신도 모르게 가끔씩 희미한 신음 소리를 냈어요."

성면의 즈느비에브 수녀가 데레사의 이마에 흐르는 땀을 닦아 주며 바짝 말라붙은 입술에 작은 얼음조각을 갖다 대자, 데레사가 언니를 보며 미소를 지었다.

오후 여섯 시에 삼종 기도 시간을 알리는 종소리가 들려왔다. 그때, 데레사는 십자가를 손에 꼭 쥐고 한참 동안 승리의 성모상을 바라보았다. 두 시간 가까이 병실을 지키고 있던 수녀들이 원장 수녀의 지시로 물러갔다. 데레사는 한탄하는 목

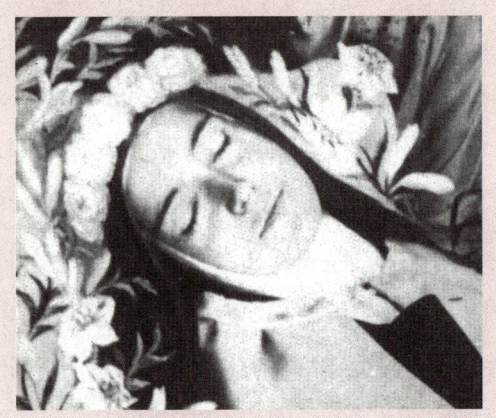

임종 직후의 소화 데레사 성녀.

소리로 말했다.

"원장 수녀님! 이것이 임종의 고통인가요……? 저는 곧 죽는 것이 아닌가요……?"

"사랑하는 자매님, 임종의 고통이 맞아요. 하지만 하느님께서는 몇 시간 더 늦추고 싶으신가 보군요."

"그래요? 그렇다면…… 괜찮아요……! 오! 저도 고통의 시간을 줄이고 싶진 않으니까요……."

베개 위로 떨어뜨린 머리가 오른편으로 비스듬히 기울어졌다. 원장 수녀는 병실의 종을 울리라고 지시했고, 잠시 후 수녀들이 황급히 달려왔다. 곤자가의 마리아 원장 수녀가 "문들을 모두 여세요." 하고 말했다. 수녀들이 다시 침대 주위에 모여 무릎을 꿇었을 때, 데레사는 손에 쥔 십자가를 보며 또박또박 말했다. "오! 저는 그분을 사랑합니다……." 그리고 잠시 뒤에 말을 이었다. "나의 하느님…… 저는…… 당신을 사랑합니다……."

바로 그때, 갑자기 눈에 생기가 돌았다. 데레사는 성모상 조금 위의 한 지점을 응시했다. 얼굴은 건강했을 때의 모습 그대로였다. 도취 상태에 빠져 있는 것 같았다. 모두가 사도신경을 외는 동안 그렇게 한 곳을 응시하고 있었다. 그러고는 눈을 감았고, 마침내 숨을 거두었다. 오후 7시 20분쯤 되었을 때였다.

오른쪽으로 고개를 살짝 기울인 채 입가에 신비스러운 미소를 지은 데레사의 모습은, 언니가 찍은 사진에 나와 있는 모습 그대로 너무나 아름다웠다.

수녀원의 관습에 따라, 데레사의 시신은 금요일 오후부터 일요일 밤까지 성당의 격자창[189] 근처에 안치되었다. 그리고 1897년 10월 4일 월요일 리지외의 묘지에 안장되었다.

6월 9일에 데레사는 벨리에르 신부에게 이렇게 편지를 썼다. "저는 죽는 것이 아닙니다. 삶으로 들어갈 뿐이에요."

이렇게 이름 없는 어느 가르멜 수녀는 죽은 뒤에 경이로운 삶을 다시 시작했다.

---

189 바둑판처럼 창살을 짠 창이다. - 편집자 주

부록

아기 예수의 데레사 성녀가 서원식 날 품에 지니고 있던 글

　하느님이시며 저의 정배이신 예수님! 제가 받은 세례성사의 두 번째 옷을 영원히 잃지 않게 하시고, 아무리 가벼운 죄라도 범하기 전에 저를 거두어 주소서. 저로 하여금 당신만을 찾고 만나게 하시며, 피조물이 제게는 아무것도 아닌 것이 되고, 저도 피조물들에게 아무것도 아닌 것이 되며, 오직 예수님만이 저의 '모든 것'이 되어 주소서……! 세상의 물건들이 제 마음을 조금도 어지럽히지 못하고, 아무것도 제 평화를 어지럽히지 못하게 하소서. 예수님, 저는 당신께 평화를, 그리고 사랑을, 당신 아닌 다른 한계가 없는 사랑만을…… 이미 제 자신은 없어지고 오직 예수님 당신 자체인 사랑만을 구합니다. 예수님, 저로 하여금 당신을 위한 순교자로, 마음이

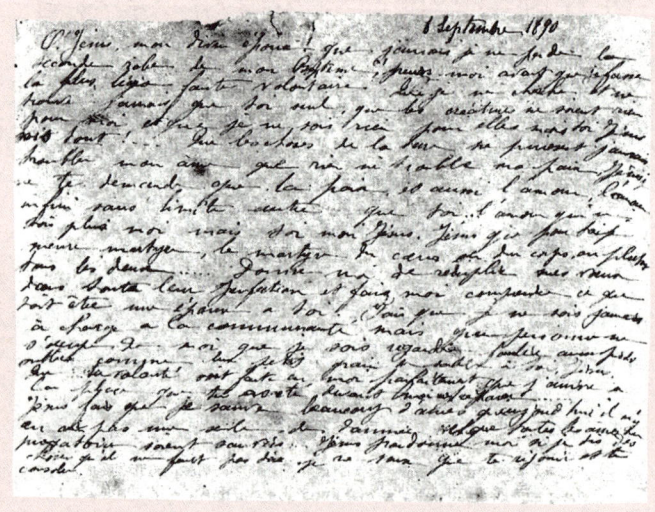

아기 예수의 데레사 성녀가 서원식 날 품에 지니고 있던 글의 원본.

나 육신의 고통, 그보다도 차라리 두 가지 순교를 함께 당하여 죽게 하소서. 제 서원을 완전히 채울 은혜를 주시고, 당신의 정배라면 어떠해야 한다는 것을 깨닫게 하소서. 제가 절대로 수녀원의 짐이 되지 않게 하시고, 아무도 저로 인해 마음을 쓰지 않게 하시며, 제가 조그만 모래알처럼, 당신의 발아래 밟히는 사람처럼 생각되게 하소서. 당신의 거룩한 뜻이 제 안에서 완전히 이루어지며, 당신께서 제 앞으로 가시어 제게 준비하신 자리에 이르게 하소서…….

예수님, 저로 하여금 많은 영혼이 구원받게 하시고, 오늘 지옥에 떨어지는 영혼이 하나도 없고, 연옥의 모든 영혼들은 구원을 받게 하소서……. 예수님, 제가 하지 말아야 할 말을 한다면 용서해 주소서. 저는 다만 당신을 기쁘게 하고 위로하기만을 원합니다.

인자하신 사랑에 바치는 봉헌 기도

J. M. J. T.

하느님의 인자하신 사랑에 저를 희생으로 바치는 기도문

오, 하느님! 복되신 하느님 성삼聖三이여, 저는 당신을 '사랑하고', 사람들로 하여금 당신을 '사랑하게' 하고, 땅 위에 있는 영혼들을 구하고, 연옥에서 괴로움을 받는 영혼들을 구함으로써 성교회의 영광을 위해 일하기를 원합니다. 저는 당신의 뜻을 완전히 이루어, 저를 위해 당신 나라에 준비하신 계단에 오르기를 원합니다. 즉 성녀가 되기를 원하는 것입니다. 그러나 제가 힘이 없음을 깨달으니, 하느님! 당신께서 저의 '성덕'이 되어 주시기를 바랍니다.

당신의 외아드님을 저의 구세주와 정배가 되도록 저를 사랑하셨으니, 그분 공로의 무한한 보배는 제 것입니다. 저는 그것을 기쁘게 당신께 바치며, 예수님의 얼굴을 거쳐서만, 그리고 '사랑'으로 불타는 그분의 성심 안에서만 저를 보시기를 간구합니다.

저는 또 하늘과 땅에 있는 성인들의 모든 공로와 '사랑'의 행동과 천사들의 사랑을 당신께 드립니다. 오, 복되신 하느님 성삼이여, 마침내 '나의 사랑하는 어머니이신 성모 마리아의 사랑과 공로'를 드리고, 성모님께 나의 봉헌을 맡기며, 그것을 당신께 바쳐 주시기를 청합니다. 저의 '지극히 사랑하는' 정배이신 그분의 거룩한 아드님이 세상에 살아 계실 때 "너희가 만일 내 이름으로 하느님께 무엇을 청하면 너희에게 그것을 주시리라!" 하고 말씀하셨습니다. 그러므로 당신께서 제 바람을 들어주실 것을 확실히 믿습니다. 오, 하느님, 당신께서는 '많이 주시고자 하시면 그만큼 더 많이 원하게 하심'을 저는 압니다. 저는 마음속에 한없는 바람이 있음을 깨달으며, 당신께서 제 영혼을 차지하러 오시기를 굳은 믿음으로 청합니다. 아! 저는 제 바람만큼 자주 성체를 모시지 못합니다. 그러나 주님, 당신께서는 '전능'하시지 않습니까……? 감실 안에 계신 것처럼 제 안에 머물러 계시며, 당신께 작은 희생이 되고자 하는 저에게서 영영 떠나지 마십시오…….

저는 죄인들이 당신께 배은망덕할 때 당신을 위로하여 드리고 싶습니다. 당신의 마음을 거스르는 자유를 제게서 없애 주시기를 간청합니다. 혹시 제가 연약함으로 인해 어떤 죄에 떨어지거든, 곧 당신의 '거룩한 눈길'로 제 영혼을 정화시켜 주시며, 모든 것을 동화同化시키는 불처럼, 저의 모든 결점을 불살라 주십시오……

오, 하느님! 당신께서 제게 내려 주신 모든 은혜에 감사드리며, 특히 괴로움의 시간을 거쳐 저를 인도해 주심에 감사드립니다. 저는 마지막 날에, 십자가를 드신 당신을 기쁘게 우러러 뵙겠습니다. 이 귀중한 십자가를 제 몫으로 주셨으니, 천국에서는 당신을 닮아 영화롭게 된 제 육신 위에 수난의 상처가 빛남을 볼 수 있기를 바랍니다……

이 세상의 귀양에서 풀려나는 날, 본고향에 가서 당신을 뵙기를 바랍니다. 그러나 천국을 얻기 위해 공로를 모을 생각이 아니라 '오직 당신 사랑'만을 위해, 당신을 즐겁게 해 드리고 당신의 성심을 위로해 드리며 당신을 영원히 사랑할 영혼들을 구하기 위해서만 일하고자 합니다.

제 목숨이 다하는 날, 저는 빈손으로 당신 앞에 나아가겠습니다. 주님, 제가 했던 행위로 저를 판단하시기를 바라지 않습니다. 저희의 모든 의로운 일이 당신 눈에는 결점투성이로 보이실 것입니다. 그러므로 당신의 '의로움'을 제 몸에 지

아기 예수의 데레사 성녀의 첫 번째 무덤.(1897~1910년)

니게 하시어, 당신의 '사랑'으로 영원히 당신을 차지할 수 있기를 원합니다. 오, 저의 '지극히 사랑하는 분!' 저는 오직 '당신' 이외에 다른 '옥좌玉座'나 '화관'은 원하지 않습니다……

당신께는 시간이 아무것도 아니며, 하루가 천년 같을 것입니다. 그러니 당신께서는 한순간에 당신 앞에 나타나도록 저를 준비시킬 수 있습니다…….

완전한 사랑 속에서 살기 위해, '당신 인자하신 사랑에 저를 희생으로 드리며' 간절히 바라니, 당신 안에 있는 '무한한 애정'의 물결이 제 영혼에 넘치게 하시어, 저를 끊임없이 불태워 주십시오. 그리하여 당신 '사랑'의 '순교자'가 되게 하소서. 하느님……! 이 '순교'가 당신 앞에 나타나도록 저를 예비시킨 뒤에, 제가 세상을 떠나게 해 주시기를 바라며, 제 영혼이 지체 없이 '당신 인자하신 사랑'의 영원한 품속으로 뛰어들게 해 주시기를 바랍니다…….

오, 저의 지극히 사랑하는 하느님, 그림자들이 사라져 영원히 당신과 마주 보고 제 '사랑'의 말씀을 드릴 수 있을 때까지, 제 심장이 뛸 때마다 수없이 이 봉헌을 새롭게 하기를 원합니다……!

아기 예수와 성면聖面의 마리 프랑수와즈 데레사
1895년 6월 9일 삼위일체 대축일

성심의 마리아 수녀가 데레사에게 보낸 편지[190]

1896년 9월 17일

사랑하는 데레사에게.

예수님에 대한 사랑으로 불타는 너의 글을 읽었을 때, 보잘것없는 이 대모는 너 같은 보물을 갖게 되어 정말 행복했단다. 그리고 네 영혼의 비밀들을 말해 준 내 사랑하는 대녀에게 너무나 고마웠어. 오! 사랑으로 각인된 네 편지에 대해 이 이상 덧붙일 말이 있을까! 나 자신에 대해 한마디만 쓸게. 성경에 나오는 한 젊은이의 심정이라고 할 수 있을까? 순교를

---

190 성심의 마리아 수녀는 데레사의 첫째 언니 마리다.

바라는 너의 크나큰 열망 앞에서 알 수 없는 슬픔이 내 마음을 사로잡더구나. 그게 바로 네가 예수님을 사랑한다는 징표란다. 그래, 넌 그런 사랑을 갖고 있지. 하지만 나는! 내가 과연 그 목표에 도달할 수 있을까? 난 자신이 없어. 네가 사랑하는 모든 게 두려울 뿐이야.

그게 바로 내가 너처럼 예수님을 사랑하지 않는다는 증거겠지. 아! 너는 아무것도 한 것이 없고, 너 자신은 가련하고 연약한 작은 새일 뿐이라고 말하겠지. 그런데 너의 열망들, 그것조차 아무것도 아니라고 말하고 싶은 거니? 좋으신 하느님께서는 틀림없이 그것을 덕행으로 여기실 텐데.

길게 쓰지 않을게. 오늘 아침에 글을 쓰기 시작했는데, 오후 5시가 된 지금까지 단 일 분도 시간을 낼 수 없었단다. 나도 너처럼 예수님을 사랑할 수 있는지 네 가련한 대모에게 대답해 주렴. 짧게 몇 마디라도 해 줘. 내 행복을 위해서건, 내 고통을 위해서건 그것으로 충분하단다. 네가 얼마나 사랑과 은혜를 받고 있는지 알게 된다면, 난 행복할 거야. 그러나 예수님께서 그 작은 꽃을 너무나 사랑하셔서 너무 일찍 거둬 가실지도 모른다는 생각이 들 때면 고통스럽단다. 오! 이 세상에서 나온 것 같지 않은, 하느님의 마음속에서 나오는 메아리 같은 네 글을 읽으면서 나는 금방이라도 울음이 터져 나올 것 같았단다……. 네게 무슨 말을 해 줄 수 있을까? 그래, 너는 좋으신 하느님께 마음을 사로잡힌 아이라고 말해 줄게. 나쁜 사람들이 마귀에 들렸다고 하는 것처럼. 그것하고는 완전히 정반대겠지만 말이야.

나도 너처럼 좋으신 예수님께 마음을 사로잡힌 이가 되고 싶어. 그렇지만 네가 나보다 더 큰 은혜를 받은 것에 대해 진심으로 기뻐할 만큼 너를 사랑한단다.

가엾은 너의 대모에게 답장을 부탁해.

데레사가 성심의 마리아 수녀에게 보낸 편지

J. M. J. T

1896년 9월 17일

사랑하는 언니, 언니에게 답장 쓰는 것은 제게 큰 기쁨이랍니다……. 제가 하느님을 사랑하는 만큼 언니가 하느님을 사랑할 수 있는지 어떻게 물으실 수 있죠……?

언니가 저의 작은 새 이야기를 이해하셨다면, 그런 질문을 하지 않으셨을 거예요. 순교에 대한 저의 열망은 아무것도 아니에요. 제 마음속에 느껴지는 무한한 신뢰를 제게 주는 것은 순교의 열망이 아니랍니다……. 그 열망은 예수님께서 때때로 저처럼 연약한 영혼들에게(그런 영혼들은 많지요) 주시는 위로입니다. 예수님께서 그런 위로를 주시지 않는다 해도, 그것 역시도 특별한 은총이지요. "순교자들은 기쁘게 고난을 겪고, 순교자들의 임금님은 비통함 속에서 고난을 겪는다."라는 하느님의 말씀을 언니도 아실 거예요. 그래요, 예수님께서도 "아버지 …… 이 잔을 저에게서 거두어 주십시오."(루카 22,42)라고 말씀하셨어요. 이런 것을 본다면 언니, 순교의 열망이 하느님에 대한 제 사랑의 표시라고 어떻게 말하실 수 있죠……? 아! 하느님을 기쁘게 해 드리는 건 그런 게 아니에요. 그보다는 보잘것없고 가련한 제 모습을 부끄러워하지 않고 스스로 자랑스러워한다는 것을 보실 때, 하느님께서는 틀림없이 기뻐하실 거예요. 저는 하느님의 자비로우심을 절대적으로 믿고 기대하는 가련한 영혼입니다……. 그게 저의 유일한 보물이지요. 사랑하는 대모님, 언니도 똑같은 보물을 갖고 있을 거예요…….

좋으신 하느님께서 바라시는 모든 것을 감내할 마음의 준비가 되어 있지 않으신가요? 준비되어 있으리라고 전 믿어요. 기쁨을 맛보고 싶다면, 고난을 기꺼이 감내할 수 있다면, 언니는 위로를 찾은 것과 마찬가지예요. 무언가를 사랑하면, 고통은 이내 사라져 버리니까요.

오, 사랑하는 언니, 제발 부탁이에요. 언니의 보잘것없는 동생을 이해해 주세요. 예수님을 사랑하기 위해서는 '사랑으로 죽은 희생자'가 되어야 한다는 것이 저의 생각이에요. 더욱더 연약해질수록, 열망이나 덕성들을 버리면 버릴수록, 소모시키고 변형시키는 그 큰 사랑의 작용에 부합하는 사람이 될 수 있어요……. 희생자가 되고자 하는 열망만으로 충분하지요. 또한 늘 불쌍하고 힘없는 존재로 남아 있어야 하는데, 그게 쉽지 않답니다. "진정으로 마음이 가난한 자, 그런 사람을 어디서 찾을 수 있을까요? 아주 멀리서 찾아야 합니다."라고 시편 저자가 말했어요……. 큰 영혼들 중에서 찾아야 한다고 말하는 것이 아니에요. '아주 멀리서', 이 말은 '낮은 데서', '비천함 속에서', '무無 속에서'를 뜻하지요. 그렇기에 우리는 번쩍거리는 모든 것으로부터 멀리 떨어진 곳에서 머무르고, 우리의 보잘것없음을 자랑스럽게 여기고, 아무것도 느끼지 못하는 상태를 사랑해야 합니다. 그러면 우리는 마음이 가난한 자들이 되고, 예수님께서는 우리가 머물러 있는 '먼 곳으로' 친히 찾아 오셔서 우리를 사랑의 불꽃으로 변화시켜 주실 거예요……. 오! 제가 깨달은 것을 언니가 다 이해할 수 있다면 얼마나 좋을까요……! 오직 신뢰만이 우리를 그 큰 사랑으로 인도해 준답니다……. 두려움은 우리를 법정으로나 인도하지 않을까요……?[191] 우리는 그 '길'을 알고

---

191 예수님께서 당신을 사랑하는 이들을 위해 마련해 둔 법정이 아니라, 죄인들을

있어요. 우리 함께 그 길로 가요. 네, 저는 예수님께서 우리에게 똑같은 은혜를 베푸시려 한다는 것을 알아요. 우리에게 '아무 대가 없이' 하늘 나라를 선물해 주시려 한다는 것을 말이에요.

오, 사랑하는 언니, 언니가 제 말을 이해하지 못한다면, 그건 언니가 너무 큰 영혼이어서 그럴 거예요……. 아니면 제가 제대로 설명을 하지 못해서 이해할 수 없으셨겠죠. 좋으신 하느님께서는 하느님에게, 또 그분의 자비로우신 사랑에 마음을 사로잡히고 싶어하는 열망을 주시지 않았으리라고 전 믿어요……. 아니면 이미 그런 열망을 주셨는지도 모르겠군요. 하느님께 온전히 의탁하고 계신 언니의 모습을 볼 때, 또 그분에 의해 소모되고자 열망하는 언니의 모습을 볼 때 그런 생각이 들어요. 좋으신 하느님께서는 실현될 수 없는 열망을 심어 주시진 않으니까요…….

벌써 아홉 시가 되었네요. 이젠 가 봐야 해요. 아! 언니에게 하고 싶은 말이 많은데……. 하지만 제가 글로 다 못 쓴 이야기들은 언니 스스로 깨닫게 해 주실 거예요…….

언니에게는 늘 감사하는 마음뿐이에요. 그리고 마음속 깊이 언니를 사랑해요.

　　　　　　　　　　　　가르멜에서 아기 예수의 데레사 수녀

보내는 '가혹한 법정'을 말한다.

사랑 속에서 죽은 회개한 여인의 이야기

미쉘앙주 마랭 신부의 저서 《동방 광야의 은수자들의 생애 Vies des Pères des Déserts d'Orient》 중에서 가경자[192] 난쟁이 '요한'에 관한 이야기다.

불행하게도 죄에 빠졌던 한 여인의 회개는 그의 애덕으로 이루어진 열매의 하나였다. 이 이야기는 아무리 큰 죄인이라도 진심으로 주님께 돌아오고자 할 때, 주님의 자비하심에 의지하는 마음을 죄인에게 불어넣기에 아주 적당한 이야기며, 우리에게는 교훈이 되는 이야기다. 그 여인의 이름은 '파에지'였다. 어려서 부모님을 여의었는데 자기의 재산을 자선 사업

---

192 현재의 공식 용어는 '가경자'에서 '하느님의 종'으로 바뀌었다. - 편집자 주

에 쓰기로 결심하여 집을 구호소로 내놓았고, 수사들이 만든 물건들을 팔려고 그곳에 오던 스테의 은수자들을 받아 주었다. 그러나 자선 사업에 비용이 너무 많이 든다는 생각이 들자, 이 사업으로 천국에 보화를 장만한다는 것은 잊고, 점차 그만두게 되었다. 또한 이러한 심경의 변화를 결정적으로 굳히게 하는 나쁜 영향을 주는 자들도 있었다. 오래지 않아 그들은 나쁜 영향을 주는 것에 그치지 않고, 옳지 못한 일을 하도록 부추겨 그녀를 점점 덕에서 멀어지게 했다. 마침내 파에지는 죄악 속으로 빠져 버렸다.

스테의 은수자들은 그 여인이 타락했다는 소식을 듣고 마음이 몹시 아팠다. 그들은 그들의 애덕이 일러 주는 모든 방법을 써서 그녀를 구렁텅이에서 꺼내고자 했다. 마침내 그들은 난쟁이 요한에게 하느님께 받은 지혜의 은혜로 그녀를 예수 그리스도께 돌아오도록 힘써 주시기를 청했다. 요한은 이 청을 받아들여 그 집으로 갔다. 그러나 그가 문 앞에 나타나자 사람들은 그의 길을 막고, 은수자들이 자기네 여주인을 파산시켰다고 비난하며 욕설을 퍼부었다. 그래도 그는 두려워하지 않고 그 여인에게 말을 건네게 해 달라고 부탁했으며, 대화를 한다고 해서 그녀가 회개할 일은 조금도 없을 것이라고 말했다. 이리하여 요한은 파에지의 방으로 인도됐다. 그는

사랑 속에서 죽은 회개한 여인의 이야기 · **487**

그녀의 곁에 앉아 예수 그리스도를 버리고 참담한 처지에 빠져 버렸으니, 예수님께 대체 어떤 불만이 있느냐고 물었다. 이 말을 듣고 그녀는 감동했고, 마음에 큰 충격을 받았다. 요한은 은총이 작용할 시간을 남겨 두려고 얼마 동안 아무 말도 하지 않고 눈물만 줄줄 흘렸다. 그러자 그녀가 그에게 왜 우느냐고 물었다. 그는 아아! 마귀가 얼마나 당신을 속이고 조롱하는지 알고 있는데, 어떻게 울지 않겠느냐고 대답했다. 이 말을 듣자 그녀는 자기 죄가 무섭고 징그러운 생각이 들어 그에게 물었다.

"신부님, 제게도 아직 속죄할 길이 있겠습니까……?" "물론 있습니다." 하고 요한이 대답했다. "그렇다면 죄를 보속하기에 적당하다고 생각하시는 곳으로 저를 데려가 주십시오." 하고 그녀가 청했다.

요한이 즉시 일어나자 그녀도 일어나, 집 안을 조금도 정리하지 않고 누구에게 말 한마디 남기지도 않고 그를 따라 나섰다. 요한은 이를 보고 그녀가 회개와 속죄하는 일에만 전념하기 위해 모든 것을 버린다는 것을 알게 됐고, 큰 위로를 받았다.

요한이 그녀를 어디로 데리고 갈 생각이었는지는 알 수 없다. 아마 어떤 여자 수도원으로 데리고 갈 생각이었을 것이다. 그러나 그들이 광야에 들어왔을 때 벌써 밤이 됐기 때문에, 요한은 모래를 긁어모아 베개처럼 만들고, 그 위에 십자를 긋고 파에지에게 거기서 자라고 했다. 그리고 자신은 저만큼 떨어진 곳으로 가서 기도를 드리고 잤다. 그런데 한밤중에 잠에서 깨어나 보니, 한 줄기 빛이 파에지의 위로 내려오고, 여러 천사들이 그 빛줄기를 타고 그녀의 영혼을 하늘로 옮기고 있었다.

이 광경에 깜짝 놀라서 일어나 그녀에게 가 보았더니, 과연 그녀는 숨을 거둔 뒤였다. 동시에 하늘에서 이상한 소리가 들려 왔다.

"이 여인이 한 시간 동안 한 속죄가 다른 사람들이 오랫동안 한 보속보다 하느님의 마음에 더 들었다. 이는 다른 사람들이 이 여인만큼 열심으로 속죄하지 않기 때문이다."

데레사 성녀의 가족 관계

친가

- **피에르 프랑수아 마르탱** 할아버지. 1777년 4월 16일 출생, 1865년 6월 26일 사망, 1818년 4월 4일 결혼.
- **마리안파니 부로** 할머니. 1800년 1월 12일 출생, 1883년 4월 8일 사망.

아버지의 형제자매
- **피에르 마르탱** 1819년 7월 29일 출생, 조난 사고로 사망. 사망 연도는 모름.
- **마리** 1820년 9월 18일 출생, 1846년 2월 19일 사망. 뷔랭과 결혼.
- **안 프랑수아즈**(파니) 1826년 3월 10일 출생, 1853년 10월 9일 사망. 르리슈와 결혼, 뷔랭과 재혼(뷔랭은 언니의 사망 후 홀아비가 된 형부).
- **소피 마르탱** 1833년 11월 7일 출생, 1842년 9월 23일 사망.
- **루이 마르탱** 아버지. 1823년 8월 22일 출생, 1894년 7월 29일 사망(형제

가운데 셋째였다).

외가

- **이지도르 게랭** 외할아버지. 1789년 7월 6일 출생, 1868년 9월 3일 사망. 1828년 9월 5일 결혼.
- **루이즈잔 마세** 외할머니. 1804년 7월 11일 출생, 1859년 9월 9일 사망.

어머니의 형제자매

- **마리루이즈 게랭** 르망의 성모 방문 수녀회 수녀. 1829년 5월 31일 출생, 1877년 2월 24일 사망.
- **이지도르 게랭** 1841년 1월 2일 출생, 1909년 9월 28일 사망. 셀린 푸르네와 결혼.
- **아젤리마리 게랭(젤리)** 어머니. 1831년 12월 23일 출생, 1877년 8월 28일 사망(형제 가운데 둘째였다).

데레사 성녀의 가족

- **마리** 1860년 2월 22일 출생, 1886년 10월 15일 가르멜 수녀원에 입회하여 성심의 마리아 수녀가 됨. 1940년 1월 19일 사망.
- **폴린** 1861년 9월 7일 출생, 1882년 10월 2일 가르멜 수녀원에 입회하여 예수의 아녜스 원장 수녀가 됨. 1951년 7월 28일 사망.
- **레오니** 1863년 6월 3일 출생, 1899년 1월 28일 캉에 있는 성모 방문 수녀회에 입회하여 프란치스카 데레사 수녀가 됨. 1941년 6월 16일 사망.

- **엘렌** 1864년 10월 13일 출생, 1870년 2월 22일 사망.
- **조제프 루이** 1866년 9월 20일 출생, 1867년 2월 14일 사망.
- **조제프 장 바티스트** 1867년 12월 19일 출생, 1868년 8월 24일 사망.
- **셀린** 1869년 4월 28일 출생, 1894년 9월 14일 가르멜 수녀원에 입회하여 성면의 즈느비에브 수녀가 됨. 1959년 2월 25일 사망.
- **멜라니 데레사** 1870년 8월 16일 출생, 1870년 10월 8일 사망.
- **마리 프랑수와즈 데레사** 1873년 1월 2일 출생, 1888년 4월 9일 가르멜 수녀원에 입회하여 아기 예수와 성면의 데레사 수녀가 됨. 1897년 9월 30일 사망.

데레사 성녀의 사촌들

- **파니 마르탱** 데레사의 고모. 1842년 4월 11일 프랑수아 아돌프 르리슈(1818년 출생, 1843년 5월 25일 사망)와 결혼. 이들 부부는 아들 하나를 둠.
- **아돌프 르리슈** 1844년 1월 7일 출생, 1894년 12월 7일 사망.
- **이지도르 게랭** 데레사의 외삼촌. 1866년 9월 11일 셀린 푸르네(1847년 3월 15일 출생, 1900년 2월 13일 사망)와 결혼. 이들 부부의 자녀는 다음과 같음.
- **잔** 1868년 2월 24일 출생, 1938년 4월 25일 사망. 1890년 10월 1일 프랑시스 라 넬(의사)과 결혼. 자녀는 없음.
- **마리** 1870년 8월 22일 출생, 1905년 4월 14일 사망. 1895년 8월 15일 리지외의 가르멜 수녀원에 입회하여 성체의 마리아 수녀가 됨.
- **사산아** 1871년 10월 16일 출생.

아기 예수의 데레사 성녀 연표

1. 알랑송에서

1873년

- 1월 2일 목요일, 알랑송에서 '마리 프랑수와즈 데레사 마르탱' 탄생.
- 1월 4일 토요일, 성모 성당에서 세례성사를 받음.
- 3월 15일경, 스말레의 로즈 타예 유모에게 맡겨짐.

1874년

- 4월 2일 목요일, 집으로 돌아옴.

1875년

- 1월, 이미 두 살 때부터 '수녀가 되겠다'고 생각함.

1877년

- 8월 28일 화요일, 마르탱 부인 별세.
- 8월 29일 수요일, 폴린을 두 번째 엄마로 택함.

2. 리지외, 뷔소네에서

1877년

- 11월 15일 목요일, 외삼촌 게랭 씨를 따라 리지외에 도착.
- 11월 16일 금요일, 뷔소네에 안정.

1878년

- 8월 8일 목요일, 트루빌로 첫 여행을 감.

1879년

- 1879년 말 혹은 1880년 초, 첫 고해성사를 함.

1879년 혹은 1880년

- 아버지의 시련에 대한 예언적인 환시를 봄.

1881년

- 10월 3일 월요일, 수녀원 기숙 학교에 반 기숙생으로 들어감.

1882년

- 10월 2일 월요일, 폴린이 리지외의 가르멜 여자 수도원에 들어감.

- 데레사는 수녀원 기숙 학교에 다시 들어감.
- 1882년 말, 지속적인 두통을 앓음.

1883년
- 3월 25일 예수 부활 대축일, 아버지와 두 언니가 여행 간 사이에 병에 걸림.
- 5월 13일 성령 강림 대축일, 승리의 성모상의 미소를 보고 기적적으로 병이 나음.
- 8월 중에 알랑송을 여행함.

1884년
- 5월 5일부터 8일까지, 첫영성체 준비로 피정함.
- 5월 8일 목요일, 수녀원 기숙 학교에서 첫영성체 함. 가르멜 수도원에서는 예수의 아녜스 수녀가 서원함.
- 5월 22일 주님 승천 대축일, 두 번째로 성체를 모심.
- 6월 14일 토요일, 바이외 감목 위고냉 주교에게서 견진성사를 받음.

1885년
- 5월 초, 도빌에 머무름.
- 5월 17일부터 21일까지, 첫영성체 한 지 만 1년 후에 하는 영성체를 준비하는 피정 동안 '무서운 세심증' 시작.
- 5월 21일 목요일, 첫영성체 한 지 만 1년 후의 영성체를 함.
- 9월, 트루빌에 머무름.
- 10월 초, 셀린은 수업을 마치고, 데레사 혼자 수녀원 기숙 학교에 다시 들어감.

1886년

- 2월 27일에서 3월 15일 사이, 건강 때문에 수녀원 기숙 학교를 떠나, 파피노 부인의 집에서 개인 교수를 받음.
- 5월 31일 월요일, 수녀원 기숙 학교의 '마리아의 자녀' 입회.
- 6월 15일에서 7월 31일까지, 트루빌에 잠시 머무름.
- 10월 3일에서 15일 사이, 가족들과 알랑송을 여행함. 여행 중 10월 7일 목요일에 레오니가 성 글라라 수도회에 들어감(수녀 생활의 첫 시험).
- 10월 15일 금요일, 마리가 리지외의 가르멜 여자 수도원에 들어감.
- 10월 말, 천국의 오빠들의 전구로 세심증에서 벗어남.
- 12월 25일 토요일, 예수 성탄 대축일에 '크리스마스의 은총'을 경험함.

1887년

- 1886년 예수 성탄 대축일과 1887년 7월 말 사이 어느 주, 십자가의 예수님상 앞에서 은혜를 받음.
- 5월 29일 성령 강림 대축일, 아버지 루이 마르탱에게 가르멜에 입회할 허락을 청함.
- 9월 1일 목요일, 〈라 크루아La Croix〉지에서 프랑지니의 사형 집행 기사를 읽음.
- 10월 31일 월요일. 가르멜에 입회할 허락을 청하러 위고냉 주교를 방문.
- 11월 4일 금요일, 리지외를 떠나 로마로 출발.
- 11월 20일 주일, 레오 13세 교황을 알현謁見.
- 12월 2일 금요일, 리지외로 돌아옴.
- 12월 28일 수요일, 위고냉 주교가 곤자가의 마리아 원장에게 데레사의 가르멜 수녀원 입회를 허가하는 회답을 보냄. 그러나 사순 시기가 지나서야

가르멜에 들어갈 수 있었음.

3. 리지외, 가르멜에서

1888년

- 4월 9일 월요일, 리지외의 가르멜 여자 수도원에 들어감.
- 5월 22일 화요일, 성심聖心의 마리아 수녀가 서원함.
- 6월 23일 토요일, 아버지 루이 마르탱이 소식 없이 나흘간 집을 나감.

1889년

- 1월 10일 목요일, 위고냉 주교가 집전한 데레사의 착복식着服式 거행.
- 2월 12일 화요일, 아버지 루이 마르탱이 뷔소네를 떠나 캉의 요양원에 들어감.
- 7월, 마리아 막달레나 성녀의 은수처에서 성모님과 결합하는 은혜를 받음.

1890년

- 1월 초, 서원이 연기됨.
- 9월 8일 월요일, 서원함.
- 9월 24일 수요일, 아버지가 참석하지 못한 채 베일 받는 예식이 거행됨.

1891년

- 10월 8일에서 15일까지, 성 프란치스코회의 알렉시 프루 신부가 지도하는 피정을 함. 그 기간 중에 사제의 강론으로 데레사는 자신의 길을 굳힘.
- 12월 5일 토요일, 성녀 데레사의 즈느비에브 수녀 별세.

- 12월 말, 독감 유행의 시초. 데레사는 매일 영성체할 허가를 얻음.

1893년
- 2월 20일 월요일, 예수의 아녜스 수녀가 원장 수녀에 당선.
- 당선 직후, 데레사는 곤자가의 마리아 수녀를 도와 수련자들을 교육.

1894년
- 7월 29일 주일, 뮈스 성관城館에서 아버지 루이 마르탱 별세.
- 9월 14일 금요일, 셀린도 리지외의 가르멜 수도회에 입회.
- 12월 말, 예수의 아녜스 원장 수녀가 데레사에게 어린 시절의 추억을 쓰도록 명함.

1895년
- 1월, 자유 시간에 추억을 쓰기 시작.
- 6월 9일 삼위일체 대축일, 영성체 후 기도 때 하느님의 인자하신 사랑에 자신을 희생의 제물로 바침.
- 6월 11일 화요일, 데레사와 셀린이 인자하신 사랑에 대한 봉헌 기도를 함께 외움.
- 6월 14일 금요일, '십자가의 길' 기도를 하다가, 사랑의 상처의 은혜를 받음.
- 10월 17일, 신학생이자 장차 선교 사제가 될 벨리에르 신부가 10월 15일에 쓴 편지를 받은 후, 데레사는 예수의 아녜스 원장 수녀의 명으로 이 선교 사제의 영적 누이가 됨.

1896년

- 1월 20일 월요일, 자신의 원고를 예수의 아녜스 원장 수녀에게 드림.
- 2월 24일 월요일, 성면의 즈느비에브 수녀가 된 셀린의 서원.
- 3월 21일 토요일, 곤자가의 마리아 수녀가 원장으로 당선. 데레사는 계속해서 수련자들을 돌봄.
- 4월 2일 성목요일 밤부터 3일 성금요일 새벽 사이에 첫 번째 각혈.
- 4월 5일 예수 부활 대축일(혹은 직후), 죽을 때까지 계속 된 신덕과 망덕에 대한 유혹의 내적 시련이 시작됨.
- 5월 10일 주일, 복녀 예수의 안나 원장에 대한 꿈을 꿈.
- 5월 30일 토요일, 곤자가의 마리아 원장 수녀가 외방 전교회의 아돌프 룰랑 신부를 영적 둘째 오빠로 정해 줌.
- 9월 초, 피정 동안에 자신의 성소에 대한 큰 빛을 받음.
- 9월 13일에서 16일 사이, 성심의 마리아 수녀에게 편지를 씀.

1897년

- 4월 6일 화요일, 예수의 아녜스 원장 수녀가 데레사의 마지막 말을 기록하기 시작. 사순 시기가 끝날 무렵 병세가 위독해짐.
- 6월 2일 수요일 밤(자정쯤), 예수의 아녜스 수녀가 곤자가의 마리아 원장에게 데레사가 생애의 이야기를 계속해서 쓰도록 명령하기를 청함.
- 6월 3일 목요일, 곤자가의 마리아 원장 수녀가 데레사에게 이 명령을 주고, 그녀의 수녀 생활에 대해서 쓰기를 청함.
- 7월 8일 목요일(저녁), 방을 떠나 병실로 감.
- 7월 11일 전에 '곤자가의 마리아 수녀에게 보낸 글'을 마침.
- 7월 30일 금요일, 저녁 6시, 병자성사를 받음.

- 8월 19일 목요일, 마지막 성체를 모심.
- 9월 30일 목요일, 저녁 7시 20분경, 사랑의 탈혼 중에 마지막 숨을 거둠.
- 10월 4일 월요일, 리지외의 묘지에 안장.

4. 데레사 성녀의 선종 이후

1898년
- 3월 7일, 바이외 교구장인 위고냉 몬시뇰이 《어느 영혼의 이야기 Histoire d'une Âme》 출판을 인준.
- 5월 2일, 위고냉 몬시뇰 선종.
- 9월 30일, 《어느 영혼의 이야기》 2,000부 발행(바르르뒤크에 소재한 성 바오로 출판사).

1899년
- 1월 28일, 레오니가 캉에 있는 성모 방문 수도회에 입회.
- 예수 부활 대축일, 《어느 영혼의 이야기》 초판 매진. 재판 준비.
- 10월, 재판(4000부 인쇄)의 절반 매진.

1899~1902년
- 은혜와 치유의 사례가 보고됨. 순례자들이 리지외의 묘지에 있는 데레사 수녀의 무덤으로 찾아와 기도함.

1902년
- 4월 19일, 예수의 아녜스 수녀가 원장 수녀로 다시 선출. 그 후로 18개월

의 공백 기간(1908~1909년)을 제외하고는 비오 11세 교황의 뜻에 따라 선종할 때까지(1923년) 원장 수녀직을 역임.

1904년
- 12월 17일, 곤자가의 마리아 수녀 선종.

1905년
- 4월 14일, 성체의 마리아 수녀가 결핵으로 투병하다가 선종.

1906년
- 7월 9일, 가르멜 여자 수도원에서 데레사에 대한 시복, 시성 심의를 교황청에 요청하려고 준비하고 있음을 프랑수아 뵈이요가 〈위니베르*l'Univers*〉를 통해 밝힘.

1907년
- 10월 15일, 바이외 교구에 새로 부임한 교구장 르모니에 몬시뇰이 가르멜의 수도자들에게 데레사 수녀에 대한 기억을 기록해 줄 것을 요청.

1909년
- 1월, 로마의 로드리고 신부와 파리의 테이 몬시뇰이 데레사 수녀에 대한 시복, 시성 조사 청원자 및 부청원자로 지명됨.

1910년
- 3월 5일, 데레사의 자필 원고 심의를 위한 교황청 답서.

- 7월, 1년 전부터 가르멜 수도회로 답지한 서신이 프랑스 국내 및 해외를 통틀어 9,741통에 이름.
- 8월 3일, 교구장 심사를 위한 교구 심의회 구성.
- 8월 12일, 가르멜 여자 수도원에서 첫 심의회가 열림.
- 9월 6일, 리지외의 묘지에서 데레사의 유해를 발굴하여 지하 납골소로 이장.

1912년
- 셀린이 '장미꽃의 데레사'를 그림(목탄화).

1914년
- 6월 10일, 비오 10세 교황이 '데레사 수녀 시복, 시성 심의' 안건 착수에 관한 판결에 서명(교황은 사적인 자리에서 어느 선교회 주교에게 데레사가 '우리 시대의 가장 위대한 성녀'라고 선언함).
- 7월, 하루 평균 200여 통의 편지가 답지.
- 12월 10일, 데레사 수녀의 자필 원고를 인정한다는 교황청 판결 발표.

1915년
- 3월 17일, 바이외에서 교구 심의회가 열림.

1917년
- 8월 9일에서 10일, 리지외의 묘지에서 데레사의 유해 2차 발굴 및 공식적인 승인.

1918년
- 2월 9일, 이날 하루 동안만 512통의 서신 답지.

1921년
- 8월 14일, 베네딕토 15세 교황이 '가경자'의 영웅적인 덕행에 관한 교령을 공포하고, 영적인 어린이에 관한 담화 발표.

1923년
- 4월 29일, 비오 11세 교황에 의한 아기 예수의 데레사 수녀 시복.
- 교황은 데레사 수녀를 '자신의 교황직의 별'이라고 선포. 하루에 800~1,000통의 서신이 가르멜로 답지.

1925년
- 5월 17일, 로마의 성 베드로 광장에서 공적 시성식이 열림. 6만 명의 순례자가 참석한 가운데 비오 11세 교황의 강론이 있었고, 저녁에는 순례자 50만 명이 성 베드로 광장에 모임.

1927년
- 1월, 《마지막 말씀Novissima Verba》 출간.
- 7월 13일, 아기 예수의 데레사 성녀 전례 행사가 교회 전체로 확대.
- 12월 14일, 비오 11세 교황이 아기 예수의 데레사 성녀를 프란치스코 하비에르 성인과 동등한 자격의 수호성인, 곧 모든 선교사 및 전 세계에 존재하는 모든 선교 사업의 수호성인으로 선포.

1929년
- 9월 30일, 리지외 대성당 착공식.

1937년
- 7월 11일, 교황 특사로 파견된 파첼리 추기경(나중에 비오 12세 교황이 됨) 집전으로 리지외 대성당 준공식 및 축성식 거행. 비오 11세 교황의 메시지는 라디오 방송으로 중계.

1941년
- 7월 24일, 프랑스 선교회 창설. 프랑스 선교회 부설 신학교는 리지외에 설립.

1944년
- 5월 3일, 비오 12세 교황은 데레사 성녀를 잔 다르크 성녀와 동등한 자격의 프랑스 제2의 수호성인으로 선포.
- 6월, 동맹군의 폭격으로 리지외 일부분이 파괴됨. 수도원 건물(데레사 신학교)이 소실됨.

1947년
- 데레사 성녀 선종 50주기. 데레사 성녀의 유해가 프랑스의 거의 모든 교구로 이송.

1948년
- 9월, 《편지들 Lettres》 첫 출간.

1954년

- 7월 11일, 리지외 대성당의 공식적인 봉헌식.

1956년

- 프랑수아 드 생트 마리 신부에 의해 (원본을 바탕으로 《어느 영혼의 일기》를 다시 복원한) '자필 자서전' 복각본 출간.

1961년

- 6월, 《리지외 데레사의 얼굴 Visage de Thérèse de Lisieux》 출간.

1971년

- 7월, 《마지막 대화》 출간(데레사 성녀 탄신 100주년 기념 총서의 제1권). 그 후 《편지 모음집》(1972~1974년), 《시집 Poésies》(1979년), 《경건한 여가 활동 Récreations Pieuses》(1985년), 《기도문 Prières》(1988년)이 차례로 출간.

1973년

- 데레사 성녀 탄신 100주년 기념식.

1980년

- 6월 2일, 요한 바오로 2세 교황이 리지외 방문.

1989년

- 데레사 성녀 탄신 100주년 기념 총서 출간(프랑스 아카데미 프랑세즈에서 시상하는 카르디날 그랑트 대상 수상).

1991년
- 사진 600여 점이 수록된 사진집 《데레사와 리지외*Thérese et Lisieux*》 출간.

1992년
- 《한 권으로 된 리지외의 데레사 전집*Œuvres complètes en un volume Thérèse de Lisieux*》(토템 출판사) 및 《100주년 기념 총서 신판*Nouvelle Édition du Centenaire*》(전체 8권) 출간.

1994년
- 3월 26일, 데레사 성녀의 부모님 '가경자'로 선포됨.

2015년
- 10월 18일, 데레사 성녀의 부모님 성인으로 선포됨.

지은이 **성녀 소화 데레사**

1873년 1월 2일 프랑스 북서부 지방의 알랑송에서 루이 마르탱과 젤리 게랭의 아홉 자녀 중 막내로 태어났다. 1883년 알 수 없는 병으로 심하게 앓았는데, '승리의 성모상' 앞에서 기도하던 중 병이 기적적으로 치유되었다. 1886년 성탄절에 '크리스마스의 은총'을 체험한 후 예수님과 사람들에 대한 사랑의 삶을 자신의 소명으로 깨달았다. 1888년 4월 9일 리지외의 가르멜 여자 수도원에 입회하여, 9년 반 동안 지극히 평범한 수도 생활을 했다. 수도원의 규칙에 충실하고 자신에게 부여된 작은 직무들을 성실히 이행하다가 1897년 9월 30일 결핵으로 세상을 떠났다. 이후 1925년 5월 17일 비오 11세 교황에 의해 '아기 예수의 데레사 성녀'로 선포되며 성인의 반열에 올랐다. 1944년 5월 3일 잔 다르크 성녀에 이어 프랑스 제2의 수호성인으로 선포되었고, 1997년 6월 10일 요한 바오로 2세 교황에 의해 보편교회의 교회학자로 선포되었다. 저서로는 《마지막 말씀》, 《편지 모음집》 등이 있다.

옮긴이 **안응렬**

불문학자이며 한국불어불문학회 회장을 역임하였다. 1931년 가톨릭대학교 철학과를 졸업하고, 1937년 주한 프랑스 대사관 수석 보좌관으로 임명되었다. 1955년 한국외국어대학교 교수가 되었고, 이후 주불 한국 대사관 참사관으로도 활동하였다. 2005년 향년 94세로 타계하였다. 생텍쥐페리의 《어린 왕자》와 《인간의 대지》 등을 국내 최초로 번역했으며 달레 신부의 《한국천주교회사》 등 다수의 가톨릭 서적을 번역했다. 또 《한불사전》을 편찬해 1960년 프랑스 정부로부터 문화훈장과 공로훈장을 받았다.

옮긴이 **고선일**

서강대학교 불어불문학과를 졸업하고 같은 대학 대학원에서 석사 학위를 받았다. 프랑스 그르노블 제3대학에서 박사 과정을 마치고, 서강대학교에서 강의도 하였다. 《루피오의 모험》, 《예수님 궁금증 62가지》, 《죽음 앞의 인간》 등을 번역하였다.